KB144020

개정판

Introduction to
Personality
Psychology

성격심리학론

임상곤 저

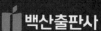 백산출판사

머리말

심리학은 불과 150여년 전에 인간의 마음 세계를 해명하기 위한 각고의 학문적 노력 끝에 의식과 무의식의 세계를 해명하는데 성공한 Freud의 금자탑이다. 그리고 Freud 이후 그를 추종하는 수많은 학자들에 의해 끊임없이 계승되고 발전되어 오늘에 이르고 있다.

심리학은 인격의 전체구조 속에서 어떤 장소 즉 무의식이라는 장소에서 이루어지는 모든 사실들을 발견해 내는 것이며 또 이 장소에서 전개되는 모든 complex들 중 특히 오이디푸스 complex를 그 핵으로 한다. Complex를 형성하는데 있어서 그 본질적 계기인 거세를 핵으로 하는 것이 심리역학이다. 더욱이 오늘날 우리 심리학의 학문적 수준은 이미 선진국의 입장에 도달하였으며 또한 학문적 인프라도 활발하게 이루어지고 있는 상태라고 할 수 있을 것이다. 특히 성격심리학은 심리학의 이론적 배경을 모태로 하여 여러 분야의 학문분야를 복합적으로 도입 전개하여 이를 기반으로 이상심리학, 범죄심리학, 정신분석학, 대인관계의 심리학, 정신보건학 그리고 사회학 및 사회심리학, 생체심리학 등과 관련된 종합학문으로 구축되어지고 있다.

따라서 성격심리학과 이상심리학을 연구하고 공부하는 것은 결코 쉬운 일이 아닐 것이다. 이에 따라 성격심리학론이라는 제목으로 책을 저술한다는 것 또한 결코 만만한 일이 아니었으나 20여년 넘게 심리학을 강의하면서 모아진 각종 자료들을 그냥 사장하기에는 너무 아깝고 좋은 내용들이 많아 하나 둘씩 정리하다 보니 어느덧 한 권의 책으로 만들어지게 되었고 그 과정이 제법 어렵고 힘들어 그 감회 또한 남다르지 않을 수 없다. 그러나 전공관련 분야의 학문을 완벽하게 정리해보고자 했던 애초의 목표에는 도달하지 못했지만 현대인들에게 있어서 성격심리학적 내용들이 얼마나 중요한지를 다시 한번 강조하는 기회가 될 수 있어 그것으로 위안을 삼고자 한다.

본서는 성격심리학과 이상심리학 등을 전공하는 학생들과 심리학 관련 종사자 여러분들에게 일반심리학의 기초이론, 성격심리학의 광의적인 개념 이해와 아울러 성격의 폭넓은 장애의 내용을 이해할 수 있도록 시도를 하였으며, 본서의 전체구성은 총6장으로 구성하였다.

제1장은 심리학의 역사, 어원, 연혁 그리고 연구부문과 심리학의 기초이론내용 중심으로 접근을 하였으며, 제2장은 성격심리학의 학문적 특성과 성격심리학의 특성 그리고 성격측정, 제3장은 성격이론, 제4장 정신분석적 성격이론 즉, Alfred Adler의 개인심리학적 성격이론, 분석심리학에서의 융의 성격이론, Erik H. Erikson의 심리사회적 성격이론, 신Freud학파의 성격이론, Erich Fromm, Harry Stack Sullivan, Murray의 욕구 및 동기이론, 인본주의적 이론, 행동주의적 성격이론, Rogers의 자기이론과 현상학적 이론, 실존주의적 이론(Kierkegaard, Nietzsche, Herdegger, May), 실존과 실존주의의 이해 그리고 사회학습이론 관점의 성격이론, 제5장 성격장애론과 유형 그리고 제6장은 Gestalt 심리학의 연구방법론으로 귀결을 지었다.

그리고 앞뒤의 연결이 순탄하지 아니한 것은 다음의 개정판에서 좀 더 구체적으로 접근하기 위해 여백을 두었다고는 하지만 사실은 본인의 게으름과 미천한 연구의 결과임을 솔직하게 고백을 하고 싶다. 그래서 본 저서와 관련하여 다음 개정판에서는 더욱 알찬 내용으로 그 여백을 채울 것을 약속드린다.

이러한 졸작을 내놓게 된 것에도 불구하고 늘 질책해 주시고, 게으른 품성을 일깨워 주시는 중부대학교 이사장님이신 이보연 박사님, 총장님이신 이건영 박사님께 다시 한번 마음으로부터 감사를 드립니다. 또한 그동안 바쁜 가운데에도 진지한 토의와 아울러 교정작업까지도 기꺼이 도와주신 최경미 선생님께도 감사의 뜻을 전한다.

끝으로 강호제현의 여러 심리학자 및 관련분야에 계시는 여러분들께서 아낌없는 가르침과 관심을 가져주신다면 겸손하게 그 가르침을 배우도록 노력하겠습니다. 그리고 주변의 많은 지인 여러분들과 동료교수님들께 자주 뵙지 못한 점 머리 숙여 이 지면을 통하여 예의를 구하고자 합니다.

2006년 9월
건원관 연구실에서

개정판에 즈음하여

지난 10년의 세월이 지나고 있다. 이때 홀연 용연산방에서의 서재는 과거 시간들이 멈추고 있는 듯 고요의 정적이 더해 내 몸의 피가 흐르고 있는 소리가 들릴 정도로 조용하다. 반면 창틀 너머의 세상을 바라보면 대나무의 잎새가 미세한 바람에도 흔들리고 있는 모습에서 세상의 시간은 변함이 없을 정도로 아련히 느껴진다. 이제야 제법 심장의 소리를 느낄 수 있을 정도의 회복이 되고 있어 한편으로 다행이라 생각한다.

대구대학교 대학원 이상심리학 강의에서 열성을 가진 이순옥 제자의 노력으로 "성격심리학론" 오탈자, 원고와 강의 중 부분적으로 각론을 통해 일부 수정하여야 할 내용 등을 차례로 수정한 것이 동기가 되어 개정판을 내게 되었다. 유명대학 대학원 박사과정에서도 본 책자로 강의를 진행하고 있는 것으로 알게 되었을 때 필자로서는 다행한 부분도 있지만 완성치 못한 책자로 박사과정의 교재로 사용하는 것에 늘 불편한 심기가 있음을 부인할 수 없었다. 한 권의 책이 다시 개정되기까지 얼마나 각고의 노력이 필요한가는 각 강호제현들은 알고 있을 것이다. 혹은 개정이 되어 재판이 된다는 행운도 학자들에게는 다행한 일일 것이고 그 이면의 산고도 있음을 충분히 이해할 것으로 여겨진다.

또한 개정판으로 이어지게 되는 내용에는 관련연구 학자 및 훌륭한 후배학도들이 있다는 점과 본 서적의 폭넓은 독자층이 있다는 점에서 다시 펜을 잡게 되는 또 다른 이유일 것이다. 그러나 저자로서는 부분의 여백미학을 꼭 남겨두고 싶은 심정은 여실하다 하겠다. 그럼에도 불구하고 본 필자의 노력부족도 있겠지만 선천적으로 게으른 탓이 많은 관계로 인해 부디 강호의 제현들께서 아낌없이 질책해주길 기대하여 본다. 내용전개는 머리말에서 동일하다.

이번 개정판 작업에 끝까지 도움과 격려를 아끼지 않은 우리얼문화포럼/동서심리과학연구원 이사장 여여준제 큰스님 그리고 강의수 대표, 김오권 처장 및 서정미, 양세정 연구조교에 박수를 보내고 학술연구단 단장 김미경 각 연구위원 및 연구실장, 역사문화 아카데미 가족 그리고 역사문화탐방단 여러분께도 깊은 감사를 드린다. 특히 교정에 도움을 준 양세영 조교에 감사를 드린다.

끝으로 대학 전공관련 서적에 늘 도움을 주시는 백산출판사 사장 및 임직원 여러분께도 크게 지면을 통해 감사의 인사를 꼭 드리고 싶다.

2016년 2월
龍淵山房(용연산방)에서
저자 임상곤

차례

제6장   Gestalt 심리학의 연구방법론   385

심리학의 역사

心理學, psychology

제**1**장
心理學, psychology
심리학의 역사

 1. 심리학의 어원

심리학(psychology)을 어원상으로 보면 psyche의 학문이라는 말에서 유래를 찾을 수 있어 '마음의 학문'이라는 뜻이 되지만 그렇다고 심리학을 마음의 학문이라고 정의하기는 어렵다. 심리학이 연구대상으로 삼는 '마음'이라는 것은 다의적(多義的)인 동시에 다차원적(多次元的)이기 때문에 이 마음의 어떤 측면이나 어떤 차원을 대상으로 삼는가에 대해서는 시대적으로도 입장과 학파에 따라 차이가 있고 각 학파나 시대에서 제기하는 정의라는 것 또한 꼭 같지는 않다.

예컨대 고대(ancient times)에서 중세(middle ages)까지 마음의 탐구(research)는 전적으로 마음을 구성하는 실체(substance)는 무엇인가를 깊이 생각하는 이른바 영혼심리학이었고 근세 이후 경험적(논리적 사고보다도 경험해서 얻어진 지식이나 인상을 중시하는 것) 입장을 취하게 되면서부터는 우선 마음의 경험적 측면인 '의식'을 연구대상으로 하는 의식심리학(주요 연구 대상을 의식으로 삼는 심리학. 내성(內省) 심리학)이 대세를 차지했는데 그것과는 대립되는 심적작용(心的作用)의 연구가 심리학의 과제가 되어야 한다는 이른바 작용심리학도 출현하였다. 또한 행동주의(behaviorism, 심리학을 객관적인 과학으로 만들기 위해서는 객관적인 행동을 대상으로 하지 않으면 안 된다는 주장)가 대두하자 직접적으로 경험되는 의식(consciousness)을 배격하고 행동관찰(behavioral observation)에서 접근하는 심리학을 제창함으로써 행동과학(behavioral science, 인간행동의 일반 법칙을 넓은 측면에서 발견하려는 자연 및 사회과학의 두 분야에 걸치는 새로운 과학)으로서의 심리학(psychology)이 제기되었다.

2. 심리학의 연혁

　마음의 학문도 다른 여러 과학(science)과 마찬가지로 그 원류는 그리스(Greece) 시대에서 출발하였다. 그 당시의 사상으로서는 사물과 마음을 본질적으로 다른 것으로 보지 않았으므로 마음도 물적인 것으로 이루어졌다고 생각하여 그 실체(substance)가 무엇인지를 찾는 데 주력하였다. 후에 이르러 이와 같은 마음의 실체를 '영혼'이라고 부르게 되었으나 영혼(spirit)은 직접 경험하는 것이 아니므로 그 탐구는 사변적(思辨的, 경험에 의하지 않고 순수하게 이론적인 것)으로 추론하는 데 그쳤다. 그리하여 심리학은 영혼탐구에서 시작되었는데 그 성격 또한 형이상학(形而上學的, 형이상학에 관련되거나 바탕을 둔 것)적인 것이었다.

　형이상학적 심리학의 시대는 고대로부터 중세에까지 지속되지만 르네상스(Renaissance, 문예 부흥, 르네상스, 14~16세기 유럽)기를 맞이하자 학문은 형이상학적 해석과 종교적 해석에서 해방되고 경험적으로 고찰하는 기운이 싹트더니 우선 자연탐구에 있어 코페르니쿠스(폴란드(Poland)의 천문학자, Nicolaus Copernicus, 1473~1543) 등의 업적이 나타나게 되면서 철학계도 그 영향을 받았으며, 17~18세기에는 영국에 경험주의를 신봉하는 일군의 학자가 출현하였다. 그 중에서 J. 로크, 하트래, 밀 부자, 베인, 스펜서 등은 심리학까지도 경험적인 고찰을 시도함으로써, 여기에 철학(philosophy)에서 독립한 경험심리학(experience psychology)이 탄생하게 되었다.

　그들에 의하면 마음은 본래 백지(白紙)인데 외부(exterior)의 자극(stimulus)으로 감각이 그려지고 감각에서 관념(idea)이 만들어진다는 것이다. 그리고 관념의 결과를 좌우하는 법칙은 연상(聯想)의 제법칙이라고 설파한 데서 이를 연상심리학[1]이라 했고 그들은 연상학파로 불리었다. 연상학파가 제기한 마음은 감각관념 등의 '의식'이었고 영혼(spirit)과 같은 초경험적인 마음의 연구는 뒤로 미룰 수밖에 없었다. 그리하여 경험심리학은 '영혼(spirit, soul)을 빼낸 심리학'으로 탄생하였다고 랑게가 말할 정도였다.

　그 후 C. 볼프의 능력심리학(能力心理學), J. F. 헤르바르트의 표상역학(表象力學) 등

---

1) 聯想心理學: 어떤 관념에서 다른 관념이 생기는 심적 현상의 형성 과정을 설명하는 학설. 연합심리학.

이 나타났으나 영, 헬름홀츠, 뮐러, 베버 등의 물리학자나 생리학자가 물적 현상을 관찰함에 있어 외계(外界)의 자극과 그것을 감수(感受)하는 감각과의 관계와 양자를 중개하는 생리과정과의 관계 등에 대해서 관찰의 손을 뻗쳐 자연과학에서 하고 있는 실험법을 적용시켰고 G. T. 페히너가 그 업적들을 묶어 정신물리학요론(1860)을 저작하기에 이르자 심리학도 자연과학과 마찬가지로 실증적 과학이 될 가능성이 시사되었다.

생리학(physiology)을 공부하고 헬름홀츠 교수의 조수를 역임한 W. 분트는 라이프치히대학의 교수가 된 뒤 1862년 실험심리학[2]의 창시(origination)를 선언하였으며 1879년 세계 최초의 심리학 실험실을 창설하였는데, 이로써 심리학은 새로운 전기를 맞이하게 되었으며 과학 이전의 상태였던 경험심리학은 실험법의 도입으로 본격적인 과학(science)에의 길을 걷기 시작 하였으며, 분트는 심리학을 정의하여 '직접적인 경험의 학문'이라고 하였고 직접적인 경험(experience)이란 경험에서 직접 나타나는 것 즉 의식(consciousness)을 말하며 그것을 당사자가 자기관찰(자기의 의식이나 경험을 스스로 관찰하는 일. 내관. 내성) 또는 내관(內觀, introspection)을 함으로써 의식의 특성을 분명하게 할 수 있다고 하였다. 분트는 의식은 감각과 감정 두 종류에 속하는 심적 요소로 조직되었다고 주장하고 요소관(要素觀)에 바탕을 둔 구성심리(構成心理, 여러 가지 정신 상태 및 의식 경험의 통일과 구조를 분석하여 기술하려고 하는 심리학)를 제창했는데 그 학설(theory)은 많은 제자(disciple)를 통해 전 세계에 퍼졌다.

이와 같은 의식심리학[3]의 조류 속에서 이색적인 것이 있다면 그것은 Sigmund Freud(오스트리아의 정신분석학자, 의학자; 1856~1939)의 정신분석학이며 그는 의식을 표층(表層, surface)과 심층(深層, depths)으로 이루어진 것으로 보았고, 심층은 표층의 의식내용이 억압되어 무의식상태가 된 관념(idea)과 욕망이 존재하는 곳이라고 했다. 이와 같은 심층심리학[4]의 사상은 그 후 심리학 속에 침투하였고 현재 임상심리학 기초이론으로서 중요시되고 있다.

분트와 같은 시대 사람인 브렌타노도 경험적(논리적 사고보다도 경험해서 얻어진 지식, 인상을 중시하는 것) 입장의 심리학을 주창하였으나 그는 분트의 심리학을 자

---

2) 實驗心理學: 실험적 방법을 통하여 정신 현상 및 행동을 연구하는 심리학.
3) 意識心理學: 주요 연구 대상을 의식으로 삼는 심리학. 내성(內省) 심리학.
4) 深層心理學: 정신의 의식적 부분에 대해 무의식적 부분의 기능을 다루는 심리학.

연과학(自然科學, 자연에 속하는 모든 대상을 다루는 학문) 추수(追隨)의 산물이라고 비판하고 심리학의 과제는 의식과는 별도의 원리(principles)에 지배되는 심적작용의 연구라고 하여 의식심리학과는 대립되는 입장을 주장했다.

작용심리학은 제자인 C. 슈툼프에 의해서 발전되어 심적작용의 특성이 연구되었으나 의식내용의 출현에 대해서는 종래의 학설을 인정하고 절충적인 관점을 취하였다. 슈툼프의 문하를 거친 M. 베르트하이머, K. 코프카, W. 쾰러 등에 의해서 제기된 Gestalt학설(지각(知覺)의 대상을 형성하는 통일적 구조)에서는 작용심리학이 의식과 심적작용을 별종의 규제원리에 의존한다는 견해를 수정하여 의식의 내용은 어떤 경우이든 심적작용을 통해서 구현된다고 보고 작용면과 의식면을 통일한 '심적 과정(心的過程)'을 연구대상으로 하였다.

게슈탈트심리학은 그 뒤 역학설(力學說, 세계의 모든 현상이나 형상(形象)을 역학적인 방법으로 연구, 검토하고, 역학적인 원리에 입각하여 설명하려는 내용)과 장이론(場理論)을 도입해서 발전시켰고 K. 레빈이 이에 가담함으로써 욕구행동(慾求行動)과 사회심리에 신생면을 열었으며 현대심리학(現代心理學)에 큰 영향을 주었다. 대서양(Atlantic (Ocean)을 사이에 둔 미국에서도 20세기 초에는 분트심리학(psychology)이 대세를 차지하고 있었으나 분트보다 10년이나 후배인 W. 제임스는 프래그머티즘(pragmatism, 실용주의; 실제적인 사고방식) 사상을 근거로 한 기능주의(機能主義, 의식 내지 심적(心的) 활동을 환경에 대한 적응 기능으로 연구하여야 한다는 생각)심리학을 제창하였으며 이 입장은 J. 듀이, J. R. 엔젤 등에 계승되어 미국심리학의 전통이 되었다고 볼 수 있다.

기능주의도 의식을 문제로 삼았는데 분트류의 심리학을 심적 요소의 심리학이라고 한다면 기능주의는 의식의 기본적 효용을 규명하는 심리학으로서 의식이 생활상(生活上) 짊어질 기능이 무엇인가를 고찰하는 것이었다. 그러나 이 기능주의(의식 또는 심적 활동을 환경에 대한 적응 기능이라는 측면에서 연구하여야 한다는 입장과 지각을 행동으로 보는 입장을, 형식주의에 상대하여 이르는 말) 진영에서 J. B. 윗슨이라는 이단자가 나타나서 종래의 일체의 의식심리학적 입장을 부정하고 행동주의(심리학을 객관적인 과학으로 만들기 위해서는 객관적인 행동을 대상으로 하지 않으면 안 된다는 주의)를 주장하였다.

그가 의식심리학을 부정하는 첫째 이유는 의식이란 그것을 체험하는 자에게만 알려지는 개인적 또는 주관적 사실이므로 그것을 소재로 해서 만드는 심리학도 주관성을 벗어나지 못한다는 것이며, 두 번째 이유는 의식을 내관(內觀)할 수 있는 것은 정상적인 성인에 한하기 때문에 이상자(異常者)나 어린이나 동물 등은 연구대상으로 할 수 없는 것이 큰 약점이라고 보기 때문이다.

그것과는 반대로 행동일 경우에는 어떤 생활체(生活體)이던 간에 제3자로부터 객관적으로 관찰되고 그리하여 공공적(公共的), 객관적 사실을 입수할 수 있다며 행동을 대상으로 하는 심리학의 새로운 정립을 시도하였다. 그러나 윗슨이 추구한 행동의 법칙은 자극(stimulus)과 직결되는 반응을 정립시키는 것이었고, 그 법칙을 행동의 기본단위인 분자적(分子的, pump, 1913년에 독일의 게데(W. Gaede)가 고안한 회전식 진공 펌프기체 분자의 내부 마찰을 이용하고 있기 때문에 생긴 이름임) 행동에서 찾으려 한 점 등에 무리가 있었기 때문에 심리학의 새로운 시도는 성공하지 못하였다. 그러나 그의 근본주장은 후배 학자들의 공명을 받았고, 그 학설은 수정되어 신행동주의(新行動主義)로서 급속한 발전을 이루는 계기가 되었다고 볼 수 있다.

신행동주의 학설에서는 생활체에 주어진 환경조건과 거기서 생기는 행동을 중개시키는 변수(變數, variable)를 생각했고 이것을 중개변수라는 이름으로 삽입시킴으로써 행동의 법칙은 확립되는 것으로 보았다. 중개변수는 욕구(desire), 기타 반응경향, 반응금지 등으로 구성되어 있다고 보았으며 이와 같은 이론구성의 방법은 행동과학[5]의 방법으로서 근래 심리학 이외의 인문과학,[6] 사회과학[7]에서도 채택하기 시작하였다.

그 밖에 영국에서는 연상학파의 뒤를 이어 골턴 등의 개인차(個人差) 연구가 발전하였고, 각종 정신능력과 개인차(각 개인의 신체적, 정신적 능력이나 특성의 차이)를 측정하는 검사법이 안출되었으며 이윽고 통계학(統計學, 수량적 비교를 기초로 하여 많은 사실을 통계적으로 관찰 처리하는 방법을 연구하는 학문)이 도입됨으로써 오늘의 검사법과 조사법의 기초가 되었다.

프랑스(France)에서는 정신의학의 샬크의 영향을 받은 P. 자넷과 T. A. 리보 등에 의해 정신이상에 관한 연구가 진척됨으로써 히스테리(hysteria)와 노이로제(neurosis)

---

5) 行動科學: 인간 행동의 일반 법칙을 넓은 측면에서 발견하려는, 자연 및 사회 과학의 두 분야에 걸치는 새로운 과학.
6) 人文科學: 정치, 경제, 사회, 역사, 철학, 문학 등 널리 인류 문화에 관한 정신과학의 총칭.
7) 社會科學: 사회 현상을 연구의 대상으로 하는 학문(정치학, 경제학, 철학, 종교학, 역사학 등).

등의 원인분석과 그 치료법이 적용되었는데, 그것은 오늘날의 임상심리학(臨床心理學)의 선구적 역할을 하였다.

3. 심리학의 연구부문과 기초부문

과학적 지식체계를 구축하려는 기초연구는 앞에 기술한 바와 같은 연혁의 과정을 거쳐 현대에 이르렀고 전에는 한정된 연구영역에만 적용되던 실험법이 거의 모든 분야에 넓혀졌으며 연구법(研究法)의 발전에 따라 기초부문은 급속적으로 발전하였다.

지각(知覺, perception), 기억(memory), 욕구, 정동(情動), 사고(思考) 그리고 학습(learning) 등의 분야로 대별되고 전체로서 심리학의 자율적인 체계를 수립하려 하고 있는데 인접 과학과의 제휴도 밀접해지고 자극(stimulus)의 특성에 관해서는 물리학(physics), 생리적 기초에 관해서는 신경생리학(neurophysiology), 중추생리학과의 제휴가 밀접하게 이루어졌다.

다른 한편 실험계획이나 결과의 처리법에 관해서 수학(數學, mathematics)의 적용도 크게 발전하여 각종 심리과정을 수식(數式) 모델로 표현하려는 시도도 진전되었으며 이론적으로도 전과 같이 각 학파의 입장에 구애되지 않고 탐구하려는 경향이 제시되었다.

4. 인간 이해를 위한 심리학적 접근

1) 초기 심리학의 접근

심리학이 사회과학의 한 분야로서 대두되기 시작한 1879년은 우리나라의 연혁으로 따져보면 고종 16년에 해당하는 시기이다. 그러나 이러한 시기적인 것으로만 보면, 동서양의 있어서의 심리학 역사는 그리 긴 시간이 아닌 것으로 보이지만, 우리나라에서는 심리학의 기초를 성리학의 자료를 통해서 다시 연구 검토하여야 할 것으로 보인다.

또한 초기 심리학에 있어서 사람들을 참되게 이해하기 위한 노력은 크게 다섯 가지 정도로 구분하여 살펴볼 수 있는데 구성주의[8]·기능주의[9]·형태주의·행동주의[10] 및 정신분석이 그것이며 그 특성을 살펴보면 다음의 내용과 같다(〈표 1〉 참조).

〈표 1〉 초기 심리학의 학파[11]

학파 특성	구성주의	기능주의	형태주의	행동주의	정신분석
연구 목적	정신구조분석	정신기능연구	정신전체성	행동통제	성격이해
대표 학자	Titchener	James	Wertheimer Koffka, Kohler Lewin	Watson	Freud
연구 대상	의식적 경험	의식적 경험	의식적 경험	관찰가능 행동	무의식적 동기
연구 방법	내성법	내성법	내성법	관찰과 실험	사례연구
비고	마음의 구성요소를 알아내기 위하여 정신경험을 심상, 느낌, 감각의 세 가지 요소로 분석하는 내성법을 사용하였다.	심리학을 일상생활에 적용하거나 응용하였다. John Dewey는 교육장면에 Munsterberg는 산업장면에 심리학을 적용하였다.	정신경험을 각각의 부분으로 분석하는 구성주의는 벽돌과 시멘트의 심리학이라고 비평하였다. 전체는 부분의 합이 아니다.	정신적 경험과 달리 행동은 측정되어지고 다른 사람들에 의하여 증명될 수 있는 것이다.	무의식에 저장된 아동초기의 경험들이 인간행동의 비논리성과 심리학적 장애의 근원이 된다.

2) 현대 심리학의 접근

(1) 신경생물학적 접근(neuro-biological approach)

신경생물학적 접근(neuro-biological approach)은 심리적 현상을 뇌(brain) 대뇌피질(cerebral cortex)과 신경계(nerve system) 그리고 내분비선(endocrine grand) 특히 호르

---

8) 構成主義: 제1차 세계대전 후 러시아, 독일 등에서 일어난 미술, 건축상의 한 주의(사실주의를 배격하고 주로 기하학적 형태의 구성으로 새로운 미(美)를 창조하려 하였음).
9) 機能主義: 실체나 본질은 생각지 않고, 기능, 작용에 관한 인식만이 가능하다고 보는 입장.
10) 行動主義: 심리학을 객관적인 과학으로 만들기 위해서는 객관적인 행동을 대상으로 하지 않으면 안 된다는 주의.
11) 김원형, 남승규, 이재창(2004), 인간과 심리학, 학지사, p. 18.

몬(hormone)이 활동한 결과로 본다. 따라서 신경계 및 뇌 세포(brain cell)의 활동만을 제대로 연구한다면 인간을 이해할 수 있다는 것이다.

그러나 뇌 세포(약 120억 개 정도)가 너무 복잡하고, 살아있는 인간의 뇌를 실험용으로 사용하기 어려우며 삶의 가치(value), 인생의 목표(goal) 등은 신경세포[12]의 활동으로 설명하는 것이 불가능하다는 문제점이 있을 수 있다.

(2) 행동주의적 접근(behavioral approach)

행동주의적 접근은 누구나 객관적으로 관찰할 수 있는 행동을 연구(research)의 대상으로 삼아야 한다고 보았는데, 그 대표적인 학자는, 행동주의를 처음 주장한 Watson, 고전적 조건형성의 Pavlov(러시아의 생리학자; 1849~1936), 조작적 조건형성의 Skinner (미국 행동주의 심리학자; 1904~1990) 등이 있다.

행동주의적 접근은 Locke의 경험주의에 영향을 받아서 심리학에서 관찰할 수 없는 마음이나 의식 등을 연구대상에서 제외하고 행동만을 연구대상으로 하였다.

인간이 보이는 모든 행동은 특정한 자극(stimulus)에 대한 반응(response)으로서 습득된 결과이므로 어떤 자극조건이 원인이 되어 어떤 반응결과(S-R)가 나타나는가를 알아봄으로서 행동을 연구할 수 있다고 본다. 사람들이 보이는 모든 행동은 모두가 환경의 산물이며 또한 사람들은 긍정적인 결과가 따르는 행동을 반복하는 경향이 있기 때문에 적절한 강화(reinforcement)를 통하여 원하는 바람직한 결과를 낳을 수 있다고 본다.

(3) 인지주의적 접근(cognitive approach)

행동주의적 접근의 반발로 나타난 인지주의는 인간의 마음이 보이지 않는다고 하여 과학적 연구대상에서 제외시킨다면 천문학(uranology)·물리학(physics)·화학(chemistry) 등에서 다루는 블랙홀(black hole), 원자구조, 세균(bacillus) 등과 같은 현상들도 직접 관찰 가능한 것이 아니므로 연구대상에서 제외되어야 한다고 주장하면서 모든 것들이 과학으로 인정을 받고 있는 것처럼 마음도 엄연히 실재하는 것이기 때문에 심리과정도 과학적인 연구대상이 되어야 하는 것이다.

---

12) 神經細胞: 신경 조직을 구성하는 세포(수상(樹狀)돌기와 축색(軸索)돌기의 두 가지가 있음).

인지주의적 접근은 사람들이 지각, 생각, 기억하는 모든 정신과정에서 어떤 원리들이 작용하는가의 연구는 물론 객관성을 높이기 위하여 통제된 실험, 프로토콜(protocol, 통신규약) 분석 등을 통하여 정보선택, 처리, 판단, 기억(memory), 문제해결, 언어이해(lalognosis) 등과 같은 정보처리과정(information processing)을 연구하였다. 최근까지 인지주의적 접근은 심리학 전반에 걸쳐서 수없이 많은 영향을 미쳤을 뿐만 아니라 인공지능(artificial intelligence: AI, 인간의 사고 과정(過程) 또는 지적 활동의 일부를 기계화한 컴퓨터 시스템. 또는 그것을 연구하는 컴퓨터 공학의 한 분야)이나 인간공학(ergonomics, 기계 장치나 작업 환경을 인간의 특성에 맞추어 설계, 조정하고자 하는 공학의 한 부문)과 같은 영역에서도 폭넓게 영향을 미치고 있다.

(4) 정신분석학적 접근(psychoanalytic approach)

인간의 행동을 생득적인 본능(instinct)과 무의식적 동기(unconscious motive)로 설명하고자 하는 이론으로서 대표적인 학자는 정신분석학을 창시한 Freud(Sigmund, 오스트리아의 정신분석학자, 의학자; 1856~1939), 집단무의식(collective unconscious)을 강조하는 Jung, 열등감의 극복을 중시하는 Adler 등이 있다. 인간의 마음과 행동을 제대로 이해하기 위해서는 의식(consciousness)이 아니라 인간을 지배하는 무의식(unconscious)의 과정을 연구해야 한다고 보았다.

본능(instinct)과 무의식은 사회적으로 금기시되기 때문에 억압되어 있지만, 꿈, 말의 실수, 버릇, 정신질환, 예술 등으로 나타나게 된다고 보았으며 면접, 자유연상(어떤 말이 주어질 때, 거기서 마음에 떠오르는 생각을 자유롭게 연상해 가는 일), 꿈의 분석, 최면(hypnosis) 등을 연구방법으로 사용하고 있다.

(5) 인본주의적 접근(humanistic approach)

인본주의(humanism)와 실존주의(existentialism, 실존철학에 기초를 두는 사상상의 입장)의 영향을 받아서 개인의 주관적인 경험과 자유의지(free will)를 중시하는 입장으로서 정신적인 면을 강조하지만 과정(process)보다는 결과를 중시하며 자기개념(selfconcept), 자기인식, 자존심(esteem), 자기실현 등에 관심을 갖는다. 대표적인 학자는 욕구위계이론을 제시한 Maslow, 내담자 중심치료로 알려진 Rogers 등이 있다(다음 장에서 구체적인 설명이 이어짐. 〈표 2〉 참조).

<표 2> 현대 심리학의 접근

구분 / 내용	신경생물학적	행동주의적	인지주의적	정신분석적	인본주의적
인간관	중립	중립	중립	비관	낙관
개인 대 환경	개인	환경	개인과 환경	개인	개인
정신과정	중립화	최소화	최대화	최대화	최대화
연구대상	신경생물학 기능	관찰 가능한 행동	사고와 이해의 정보처리 과정	무의식 요인들	자기실현
주요 순수분야	생리심리학 동물심리학 지각심리학	학습심리학 발달심리학 성격심리학	인지심리학 실험심리학 학습심리학	발달심리학 성격심리학 사회심리학	발달심리학 성격심리학 사회심리학
주요 응용분야	광고심리학 법정심리학 스포츠심리학	교육심리학 조직심리학 학교심리학	공학심리학 소비자심리학 환경심리학	상담심리학 이상심리학 임상심리학	상담심리학 이상심리학 임상심리학

5. 각 심리학의 연구 분야

1) 동물심리학(動物心理學)

비교심리학(比較心理學, 성인의 심리와, 이상자, 범죄자, 아동, 청년, 노인 또는 동물의 심리를 비교 연구하는 학문)으로서 생물발달의 단계에 따라 각 동물의 행동성능을 알고 동물을 이해하며 발달심리학적 지식을 얻으려는 연구와 인간연구의 보조로서 인간 대용(代用)으로 동물을 실험의 대상으로 하는 연구의 두 방향으로 크게 나눈다. 전자의 경우에는 동물의 생태학적(ecological) 연구와 제휴하여 본능적 행동을 연구하고 혹은 인공사육(人工飼育)의 동물은 특수 환경과 자극 속에 두고 행동의 변용(變容)을 조사하는 일 등이 행해지며 후자의 경우에는 뇌(腦, brain) 각부의 절제(切除, resection)나 전기 자극에 의한 뇌기능의 고찰 학습실험(學習實驗) 등에 크게 공헌하였다.

2) 아동심리학(兒童心理學)

유아(乳兒, infant), 학동(學童, schoolboy)의 각 발달단계에서의 아동심성의 연구는 발달심리학으로서도 중요하고, 또한 교육상의 필요에서도 그 연구는 바람직하여 비교적 오래 전부터 개척되는 부문이다.

3) 청년심리학, 노인심리학(靑年心理學, 老人心理學)

아동(juvenile)으로부터 성인(adult)으로 옮겨가는 시기인 청년(youth)의 심리에 관해서는 연구가 늦은 편이었으나 제2차 세계대전 후에 그 중요성이 인정되어 점차 연구가 충실해지고 있다. 정신적 이유기(離乳期, 젖먹이가 젖을 떼는 시기, 보통 생후 6~7개월에 시작되는데, 젖만으로는 영양이 부족하여 젖 이외의 음식을 찾게 되는 시기임)라고도 하는 청년기(靑年期, 대체로 스무 살쯤에서 서른 살쯤까지의 시기)는 자아(自我)가 확립되는 시기이며 이론적으로나 실제적으로나 중요한 문제를 안고 있다. 한편 노인에 관한 연구는 청년보다도 더 경시되는 상태에 있었으나 인간의 수명이 연장되어 노인층이 증가함에 따라 연구의 실마리가 풀리기 시작했다.

4) 미개인 심리학

아동→청년→성인의 계열연구가 개인발달을 추구하는 것이라면 미개인→문화인의 계열 연구는 인류의 계통발달을 추구하는 것으로서 주목을 받았는데 여기서는 원시심성(原始心性)의 구명이 행해진다. 분트의 민족심리학이 선편(先鞭)을 쳤으나 그 후에는 문화인류학과 협동하여 고찰되고 있다.

5) 성격심리학(personality psychology)

인간의 개성(individuality)을 형성하는 측면은 지적(知的, intelligent) 방면을 나타내는 지능과 정의적(情意的) 방면을 나타내는 성격(性格) 또는 기질(氣質, disposition)이라고 할 수 있는데 이것을 종합한 의미로 personality라는 말이 사용되기도 하며 또한 지능(intelligence)을 제외한 성격적 개성과 같은 뜻으로 사용되는 경우도 많다. 지능 연구는 A. 비네가 지능검사(知能檢査)[13]를 개발한 이후 행해졌는데 인자분석(因子分

---

13) 知能檢査: 정신 검사의 하나. 연상(聯想), 주의(注意), 상상, 기억, 추리 등의 특수 능력을 단독으

析) 등의 적용으로 지능인자의 발굴이 시도되었으며 근래에는 창조성의 연구도 주목되었다. 성격연구는 유럽에서의 정신의학자와 정신분석학자(psychoanalyst)를 중심으로 하는 유형론적(類型論的) 연구가 선행했고 이어 미국에서는 심리학자에 의한 특성론적(特性論的) 연구가 진행되어 특성론을 기본으로 한 유형의 탐구도 시도되었다. 심리학이 인간지(人間知)를 부여할 목적을 지닌 학문이라면 personality를 분명히 함으로써 그 목적을 달성할 수 있기 때문에 그래서 이것은 중요한 연구부문인 것이다.

6) 사회심리학(social psychology)

집단의 한 성원(成員)으로서 행하는 행동은 개인으로서 행하는 행동과는 다르게 마련인데 그것은 집단의 특성에 맞고 개인이 얼마만큼 그 집단에 심리적으로 소속되어 있는가에 따라서 규정되기 때문이다. 이와 같은 관계의 사회행동을 연구하는 사회심리학에서는 현실의 사회집단(社會集團, 공통의 관심과 목적, 그에 따른 역할 분담과 규율을 가진 집합체)을 그대로 대상으로 삼아 조사 분석하는 거시적 연구방향과, 인위적으로 특정 구조를 갖춘 집단을 구성하여 실험적으로 관찰하고 분석하는 미시적 연구방향이 있는데 두 가지 방향에서 다 같이 활발한 연구가 진행되고 있다. 전자는 사회학과의 제휴가 밀접하며 후자는 심리학의 독무대라 할 수 있다.

7) 응용심리학

기초적 이론적 연구가 발전함에 따라 응용부문의 개발도 활발하게 진행되는데 교육심리학·산업경영심리학·범죄사법심리학·임상심리학 등이 각각 사회의 요청에 따라 성과를 올리고 있다. 그들 분야 가운데 근래 크게 변모한 것은 산업심리학으로서 인간의 생산성 향상에서는 작업환경의 정비나 임금 문제보다도 대인관계(interpersonal relation)의 적절화가 중요한 의미를 가진다는 사실을 알게 됨으로써 인적조직(人的組織)의 개선을 꾀하는 경영심리학이 추가되었고 또 다른 한편에서는 작업환경을 인간능력에 적합 시키는 인간공학(人間工學, 기계 장치나 작업환경을 인간의 특성에 맞추어 설계하고 조정하고자 하는 공학의 한 부문)이 보태어졌다.

로 측정하는 검사법. 멘탈 테스트.

임상심리학은 제2차 세계대전 후에 발전한 부문인데 사회생활상 스트레스(stress)로 고생하는 사람이 증가하므로 그 대책(measure)과 치료(treatment)가 필요하게 되었으며 따라서 연구자도 급속히 팽창하였다.

8) 개인심리학(individual psychology)

개체(individual)의 차(差)를 체계적으로 연구하는 심리학(psychology)으로서 개체심리학이라고도 한다. 이러한 의미에서는 차이심리학(差異心理學)[14]과 거의 같지만 차이심리학은 개체의 차·성차(性差)·민족차 등 여러 형태의 차이를 광범위하게 취급하는 데 비해 개인심리학은 사회와 집단을 취급하는 사회심리학이나 집단심리학[15]과 달리 개인을 대상으로 하는 심리학을 말한다.

이 밖에 특수한 의미에서는 정신분석학파 A. 아들러가 제창한 심리학을 뜻하기도 한다. 그는 개인의 독자적 전체성[16]을 강조, 우월(優越)에 대한 욕구를 인간을 움직이는 최대의 동기로 보았다.

9) 경제심리학(psychology of economic behavior)

응용심리학의 한 분야로 경제생활을 중심으로 인간의 생활형태 또는 태도를 경제학적 관점에서 연구하는 학문이다. 20세기 초에 H. 뮌스터베르크 등이 생각했던 정신공학의 일환으로서의 경제심리학은 적성검사와 생산능률향상을 목표로 하는 산업심리학(産業心理學)과 거의 같은 내용이었다.

제2차 세계대전 후 나타난 경영심리학(management psychology)에서는 위에서 말한 내용에 moral 조사와 심리적 기업조직이론이 첨가되었고 미국에서는 노사관계(勞使關係)까지 포함하는 경우도 있다. 다만 영어에서는 "Economic Psychology"라는 용어는 여간해서 사용하지 않으며 이것은 경제행동의 심리를 말한다. 그 속에는 노동자의 심리, 경영자의 자본, 시설투자에 대한 의욕 등도 포함되어야 하겠지만 일반적으로

---

14) 差異心理學: 개인, 성(性), 민족, 직업, 집단, 세대(世代) 등 때문에 생기는 특성이나 집단의 구조를 규명하려는 심리학.
15) 集團心理學: 개인을 떠난 집단의 심리를 연구하는 학문(때로는 사회심리학과 같은 뜻으로도 씀).
16) 全體性: 하나의 전체로서 고찰되는 사물에 특유한 것이라고 생각되는 법칙성(法則性)이나 목적성.

① 소비자 선호(選好)의 이론

② 소비함수론(消費函數論)

③ 가계조사의 분석

④ 카토나의 소비자 태도지수 등 사회심리적 해석(解析)을 주요 내용으로 한다.

10) 경험심리학(empirical psychology)

경험적 사실을 중시하여 관찰(observation)과 실험(experimentation)을 통해서 심리적 현상의 특성이나 법칙을 연구하는 심리학이다. 과학적 방법을 응용하는 심리학은 모두 경험적 심리학이라고 할 수 있으나 특별히 이 말을 사용할 경우에는 사변적(思辨的, 경험에 의하지 않고 순수하게 이론적인 것) 방법으로써 정신의 본질이나 실체를 탐구했던 형이상학적, 철학적 심리학에 대하여 경험적 입장을 강조한 초기의 경험적 심리학을 가리킨다. 이는 또 실험심리학(실험을 통하여 정신 현상 및 행동을 연구하는 심리학. 종래의 사변적인 심리학에 반대하여 19세기 후반에 독일의 심리학자 분트가 창시한 것으로 이후 심리학의 발달에 기초가 되었다)에 대립되는 말로, 실험을 거치지 않고 경험적 실증(corroborative evidence)에만 치중하는 심리학이기도 하다. 특히 F. 브렌타노의 경험적 심리학은 이 입장에서 심적작용을 연구한 대표적 저서이다.

11) 계량(측정)심리학(psychometrics)

감각·능력·성격·기호(sign) 등과 같이 직접 관측할 수 없는 심리학적 구성개념을 측량하기 위한 방법의 총칭으로 심리적 측정의 특징은 측정대상이 심리적 구성개념(構成槪念), 과학적인 처리에 따라 조작적으로 만들어진 개념)이며 생활체의 행동을 통해서 간접적으로 측정한다는 데 있다. 이런 의미에서는 사회학이나 경제학(economics)에서의 측정과 공통점이 있어 상호 교류도 활발하다.

또한 계량심리학(여러 가지 심리적 현상을 수량적으로 측정하고 기술하는 학문. 심리학의 한 분야) 자체가 감각과 지각 연구에서의 정신물리학(물리적 자극과 심리적 경험 사이의 양적 관계를 체계적으로 연구하는 학문. 마음과 신체 사이의 관계를 연구하고자 하였다. 독일의 철학자이며 물리학자인 페히너가 창설하였다), 기호나 사회적 태도 연구를 위한 척도구성법(尺度構成法), 또는 능력이나 성격 등의 테스트 이론과 같이 서로 다른 연구 분야에서 서로 다른 개념을 측정대상으로 하여 개별적으로 발전해 왔다.

최근에는 구성개념의 간접적 측정을 위한 방법이라는 공통된 틀 안에서 논의된다. 사회학이나 경제학 분야에서 발전한 파스 해석이나 구조방정식의 모델도 계량심리학의 모델과 공통점이 있다는 것이 밝혀졌고 이들 선형(線形) 모델군(群)을 포괄적으로 다루는 공분산구조분석(analysis of covariance structures)의 방안이 제시되었다. 심리학적 측정(measurement)에서는 개념 그 자체를 관측할 수 없기 때문에 개념을 대표한다고 생각되는 생활체의 행동이나 속성이 관측대상이 된다.

관측대상으로 선택된 행동이나 속성(attribute)이 측정대상이 되는 구성개념(과학적인 처리에 따라 조작적으로 만들어진 개념)을 대표하고 있는지 아닌지는 심리학적 측정에서의 타당성 문제라고 불린다. 이 타당성이 높은 측정을 한다는 것은 계량심리학의 중요한 과제이다.

한편 관측되는 행동이나 속성과 구성개념 간의 관계를 구성하는 것을 모델(model)이라고 하며, 관측 값의 변동 가운데 모델로서 설명되지 않는 변동을 모델 잔차(殘差) 또는 측정오차(측정을 끝낸 뒤에 밝혀지는 일정한 오차. 계통 오차와 우연 오차를 더한 값이며, 오차의 종류로는 수단오차, 방법오차, 개인오차 따위가 있다)라고 한다. 따라서 측정오차는 측정의 흥미 대상이 되지 않는 다른 심리학적 요인에 의한 변동과 행동이나 속성의 관측에 따르는 관측오차를 포함한다.

이들 오차는 측정대상인 심리학적 구성개념(과학적인 이론이나 설명을 위하여 조작적으로 만들어 낸 개념. 직접 측정할 수는 없으나 측정할 수 있는 현상을 유발한다고 가정한다. 의식, 욕구, 지각, 자아, 동기 따위의 개념이 있다)과 상관되어 있을 경우를 항상오차(恒常誤差)라 하고, 상관이 없을 경우를 우연오차(偶然誤差, accidental error, 자동화에서 동일한 측정 대상을 똑같은 측정 수단과 방법으로 같은 관측자가 잰 경우에도 서로 다른 크기와 부호로 나타날 때의 오차)라고 한다. 항상오차가 존재한다는 것은 측정의 타당성이 낮다는 것을 의미한다. 모델잔차의 분산(decentralization)을 오차분산(誤差分散: error variance)이라 하고 오차분산의 제곱근을 측정의 표준오차(standard error of measurement)라고 한다.

측정의 표준오차는 거꾸로 모델에서 관측(observation) 값을 재현하려고 하는 시점(視點)에 설 때 추정의 표준오차(standard error of estimate)라고 불린다. 이와 같이 심리학적 측정은 통계학[17]에 그 기초를 두고 사회학(社會學, 사회관계의 여러 현상 및 사회 조직의 원리, 법칙, 역사 따위를 대상으로 하는 학문)이나 경제학(economics)에서의 측정과 공통되는 부분이 많다는 사실은 이미 지적한 바 있다.

또한 제2차 세계대전 후 급속히 발전한 오퍼레이션 리서치(operation research, 증권시장의 투기 매매. 매매에 의한 시장 조작연구)방법에서도 많은 자극을 받았다. 예컨대 선형계획법이나 그래프(graphic)의 이론 등이 심리학적 측정에 도입된 사실을 들 수 있다. 한편 구성개념과 관측량 사이에 수학적 모델을 설정하지 않고 단순히 양자의 단조로운 관계만을 가정하는 비계량적(非計量的, 분량을 헤아릴 수 없거나 헤아리지 않는 또는 그런 것)인 입장에서의 연구도 있다.

12) 교육심리학(educational psychology)

교육의 과정에서 일어나는 여러 문제를 심리학적 측면에서 연구하여 원리(principles)를 정립하고 방법을 제시함으로써 교육의 효과(effect)를 극대화하려는 응용심리학[18] 또는 교육학의 한 분야이다. 교육심리학[19]에서 심리학적 측면을 강조하는 경우에는 학습자의 발달과정이나 학습방법과 관련된 법칙정립이 그 핵심이 되어 가치중립적인 과학적인 연구가 된다. 한편 바람직한 방향으로 학습자를 성장하도록 도와준다는 교육적 측면이 중요시되는 경우에는 여기에 가치가 개입된다.

교육심리학(敎育心理學, 교육에 관한 심리학적 연구를 목적으로 하는 학문. 피교육자의 개성(個性), 교육적 인간관계, 학습 효과의 측정(測定), 특수 아동의 심리, 정신위생, 교사(敎師)의 심리 등이 대상이 됨)은 교육학(敎育學, 교육의 본질, 목적, 내용, 방법과 제도, 행정 등에 관한 이론을 연구하는 학문)의 영역 중에서는 과학적인 성격이 가장 강한 연구영역이지만, 심리적 원리를 바탕으로 하여 교육목표나 교육과정을 타당성 등에 대한 고찰을 연구대상으로 하는 경우에는 가치문제를 벗어나기 어려운

---

17) 統計學: 수량적 비교를 기초로 하여 많은 사실을 통계적으로 관찰, 처리하는 방법을 연구하는 학문.
18) 應用心理學: 실제 문제의 해결에 응용된 심리학(주로 의학적 심리학, 산업 심리학, 법률 심리학 등을 가리킴).
19) 敎育心理學: 교육에 관한 심리학적 연구를 목적으로 하는 학문. 피교육자의 개성(個性), 교육적 인간관계, 학습효과의 측정(測定), 특수 아동의 심리, 정신 위생, 교사(敎師)의 심리 등이 대상이 됨.

성격을 가지고 있다.

13) 교정심리학(correctional psychology)

범죄심리학과 관련 깊은 심리학의 한 분야로서 범죄자나 비행소년을 교정하거나 재교육하고 갱생시켜 건전한 시민으로서 사회에 복귀시키는 것을 연구 목적으로 한다.

범죄자를 교정하기 위해서는 범죄의 원인 연구와 함께 그 사람이 다시 범죄를 저지르지 않게 하는 교육도 필요하다. 따라서 범죄심리학은 물론이고 아동, 청년, 교육, 임상, 사회 등의 심리학뿐만 아니라 정신의학, 사회학 등 광범위한 지식을 필요로 하는 학문이다.

14) 기능심리학(functional psychology)

W. 분트, E. B. 티치너의 요소심리학, 구성심리학에 대립하여 일어난 심리학이다. 독일의 F. 브렌타노에서 비롯되어 오스트리아학파에 전파된 작용심리학(作用心理學), 미국의 J. 듀이를 중심으로 한 시카고학파의 기능주의(의식 내지 심적(心的) 활동을 환경에 대한 적응 기능으로 연구하여야 한다는 생각)심리학이 이에 속한다.

작용심리학에서는 의식의 내용을 요소별로 분석하기보다 차라리 의식과 정신의 움직임과 작용 그 자체를 경험적 방법으로 밝혀야 한다고 주장한다. 또 미국의 기능주의 심리학은 진화론[20]을 기반으로 하여 의식을 생활체의 환경에 대한 적응수단으로 보고 생물학적 의미와 효용을 밝히려고 하며, 생활체의 심적 사상과 신체적 반응을 환경과 관련시켜 연구하는 것을 목표로 삼고 있다.

15) 내용심리학(content psychology)

의식내용의 분석과 기술을 목적으로 하는 입장의 심리학이다. 기능주의,[21) 작용심

---

20) 進化論: 모든 생물은 지극히 원시적인 종류의 생물로부터 진화해 왔다는 학설.
21) 機能主義:
　　① 실체나 본질은 생각지 않고, 기능, 작용에 관한 인식만이 가능하다고 보는 입장.
　　② 건축, 가구 등의 형태, 재료 등은 그 목적과 기능에 따라 설계되어야 한다고 하는 태도.

리학에 대칭되는 말로 구성주의[22]는 그 한 형태이다. 초기의 심리학은 연구대상을 의식에만 국한시켜서 그 구성요소를 탐구하고 감각, 감정 등에만 한정시키는 경향이 강했다. W. 분트와 티치너가 그 대표이다. 견해에 따라서는 현상학적 심리학도 그 하나일 수가 있고, 그 경우의 내용에는 사고(thinking), 의지 등도 포함된다. 그러나 모두 의식심리학의 한 형태임에는 다를 바 없고 행동주의[23]의 비난의 대상이 되었다.

오늘날의 심리학은 대체로 보아 내용심리학이 발굴한 문제들을 행동주의 범위에서 다시 해석하려고 하는 경향이 강하다.

16) 뉴룩심리학(Newlook psychology)

사회적 지각(perception)의 연구를 주요 목적으로 한 심리학의 한 분야로 흥미, 욕구, 기대, 정서, 성격 등의 주체적 조건이나 개체가 놓여 있는 사회적, 문화적 조건이 대상의 지각에 끼치는 영향을 중요시하고, 이것을 지각연구의 과제로 삼은 일련의 연구동향이다.

1940년대 후반 J. S. 브루너, L. 포스트만 등에 의하여 창설된 이래 반증실험(反證實驗)을 포함한 많은 실험적 연구가 제기되어 논의를 불러일으켰다. 빈부의 차 및 화폐의 크기와 지각과의 관계를 나타내는 실험이나 터 부어(語)에 대한 지각방위(知覺防衛)를 증명하는 실험 등은 유명하다.

17) 능력심리학(faculty psychology)

정신활동의 과정(process)을 몇 가지의 능력(ability)으로 상정하고 분석기술(分析記述, analyticaltechnique)함으로써 이것을 정신현상의 실체, 원인 설명원리로 삼으려고 하는 심리학이다. 이러한 입장은 역사적으로 볼 때 플라톤(Platon, BC 427~347)의 지, 정, 의, 삼분법(知情意 三分法),[24] 중세의 토마스 아퀴나스가 주창한 능력설에서 찾아

---

③ 의식 내지 심적(心的) 활동을, 환경에 대한 적응 기능으로 연구하여야 한다는 생각.
22) 構成主義: 제1차 대전 후 러시아, 독일 등에서 일어난 미술, 건축상의 한 주의(사실주의를 배격하고 주로 기하학적 형태의 구성으로 새로운 미(美)를 창조하려 하였음).
23) 行動主義: 심리학을 객관적인 과학으로 만들기 위해서는 객관적인 행동을 대상으로 하지 않으면 안 된다는 주의.
24) 三分法: 구분되는 대상을 세 가지로 나누어 생각하는 방법(대(大), 중(中), 소(小) 또는 천(天),

볼 수 있으며, 전형적인 대표자로는 근세 독일의 C. 볼프가 있다.

그는 인간의 능력을 인식능력(사물을 분별 인식할 수 있는 정신능력)과 욕망능력으로 크게 나누었고, 열등(劣等, inferiority)한 것과 우등(優等, excellence)한 것으로 세분하였다. 현대심리학에서는 능력을 설명원리나 실체(substance)로 인정하지 않고 다만 소질과 기능으로서의 능력을 인정하며, 인자분석법 등으로 연구하고 있는데 능력심리학의 문제가 변형되어 계승된 것이라 할 수 있다.

18) 발달심리학(developmental psychology)

인간의 생애를 통하여 심신의 성장과 발달 과정을 심리학 이론을 배경으로 연구하는 심리학의 한 분야이다. 넓은 뜻으로는 개인적인 발달(개체발생)의 연구뿐 아니라 계통발생의 연구도 포함된다. 즉 동물로부터 인간으로의 생물학적 진화(evolution), 원시인으로부터 문명인으로의 민족학적 발전, 정상인으로부터 정신이상자로의 병리학적 퇴화(retrogression) 영역까지도 포함되며 발달의 일반법칙을 연구하는 것이다. 그러나 일반적으로는 협의(conference)로 사용하는 일이 많고 따라서 아동심리학(child psychology) 및 청년심리학(adolescent psychology)과 같은 뜻으로 이해된다.

발달심리학은 19세기 진화론(theory of evolution)의 영향으로 발족하였다. 당시 인간 이전의 존재에 사람들의 관심이 쏠려 있었으나 단지 인간 이전의 동물의 형태학적 특성에 그치지 않고, 동물의 지능이라든가 표정과 같은 행동일반에 관해서도 관심을 갖게 된 것은 발달심리학(發達心理學, 정신 발달을 대상(對象)으로 하여, 그 일반적 경향이나 법칙 등을 연구하는 심리학의 한 분야)성립에 박차를 가하였다. 진정한 과학적 발달심리학 연구를 발표한 것은 독일의 W. T. 프라이어의 아동의 정신(1883)으로서, 여기서 어린이들의 정신발달이 그 풍부하고도 성의 있는 자연관찰[25]의 기록에 의해 처음으로 부각되었다. 이어 미국의 H. 홀이, 특히 청년에 관하여 설문법을 써서 수량적이며 조직적으로 연구한 것이 발달심리학 발전을 촉진하였다. 특히 수량적 연구방법은 미국에서 발달하여 실험법 등을 통해 정신발달을 연속적인 양적 변화만으로 보지 않고 발달관을 산출했다.

지(地), 인(人), 상(上), 중(中), 하(下) 따위).

25) 自然觀察: 자연의 법칙(法則)이나 현상(現象)을 살펴봄.

한편 유럽에서는 정신발달을 질적 비약을 포함하여 구조상의 변화로 보지 않는 입장에서 발달심리학이 연구되었다. H. 베르너나 W. 슈테른은 정신발달을 구별이 어려운 형태에서 차차 분절(分節)하며 명확한 형태를 취하는 과정으로 취급하고, K. 코프카는 구조의 변화를 강조하였으며, 뷜러 부부는 발달단계의 존재를 주장하였다. 또한 S. 프로이드는 정신분석학(psychoanalysis) 연구를 통하여 인간이 무의식 속에 잠기는 과거의 경험을 발견하고 정신발달은 반복이 향하는 장소의 이동이라는 독자적 발달심리학을 구성하였다.

현대 발달심리학의 중심과제는 발달을 규정하는 요인의 탐구가 초점이 된다. 내적 요인(유전, 성숙 등)인가, 외적 요인(환경, 학습 등)인가 또는 양자의 상호작용이라고 하더라도 어떠한 내적 요인에 대하여 어떠한 외적 요인이 작용하는가를 놓고 연구가 진행되고 있다. A. 게젤, J. 피아제, H. 월른, J. S. 비고스키 등의 연구는 잘 알려졌으며, 20세기에는 인지론적 입장에서 J. S. 브루너 등이 자극-반응 이론(S-R theory, stimulus-response) 관점에서 D. E. 버라인 등이 각기 발달심리학[26]의 체계화를 위해 공헌하였다.

19) 비교심리학(比較心理學, comparative psychology)

바이러스(virus)나 식물에서 인간에 이르는 여러 생물의 행동에 관해 그 차이나 유사 또는 근연성(近緣性)의 관점에서 비교 연구하는 심리학의 한 부문이다. 이 명칭은 17세기 이래 발전하여 온 비교해부학이나 비교생리학에서 연유한 것으로서 그것이 다루는 범위는 차차 넓어지고 있다.

현재 광의적 개념으로는

① 동식물의 행동을 그 계통발생, 개체발생의 관점에서 비교 검토하는 연구(동물 · 식물심리학)
② 어린이의 정신적 발달단계를 비교하는 연구(발달심리학)
③ 여러 인종 민족의 정신구조를 비교하는 연구(민족심리학)

---

26) 發達心理學: 정신 발달을 대상(對象)으로 하여, 그 일반적 경향이나 법칙 등을 연구하는 심리학의 한 분야.

④ 개체간의 차이를 문제로 하는 연구(차이심리학)

⑤ 정상 자와 이상자와의 정신구조를 비교하는 연구(이상심리학)

⑥ 일련의 동물종(動物種)을 통하여 나타나는 행동의 진화를 문제로 하는 연구(발생심리학) 등이 포함되며 그 영역은 다른 심리학 부문과 중복되었다.

협의로는 사람과 동물과의 행동의 비교, 동물의 종차에 따른 각종 행동의 비교, 복잡한 사람의 행동을 통제하고 예측하기 위한 동물실험 등을 하는 동물심리학[27]을 의미한다고 볼 수 있다. 유럽(Europe)에서는 비교행동학을 중심으로 야외의 자연 관찰을 주로 한 선천적 행동의 연구가 성행하고 있으며 또한 미국에서는 조건부의 실험실 내의 습득적 행동의 연구가 이루어지고 있고 심리학에서 행동이론의 기초자료를 제공해주고 있다.

20) 사고심리학(思考心理學, psychology of thing)

문제해결, 방법, 추리, 이해, 표상, 지식 등이 그 대상이다. 사고에 대한 심리학적 고찰은 일찍이 아리스토텔레스(Aristotle, 그리스 철학자), B. C. 384~322)에서 찾아볼 수 있다. 그는 형식논리학을 정식화하고 추론(推論)을 이끌어내는 규칙을 정했으며 이 논리법칙이 곧 사고법칙이라 하였다. 따라서 형식논리학[28]의 3요소인 개념, 판단, 추리가 곧 사고의 요소가 된다. 그는 또한 사고활동에는 반드시 심상(心像)과 그 밖의 감성적 경험이 수반되는 것이라고 생각하였다. 논리법칙이 곧 사고법칙이라고 생각하는 Aristotle의 이론은 최근까지 거의 그대로 계승되어 왔으며 현재도 개념형성의 연구는 사고심리학의 가장 중요한 대상이 된다.

한편 사고활동이 감성적 경험(experience)을 근간으로 한다는 발상은 영국의 경험론(empiricism)[29]에 전승되어 요소적 경험이 연합하여 고차의 인식으로 전화한다는

---

27) 動物心理學: 사람 이외의 동물의 행동을 연구 대상으로 하는 심리학의 한 부문.
28) 形式論理學: 논리학 중 특히 사유(思惟)의 형식적 법칙, 곧 개념이나 판단, 추리 따위의 방식을 연구하는 학문.
29) 經驗論:
　① 경험을 바탕으로 한 논의나 견해.
　② 모든 인식은 감각적 경험에 의한다고 생각하며 인식에서의 초경험적, 이성적(理性的) 계기를 인정하지 않는 인식론적 입장. 경험주의.

연합주의 주장이 생기게 되었다. 이 주장에 대하여 뷔르츠부르크학파는 감성경험을 수반하지 않는 사고과정의 존재를 실험에 의하여 입증하였다. 그 때까지는 사고란 전적으로 기득지식의 활용이라는 재생산적인 것으로 간주되었으나 게슈탈트학파에서는 이에 대하여 통찰에 따른 생산적 사고의 중요성을 강조하였다.

현재는 이러한 학파의 흐름을 배경으로 하여 생산적 사고와 창조성의 연구, 신행동주의학파에 의한 매개과정(媒介過程)의 연구, 사고의 논리적 조작의 발달에 관한 연구, 사고의 발달과 교수법과의 관계, 인간의 사고를 컴퓨터와 관련시켜 사고를 일종의 정보처리능력으로 보는 견해(opinion), 언어(language)와 사고(thinking)를 인식(cognition)과 관련시켜 취급하는 견해 등 여러 가지 새로운 영역으로 전개되고 있다. 미국에서는 사고라는 용어의 사용을 피하고 인지라는 말을 사용하는 학자들이 많은 편이다.

21) 사회심리학(social psychology)

사회적 행동에 관한 여러 현상을 연구하는 학문이다. 사회환경 속에서 직접 또는 간접으로 타인과 관계를 가지고 또 사회의 문화, 규범, 제도 등의 규제를 받고 생활하는 인간의 경험이나 행동을 그러한 사회적 여러 조건과의 관련에서 이해하고 설명하려고 하는 학문이다. 사회로부터 추상(abstraction)된 개인을 주로 다루어 온 심리학과 인간을 사상화한 사회나 문화(culture)를 주로 다루어 온 사회학이나 문화인류학이 서로 접근하고 교착(交錯)하는 영역에 사회심리학이 등장한다. 그러므로 사회심리학에서는 중점을 두는 곳과 접근방법이 달라지는 데 따라서 갖가지 입장과 사고방식 및 연구방향이 갈라진다.

22) 산업심리학(industrial psychology)

산업 활동에 종사하는 인간의 문제 중 특히 공장 현장 종업원의 자질을 연구, 고찰, 해결하려는 응용심리학으로서 생산(production)과 판매(selling)를 증대시키고 각 개인의 만족도와 적응도를 촉진시키며 경영자(manager)와 근로자와의 관계를 조화시키는 등 산업 활동에서의 여러 가지 문제를 해결하려는 심리학의 한 분야이다. 처음에는 개인의 생리학적 심리학의 응용에서 비롯되어 작업동작, 피로현상과 같은 개인의 활동을 연구대상으로 하였으며 응용도 적성검사,[30] 적정배치, 능률향상, 사고방지 등에 한정되어 있었다. 그러다가 제2차 세계대전 후 작업에서의 동기부여 노동의욕, 직장에서의 인간관계 등 사회심리학적인 면이 강조됨과 함께 색채공학과 공유하여 기계, 설비의 안전이 고려되는 등 공학심리학적인 면도 주목받게 되었다. 그리고 나아가서는 산업 활동에 종사하는 근로자에 관한 문제뿐만 아니라 소비자의 구매심리를 연구하고 이를 산업 활동에 응용하는 광고심리학(광고를 효과적으로 하는 조건이나 방법, 또는 광고와 욕망 사이의 관계를 연구하는 학문. 응용 심리학의 한 분야이다)이나 상업심리학도 산업심리학(industrial psychology)[31]의 내용을 구성하는 일부가 되었다.

또한 아직은 미개척 분야가 많지만 경영자의 의사결정 동기나 리더십(leadership)의 심리적 과정을 연구하는 것도 중요한 과제이다.

23) 색채심리학(color psychology)

색채와 관련된 인간의 행동(반응)을 연구하는 심리학이다. 색채심리학에서는 색각(色覺)의 문제로부터 색채에 대하여 가지는 인상, 조화감 등에 이르는 여러 문제를 다룬다. 그뿐만 아니라 생리학(physiology), 예술(art), 디자인(design), 건축(architecture) 등과도 관계를 가진다. 특히, 색채가 어떠하며, 우리 눈에 그것이 어떻게 보이고, 어떤 느낌을 주는지는 색채심리학(color psychology)이 다루는 연구대상 중 가장 주요한 부분이다.

24) 생리심리학(physiological psychology)

생리학적 방법에 의거한 심리현상의 연구, 나아가서는 생리학 이론(physiology theory)에 의하여 심리현상을 설명하는 입장의 심리학이다. 현재는 생리학(physiology)의 방법이나 이론뿐만 아니라, 생화학(biochemistry), 약리학,[32] 제반 신경과학(neuroscience)

---

30) 適性檢查: 특정한 일에 적합한 소질이 있는 지의 여부를 밝히는 검사.
31) 産業心理學: 산업 활동에 종사하는 인간의 심리를 연구 대상으로 하는 응용심리학의 한 분과. 직업심리학, 노동심리학, 광고심리학의 세 분야로 나뉨.
32) 藥理學: 생명체에 일정한 화학적 물질이 들어갔을 때 일어나는 생체 현상의 변화를 연구하는 학문.

등 광범위한 생물과학과도 관련을 가지게 되어 심리현상의 물질적 기초 연구 전반을 포괄적으로 지칭하는 경우가 많다. 예를 들어 '기억'이라는 심리현상에서 '기억'의 여러 측면과 신경계의 대응부위, 신경세포(신경계의 구조적·기능적 단위. 하나의 세포체와 그 돌기인 수상돌기와 축색돌기로 구성된다. 중추신경계에서는 회색질에 모여 있고, 말초신경계에서는 신경절에 집합해 있으며, 그 외 여러 장기(臟器)에 여러 모양으로 무리를 짓고 있다)의 화학적 조성의 변화 및 여러 종류의 약물효과와의 상관관계를 연구하게 된다. 독일의 심리학자 W. 분트는 생리학적 심리학을 실험심리학(실험을 통하여 정신 현상 및 행동을 연구하는 심리학. 종래의 사변적인 심리학에 반대하여 19세기 후반에 독일의 심리학자 분트가 창시한 것으로 이후 심리학의 발달에 기초가 되었다)과 거의 같은 뜻으로 사용하였다.

25) 이상심리학(abnormal psychology)

정상인의 이상한 심리상태(꿈, 최면상태)나 정신이상자의 병적 심리상태를 고찰하여 그 구조와 발생과정을 해명하려는 심리학이다. 이상심리학(정상인의 이상적인 심리상태나 비정상인의 병적 심리상태를 연구하는 학문. 범죄자나 이상자의 정신 병리학적 연구, 꿈이나 최면과 같은 특수한 심적상태, 정신장해, 정신적 불건강, 부적응, 약물중독이나 머리의 외상으로 인한 심리적 이상, 성적이상 행동의 심리 따위를 다룬다. 심리학의 한 분야이다) 연구의 주요 학파로는 첫째, S. 프로이드를 시조로 하는 정신분석학파의 방어기제(defense mechanism, 防禦機制), 두렵거나 불쾌한 일, 욕구 불만에 맞닥뜨렸을 때 스스로를 방어하기 위하여 자동적으로 취하는 적응 행위. 도피, 억압, 투사, 보상 따위)에 의한 정신이상의 원인론적 연구가 있다. 이것은 부적응(不適應)을 일으키는 원인이나 그 형태를 억압(抑壓), 보상(補償), 합리화(rationalization), 반동형성(reaction formation) 등의 기제(機制, mechanism)로 설명하려는 것이다. 둘째, 프랑스의 정신의학에 속한 학파로서 정신증상(精神症狀)의 정밀한 기술을 중심으로 하는 연구이다.

환각(hallucination)이나 망상(妄想) 등의 증상 연구로 내인성(內因性) 정신병을 분류하였다. 셋째는 독일의 정신병리학(psychopathology)의 입장이다. K. 야스퍼스는 이상심리의 요해적(了解的) 파악을 주장하고 증세의 현상학적 기술에 역점을 두었다.

이 밖에도 J. 설리번, E. 프롬, K. 호나이 등 사회심리학적인 입장에서 이상심리현상을 연구하는 학자들도 있다. 그들은 각 민족 간의 문화의 차이라는 관점에서 이상심리현상을 분석한다.

이상심리학은 방법상으로 보면 일반 심리학과 다를 것이 없으나, 그 대상이 이상상태로서 정신병학의 연구와 밀접한 관계를 가진다. 연구 대상으로는 신경증(neurosis) 또는 심인성반응(心因性反應)[33], 선천성 정신결함(정신박약, 정신질병), 유전적 소인(遺傳的素因)에 의한 내인성 정신이상(정신분열증, 조울증), 기타 정신이상을 들 수 있다.

26) 정신병리학(psychopathology)

정신장애인이 일으키는 임상적 정신증세 또는 정신현상(psychic phenomenon)을 관찰하고 기술(記述), 분석하여 과학적 파악을 목적하는 정신의학의 한 분야이다. 정상과 이상의 구별은 명료한 것이 아니며 또한 정신장애는 주관적 체험양식이나 사회적 환경요인들과 밀접한 관련이 있기 때문에 환자에게 영향을 끼친 사회 속에서의 전체적 인간상을 파악하는 데에 중점을 두게 되었다. 정신병리학을 연구하는 학파에는 다음과 같은 것이 있다.

① 독일식 전통적 서술학파: E. 크레펠린(1856~1926)과 H. 그룰레(1880~1958), K. 야스퍼스(1883~1969) 등이 완성시킨 기술적 방법을 모체로 하여 발전시킨 학파로, 증세의 기술과 분류를 엄밀한 과학적 방법론에 의해 다루고 있다.

② 정신분석학파: S. 프로이드에 의해 자유연상법이라는 면접기술을 써서 환자의 무의식에 눌려 있던 불건강한 체험을 노출시켜서 분석하는 학파인데 한동안 크게 유행하였으나 차차 쇠퇴해가고 있다.

③ 실존분석(實存分析): L. 빈스방거(1881~1966) 등 스위스에서 활동하는 학자들에 의해 정신병자와 정신질환을 순수의학적 판단을 떠나서 세계 내 존재라는 구조(構造) 속에서의 인간적 현존재라고 생각하려는 학파이다.

④ 신(新)프로이드 학파: 미국에서 번창하고 있는 학파로서 프로이드의 정신분석에 기반을 두었지만 문화적·사회적 배경을 중시하는 학파이다.

---

33) 心因性反應: 심적 체험으로 말미암아 일어나는 이상한 심적 반응(경악반응, 파라노이아 반응 등).

⑤ 조건반사에 의거하는 러시아 학파 등이 있다.

27) 정신분석(psychoanalysis)

오스트리아(Austria)의 의사 J. 브로이어는, 심한 히스테리(hysteria)에 걸린 한 소녀에게 최면술(hypnosis)을 걸어 병을 일으키게 된 시기의 사건에 대해 이야기를 시켰는데 그것으로 소녀의 병이 완쾌되었다. 즉 마음속 깊이 억눌려 환자 자신은 의식하지 못하는 마음의 상처가 병이 되는 원인임을 알아낸 것이다.

프로이드는 브로이어와 함께 이에 관한 연구를 하였고 히스테리(hysteria)의 증상은 의식의 영향을 받지 않고서 무의식 속에 억압되어 있던 마음의 갈등이 본인의 의사와는 관계없이 육체적인 증세(symptoms)로 변형되어 일어나는 정신적 에너지로 생기는 병임을 알아내었다. 따라서 히스테리(hysteria)를 고치려면 무의식 속에 눌려 있던 감정을 정상적 통로를 통해서 의식계(意識界)로 방출(catharsis)하면 된다는 이론을 세웠다.

그 후 Freud는 이런 환자를 치료하기 위해 최면술을 쓰는 일은 결함이 있다고 보고 그 대신 자유연상법(free association)으로 환자 머리에 떠오르는 생각을 숨기지 않고 얘기하게 하는 방법으로 바꾸었다.

1896년 그는 이런 방식을 '정신분석'이라고 명명했다. 그는 노이로제(neurosis)의 치료에서 얻은 지견을 꿈, 남 앞에서 빗나간 말을 하는 것, 농담이라는 형식으로 방출시키는 속마음 등을 연구하여 1900년 이후 자기 나름의 심리학 체계를 세우고 이를 정신분석이라고 불렀다. 자기의 학설이 처음부터 가설에서 출발한 것이고 과학적인 입증(立證)이 불가능한 것이어서 감히 정신분석학이라는 학(學)자를 넣지 못했던 것이다.

프로이드는 히스테리증상의 원인으로 성적(性的)인 것이 퍽 많음을 알아내고 억압된 관념에는 성적인 것이 많을 뿐더러 성적인 것은 아이 때부터 있는 것이라고 주장하여 1905년 성(性)의 이론에 관한 세 편 논문을 발표하였다.

더 나아가 성에 대한 관념을 확대하여 노이로제의 원인으로서 그전같이 감정적인 상처를 입은 일을 생각하는 대신에 성적인 소질의 역할을 더욱 중시하게 되었다. 그의 학설이 범성론적(汎性論的)이라는 비난을 많이 받았고 그로 말미암아 자기의 유력한 협조자였던 아들러와 융 같은 우수한 학자들이 그의 옆을 떠나고 말았다. 아들러는 권력의지(權力意志)를 인간행동의 중심이라고 생각하여 자아(自我)의 문제에 주목

하였고, 융은 따로 분석적 심리학을 주장하였다.

정신분석은 무의식(unconsciousness)을 연구하는 심리학, 즉 프로이드의 말을 빌리면 심층심리학(정신 분석의 입장에서 의식에 떠오르지 않는 정신 활동인 무의식을 연구하는 심리학. 또는 일상적 의식 생활을 무의식으로 설명하고자 하는 심리학)으로서 다음과 같은 특징이 있다.

① 역동적(力動的)인 점

정신분석은 모든 정신현상(psychicphenomenon)을 협력하다가도 반발하는 갈등과 결합했다가 타협했다가 하는 힘의 상호작용이라고 보았다. 이 힘의 나타남을 자기보존본능, 즉 자아본능(自我本能, ego instinct)과 성본능 두 가지로 나누었고 성본능의 에너지를 리비도(libido, 성본능)라 불렀으나 1926년경부터는 삶의 본능, 즉 에로스(eros)와 죽음의 본능 타나토스(thanatos, 죽음의 본능)의 둘로 나누었다.

삶의 본능(instinct)은 영원한 결합을 찾는 본능으로서 자기보존 본능과 성본능을 포함시켰고 죽음의 본능은 삶을 파괴하려는 본능을 말한다.

이렇게 한 쌍의 본능을 생각한 그는 특히 성본능의 에너지인 리비도에 관한 연구를 발전시켜 생후 18개월까지의 구강시기, 8개월에서 4세까지의 항문시기, 3~7세의 남근기로 발달되어 간다고 하고, 남근기(phallic stage)의 끝 시기에 Oedipus complex가 억압을 받게 되면 리비도(libido)의 쾌감추구는 일시 중단된 채 잠복기로 접어든다는 것이다. 잠복된 리비도는 사춘기(adolescence)가 되면 다시 소생하여 성인형인 이성에 대한 성욕(sexual desire)으로 발달된다는 것인데 이것이 이른바 어린이 성욕설이라 하여 초창기에는 많은 종교인과 도덕가로부터 비난(criticism)의 화살을 받았다.

② 경제적인 면

정신은 에너지(energy)의 울체(鬱滯)를 막고 정신이 받은 흥분의 총량을 가급적 낮게 하려고 한다. 정신에는 쾌감을 추구하고 불쾌를 피하려는 경향이 있는데 이를 쾌감원칙[34]이라고 불렀다. 그러나 성장함에 따라서 쾌감만을 추구할 수 없음을 깨달아 현실원칙과 타협하여 쾌감추구를 지연시키기도 하고 일시적인 불쾌감을 참는 것을 깨닫게 된다.

---

34) 快感原則: 불쾌감과 고통을 피하고 쾌락을 추구하려는 인간의 무의식적 경향.

③ 국소론적(局所論的)인 면

정신분석에서는 정신을 이드(Id, 정신분석학 용어로 인간 정신의 밑바닥에 있는 본능적 에너지의 원천(쾌락을 추구하고 불쾌를 피하는 쾌락 원칙에 지배됨)). 또는 에스(es), 자아(ego), 초자아(super ego)라는 세 부분으로 나누어지는데 이드는 정신분석학 용어로 무의식계에 속하는 본능적인 충동의 저장고라 말할 수 있다. 자아는 이드가 바깥 세계로 방출하려는 에너지의 통로를 지배한다. 그렇다고 자아는 의식 자체가 아니므로 자아의 대부분은 의식(consciousness) 밖에 있으며, 필요할 때만 의식계로 불러들이는데 프로이드는 이를 전의식(前意識, preconsciousness)이라 하였다. 그렇지만 자아에는 무의식(unconsciousness)적인 부분도 있다.

초자아는 우리가 말하는 양심으로서 도덕이라고 부르는 자아의 이상(理想)이며 자아는 초자아가 정하는 바에 따라 자기를 생각하고 완전한 행동을 하려고 노력한다. 초자아와 자아의 간격이 너무 벌어지면 죄악감, 열등의식이 생긴다. 초자아는 특히 아버지에게서 받는 바가 크다고 볼 수 있다.

프로이드의 이론체계는 위에 말한 세 가지가 복잡하게 얽혀서 형성되는데 이드의 충동을 제멋대로 방출시키면 자아는 초자아의 꾸중을 듣게 되며 세상(外界)에서 자기를 어떻게 생각하는가를 염려하여 항상 자아는 이드의 충동적 욕구와 초자아의 꾸중과 세상에서 받을 비판을 조절해야만 한다. 즉, 세 사람의 폭군을 모신 충신노릇을 해야만 하는데 이것이 그리 쉬운 일은 아니다.

이런 일에 실패하면 자아는 불안에 빠진다. 불안에 빠질 우려가 있는 경우에 자아는 이드에 대해서 방어를 하게 된다. 방어는 이드가 명하는 긴박한 충동의 발동을 간섭하여 어떻게 해서든지 억압하여 충동을 위험성이 없는 방향으로 돌리게 한다. 이 방어의 수단을 방어기제(defense mechanism)라 한다. 자아가 자기 임무에 실패하면 사람은 노이로제에 걸린다.

프로이드는 노이로제를 두 가지로 크게 나누었는데 하나는 현실신경증이고 또 하나는 정신신경증이다. 현실신경증은 외계 즉 바깥세상이 이드(Id)의 충동성(impulsiveness) 방출에 대해 반항하는 데서 생긴 것으로 신경쇠약(nervous prostration), 질병염려, 불안신경증(anxiety neurosis) 등이고 정신신경증은 초자아가 너무 엄격하기 때문에 이드가 일으킨 충동이 제대로 방출되지 않은데서 히스테리(hysteria), 공포증, 강박신경증 등이 생기는 것이라 했다. 지금은 초창기의 그의 학설을 그대로 받아들이는 학자는 거의 없고 프로이드의 정신분석에서 출발은 했지만 사회의 변화에 따라서 인간관계 생활문화를 비롯한 사회관계를 더 중시하여 해석하려는 신(新)프로이드학파(Neo-Freudian), 즉 문화 분석학자들도 많아졌다. 프로이드에 대한 비판의 소리도 날카롭게 꼬리를 물고 일어났다.

(a) 프로이드는 핍박과 천대를 오래 받은 유대인이기 때문에 그의 학설은 유대인에게 특히 강한 것을 침소봉대하였다는 점

(b) 프로이드는 인간의 정신과 행동에 대해 성을 너무 강조했다는 점, 특히 초기에 제자였던 아들러, 융 등은 인간을 움직이는 법은 성 에너지가 아니라 '권력을 향한 의지' 또는 성이 아닌 힘을 상정(想定)하여 자기 나름대로의 정신분석을 수립하였다.

(c) 정신분석은 요해(了解)에 바탕을 두었는데, 요해는 자연과학의 방법인 설명과는 다른 것이므로 정신분석은 비과학적이라 하였고, K. 야스퍼스는 특히 이런 견지에서 정신분석을 반박했다.

(d) 프로이드가 관찰한 것은 옳기는 하나 그 해석방법이 너무 생물학적이라는 비판도 있다. 이런 견해를 가진 사람 중에는 E. 프롬이나 K. 호르나이 등 신프로이드학파 등이 있다.

그러나 프로이드의 정신분석이 끼친 영향은 크다. 예를 들면, L. 빈스방거 등이 세운 현존재분석(現存在分析)도 그의 영향을 받아 생긴 것이다. 프로이드의 정신분석은 러시아(Russia)를 비롯한 공산권에서는 완전히 묵살 당했고, 독일어를 사용하는 나라들도 받아들이지 않았지만 미국에서는 굉장한 반응을 일으켰다.

정신과의사 화이트 등의 지지를 받았고 심리학자들은 크게 호응했다. 그 까닭은 미국의 토착 심리학인 기능주의는 어느 점에서 정신분석적인 것과 공통점을 가졌기 때문이라고 한다. 뿐만 아니라, 인류학을 연구하는 학자나 또는 경영학에서 시장조사에 쓰이는 동기조사에까지 정신분석은 응용된다.

특히 정신분석이 예술·문예·미술 분야에 큰 영향을 끼친 것만은 사실이다. 제2차 세계대전을 전후해서 정신분석을 연구하는 유대인 학자들이 대거 미국으로 건너갔고 미국의 언론을 장악하는 유대인들의 절대 지지를 받아 정신분석은 미국에서 폭발적으로 유행했지만 비판의 소리도 높아져서 소위 신프로이드학파들의 학설이 많이 나

오기 시작하자 그런 학설들이 프로이드학설을 대체하려는 기세마저 보이기 시작했다. 신프로이드학파에는 히틀러에 쫓기어 독일로부터 미국으로 건너간 호르나이, 프롬과 H. S. 설리번, A. 카디너 등이 대표적이고, 여기에 R. 린턴, J. 달라드, M. 미드 등을 꼽기도 한다.

이들은 프로이드가 말하는 오이디푸스(Oedipus, 그리스 신화에 나오는 테베의 왕 라이오스와 이오카스테의 아들. 부왕(父王)을 죽이고 생모(生母)와 결혼하게 되리라는 아폴론의 신탁(神託) 때문에 버려졌으나 결국 신탁대로 되자, 스스로 두 눈을 빼고 방랑하였다. 스핑크스의 수수께끼를 풀었다고 한다) 콤플렉스와 거세(去勢, castration) 콤플렉스는 시대나 사회를 초월하여 존재하는 것이 아니라 특정사회의 가족에게만 볼 수 있는 것이라고 강조하면서 성격형성에 인간관계를 더 중요시하였다. 프로이드가 말한 성의 발달단계도 아이와 가족 사이에 생기는 인간관계를 중심으로 고찰하고, 치료 면에도 인간관계를 중시하여 진행시켰다.

그러나 행동의 동기가 무의식적이며 정동적(情動的)이라는 생각은 프로이드와 마찬가지이다. 이 신프로이드학파의 업적은 사회심리학, 인류문화학에 지대한 영향을 끼쳤다. 어떻든 프로이드의 영향은 크며, 특히 무의식계를 깊이 파헤쳐 모든 행동의 동기를 무의식계에서 찾으려는 노력, 꿈에 대한 새로운 해석, 심적방어(心的防禦)메커니즘(mechanism), 문화와 예술에 끼친 영향 등을 빼놓을 수는 없다(다음 〈표〉 참조).

〈표〉 프로이드의 정신 도식

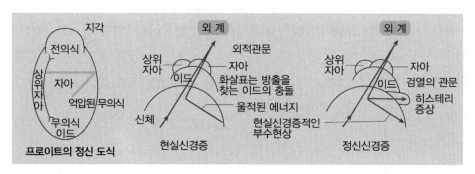

6. 심리학적 연구방법접근

1) 과학적 연구

과학적 방법(science method)이란 어떤 현상을 기술하고 설명하는 과정의 객관성을 극대화하기 위한 특정규칙들로 구성되어 있다. 즉 실증(corroborative evidence), 객관 (objectivity), 합리적, 체계적, 검증적, 일반적인 특징을 가지고 있다.

과학적 방법이란 변인(변화의 중요한 원인)과 변인 사이의 관계에 대한 가설적 명제들을 통제된 관찰을 통하여 실증적[35]으로 검증하는 방법으로, 그 결과는 객관적이고 합리적이며 잠정적인 특징을 지니며 체계적인 평가과정을 통하여 끊임없이 지식을 교정해 주는 특징을 지닌 연구방법으로 볼 수 있다.

(1) 과학적 연구의 목적

과학적 연구는 주어진 현상 내의 많은 변인들 중에서 특정변인들에 대해 주목하여 이 변인들의 특성이나 관계가 어떠한지 기술(description)하고, 왜 그러한 관계가 성립하게 되는지를 설명(explanation)하고, 설명을 통해 보편타당한 지식체계, 즉 이론을 정립함으로써 주어진 현상에 대해 구체적으로 예언하고, 나아가서 현상을 통제 (control)하는 데 그 목적이 있다.

(2) 과학적 연구방법의 요건

과학적 연구방법의 기본 목적은 보다 명확한 기술과 이해 그리고 보다 정확한 가설을 기본적으로 삼는다. 과학적 연구방법에서 가장 중요한 것은 연구 자료의 신뢰성과 연구절차의 타당성 그리고 연구결과의 일반성 문제이다. 이를 위하여 다음과 같은 사항들을 사전에 고려를 하여야 한다.

① 공개성
② 개념적 정의
③ 객관성

---

35) 實證的: 사고(思考)에 의해 논증하는 것이 아니라, 경험적 사실의 관찰, 실험에 의해 적극적으로 증명되는 것.

④ 연구결과의 재검증

⑤ 관계성

(3) 이론의 역할

이론이란 하나의 현상을 설명하고 예측하기 위하여 그 현상 내에 존재하는 변인들 간의 관계를 구체적으로 밝힘으로써 그 현상을 체계적으로 이해하게 해 주는 개념, 정의 및 명제(proposition)의 집합이다. 이론은 분명히 실제와는 다르지만, 실제의 의미를 파악할 수 있도록 해 주는 유용한 도구이며 다만, 이론 그 자체만을 위한 연구나 전혀 이론적인 기반이 없이 행해지는 연구는 양자 모두 어떤 기능적 가치를 가지기 어렵다.

2) 실증적 연구

(1) 이론적 접근방법

① 문제정의단계: 연구과제에 대한 사전조사와 선행 연구자료의 분석을 통하여 연구과제를 이론적으로 정립 혹은 개념화한다.

② 가설설정단계: 연구할 문제를 제기하고 구체적인 가설(hypothesis)을 도출하여 설정한다.

③ 연구설계단계: 가설에 포함된 중요개념들을 정리하고, 모든 변수들과 그 변수들 간의 관계를 정의내리고, 연구자료의 수집과 가설검증을 위한 연구 설계(research design)를 구체화한다.

④ 자료수집단계: 설문조사, 면접, 참여관찰, 실험, 사례연구 등 연구에 적합한 방법을 활용하여 연구 자료를 수집한다. 이 과정에서 적절한 표본의 산출을 위한 통계적 방법이 적용된다.

⑤ 자료 분석 및 가설검증단계: 수집된 자료를 적절한 통계를 적용하여 분석한 다음 설정해 놓은 가설을 검증한다.

⑥ 결과보고 및 논의 단계

(2) 문제해결 접근방법

① 문제 진단 및 기본전제설정단계

② 문제해결 전략 및 계획수립단계

③ 자료수집단계

④ 문제해결단계

⑤ 평가 및 조정단계

(3) 연구방법

여러 가지 연구방법들은 내적 타당도(internal validity)[36]와 외적 타당도(external validity)[37]에서 서로 다른 특징들을 보인다. 일반적으로 연구 장면이 자연 상태에 가까울수록 가외변인을 통제하기 어렵기 때문에 외적 타당도는 높지만 내적 타당도는 낮게 되며 이와는 반대로 가외변인의 영향을 통제할수록 연구 장면의 자연성이 훼손되기 때문에 내적 타당도는 높지만 외적 타당도는 낮게 된다.

① 실험법(experimental method)

과학적 방법의 원칙에 따라 연구대상에 대한 가설을 설정하고 실험에 의하여 그 가설(hypothesis)을 입증하는 것이다. Experimental method을 제대로 파악하기 위해서는 다음과 같은 개념이 필요하다.

(a) 가설(독립변인과 종속변인 간의 관계에 대한 잠정적인 결론)

(b) 피험자(실험에 참여한 연구대상)

(c) 독립변인(원인으로 작용하는 변인)

(d) 처치(연구자가 알아보기 위하여 독립변인 수준으로 나누도록 조작하는 것)

(e) 종속변인(독립변인에 영향을 받아서 결과로 나타내는 변인이다)

(f) 통제(연구에 포함된 변인 외에 나머지 가외변인을 일정하게 유지하는 것)

---

36) 어떤 연구에서 종속변인에 나타난 변화가 독립변인의 영향 때문에 나타난 변화라고 추론할 수도 있는 정도.

37) 어떤 연구의 결과를 해당 연구 장면 이외의 다른 시간이나 장면에까지 일반화시킬 수 있는 가능성 정도.

실험법의 장점은 가외변인의 영향을 엄격히 통제를 할 수 있다. 피험자나 실험조건의 배치가 가능하다. 독립변인을 자유롭게 조작할 수 있고, 정확한 측정과 반복측정을 할 수 있다.

② 검사법(test method)

검사법 혹은 심리검사(psychological test)는 보다 정밀한 측정이 요구되는 장면에서 사용되는 것으로 개인의 지능, 적성, 흥미, 태도 및 성격을 측정하는 것으로 개인차(individual difference)를 규명하는 것을 목적으로 한다. 검사법은 신뢰도(reliability), 타당도(validity) 및 실용성을 지닌 검사를 개발, 제작하여 표준화된 절차에 따라 실시하고 해석할 때 그 결과를 수용할 수 있다.

심리검사의 기본특성은 다음과 같다.

(a) 인간의 행동이 측정대상이 된다. 그러나 모든 가능한 행동을 측정할 수는 없다.
(b) 표준화된 조건하에서 이루어진다.
(c) 검사결과를 해석하고 활용하기 위하여 검사에 대한 반응을 수량화하는 확립된 규칙이 필요하다.

③ 조사법(survey method)

인간의 내면에 있는 의식 상태나 심리과정을 이해하기 위한 방법으로 심리현상을 확인하는 것을 목적으로 한다. 이미 알려진 조사에는 Kinsey의 성행동 연구, Gallup의 여론조사, A. C. Nilson의 마케팅조사들이 있고 조사방법은 다음과 같다.

(a) 표준화된 질문지
(b) 훈련을 받은 면접자
(c) 연구 집단을 대표하는 응답자의 표집
(d) 과정확인
(e) 적절한 분석기법을 갖추었을 때 그 결과를 신뢰할 수 있다.

④ 관찰법(observation method)

심리현상에 대한 인위적인 조작을 하지 않고 자연 상태에서 연구를 하는 것을 의미한다. 관찰법의 장점은 연구 장면의 자연성이 전혀 훼손되지 않은 상태에서 연구가 이루어지기 때문에 외적 타당도가 매우 높다. 한 번에 많은 변인들에 대한 자료를 동시적으로 수집할 수 있다. 다른 방법에 비해 연구자의 편파(partiality)가 개입될 가능성이 상대적으로 적다. 관찰법(pelvioscopy)의 단점은 변인에 대한 조작이나 통제가 없기 때문에 인과성[38] 추론을 거의 할 수 없다. 변인의 측정도 실험법에 비하여 엄밀하지 않다. 연구대상의 반응이 편파적이거나 전집을 대표하고 있지 못할 수도 있다. 관찰자의 주관을 배제하기가 어렵다. 어떤 사실에 대한 기술이라기보다는 해석이 될 위험이 있으며 통제가 쉽지 않다는 것이다.

⑤ 사례연구법(case study)

임상 장면에서 문제의 개별성과 특유성을 인정하면서 적응문제나 행동장애가 있는 개인을 진단하고 치료하기 위한 임상법과 개별적인 사례를 역사적으로 분석함으로써 그를 이해하는 사례가 있다.

7. 심리학에 있어서의 감각과 지각

1) 감각(sensation)

감각이란 일반적으로 감각기관(동물의 몸에서 외계의 감각을 받아들이고 느끼는 기관. 후각기, 미각기, 촉각기, 시각기, 평형 청각기 따위가 있다)의 자극에 의하여 생겨난 지적 상태이다. 어떤 감각경험이 있기 위해서는 외부세계의 물리적 에너지가 감각기관(sensory organ)에 작용하여 신경계의 활동인 신경흥분(afferent impulse)을 일으키고 이것이 감각경로를 거쳐 뇌로 전달되어야 한다. 예를 들어 외부세계에 관한 정보의 80% 이상을 차지하는 시각경험은 빛이라는 물리적 자극이 눈이라는 감각기관에 작용하여 신경흥분을 일으켜서 시신경로라고 하는 감각신경(감각기관이 외계에서 받은 자극을 신경중추(central nerve)에 전하는 신경)을 거쳐 뇌에 전달(transmis-

---

38) 因果性:
　① 사물의 생성 변화에서 원인과 결과의 관계.
　② 인연이 있으면 반드시 그 결과가 있는 것. 곧, 선을 행하면 선의 결과가, 악을 행하면 악의 결과가 생기는 관계.

sion)되어야만 무엇인가를 보고 있다는 시각경험이 일어난다. 이와 같이 감각(sense)은 여러 감각수용기(motoceptor)에 다양한 물리적 자극(stimulus)이 도달되어 다양한 경험과 정보를 얻게 해주는데, 이를 정리하면 〈표 3〉과 같다.

〈표 3〉 감각과 물리적 자극비교[39]

감각	감각수용기	물리적 자극	비고
시각	망막	가시광선이란 전자기파	대뇌피질의 후두엽
청각	고막	음파라는 공기의 진동	대뇌피질의 측두엽
후각	후각상피	공기속의 화학물질	후각피질(측두엽의 1/20)
미각	미뢰	액체속의 화학물질	단맛, 짠맛, 쓴맛, 신맛
피부감각	소체	온도와 기계적 자극	온각, 냉각, 압각, 통각
운동감각	근육과 건	인체와 내장기관의 움직임	대뇌피질의 두정엽
평행감각	세반고리관	인체의 균형상태	성인에게는 따로 필요 없음

2) 지각(perception)

외부자극이 감각기관에 노출되어 인식되었을 때 주의를 기울이면 그 자극의 내용을 나름대로 재구성하여 의미를 부여하는 지각과정(perception process)을 거치게 된다. 지각(perception)이란 외부자극의 요소들을 조직화하고 나름대로 의미를 부여하여 하나의 전체적 형상을 갖는 것을 말한다. 이러한 지각은 개인마다 차이가 있으며 크게 형태지각, 공간지각(空間知覺, 공간에 있는 물건의 방향, 위치, 크기, 모양, 거리를 인식하는 심적 경험. 공간각), 운동지각(motion perception) 및 대인지각으로 구분할 수 있다.

(1) 형태지각

형태지각은 다양한 지각 현상들과 심리학의 형태주의학파와 관련된 이론적 원리들에 주어진 이름이다. 형태지각과 관련된 주요 개념들은 지각적 조직화, 집단화 원리, 도형-배경 조직화 등이 있다.

---

39) 김원형, 남승규, 이재창(2004), 인간과 심리학, 학지사, p. 46

① 지각적 조직화(perception organization)

부분과 전체 간에 관계의 본질 그리고 그것들이 어떻게 결정되는가를 다루며, 사람들이 어떤 자극이나 대상과 관련된 많은 요소들을 통합하는 심리적 기제를 말한다. 형태심리학(gestalt psychology)은 현상학적 방법론을 취하고, 환원주의적 태도를 지니고 부분과 전체 간의 관계에 초점을 맞추고 최소화의 이론적 원리를 따른다.

② 집단화의 원리(principles of grouping)

사람들이 혼돈스럽고 역동적인 자극요소들을 통합하여 응집된 하나의 전체로 고려될 수 있도록 가능한 단순하게 형태를 지각하는 경향이 있는데 이런 경향성을 집단화 원리라고 한다.

③ 도형-배경 조직화

형태지각의 중요한 현상중의 하나는 도형-배경 조직화이다. 도형(figure)은 지각의 초점이 되는 부분으로 자극(stimulus)에서 보다 두드러진 요소로 받아들여지는 부분이다. 배경(ground)은 상대적으로 덜 두드러지게 지각되는 부분이다. 형태가 지각되려면 우선적으로 도형과 배경의 분리가 이루어져야 한다. 도형-배경 조직화를 지배하는 원리를 규칙이라 하는데 다른 모든 것이 동일하다면 주위를 둘러쌓고 있고, 상대적으로 작고, 대비가 많이 되고, 대칭적인 영역이 도형으로 보이는 경향이 있다.

(2) 공간지각

① 안구운동단서(oculomotor cues)

공간지각[40]에 있어서 안구가 근육운동을 하는 것으로부터 거리나 깊이지각에 대한단서를 얻을 수 있는데 이를 안구운동단서라 하며, 조절과 수렴이 있다. 조절은 물체의 거리에 따라서 수정체의 두께가 자동적으로 변화하는 것을 말하는데 수정체가 두꺼워질수록 물체가 가까이 있는 것으로 지각하게 된다. 수렴은 물체의 거리에 따라서 두 안구가 좌우로 위치를 변화시키는 것을 말한다.

---

40) 空間知覺: 공간에 있는 물건의 방향, 위치, 크기, 모양, 거리를 인식하는 심적 경험. 공간각.

② 시각단서

시각단서에는 한쪽 눈을 사용할 때 가용할 수 있는 단안단서와 양쪽 눈을 모두 사용할 때 가용할 수 있는 양안단서로 구분이 된다. 단안단서(monocular cues)에는 중첩(interposition), 크기, 원근화법 및 운동시차가 있으며, 양안단서(binocular cues)에는 양안부 등이 있다.

③ 원근법(perspective)

표면이나 사물의 외양이 관찰자로부터 멀리 떨어짐에 따라서 달라지는 것을 의미한다. 원근법을 통해서 물리적으로 동일한 사물들이 다른 크기로 보일 수 있으며 크기가 다름에도 불구하고 동일한 크기로 보이도록 할 수 있다. 원근법과 관련된 것으로는 직선원근법(linear perspective),[41] 대기원근법(aerial perspective),[42] 표면의 결(texture gradient)[43] 등이 있다.

④ 운동시차(motion parallax)

관찰자로부터 다른 거리에 위치한 사물의 상들 간의 상대적인 움직임의 차이 때문에 생겨나는 깊이지각의 단안단서이다. 사람들이 움직일 때 망막을 가로질러가는 시각상의 운동속도에서 차이가 나는 것은 거리와 깊이에 대하여 중요한 단서를 제공해준다.

⑤ 양안부동(binocular disparity)

두 눈은 약 65~70mm 정도 떨어져서 다른 위치에 있기 때문에 양쪽 눈에 맺히는 망막상과 시야가 조금씩 다른데, 이것을 양안부동이라 하며 이것으로 인해서 입체시(stereopsis)를 경험할 수 있다. 양안부동과 같은 양안단서와 마찬가지로, 귀를 통한

---

41) 직선원근법(linear perspective)은 어떤 장면의 이차원 표상이 삼차원이 되도록 보이게 만드는 직선의 수렴을 의미한다.
42) 대기원근법(aerial perspective)은 사물에 반사된 빛이 먼지와 수분을 함유한 대기를 통하여 이동하기 때문에, 먼 거리에 있는 사물들이 덜 분명하게 보이는 경향성을 말한다. 따라서 윤곽이 뚜렷하게 보이는 사물은 가까운 곳에 있는 것으로 지각되고, 흐릿하게 보이는 사물은 멀리 떨어져 있는 것으로 보인다.
43) 표면의 결(texture gradient)은 표면의 결을 이루고 있는 구성요소들의 간격에 따라서 거리를 다르게 지각하게 하는 단서이다. 표면의 결이 가까울수록 멀리 있는 것으로 보인다.

양이단서도 있다. 양이단서(binaural cues)[44]란 얼굴을 중심으로 두 귀는 다른 곳에 위치하고 있기 때문에, 한쪽 귀에 가까운 곳에서 나는 소리신호는 다른 쪽 귀에서 들을 수 있는 것보다 더 크게 들린다. 이처럼 두 귀에 들려오는 소리의 크기를 통해서 사물의 위치를 판단할 수 있다.

(3) 운동지각(motion perception)

공간 속에서 일어나는 사물의 위치변화이다. 운동지각은 망막(retina)에서 나오는 시각적 메시지(message)와 움직임의 대상을 눈이 따라갈 때 눈 주변에 있는 근육(muscle)의 메시지를 포함하는 복잡한 과정이다. 사물이 실제로 움직이면 운동지각(motion perception)이 생기는데, 실제운동(real movement)은 어떤 사물이 한 위치에서 다른 위치로 물리적(physical)으로 대치되는 것을 의미하며, 운동속도(speed of motion)와 배경자극(background stimulus)이 운동지각에 영향을 미친다. 그러나 감각기관을 연속적으로 자극하지 않고도 운동지각이 나타날 수 있으며 실제 움직임이 없음에도 불구하고 운동이 있는 것으로 지각될 수 있다. 이것을 가현운동(apparent motion)이라 하는데 일종의 이것은 착시현상(optical illusion)이다. 그 대표적인 가현운동에는 영사운동(stroboscopic motion), 자동운동(automatic movement), 유인운동(induced movement), 대인지각(person perception) 등이 있다.

여기서 대인지각은 많은 사람들과 접촉하면서 만나는 사람들의 성격, 능력, 의도, 감정 등을 파악한다. 개인이 판단한 내용을 바탕으로 하여 상대방이 앞으로 어떻게 행동할 것인지를 추측하고 그 행동에 대비한다. 이렇듯 대인관계 상황에서 사람들은 여러 가지 정보들을 기초로 하여 생각과 판단을 하게 된다. 이와 같이 다른 사람들의 여러 속성에 대한 지각은 대인관계행동을 결정하는데 매우 중요한 심리적 요인인데 이를 대인지각이라 한다.

3) 지각적 해석(perception interpretation)

사람들이 자극요소들을 조직화하게 되면 그 다음에 자극을 해석하게 된다. 사람들

---

44) 양이단서(binaural cues): 귀가 둘 있는 두 귀용의(에 쓰는 청진기 따위); 입체 음향(stereophonic).

이 감각과정과 지각적 조직화로 얻어진 자극요소들에 자기 나름대로 의미를 부여하는 것을 지각적 해석(perception interpretation)이라 한다.

(1) 지각의 범주화(perception categorization)

지각(perception)의 범주화는 사람들이 자극에 노출되면 그 자극을 기억 속에 가지고 있던 기존의 도식에 있는 것들과 관련지음으로서 자신의 방식으로 범주화하여 지각하는 것을 말한다. 범주화(categorization)할 수 있는 능력은 환경의 복잡성에 극복하고 환경과 상호작용할 수 있게 해 주며, 여러 가지의 이점이 있는 것으로 보인다.

(2) 지각적 추론(perceptual inference)

어떤 요소들로부터 다른 요소를 추리하는 것을 의미한다. 추론방법에는 삼단논법(syllogism), 연역법(deduction, 演繹法, 연역에 의한 추리의 방법(이 방법만이 확실한 인식으로 인도할 수 있다하여 유리론적(唯理論的) 사유에 쓰임) 및 귀납법(induction, 歸納法, 귀납적으로 추리하는 방법↔연역법)이 있다. 삼단논법은 두 개의 전제에 입각하여 결론을 내리는 것이고, 연역법은 일반원리에 입각하여 구체적 사실을 추리하는 것이며, 귀납법은 구체적 사실들로 일반원리를 규명하는 것이다.

① 삼단논법(syllogism, 추론식)은 두 개의 전제가 참이라고 가정하고, 결론이 주어진 전제에 대하여 참인가 여부를 검토하게 한다(예: A가 B보다 크고(A>B), B가 C보다 크면(B>C), A는 C보다 크다(A>C, 삼단논법은 추론과제를 해결하는 과정에서 논리적 근거보다 자신의 선행지식이나 태도에 따르는 오류를 범하기 쉽다).
② 연역법(deduction)[45]은 만약에 결론이 참이 되려면 모든 전제도 참이어야 한다는 연역적 논리를 따르는 것이다.
③ 귀납법(induction)[46]은 협의의 의미로는 어떤 특별한 종류의 추론을 일반화하는 것이고 광의의 의미로는 개념형성, 유추, 가설의 생성 및 수용을 포함한 모든 비연역적 학습을 말한다.

---

45) 演繹法: 연역에 의한 추리의 방법(이 방법만이 확실한 인식으로 인도할 수 있다 하여 유리론적(唯理論的) 사유에 쓰임).
46) 歸納法: 귀납적으로 추리하는 방법.

일상생활에서 흔히 볼 수 있는 지각적 추론 중의 하나가 가격(cost)-품질(quality) 연상심리이다. 이것은 일반적으로 가격이 높은 제품은 품질이 더 좋았다는 과거의 경험에 의해 가격이 비쌀수록 품질이 우수할 것이라고 생각하는 일종의 기대이다. 따라서 가격이 높아도 품질이 열악할 수도 있지만 가격만 높으면 좋은 제품이라고 생각하는 경향이 있다. 지각적 추론(inferential)은 추론적 신념에 기초하게 된다. 추론적 신념(inferential beliefs)은 어떤 한 요소로부터 다른 요소를 추리하여 사람들이 갖는 신념을 말한다. 신념(beliefs)들은 여러 단서들로 구성된다. 예를 들어 제품의 품질에 대한 추론적 신념을 가져올 수 있는 단서들에는 가격 이외에도 상표명, 명성, 포장, 판매상점, 제조회사, 제조국 등이 있다.

4) 기억이론(memory theory)

기억(정보를 부호화(encoding)하고, 저장(storage), 인출(retrieval)하는 능력을 의미한다)이론은 크게 세 가지로 볼 수 있다. 그중 하나는 다중기억구조모델(multiple store model of memory)로 감각기억(sensory memory, 시각(visual), 청각(hearing), 후각(sense of smell), 미각(taste), 촉각(feeler)등의 다양한 감각에 대한 기억을 포함하는 것으로 정보자극이 감각기관의 수용기에 들어오는 순간에 일어나는 정보처리과정이다), 단기기억(short term memory: STM, 약 30초 정도의 짧은 시간 동안 지속되어지는 기억), 장기기억(long term memory: LTM, 평생 동안 지속되는 기억, 어떤 정보가 장기기억에 정장되게 되었을 때, 이것을 학습이 되었다고 하기도 하고 지식을 갖추었다고 한다. 장기기억에 있는 정보는 서서히 사라지게 되고, 기억용량도 제한을 받지 않고 무한하다)으로 구분하여 각 기억저장소의 기능(function)이 갖고 있는 중요성을 강조한다. 다른 하나는 정보처리수준모델(levels of processing model)로 하나의 기억저장소만을 가정하면서 사람들의 정보처리능력이 제한되어 있기 때문에 정보처리의 수준에 따라 처리용량이 각각 다르게 할당된다고 주장한다. 또 다른 하나는 활성화모델(activation model)로 유입된 정보의 처리를 위해 기억저장소의 극히 일부분만이 활성화된다고 가정한다. 일반적으로 다중기억구조모델은 Waugh Norman에 의하여 제안된 이중기억이론(theory of dual memory)이, 정보처리수준모델은 Craik와 Lockhart에 의하여 제안된 심도처리이론(theory of depth processing)이, 활성화모델은 Collins와

Loftus에 의하여 제안된 망이론(network theory)이 대표적이다.

기억구조에 대한 세 모델은 접근방법에 있어서 차이가 있지만, 다음 두 가지 사항은 상호 일치한다.

① 정보처리능력의 한계를 인정하고 있다. 따라서 특정시점에 유입된 정보의 일부분만이 한 번에 처리된다.
② 단기기억을 장기기억 중에서 현재 활성화된 부분으로 본다면 기억은 단일의 기억저장소로 구성되어 있으며 유입된 정보의 처리를 위해 처리능력이 할당된다고 볼 수 있다.

5) 망각이론(forgetting theory)

(1) 간섭이론(interference theory)

망각(forgetting)을 어떤 특정한 학습경험이 다른 학습경험을 간섭함에 따라서 나타나게 된다고 본다. 사람들이 경험하는 학습의 변화에 따라서 기억하게 되는 내용이 서로 영향을 주고받는데 이것을 간섭(interference)이라 하였다. 망각의 원인이 되는 간섭은 정보의 유사성이 높을수록 많아지는 경향이 있는데 역행간섭(retroactive interference)과 순행간섭(proactive interference)으로 구분할 수 있다. 역행간섭은 새로운 학습내용이 이전 학습내용의 기억을 방해하는 것이며 순행간섭은 그 반대 현상으로 이전 학습내용이 새로운 학습내용의 기억을 방해하는 것이다.

(2) 흔적쇠퇴이론(trace decay theory)

심도처리이론에 입각한 망각이론이다. 심도처리이론에 의하면, 기억이 감각기억, 단기, 장기기억의 세 가지 구성요소로 이루어져 있기보다는 정보가 다양한 수준에서 분석되고 이후 재구성되는 능동적인 과정으로 본다. 그리고 눈길을 걸어다니면 발자국이 남는 것처럼 자극정보가 처리되는 수준에 따라 다양한 기억흔적(memory trace)을 남긴다고 가정한다. 또한 망각은 사람들이 경험과 학습(learning)을 통하여 머릿속에 남겨놓은 기억흔적이 시간경과에 따라 점차 사라지게 되기 때문에 나타나게 된다고 본다.

(3) 동기적 망각(motivational forgetting)

일반적인 인지적 측면에서 망각을 보는 것이 아니라 감정적 측면에서 망각을 설명하는 것이다. 예를 들면 다음과 같다.

① 중립적이거나 비정서적인 상황보다 정서적 상황에서 기억이 더 잘 된다.
② 불안과 같은 부정적인 정서는 기억을 어렵게 만든다.
③ 부호화할 때의 맥락과 인출(retrieval)할 때의 맥락이 일치하면 기억이 잘 되며 상태의존학습(state dependent learning)이 바로 여기에 해당된다.
④ 외상적 경험이 무의식 속에 억압되어 기억이 나지 않는 경우가 여기에 해당한다.

(4) 기억증진방법

① 심상을 이용하는 방법

일반적으로 심상을 이용하는 것은 기억을 촉진시킨다. 심상(mental imagery)이란 마음속으로 어떤 개념을 시각화하는 것을 말한다. 사람들의 심상을 이끌어내기 위한 커뮤니케이션 방법으로는

(a) 그림과 같은 시각적 자극을 이용하는 방법
(b) 구체적 정보와 같은 언어적 자극을 이용하는 방법
(c) 사람들이 기억해야 할 정보를 마음속으로 시각화하도록 하는 심상지시를 이용하는 방법이 있다.

심상지시(imagery instruction) 방법은 사람들로 하여금 상상을 통하여 마음속에 어떤 장면을 시각화하도록 하는 기법이다. Paivio의 이중부호화이론(dual coding theory)에 의하면, 그림과 같은 시각적 자극은 기억 속에 저장될 때 언어적 형태와 시각적 형태가 함께 저장되지만 구체적 단어와 같은 언어적 자극은 주로 언어적 형태의 정보만이 저장되며, 시각적 형태의 정보가 저장될 가능성이 낮다. 이 이론과 일관되게 사람들은 언어적 정보보다 시각적 정보를 더 잘 기억을 한다. 이처럼 심상을 이용하는 방법은 언어적 부호화와 더불어 다른 독립적인 부호화를 제공하기 때문에, 기억을 돕는데 심상을 이용하는 것이 효과적이다. 예를 들어 이름과 얼굴을 기억하는 것처럼 쌍연합연습(paired association learning)의 경우에는 핵심단어법(keyword method)을 활

용하는 것이 효과적이고 나열된 항목들을 순서대로 기억하는 계열학습(serial learning)은 장소법(method of loci)을 활용하는 것이 효과적이다.

② 기억증진방법(mnemonics)

다양한 기억증진기법이 기억을 향상시킬 수 있다. 기억증진방법은 기억향상과 관련된 여러 가지 기법들을 말한다. Atkinson, Smith 및 Hilgard는 기억을 증진시키는 방법으로 PQRST를 제안하였다.

(a) 사전검토(preview, 전체내용을 소제목으로 미리 개관하고)

(b) 질문(question, 소제목과 관련된 질문들을 생각해 보고)

(c) 읽기(read, 적절한 것을 골라 집중적으로 읽고)

(d) 자기암송(self-recitation, 주요 아이디어를 회상, 암송하고)

(e) 검사(test, 모든 내용을 검사하고 재검토한다)를 의미한다. 이런 방법은 구체적인 사실보다는 기본적인 사실에 초점을 맞추어 정보를 통합할 수 있게 해 주며, 정보를 정교화 할 수 있게 해 주므로 기억을 증진시켜 준다.

③ 반복(repetition)

반복은 친숙성과 정보처리 가능성을 증진시키므로 기억을 증진시킬 수 있다. 정보를 처리할 동기부여가 낮거나 능력이 없는 사람들이 한 번의 정보노출로 그것을 기억 속에 저장할 가능성이 매우 낮다. 따라서 사람들이 정보를 충분히 이해하고 기억을 하도록 만들거나 도움을 주기 위하여 정보를 반복적으로 제공하여야 한다. 정보자극을 반복적으로 제시하는 것은 자극의 현실성을 증진시킬 수 있으며 회상을 촉진하고 의사결정에 영향을 미칠 수 있다.

그러나 동일한 정보(intelligence)를 계속해서 반복하게 되면 지침현상(wearout phenomenon)이 나타나서 주어지는 정보가 지루하게 느껴지고 나아가 정보에 대해 부정적인 사고를 하게 만들 수 있다. 따라서 사람들의 정보에 대한 이해 및 기억 증대를 위하여 동일한 메시지를 반복적으로 제시하더라도 실행방법을 다르게 함으로써 지침현상을 예방해야 할 것이다.

性格心理學論

성격심리학

제**2**장 성격심리학

📗 I. 성격의 정의

사람에 대한 연구는 그리스 시대부터 시작되었다. 사람의 성격, 인품, 인격, 인성 등의 표현으로 쓰이는 용어로 personality가 있다. 이 용어의 어원인 persona는 그리스 어로 배우가 무대에서 쓰던 가면을 말한다. 가면 뒤에 감추어진 실질적인 모습보다도 외형적으로 드러나는 모습을 말한다. 역사적으로 보아서 이 용어의 의미는 외형적 의미에서 점차로 내면적 특질(characteristic)로 바뀌어 왔다. 한편 정신분석학자들이 많이 사용하는 character라는 용어 역시 성격(personality), 인격(character), 인품(personal dignity), 인성(human nature)의 뜻으로 최근까지 많이 사용되어왔다. 이 용어의 그리 스 어원은 '판에 박다', '판에 새기다'의 뜻으로 그 사람의 마크 혹은 표시로 그 사람을 구분하는 특징으로 쓰인다. 최근에 미국의 정신의학회에서는 객관적으로 실험 증명 되기 어려운 정신분석적 개념을 버리고 Kraepelin의 분류 접근 방식으로 알려진 개념 을 DSM(미국정신의약회에서 독자적으로 제작한 정신장애 진단 및 통계편람, diagnostic and statistical manual of mental disorders-4th ed: 1994)에 사용하기 시작하면 서 이 두 용어의 통합이 이루어지게 되어 지금은 대부분의 전문가들이 character disorder 대신에 personality disorder로써 성격장애의 용어를 사용하게 되었다.

오늘날에 사용하는 가장 적당한 표현으로는 성격(personality)이란 깊이 뿌리를 내 린 복잡한 패턴의 심리적 인격으로 정의된다. 이 인격의 패턴(pattern)은 한 인간의 전체적 핵심 모체(matrix)로 해석한다. 한편 DSM-IV에서는 성격을 '내면 경험과 행동 의 지속적인 패턴'으로 정의하고 있다. 우리가 이해하기 쉬운 말로 통합하면 언제나 변함없는 한 인간의 됨됨이로 정의된다.

Allport는 성격의 정의를 '진정 그 사람의 것(what a man really is)'이라고 보고 성격에 대한 많은 정의를 다음처럼 분류를 하였다.

① 총괄적인 것(omnibus)
② 통합적인 것(integrative)
③ 위계적인 것(hierarchical)
④ 적응적인 것(adjustmental)
⑤ 독특한 것(uniqueness)

한편 Sanford는 성격이란 항상 체계화된 것이고 영속적인 것이며 나아가 특징적인 것이라고 주장을 하였다. 이러한 내용들을 토대로 성격에 대한 일반적인 정의를 살펴보면 성격이란 '개인이 환경에 적응해가는 방법을 결정해 주는 독특한 사고방식이나 이에 따른 일관된 행동양식'이라고 할 수 있을 것이다.

성격이라는 말인 character라는 말은 그리스어로 판에 박다(engraving)는 뜻에서 유래된 말로써 그 사람의 표시를 나타내는 특징으로 사용되어왔다. 정신분석학자들이 구강기(oral stage) 성격으로 oral character 혹은 항문기(anal stage) 성격으로 anal character 등으로 사용하기 시작했고 이것이 확대되어 신경증적 성격(neurotic character)에서 더 확대되어 성격장애라는 용어 즉 character disorder가 등장하게 되었다. 동시에 정신분석자인 컨버그가 신경증성격장애 조직(neurotic personality organization), 보드라인(경계선장애)성격장애조직(borderline personality organization), 정신증 성격장애조직(psychotic personality organization)으로 사용하면서 character라는 말과 personality라는 말이 혼란을 일으키자 1980년에 미국 정신의학회에서 성격장애를 personality disorder로 통일을 한 것이 1980년에 제3차 수정으로 나온 정신장애에 대한 통계와 진단 분류집의 약자인 DSM-III에서 처음으로 성격장애가 소개되어 나오게 되었으며 이후에 1987년에 일부 수정으로 DSM-III-R로 출판되어 나왔고, 그때 11개의 성격장애가 소개되어 나왔다.

성격장애를 크게 A그룹, B그룹, C그룹으로 된 3개의 그룹으로 나누어서 분류하였다(성격장애에 참조). A그룹에는 이상하거나 비정상으로 보이는 특이한 성격장애들을 모아서 분류하였다. 정신분열증[1])에 가까운 성격장애들이 A그룹에 3개의 성격장

애로 분류되었는데 편집증성격장애, 자아분열성격장애, 그리고 자아분열 타입 성격
장애가 있다. B그룹으로 분류된 성격장애는 드라마틱(dramatic)한 감정이 중심이 되
는 성격장애로 반사회적 성격장애, 보드라인 성격장애, narcissism성격장애, hispanic
성격장애 네 가지로 분류해 볼 수 있다. C그룹에는 불안하고 우울한 특징을 가진 성
격장애로서 회피적 성격장애, 강박적 성격장애, 의존적 성격장애, 수동 공격 성격장
애 등 네 가지로 분류된다.

여기에 임시 분류로써 sadism적 성격장애와 masochism적 성격장애를 이름을 바꾸
어서 자기 패배적 성격장애로 바꾸어 2개의 성격장애가 별도로 연구 대상으로 포함
되어있는데 이러한 성격장애의 분류는 1994년 제4차 수정으로 나온 DSM-IV에 일부가
수정되어 10개의 성격장애로 나오게 된 것이다.

A그룹에서는 3개의 성격장애(personality disorder)인 편집증 성격장애(paranoid
disorder), 자아분열 성격장애, 자아분열 타입 성격장애가 속하고 B그룹에서는 4개의
성격장애, 즉 반사회적 성격장애, borderline personality disorder, narcissism personality
disorder, 그리고 hispanic personality disorder가 그들이며 A그룹과 B그룹에는 DSM-III
-R과 변동이 없다.

그러나 C그룹에서 수동공격 성격장애(passive aggressive personality)가 빠지게 되었
고 3개의 성격장애가 남아 있게 되었다. 의존적 성격장애(dependence personality
disorder), 강박적 성격장애, 회피적 성격장애가 그들이다. 대신에 수동 공격 성격장애
는 부정적 성격장애로 이름을 바꾸어서 임시 연구 대상으로 남아 있게 했고 또 우울
한 성격장애도 임시 연구대상으로 부록 부분에 첨가되었다. DSM-III-R에서 임시 연구
대상으로 남아있던 sadism적 성격장애와 masochism적 성격장애인 자기 패배적 성격
장애는 DSM-IV에서는 삭제되었다.

A그룹에 있는 성격장애들은 정신분열증의 증세가 보드라인 성격장애와 혼합되어
있는 것들을 따로 분리시켜 분류한 것에서 나온 것이다. 편집증(체계가 서고 조직화
된 이유를 가진 망상을 계속 고집하는 정신병) 성격장애(사회적 기능이나 행동이 불
가능할 정도로 환경에 대한 부적응을 보이는 정신장애)는 정신분열증과 편집증에 혼

---

1) 精神分裂症: 주로 청년기에 특별한 외부적 원인 없이 일어나는 정신병의 하나(사고(思考)의
   장애, 감정, 의지, 충동의 이상을 주된 증상으로 하며, 끝내는 인격적 변조(變調)에 이름).

합되어 있던 것을 가벼운 편집증 부분을 떼어내어 편집증 성격장애로 분류한 것이다. 주로 스토커나 의처증(morbid suspicion of one's wife's chastity; a groundless doubt of one's wife's faithfulness) 의부증 등이 이에 속한다. 정신분열증에 혼합되어 있으면서 걸어다니는 정신분열증 혹은 보드라인 정신분열증 등으로 부르던 것을 자아분열 타입 성격장애로 분리 독립시켜서 그룹 A에 소속하게 하였다.

성격장애에 대한 연구는 하버드대학교 의과대학 정신과 교수인 데어도어 밀론(Theodore Millon) 교수의 성격장애 분류가 1980년에 채택되면서 그의 분류가 일부 수정을 거쳐서 1980년 DSM-III에 그대로 실렸다가 이후에 일부가 수정되었다.

성격이라는 용어는 영어로 personality이고 인격이라는 용어는 영어로 character라는 말을 사용한다. 둘 다 성격의 의미를 담고 있으나 이 두 용어의 사용은 계통을 달리해서 등장하게 되었다. Personality라는 말은 그리스어의 persona에서 온 말로서 무대에서 배우가 가면을 쓰고 공연을 하는 것에서 유래된 말로써 다른 사람들에게 보이는 '공적인 나'라는 말로써 사용된다.

우리가 다른 사람 앞에 나가서 보이는 '공적인 나'는 개인적인 '사적인 나', '개인적인 나'와는 구별이 되는 것에 시작하였다. 주로 심리학자들이 많이 사용해온 용어이다. 반면에 character라는 말은 인격이라는 말로 사용되고 있는데, 주로 정신분석학자들이 신경증 치료를 하면서 사용해 온 용어이다. 신경증 치료가 점점 심각한 신경증 환자들의 치료로 확대되면서 신경증이 성격 문제를 바탕에 깔고 있다는 것이 밝혀지면서 이 용어의 사용이 빈번하게 되었다. 신경증 환자들 중에서 치료가 힘든 신경증적 성격이란, neurotic character라는 말이 등장하게 되었고 이것이 성격장애치료로 발전하게 되면서 신경증(노이로제)적 성격(personality)의 치료가 성격장애(character disorder) 치료(treatment)로 발전하게 된 것이다.

우리나라에서는 성격과 인격의 정의를 미국과는 정반대의 의미로 구분하기도 한다. 성격은 양육의 과정에서 저절로 형성되는 것으로 주로 선천적인 요소가 많은 의미로 정의하고 인격은 후천적(posteriori)으로 환경의 영향과 배움의 의미가 많이 포함된 넓은 의미의 인간의 전체 됨됨이라는 말로 정의하여 사용되고 있다.

1970년대에 들어오면서 미국에서 각 학파나 학자들마다 다른 용어들의 사용에서 오는 혼란을 줄이기 위해서 성격장애를 personality disorder로 통일해서 사용하게 되었다. 즉 1980년에 미국 정신의학협회에서 10년마다 개정하는 정신장애의 통계와 진단 분류집인 DSM-Ⅲ(3차 개정)에서 성격장애(personality disorder)라는 말이 확정되어 사용하고 있다.

성격장애치료라는 말을 사용하기 시작한 것은 정신분석학자들이 신경증 치료를 하면서 신경증도 아니고 정신증도 아닌 중간에 해당하는 사람들로서 주로 뚜렷한 증세나 증후군이 없으면서도 사회생활이 어려운 사람들을 치료하는 기법을 연구하게 됨으로써 자연스럽게 등장하게 된 것이다.

Freud가 고안한 정신분석치료(psychoanalytic treatment)는 신경증(심리적 원인에 의하여 정신 증상이나 신체 증상이 나타나는 질환. 주로 두통, 가슴 두근거림, 불면 따위의 증상이 나타나며, 불안 신경증·히스테리, 강박 신경증, 공포증, 망상 반응 따위가 있다) 치료에 주로 사용해 온 치료기법으로 프로이드는 전이가 형성되기 어려운 나르시시즘 환자나 정신증 환자는 치료에서 제외시켜왔다. 이후에 정신분석학자들이 정신분석 치료기법을 일부 수정해서 정신분열증과 같은 정신증의 치료와 성격장애의 치료에 사용하게 됨으로써 성격장애 치료가 가능해지게 된 것이다.

성격장애에 대한 연구가 처음 등장한 것은 1938년에 Adolph Stern이 신경증도 아니고 정신증도 아니고 중간에 해당한다고 해서 신경증과 정신증의 경계선상에 있다고 해서 경계선 성격 환자 즉 보드라인 환자(borderline patient)라는 말을 사용한데서 유래되었다.

이후에 borderline 환자에 대한 정신분석적 연구가 본격적으로 시작된 것은 1953년에 정신분석학자인 Knight에 의해서 연구 논문이 발표가 되었고, 이후에 1967년에 정신분석학자인 Kernberg가 신경증 성격조직(neurositic personality organization)과 정신증 성격조직(psychotic personality organization)으로 분류하고 중간 지역에 해당하는 보드라인 성격 조직(borderline personality organization)으로 분류하면서 본격화되었고, 1964년에 정신분석학자인 Frosch와 1968년에 Kety가 정신분열증에 가깝다고 해서 보드라인 정신분열증 혹은 걸어다니는 정신분열증으로 연구되기 시작했다. 비슷한 시기인 1968년에 프로이드에게 정신분석을 공부했던 우울증과 상처 후 스트레스 장애의 대가인 시카코 의과대학 정신과 과장이었던 Grinker가 borderline 환자를 직접 임상 실험 연구 방법으로 연구한 논문이 발표되면서 본격 연구에 불을 지폈다.

1970년대부터 보드라인 성격과 다른 성격장애들 즉 narcissism(자아도취증) 성격장애, 강박증 성격장애 등에 대한 연구 논문들이 쏟아져 나오기 시작했다.

1975년 하버드 의과대학 정신과 교수이자 정신분석학자인 Gunderson이 정신분열증 계통에서 연구되기 시작한 borderline 성격장애와 신경증 쪽에서 연구되기 시작한 보드라인 성격장애를 통합해서 borderline 성격장애와 자아분열 성격장애로 구분하였고, Gunderson의 연구 내용이 1980년에 제3차 개정판인 정신장애에 대한 통계와 진단 분류집인 DSM-III에 그대로 실리게 되어 세분화된 항목으로 10개의 성격장애의 진단(diagnosis)과 특징으로 등장하게 되었다.

이후 성격장애는 1994년 제4차 정신장애와 통계진단 분류집인 DSM-IV가 일부 수정을 해서 개정판으로 등장하게 되어 지금까지 사용되어오고 있다.

성격장애의 등장은 시대의 흐름과 사회의 변천과 깊은 관계가 있다. Freud의 빅토리아 시대에는 섹스의 억압으로 인한 히스테리(hysteria) 환자가 많았고, 이후에 20세기 초반기로 들어오면서 점차로 섹스에 대한 지식이 확대되고 섹스해방으로 인해서 hysteria환자가 줄어들고 복잡한 각종 사회 혼란과 가치의 선택과 갈등에서 비롯되는 신경증 환자가 급증하게 되었다.

이후 20세기 후반기에 제2차 세계대전(世界大戰, 20세기 전반기에 있었던 두 차례의 큰 전쟁. 1차는 1914~18년, 2차는 1939~45년)을 거치면서 여성들의 사회 진출이 급증하게 되면서 여성의 자녀 양육문제와 육아(childcare)에서 비롯되어 생긴 문제가 성격결함으로 이어지면서 후기 산업화 시대에는 성격장애 환자가 급증하게 된 것이다. 성격장애는 신경증 치료보다는 훨씬 어려운데 구체적인 증세(symptoms)보다는 성격에 결함으로 생긴 문제로서 주로 습관적인 것이 많기 때문에 치료(treatment) 기간이 신경증보다 더욱 많이 걸리고 치료 비율도 신경증보다 낮다. 1990년대 이후에 미국에서 성격장애에 대한 치료기법(technique)들이 많이 등장하게 되어 성격장애에 대한 치료 비율이 높아졌고 수많은 치료기법들이 등장하게 된 것이다.

정신증 치료는 약물치료(drug treatment)가 필수적이지만 성격장애는 약물로 치료되기 어려우며 심한 성격장애의 경우에는 약물의 보조가 필요하지만 약물은 어디까지나 보조 역할에 불과하고 심리치료로써 성격교정이 핵심이 된다. 약물치료(drugtreatment)에서는 불안증(anxietysyndrome)이나 우울증의 약물이 다르지만 성격장애는 성격장애의 분류에 따라서 치료기법이 달라지는 것은 아니다.

나르시시즘 성격장애와 borderline 성격장애, 의존적 성격장애, 강박적 성격장애 등에 따라서 치료기법이 약간은 다르지만 근본적인 치료기법이 달라지는 것은 아니다.

〈표 4〉 성격장애의 분류(DSM-IV)[2]

구분	A군 성격장애	B군 성격장애	C군 성격장애
내용	편집성 분열성 분열형	반사회성 연극성 경계선 자기애성	회피성 의존성 강박성

2. 성격심리학의 학문적 특성

성격심리학은 심리학의 한 분야로서 성격(personality)을 연구하는 학문이다. 성격은 일상생활에서도 아주 많이 사용되는 단어로써 성격이 좋다, 성격이 강하다, 성격이 변했다 등이 그 예라고 볼 수 있는데 개인의 삶에 중요한 영향을 미치는 개인이 갖고 있는 안정적인 특성이라고 말할 수 있다. 성격심리학은 사회심리학과 대비시켜 살펴보면 쉽게 이해가 된다.

사회심리학(사회 현상을 심리적으로 고찰·연구하는 학문)이나 성격심리학 모두 인간의 사회행동에 관심을 갖는데 심리학자 Lewin에 따르면 사회행동 = f(상황, 사람) 다시 말하면 사회행동은 상황과 사람의 두 요소에 의해서 결정된다.

이 중 상황(situation)에 초점을 맞추어서 사회행동을 설명하는 분야가 사회심리학이고, 사람에 초점을 맞추어서 사회행동을 설명하는 분야는 성격심리학이다.

범죄행동(criminal behavior)을 예로 들면 사회심리학자들은 범죄(crime)를 촉진시키는 상황을 조사하고 연구하는데 반해 성격심리학자들은 동일한 상황에서도 범죄를 어떤 사람이 저지를까를 조사하고 연구한다.

---

2) 원호택, 권석만(2004), 이상심리학 총론(학지사), p. 117.

3. 성격심리학의 특성

성격심리학은 종합적인 학문이다. 사회행동을 설명하는 사람요소를 연구한다고 할 때 이 '사람'은 사람마다 다르며(개인차) 나이를 먹음에 따라 발달 변화하고(발달), 인지(cognition), 정서(emotion), 동기(motive) 등 다양한 요소들의 통합체(통합성)이기 때문이다.

이러한 종합성 때문에 성격심리학에는 인간을 전체적으로 설명하는 이론들이 많고(Freud, Jung, Rogers), 또한 다양한 심리현상들(정신병리, 성숙과 노화, 건강, 범죄 등)과 직접적으로 연결된 성격연구들이 많이 수행된다.

4. 성격심리학의 주제

최근에 활발하게 연구되고 있는 성격심리학의 주제들은 다음과 같다.

1) 성격의 특질 차원

성격의 개인차를 판별하는 주요 차원들을 탐색한다. 현재 내-외향성(introversion-extroversion), 신경증성향, 성실성, 친절성, 경험(experience)에의 개방성 등이 주요한 성격차원들로 밝혀져 있으며 이들 특질차원들을 평가하는 검사도구들이 개발되어 있다.

2) 성격의 역동성

Freud의 정신분석이론(psychoanalytic theory)과 그 후의 정신역동이론의 틀 속에서 마음(mind) 내부(inside)의 갈등(conflict)과 방어(defense), 병리(pathology), 무의식(unconsciousness) 등에 관하여 다룬다.

3) 성격의 정서 및 동기 요소

최근에 심리학 내에서 주목을 받고 있는 인간의 비인지적 측면, 즉 정서와 동기에 관하여 다룬다. 성취동기(成就動機, 목적한 바를 이루어 보겠다는 행동이나 의욕의 근거)와 정서지능 등에 관한 연구가 활발히 이루어졌다.

4) 성격의 인지적 측면

인지심리학(cognitive psychology)의 영향으로 성격심리학 내에서도 인지사회이론이 등장하였다. 상황의 변별성을 강조하는 인지사회이론에서는 종래의 설문지 연구나 임상연구보다 실험연구를 주된 방법론(方法論, 학문의 연구 방법에 관한 이론)으로 이용하고 있다.

5) 유전과 환경

유전과 환경은 성격심리학의 영원한 이슈(issue, 논의의 중심이 되는 문제, 논점, 논쟁점)이다. 최근에는 행동유전학(behavioral genetics)을 비롯한 유전성 연구가 활발하고 환경보다 유전의 영향을 강조하며 유전과 환경의 상호작용을 파악하는 연구가 주로 수행되고 있다.

경험이나 학습(learning)의 기회를 거의 갖지 못한 상태의 신생아의 행동에도 개인차가 관찰되는 것을 통해서 많은 학자들은 본래 모든 인간은 각자 독자적인 경향성을 갖고 태어나는 것이라고 주장을 한다.

Thomas, Chess, Brich는 아이들은 신생아 때부터 기질(temperament)을 달리하고 태어나며 성격특성과 행동특성이 다르다고 주장했으며 14년간에 걸친 장기간 연구 끝에 신생아 때부터 청소년기(adolescence)에 이르기까지 이와 같은 기질이 비교적 일정하게 유지된다는 사실을 밝혔다.

이와 같이 신생아(neonate, 생후 1개월 내의)의 기질 차이는 유전적 요인과 환경적 요인이 성격에 영향을 미치고 있음을 알 수 있다. Buss와 Plomin은 평균연령이 55개월 된 동성 쌍생아 139명의 성격특성을 조사했는데, 〈표 5〉는 쌍생아의 성격유사성의 비교이다.

여기에서 일란성 쌍생아(monovular twins)의 경우가 이란성 쌍생아의 경우보다 정서반응, 활동정도, 사회성이 비슷하다고 평가했다. 이 연구결과는 성격이 어느 정도 유전됨을 보여주는 것이다.

〈표 5〉 쌍생아의 성격유사성의 비교[3]

구분\n내용	남아의 상관		여아의 상관	
	일란성	이란성	일란성	이란성
정서반응	.68	.00	.60	.05
활동정도	.73	.18	.50	.00
사회성	.65	.20	.58	.06

인간의 행동은 본질적으로 모두 환경과의 상호작용을 통해 학습된 것이다. 환경이란 유기체에게 직, 간접적으로 영향을 주는 모든 자극을 말하며, 인간은 환경(environment)과 상호작용하여 생득적으로 타고난 소질을 제한하게 된다. 환경의 작용에 관해 Bloom은 다음과 같은 결론(conclusion)을 내리고 있다.

① 환경은 인간의 특성에서 일어나는 변화의 범위와 종류를 결정해 주는 요인이다.
② 환경이 미치는 영향은 인간의 발달과정 중에서 가장 급격한 발달을 가져오는 시기에 더욱 영향을 미친다.
③ 인간에게 주어지는 환경 중에서 초기의 환경은 보다 큰 영향을 미친다.
④ 환경은 원칙적으로 개인에게 변별적으로 작용하나, 동일한 환경 하에 있는 모든 개인을 동일하게 변화하도록 작용할 경우가 있다.

우리가 경험하는 환경 중에 가정은 인간이 기본적인 생활양식을 배우는 생활양식을 배우는 곳일 뿐만 아니라 성격형성에 결정적인 영향을 미치는 장소이다.

6) 성격의 발달

성격심리학의 핵심관심 중 하나가 성격의 발달이다. 장기 종단연구를 통한 성격발달의 연구는 전 생애에 걸친 성격의 발달과 변화에 관한 윤곽을 제공해준다.

7) 자기의 발달과 역할

인간을 동물과 구분짓는 특징 중의 하나가 자기(self)의 인식이다. 어떻게 자기가

---

3) 김원형, 남승규, 이재창(2004), 인간과 심리학, 학지사, p. 98.

출현하고 발달하며 이렇게 형성된 자기가 삶과 인간관계 등에 어떻게 영향을 미치는 지를 연구한다.

8) 성격과 정신 및 신체적 건강

성격은 정신병리에서 보듯이 정신건강에 미치는 영향은 말할 것도 없고 최근의 Type A 행동패턴 연구나 정서표현의 억제연구에서 보듯이 신체적 건강에도 큰 영향을 미친다. 따라서 성격이 건강에 영향을 미치는 기제와 경로를 탐색하는 것은 대단히 흥미로운 일이다.

9) 성격의 평가

성격심리학이 전통적으로 가장 큰 공헌(contribution)을 해왔던 부분이다. 수많은 성격평가도구들이 개발되었으며 이들의 타당도(validation)와 신뢰도를 높이려는 작업도 꾸준히 진행되어 왔다.

10) 공격성과 범죄

과거에는 공격행동과 범죄행동(criminal behavior)을 상황에 주로 귀인시켜 왔으나 최근에는 공격성과 범죄성향을 조기에 판별하고 교정하거나 예방하는 성격심리학적 접근이 주목을 받고 있다.

11) 성과 애착 및 사랑

성과 애착과 사랑은 삶에서 가장 중요한 핵심현상이다. 어린 시절의 애착과 성에 관한 학습이 어떻게 성인기의 사랑과 성에 영향을 미치는지를 연구한다.

12) 창의성

IQ에 비해 창의성은 연구나 측정에서 소홀히 다루어져 왔다. 그러나 최근에는 창의성의 기제나 특질 등에 관한 연구가 증가하고 있으며 앞으로의 사회에서 창의성이 점점 더 중요하게 평가될 것으로 기대되기 때문에 성격심리학적 연구들도 보다 활발해지리라 생각된다.

5. 성격심리학 영역의 확장

성격심리학은 사람 요소를 연구하는 종합적 분야로서 개인차,[4] 발달, 다양한 심리요소(psychological factor)들의 통합들에 관여하므로 거의 모든 심리현상들에로 그 관심을 확장시킬 수 있다.

다음은 그 일부에 불과한 예들일 따름이다.

① 정신 병리의 진단, 설명, 치료영역으로서 임상심리학의 기초를 제공한다.

② 인사와 관련된 선발 및 배치 등 역시 성격심리학의 전통적인 영역으로서 각종 성격 및 적성검사 기법들을 활용한다.

③ 아동, 청소년, 노년 심리성격의 형성, 발달 및 변화 등에 관련된 지식을 활용하여 아동, 청소년, 노년의 삶의 이해를 돕고 갈등 및 병리의 해결에 공헌한다. 특히 앞으로 노년인구의 급격한 증가와 관련하여 노년기의 삶의 질을 개선하는 데 성격심리학이 크게 공헌할 것으로 기대된다.

④ 범죄행동의 이해 역시 앞으로 크게 기대되는 성격심리학 응용영역의 하나이다. 성격발달과 도덕성 발달에 관한 지식을 활용하여 범죄자를 판별하고 교정하며 사전 예방을 기하는데 공헌한다.

⑤ 삶의 질, 행복, 건강, 삶의 질이나 행복, 신체적 건강의 유지 등에 성격이 중요한 변수임이 밝혀지고 있으므로 앞으로 이 방면의 성격연구나 성격지식의 활용 등이 기대된다.

⑥ 정서지능 등 정서능력 과거 인지적 능력에 집중되었던 관심이 최근 정서적 능력에로 옮아오고 있으며 이러한 추세를 대표하는 것이 정서지능의 개념이다. 정서 및 동기의 개인차에 관심을 갖고 있는 성격심리학에서는 최근 정서의 인

---

4) 個人差: 각 개인의 신체적, 정신적 능력이나 특성의 차이.

식과 조절 및 표현 등에 관한 연구가 활발히 진행되고 있으며 앞으로 이 영역과 관련하여 기초 및 응용연구가 많이 이루어질 것으로 예상된다.

⑦ 창의성 및 예술심리학 창의성은 정서와 함께 앞으로 심리학에서 가장 중요한 연구영역으로 부상될 것으로 보인다. 이러한 예측은 미래 사회가 창의성과 정서적 능력을 강조하는 사회가 될 것으로 기대되기 때문이다. 성격심리학(personality psychology)은 앞으로 창의성의 평가와 개발, 그리고 예술심리의 연구 등에서 큰 역할을 할 것으로 기대된다.

6. 성격의 측정

성격을 알아보기 위한 방법에는 여러 가지가 있는데 그중 가장 대표적인 방법이 검사법이다. 성격검사(personality inventory)는 개인이 가지고 있는 어떤 기질이나 성향을 측정하는 것으로서 개인에게 습관적으로 나타날 수 있는 어떤 특징을 측정하는 것이다. 유형적으로 보면 성격검사의 시초는 Galton과 Hall이 사용한 질문지에서 비롯되었다.

이후 많은 심리학자들이 여러 가지 목적으로 다양한 검사들을 개발하였다. 이들은 대체로 정상인과 비정상인을 손쉽게 변별함으로써 counselor의 대상을 확인하는데 도움을 주고자 하였다.

일반적으로 성격검사는 크게 두 가지로 분류하고 있는데, 하나는 자기보고식 검사(self-report inventory)이고, 다른 하나는 투사적 검사(projective inventory)이다.

(1) 자기보고식 검사(self-report inventory)

이 검사는 자기보고식 질문지 형식을 취하며, 옳고 그른 답이 없이 다만 자신의 현재 태도(attitude), 감정, 의견 등을 가장 적절하게 나타낸다고 생각되는 문항에 표시를 하는 방법이다.

이 검사는 표준항목으로 구성된 검사지가 동일한 방식으로 실시되며, 채점과정이 표준화되어 있고 해석의 기준이 제시되어 있으므로 검사를 실시하는 검사자의 주관

성이 자료의 수집, 평가, 해석과정에 개입될 여지가 최소한으로 줄게 된다. 따라서
기 검사는 표준화, 타당도, 신뢰도가 높은 검사이다. 자기보고식 검사는 응답자의 왜
곡된 반응이 발생할 문제가 있지만, 사회적 특성을 측정하는데 아주 유용하게 사용되
는 방법이며 성격이나 적응, 정신장애를 평가하는데 많이 사용되고 있다.

① 미네소타 다면적 성격검사(MMPI: minnesota multiple personality inventory)

이 검사는 자기보고식 검사 중에서 가장 잘 알려진 검서로서, 개인의 태도, 정서적
반응, 신체적, 심리적 증상, 과거경험 등을 알아보는 약 550개 문항으로 구성되어 있다.

이 검사는 크게 10개의 임상적 척도와 3개의 타당도 척도로 구성되어 있다. 임상적
척도(scale)는 심기증(hypochondriasis), 우울증(depression), 히스테리(hysteria), 정신병
리적 결함(psychopathic deviate), 남성성-여성성(masculinity feminity), 편집증(paranoia),
정신쇠약증(psychasthenia), 정신분열증(schizophrenia), 경조증(hypomania), 사회적 내,
외향성(social introversion) 등을 측정하며, 타당도 척도는 피검사자의 허위, 부주의,
방어적 회피 등을 측정한다. 이 검사는 임상심리학자들이 환자의 성격장애나 정신적
문제를 진단하는 데 중요한 검사이다(〈표 6〉 참조).

〈표 6〉 MMPI의 10가지 임상적 척도[5]

임상적 척도	임상적 징후
심기증 Hs: hypochondriasis	자신의 신체기능이나 건강에 대해 지나칠 정도로 병적 관심을 갖는 징후
우울증 D: depression	일반적으로 인생과 장래에 대해 비관, 염세, 절망 및 사기적하, 무가치감, 무능력 등을 나타내는 징후
히스테리 H: hysteria	자신의 갈등, 문제, 책임 등을 신체적 징후를 통해 피해나가려는 징후
정신병리적 결함 Pd: psychopathic deviate	반사회적인 문제행동 및 범죄적 특징을 나타내는 징후
편집증 Pa: paranoia)	집착, 의심, 각종 망상의 징후
정신쇠약증 Pt: psychasthenia	공포, 근심, 불안, 강박관념, 죄책감 등의 징후

---

5) 김원형 외(2004), 인간과 심리학, 학지사, p. 113.

임상적 척도	임상적 징후
정신분열증 Sc: schizophrenia	현실에 대한 무관심, 망상, 환상, 외부 세계와의 절교, 사고와 행동의 모순 등을 나타내는 징후
경조증 Ma: hypomania	사고와 행동의 과잉반응, 지나친 정서적 흥분, 낙천주의 등의 징후
남성, 여성성 흥미 Mf: masculinity feminity	남성적 흥미와 여성적 흥미의 각종 성관련 징후
사회적 내향성 Si: social introversion	사회적 접촉의 회피 현상, 대인관계의 기피 현상, 비사교적 성격의 징후

② 캘리포니아 성격검사(CPI: California Psychological Inventory)

이 검사는 미국 California 주립대학에서 만들어진 것으로서, MMPI와 비슷한 문항을 사용하고 있으나 정상인의 성격특성을 더 많이 측정하도록 되어 있다. 즉 지배성, 사교성, 자기수용성, 책임감, 사회화 등을 측정하는 내용으로 구성되어 있다.

③ 메이스-브릭스 성격유형검사(MBTI: Myers-Briggs Type Indicator)

MBTI는 Jung의 심리유형론에 근거하여 인간의 성격을 16가지로 분류한 성격유형 선호지표로서 자신과 타인의 성격역동을 이해하는데 유용하게 쓰이는 도구이다. 이 검사는 외향(E)-내향(I), 감각(S)-지관(N), 사고(T)-감정(F), 판단(J)-인식(P)등 4개의 차원에 근거해 사람들의 성격유형을 다양하게 분류한다.

MBTI는 최근에 여러 분야에서 활용되고 있는 검사인데, 그 활용목적에 따라 교육장면, 상담장면, 산업장면, 팀빌딩, 의사소통 훈련, 갈등관리, 문제해결 훈련 등 다양한 장면에서 이용될 수 있다(〈표 7〉 참조).

④ 길포드-짐머만 기질검사(Guilford-Zimmerman Temperament Survey)

이 검사는 가장 널리 사용되는 필기용 성격검사 중의 하나이다. 이 검사는 독립된 10가지 성격특성인 일반 행동, 억제력, 우월감, 사회성, 정서적 안정성, 객관성, 친절성, 신중성, 대인관계, 남성성 등을 측정한다. 그리고 그 문항들은 질문보다는 진술의 형태이고 피검자는 예, 아니오, 또는 사항 중의 어느 하나에 응답하면 된다.

〈표 7〉 MBTI의 네 가지 선호지표

외향형(E)-내향형(I): 주의초점(에너지의 방향)
외향형은 세상을 이해하기 위하여 외적경험을 필요로 하고 먼저 행동으로 체험하려는 경향이 있다. 따라서 이들은 활달해 보이고 활동적으로 보인다. 반면 내향형(I)은 그들의 업무가 생각을 주로 하는 활동을 많이 요구할 때 더 많은 흥미와 편안함을 느낀다. 이들은 세상을 직접 경험하기 전에 먼저 생각 속에서 이해하려고 하는 경향이 있다.
감각형(S)-지관형(N): 인식기능(무엇을 인식)
감각형(S)은 대체로 현재를 있는 그대로 즐기고 순서에 입각해서 차근차근 업무를 수행해 나가는 근면성실형이다. 반면 직관형(N)은 현재에 안주하기 보다는 미래의 성취와 변화, 다양성을 즐기고 세밀한 사항보다는 전체를 보는 편이다. 그러므로 이들은 새로운 일, 복잡한 일에 겁 없이 뛰어드는 경향이 있다.
사고형(T)-감정형(F): 판단과 결정(어떻게 결정)
사고형(T)은 일관성과 타당성을 중시하며 객관적이고, 논리적, 원리원칙에 입각하여 결정한다. 반면 감정형(F)은 인간관계를 좋아하고, 동정심이 많으며 남을 인정할 줄 알고, 재치가 있는 편이다. 그리고 객관적인 진리보다는 보편적인 선을 선호한다.
판단형(J)-인식형(P): 생활양식(채택하는 생활양식)
판단형(J)은 구조화되고 조직화되는 것을 좋아하고 일이 정착되는 것을 더욱 선호하는 편이다. 흔히 이들은 계획에 따라 일을 추진하고 미리미리 준비하는 편이다. 반면, 인식형(P)은 어떤 순간에도 적응할 수 있는 자신들의 능력을 믿고, 다양하게 경험할 수 있도록 항상 개방적인 상태를 좋아하는 편이다.

(2) 투사검사

투사적 검사는 숨어있는 동기, 욕구, 갈등, 정서적 상태 등을 측정해 내는 방법이다. 이 검사는 원래 임상심리학에서 정서적 장애를 가진 사람들에게 사용하기 위해 개발되었다. 이 투사검사(projective test)에는 로샤검사(Rorschach test), 주제통각검사(TAT: thematic apperception test)가 있다.

① Rorschach Test

이 검사는 피검사자들에게 개별적으로 10개의 표준화된 잉크반점을 제시해 주고 그 그림에서 본 것을 설명하도록 한다. 이 그림 중 어떤 것은 색채가 있고, 어떤 것은 무

색채이다. 10개의 카드를 보여주고 나서 검사자는 각 카드를 다시 보여주고 지원자들에게 거기에서 본 것에 관해 자세한 질문을 한다. 무엇처럼 보이는지, 어느 부분이 그렇게 보이도록 만들었는지, 또 검사자도 그렇게 볼 수 있도록 설명해 달라는 등의 질문을 하고 그 대답을 기록한다. 이 답변을 해석하는 과정은 매우 복잡하며 채점은 매우 주관적이다. 따라서 검사자의 훈련, 임상적 경험, 기술 등이 중요한 역할을 한다.

② 주제통각검사(TAT: thematic apperception test)

이 검사는 20개의 애매한 그림으로 되어 있고 그림에는 두 명 이상의 주인공이 여러 상황에서 제시된다. 피검사자는 각 그림을 보고 무슨 그림인지, 그 그림에서 주인공은 누구인지, 그 그림 다음에는 어떤 장면이 연출될 것 같은지 등의 차원에서 이야기를 꾸며야 한다. 이 이야기들은 검사자의 주관적이고 비표준화된 과정에 의해 분석이 된다. TAT는 주로 임상심리학과 연구에 사용되나 때로는 산업계의 사원선발 때 이용되기도 한다.

제 **3** 장

정신분석학적 이론

性格心理學論

제**3**장 정신분석학적 이론

🌿 1. 프로이드(S. Freud)의 정신분석

선배이자 스승인 브로이어로부터 히스테리아를 최면으로 치료하면서 카타르시스 요법을 배운 프로이드(Sigmund Freud, 1856~1939)는 환자에게 최면을 걸어서 과거의 상처 기억(injury memory)을 떠올리게 하고 그 상처에 대한 감정(feelings)을 표현하게 하면 환자의 증세가 사라진다는 것을 알게 된 것이다. 이 방법으로 환자를 치료하다 가 카트리시스 요법이 감정을 방출하는 데는 효과(effectiveness)를 보이나 근본적인 문제를 해결해주지 않는다는 것을 발견하게 되었고, 또 최면(hypnosis)에 걸리지 않는 사람들도 있다는 것을 알게 된다. 프로이드는 연구를 거듭한 결과 최면과 유사한 방 법을 사용해서 과거의 잊어버린 기억을 되살리는 방법을 고안하게 되었는데 이것이 바로 정신분석 치료기법이다.

프로이드는 환자를 침대와 유사한 카우치라는 곳에 눕게 하고 본인은 환자가 보이 지 않은 쪽에 앉아서 환자가 머릿속에 떠오르는 생각을 자유롭게 이야기하도록 했다. 환자가 하는 이야기의 반복과 연결이 끊어진 이야기를 연결시켜서 어린 시절의 기억 을 되살려내고 끊어진 과거의 역사를 복원해 나가는 방법을 쓴 것이 바로 자유연상기 법(free association)인데, 과거를 회상하는 것이 과학적으로도 효과(effectiveness)가 있 음이 입증(demonstration)되었다.

환자가 편안하게 마음을 안정시키면 근육의 긴장이 풀어지고 기억의 회상이 좋아 지게 된다는 이론은 창작(creation)을 하는 작가나 예술가가 아이디어(idea)를 얻거나 작품에 대한 영감을 얻기 위해 조용한 전원 속에서 혼자서 구상을 하는 것과 같다고 볼 수 있는데 마음이 안정된 상태에서 기억이 최대가 된다는 것이 입증된 것이다.

또한 사람은 고통스러운 것을 기억하지 않으려하고 경험한 것 중에서 생각하고 싶지 않은 것, 기억하고 싶지 않은 것들을 억압해서 무의식 속에 집어넣어 버린다는 억압 이론을 발견하게 된 프로이드는 사람이 경험한 것을 기억하는 것이 의식이고 기억하고 싶지 않은 것 즉 알지 않으려고 하는 것, 생각하지 않으려고 하는 것이 무의식이라고 정의를 내렸다. 사람은 자신이 보고 싶어 하는 것만 보려하고 보고 싶어 하지 않은 것은 보지 못한다는 것을 찾아낸 것이다.

기억에 대한 이론은 기억에 대한 왜곡(distortion)을 불러일으킨다는 주장으로 이어지는데 상상이 기억을 왜곡시켜서 그 사람이 사물을 보는 시각을 바꾼다는 것이다. 이런 상상에서 오는 생각이 관계를 왜곡시키는 주범(principal offender)이라는 것이다. 즉 환자는 과거 상처의 기억 때문에 현재를 직시하지 못하고 현재를 바로보지 못하고 왜곡해서 본다는 것이다.

정신분석에서는 어린 시절의 부모와 관계가 어떻게 환자의 생각을 왜곡시켰는지를 찾아내는데 즉 환자가 과거의 경험으로부터 배우지 못하고 끊임없이 과거의 상처관계를 어른이 되어서 부모와 유사한 친밀관계에서 되풀이하고 있다는 것이다.

이것이 정신분석에서 치료의 핵심으로 등장하게 된 전이 분석 이론이다. 히스테리아의 치료 이론은 단순한 최면술(hypnotism)에서 벗어나서 심리적 상처 이론으로 발전하였고 이어서 상상의 이론으로 발전해 나가게 된다.

또한 프로이드는 어린 시절의 상상의 핵심은 엄마와 아기의 두 사람관계에서 시작되어 엄마, 아빠, 그리고 아기의 세 사람 관계로 발전해가면서 어머니의 사랑의 독차지 하겠다는 경쟁, 미움, 분노가 상상을 만들어내고, 이 상상이 관계를 왜곡시킨다는 이론을 만들었으니 이것이 바로 Oedipus complex(부모와의 관계를 모르고 아버지를 죽이고 어머니를 아내로 삼은 Thebes의 왕) 이론이다. 이 Oedipus complex 이론은 신경증의 핵심이론으로 발전해간다.

1) 프로이드의 성격구조이론

후반기의 프로이드는 사람의 마음은 타고나는 원초자아(Id), 부모와 관계에서 세상을 살아가는데 필요한 기술을 배우게 되는 자아(ego), 그리고 부모님이나 형제, 이웃들의 가르침인 해서는 안 되는 것, 즉 양심과 처벌을 초자아(superego)라고 불리는 세 가지 구조로 되어 있다는 정교한 심리적 구조 이론을 바탕으로 이 세 가지 마음은 서로 견제하고 경쟁하고 충돌을 일으키고 이 갈등들이 바로 불안을 일으키고 이것이 신경증의 원인이 된다는 이론을 개발한다.

자아들의 갈등이 실제로 불안을 일으키는가에 대한 최근의 실험에서 사람은 자신의 생각과 기대가 다른 사람과 일치하지 않으면 불안과 갈등을 일으키게 되고 자신의 기대와 일치시키기 위해서 계속해서 다른 사람의 생각과 행동에 대한 생각을 하게 되며 자신의 생각과 일치시키려고 하는 과정에서 불안이 감소될 때까지 고통 속에 갇히게 된다는 것이 사회심리학의 인지불일치 이론으로 입증이 되었다.

왜 사람의 마음이 세 가지의 구조로 되어 있고 정말로 이러한 설명이 가능한가 하는 의문은 컴퓨터의 등장으로 해결이 되었다. 즉, 인간의 뇌는 3층으로 되어 있음이 밝혀진 것이다. 생리학자들은 이것을 파충류의 뇌, 포유동물의 뇌, 고등동물의 뇌로 부르는데 뇌는 바로 인간의 진화의 역사를 반영하고 있다는 것을 알게된 것이다. 파충류의 뇌는 파충류 시대에 진화한 것으로 본능과 관계하는 것으로 Freud의 원초자아에 해당된다.

파충류(reptiles)의 뇌와 원초자아(Id)는 기능이 유사하다. 왜냐하면 프로이드는 원초자아가 인간의 기본 욕구 즉 성욕, 식욕, 사랑의 욕구, 지식에 대한 욕구, 돈에 대한 욕구, 인정받고 싶은 욕구, 보이고 싶은 욕구, 보고 싶은 욕구, 성취 욕구(achievement need), 소속감에 대한 욕구 등을 반영하는 것으로 매우 원시적이라고 보았다. 파충류의 뇌는 소뇌(작은골, cerebellum), 뇌간(brainstem), 척추(backbone) 등이 포함하는 것으로 이것을 1차 뇌 혹은 본능(instinct)의 뇌라고 부른다. 동물이 진화할 때 가장 먼저 생긴 뇌로서 살아남기 위해서 가장 먼저 본능이 작동한다.

두 번째로 포유동물의 뇌는 임신(pregnancy)이 되고 태반(placenta) 속에서 태아가 자라고 출산(childbirth) 후에 어미의 젖을 먹고 자라면서 사회생활이나 집단생활을 준비하는 동물들에게 진화된 것으로 집단생활과 구성원들과 관계가 주요 기능이다. 2차 뇌로 불리는 이것은 프로이드의 ego에서 볼 수 있으며 이것의 핵심 기능은 사회생활에 가장 중요한 감정 관계이다. 주로 사춘기에 ego가 성숙하게 되는데 에릭슨이 이것을 자아주체성(ego identity) 이론으로 발전시키기도 했다.

태어날 때 동물의 새끼들은 취약하여 어미의 보호를 받아야 하는데 혼자서 살아갈 수 있을 때까지 보호를 받는다. 부모로부터 살아남는 기술을 터득하게 되고 성숙해서는 부모 없이 혼자서 살아가는 기능을 습득하게 되는데, 이것이 ego 기능이 된다. 인간이 성인이 되기까지는 부모가 보조 ego 역할을 한다. 따라서 미성년자는 부모라는 보호자가 필요한 사람이 되며, 혼자서 성숙한 판단을 하게 될 때까지 부모의 보호가 필요하게 되는 것이다. Ego 기능이 성숙할 때까지인 사춘기(adolescence)까지 부모가 보조 ego 기능을 해주어야 하고, 사춘기가 지나면서 혼자서 판단 및 결정하고 선택할 수 있는 시기를 ego의 성숙으로 본다. 성인이 되면 혼자서 독립하여 세상을 살아갈 수 있게 되는 것이다.

고등동물[1]의 뇌는 대뇌(cerebrum) 즉 큰골이 중심이 된다. 이것을 3차 뇌 혹은 사고의 뇌, 이성의 뇌라고 부르고 발견, 발명의 뇌라고 부르기도 한다. 이 3차 뇌의 기능이 발견과 발명을 담당하고 있다. 이것은 Freud의 초자아, 즉 superego와 유사하다. 부모의 목소리, 선생님들의 목소리가 초자아가 되어 양심의 역할을 한다. 3~5세 때 형성된 초자아는 양심이 되어 잘못을 구분하고 위험과 안전과 선과 악을 구분할 수 있다. 다시 말해 ego의 기능은 국가를 움직이는 행정부의 기능이고 초자아의 기능은 잘못을 판단하고 죄를 주는 사법부의 기능과 같다.

이렇게 해서 5~6세가 되면 성격적 골격이 형성된다고 Freud는 보았다. 이것은 생리학적 측면에서 볼 때 좌뇌와 우뇌가 연결되는 뇌엽[2]의 형성 기간이 4~5세라는 것과 일치한다. 또한 뇌엽의 형성으로 좌뇌(sinistrocerebral)와 우뇌의 정보교환이 이루어지고 언어의 표현이 유창하게 되며 고차원적인 생각과 추상적 생각으로 이어지게 되는 기간이 6세 이후로 보는 것과 일치한다.

2) 성격의 구조이론

원초자아(Id), 자아(ego), 초자아(superego)가 어떻게 서로 갈등을 하면서 신경증을 만들어내는지를 살펴보자. 건강한 사람은 이 세 가지의 마음의 기능이 서로 견제와 균형을 이루면서 어느 한쪽만 특별히 우세하지 않은 유연한 성격을 이루게 된다. 그러나 정상적이지 못하고 병적인 경우는 어떻게 생기게 되는가?

초자아가 너무 강한 경우를 보면 어린 시절에 부모의 지나친 간섭과 침투로 과잉

---

1) 高等動物: 복잡한 체제를 갖추고 소화, 순환, 호흡, 비뇨, 생식, 신경, 운동 등의 기관을 가진 동물.
2) 뇌엽(腦葉): 대뇌 반구를 넷으로 나눈 각 부분. 전두엽, 두정엽, 후두엽, 측두엽으로 나눔.

보호를 받고 자란 사람들이 부모의 목소리 즉 양심의 처벌이 강하게 지배받게 되고 초자아가 강하게 형성된다. 부모님의 목소리가 너무 강하게 되어 모든 것이 내 잘못이 되어 버리게 되며 초자아가 너무 강한 반면 원초자아와 자아는 상대적으로 약해지게 된다. 이들은 죄의식이 강하고 너무 착하고 양심적이며 자신의 목소리인 자아가 약하고 남에게 의존적이라는 특징을 가질 수 있다.

이들은 자신이 원하는 것을 하고 싶은 욕구와 해서는 안 된다, 또는 '나쁜 사람'이라는 초자아가 심한 갈등을 일으키고 있기 때문에 늘 불안하다. 그렇기 때문에 다른 사람에게 보호(protection)를 받으려고 하거나 의존적이 되어 다른 사람의 눈치를 잘 보고 자신이 하고 싶은 것을 하지 못한다. 심지어는 다른 사람의 요구가 싫어도 No라고 말을 하지 못한다. 이런 사람들의 어린 시절의 발달과정(development process)을 보면 대부분이 부모에게 심하게 처벌을 받았거나 또는 과잉보호 속에 자라서 자신의 욕구가 무엇인지 잘 모르고 있고 의존적이며 자신의 의사 표현이 미약한 경우가 많다.

원초자아가 너무 강하게 되면 어떻게 되는가? 초자아가 약하고 자아(ego)가 약한 사람들에게서 범죄자, 변태성욕자들이 많이 나타나는데 범죄자들은 원초자아가 강하기 때문에 자아 규제가 잘 안되기 때문에 폭력적이고 감정 컨트롤(control)이 잘 안된다. 또 이들은 양심이 부패되고 충동적이고 욕구 컨트롤이 안 되는 사람들이다. 말로써 표현하지 않고 행동으로 표현을 하는 사람들이다.

섹스욕구를 잘 컨트롤하지 못하고 분노, 미움, 적개심을 에로틱하게 표현하는 사람들을 변태성욕자 또는 섹스신경증이라고 부른다. 반항적, 폭력적, 충동적 그리고 비양심적인 사람들인 범죄자들도 정신의학적 측면에서는 정신장애자(精神障礙者) 중독성 정신병을 포함하는 정신병자, 정신 박약자, 정신병질자 등과 같이 정신 위생법에 의한 의료나 보호를 필요로 하는 사람으로 분류된다. 이들의 어린 시절의 발달 과정을 살펴보면, 대부분이 부모의 폭력과 학대 속에서 사랑을 박탈당한 사람들이고 마음 속에 분노와 미움 그리고 적대감정이 쌓여 있으며 이런 감정들이 다른 사람에게로 향한다는 특징을 가지고 있다.

(1) 원초아(Id)=쾌락원칙(pleasure principle)

이드는 성격의 깊고 접근할 수 없는 부분으로 신체과정들과 직접 접촉하며, 그 사람의 신체구조에서 유전되고 고정된 모든 것을 위한 창고와도 같은 것이라 할 수 있다. 이드는 외부 세계와 아무런 연결이 없으므로 진정한 정신적 현실이라고 말할 수 있다. 우리는 분석을 통해서나 신경증적 행동의 다양한 형태들을 통해서 이드에 관해 알 수 있다. 이드 안에는 본능적 충동들, 특히 성적 및 공격적 본능들이 내재해 있는 반면에 가치(value), 윤리(moral principles), 논리(logic)가 없다. 이드의 존재사유는 본능들의 즉각적이고 방해 없는 충족(fulfillment)에 있다.

이드를 지배하는 목표는 흥분이 없는 상태이며, 그 속성은 쾌락의 원칙(pleasure principle)을 갖고 있다. 따라서 이드는 흥분을 감소시키고 쾌락을 성취하기 위하여 일차과정(primary process)을 이용한다. 이것이 뜻하는 바는 초기 유아기에는 긴장이 이드에 도달하자마자 방출된다는 것이다. 처음에는 에너지를 운동적 활동에 즉시 소비함으로써(방광이 팽창하면 즉시 배설) 긴장(tension)이 해소된다. 후에 이드는 다른 형태의 일차과정으로 넘어가서, 긴장을 줄일 수 있는 그 무엇이든지간에 심상을 만들어 낸다. 이드의 불행은 꿈과 환각이 유기체의 욕구들을 완전히 충족시키지는 못한다는 것이다. 이드의 일차과정적 작용양식이 진정한 충족을 주지 못하기 때문에 성격의 두 번째 중요한 구성요소인 자아가 생기는 것이다.

(2) 자아(ego)=현실원칙(reality principle)

원초아와 일차적 과정은 객관적 현실을 다룰 수 없기 때문에 자아(ego, 라틴어로 '나')라는 두 번째의 기능들이 발달하게 된다. 자아는 원초아로부터 발달하고 원초아 에너지의 일부를 사용하며 외부 세계를 고려하여 원초아 충동들이 효과적으로 표현되는데 중점을 둔다. 이런 외부 세계와의 거래 때문에 대부분의 자아 기능은 의식과 전의식[3]에서 발휘된다. 그러나 자아가 원초아와 연결되면 무의식 속에서도 그 기능은 작용을 한다.

자아는 현실적 원칙(reality principle)을 따르는데 이는 내적 욕구와 충동에 덧붙여 외적세계를 고려하기 때문이다. 현실원칙은 행동에 합리성을 가져온다. 그리고 우리들로 하여금 현실을 고려하도록 하기 때문에 행동하기 전에 행동과 관련된 위험을 신중하게 판단한다. 만약 너무 위험해 보이면 그 욕구를 충족시키기 위해 다른 방법을 선택할 것이다. 따라서 자아의 목표 중 하나는 적당한 대상이나 행위가 발견될 때까지

---

3) 前意識: 의식이나 기억에 나타나는 억압된 잠재의식.

원초아의 긴장 방출을 지연시키는 것이다. 자아는 이차과정(secondary process)이라 불리는 것을 통해 긴장 감소대상의 일차과정 심상을 실제 대상과 맞추려 한다. 그런 대상이 발견될 때까지 자아는 긴장을 억제한다.

자아의 목표는 원초아의 욕망을 영구적으로 차단하는 것은 아니다. 자아는 원초아의 충동들이 만족되기를 원한다. 그러나 자아는 그것들이 세상에서 문제를 일으키지 않도록 적절한 때에 안전한 방식으로 접근되기를 원하고 있는 것이다.

주로 현실적 원칙에서 기능하고 이차과정 사고를 사용하는 자아는 지적인 과정과 문제해결의 원칙으로 기능한다. 현실적 사고능력은 자아로 하여금 욕구를 만족시키는 행위에 대한 계획을 세우고 그것이 잘 기능할지 여부를 알아보기 위해 정신적으로 검증하고, 이를 현실검증(reality testing)이라고 칭한다. 자아는 종종 성격에서 원초아의 욕망과 외부세계의 제약 사이를 중재하는 행정관 역할을 하는 것으로 본다.

쾌락과 현실적 원칙(reality principle), 즉 원초아와 자아가 어떻게 갈등하는지는 알기 쉽다. 쾌락원칙은 욕구가 지금 충족되기를 명하고 현실원칙은 이를 지연시키려 하며 쾌락원칙은 내적 긴장의 압력을 생각하고 현실원칙은 외적 제약들을 고려한다. 자아의 기능은 단기적으로는 원초아의 작용을 막는 것이므로 원초아의 욕구들이 현실적인 방식으로 충족될 수 있다. 이 모든 것을 종합해 보면 성격 내에서 갈등이 있을 가능성은 매우 크다. 이런 주제가 정신분석이론에 깊이 내재해 있다고 볼 수 있다.

(3) 초자아(superego)=이상원칙(ideal principle)

성격의 세 번째 구조인 초자아(라틴어로 나의 위에 있는 윗사람)는 자아로부터 발달하는데 구체적으로는 Oedipus complex의 해결로부터 발생한다. 초자아가 대표하는 것은 양친의 말과 행동을 통하여 아동에게 제시되는 사회의 이상 및 가치들이다. 이상 및 가치들은 체계적 보상 및 처벌을 통해서 아동의 내면에 키워진다.

처벌과 관련된 것은 일반적으로 양심이라 알려진 초자아 속에 포함된다. 보상과 관련되는 행동은 초자아 속에 이상의 원칙(ideal principle)으로 구성이 되는 것이다. 결국 양심은 개인들로 하여금 무가치하다고 혹은 죄를 지었다고 느끼게 함으로써 처벌 목적을 이행하게 되는 것이다.

자아이상(egoideal)은 긍지와 가치감(價値感情, 쾌, 불쾌, 미, 추, 선, 악처럼 가치 인식에 따라 일어나는 감정)을 줌으로써 개인을 보상한다. 다시 말해 인간의 내부에서 초자아가 하는 일은 이드로부터 용납할 수 없는 충동들을 차단하여 효율적인 것보다는 도덕성 쪽으로 가도록 자아에 압력(pressure)을 가하고 완성을 추구하도록 유도해 가는 것이다.

3) 성격발달이론

성적 본능(性的 本能, sexuality instinct, Freud의 성격이론은 성격의 주요한 추진력을 추동(drive) 혹은 충동(impulse)으로 보는 본능이론이다. 본능은 성격의 기본적 요소이며, 행동을 추진하고 방향 짓는 동기이다. Freud는 본능을 에너지의 형태로 보았으며 이러한 에너지가 신체적 욕구와 정신의 소망을 연결한다고 보았다. 프로이드는 본능을 두 가지 범주인 life instincts와 death instincts로 구분하였다. Life instincts는 인간의 생존을 위해 식욕, 성욕 등과 같은 생물학적인 욕구를 충족시키는데 기여하며 성장과 발달 지향적이다. 프로이드는 본능의 에너지를 libido라고 하였다. 이러한 정신에너지인 리비도가 어떤 한 가지 대상이나 사람에 집중되어 나타나는 것을 리비도의 집중(cathexis)이라고 한다. 프로이드가 성격에 있어 가장 중요한 것으로 여겼던 life instincts는 성(sex)과 관련되며, 그것은 단순히 남녀 간의 성욕(sexual desire)을 의미하는 것이 아니라 인간에게 쾌락을 주는 모든 행동이나 생각을 포함한다. Death instincts는 사람들이 죽는 것에 대한 무의식적인 소망을 가지고 있다고 보았다. 이러한 death instincts의 주요한 구성요소가 공격성이다. 즉 개인의 death instincts는 공격성으로 표출되어 자신이 아닌 타인이나 대상을 죽이고자 하는 소망으로 파괴, 정복하고 죽이도록 하는 추동이다. Freud가 인생 후반에 제안한 death instinct는 그의 이론 중에서 많은 성격심리학자들에게 가장 비판을 받은 개념이기도 하다)들과 무의식이 협력하여 공상(fantasy)들을 만들어 내므로 Freud는 이 공상들을 이용하여 19세기 말 당시로는 매우 획기적인 것이라 할 수 있었던 심리성욕발달 이론을 전개하였다. 프로이드는 인간의 발달 단계로써 성격의 뼈대가 형성되어지는 과정(process)을 다음과 같이 상세하게 설명하고 있다.

(1) 구강기(oral stage)

신생아가 다른 사람들에 의해 완전히 의존되어지는 것은 자명한 일이다. 유아의 입, 입술, 혀는 생존과 밀접하게 관련되어 존재의 중심이 되는 것 또한 자명한 일이다. 이 때 리비도(리비도는 정신적 에너지 또는 본능적 충동이며, 의식적으로 또는 무의식적으로 개인의 성격과 행동에 좋게 또는 나쁘게 영향을 미친다. 처음에 리비도는 협의의 성적에너지로 생각되었다가 점차 그 개념이 광의적으로 되어 사랑과 쾌감의 모든 표현이 포함되었다. Freud는 성욕이라는 용어를 빠는 것에서 성교에 이르기까지 타인과 친밀하고 유쾌한 신체적 접촉을 갖고자 하는 모든 욕구를 총망라하는 아주 광범위한 의미로 사용했다. 다시 말해, 리비도는 심리적 혹은 생리적 의미에서 성적 에너지를 지칭한다. Freud의 말년에 가서는 리비도의 개념을 생의 본능인 에로스(eros)뿐만 아니라 죽음의 본능인 타나토스(Thanatos)까지 포함하는 것으로 설명하였다. 에로스는 생명을 유지, 발전시키고 사랑을 하게 하는 본능을 일컫는다. 이 본능 때문에 인간은 자기를 사랑하고 생명을 지속하며 종족을 보존시킨다. 배고픔, 갈증, 성욕 등이 생의 본능에 해당이 된다. 타나토스는 생물체가 무생물체로 환원하려는 본능을 말한다. 죽음의 본능 때문에 생명은 결국 사멸되고, 살아있는 동안에도 자기를 파괴하거나 처벌하며 타인이나 환경을 파괴하는 공격적 행동을 한다.

죽음의 본능은 종종 공격적, 파괴적 성향의 근원이 된다. 그런데 본능적 욕구의 표현은 흔히 성적인 것과 공격적인 것이 혼합되어 있다. 예를 들어, 성행위는 가장 친밀한 결합을 위한 공격적 행동이라 볼 수 있다는 것이다)는 구강영역에 주로 분포되어 있으며, 빨기와 삼키기가 긴장을 감소시키고 쾌락을 성취하는 주된 방법이 된다. 이 단계는 출생에서 약 8개월까지 지속되며 일명 구강적 빨기 단계라고 부른다. 8개월경에 이유가 시작되고 모유대신 다른 음식물을 먹게 된다.

이 시기는 자칫 외상을 입게 될 수도 있는데 갑작스럽게 강제적인 방법으로 젖을 떼면 그럴 수 있다. 이런 경우에는 구강적 빨기 단계의 잔재가 그 사람에게 일생 동안 남아 있을 수 있다. 8개월부터 18개월까지의 기간은 구강적 빨기 단계로서 이가 난 아동은 좌절을 표출하는 무기를 가지게 된다. 이 때 공격성이 발달하며 아동은 자기가 어머니와 분리된 존재라는 것을 스스로 알게 되는 단계라고 볼 수 있다.

(2) 항문기(anal stage)

현실의 요구들에 부딪치기 시작하는 시기라고 볼 수 있다. 자아가 이드로부터 분화되기 시작하고 있으며, 현실의 원칙이 생기기 시작하는 시기가 바로 항문기이며 약 6개월경부터 4세까지 지속된다. 이 시기에 쾌락의 주된 양식은 배설하는 일에 있다. 즉 양친과 아동의 의지 사이에 분화가 일어나는 단계이다.

이 과정을 통하여 배설을 공격적(anal aggressive personality, behavior) 무기로 사용함으로써 양친을 조종하는 방법도 배운다. 이 항문기 시기에는 대소변을 가리고 내 몸을 관리(청결)하고 주변 환경을 마스터하는 기능이 터득되는데 이것을 항문보유성격(anal retentive personality)이라 하고 또 이러한 성격이 이 때 발달을 형성할 수 있다.

(3) 남근기(phallic stage)

4~5세경부터 성기영역이 성적 쾌감과 흥미의 대상이 되면서 남근기가 시작되어 약 7~8세까지 지속이 된다. 이 시기의 아동의 흥미는 성기에 대한 자아도취로 옮겨간다. 아동은 그 자신의 성기를 만지거나 타인에게 보여주는 형태의 행동도 하게 된다. 또한 이때 형제, 자매, 양친의 신체구조에 흥미를 보이거나 아니면 어른의 방을 훔쳐보는 행동, 욕실에 관심을 보이기도 한다.

그리고 남아의 경우 반대 성인 어머니에 대한 무의식적 욕망에서 비롯된 갈등은 Oedipus complex(테베의 라이오스 왕은 이오카스타와 결혼하여 아들을 낳으면, 그 아들이 자신을 살해할 것이라는 이야기를 듣고도 결혼을 하여 아들 Oedipus는 출생과 동시에 죽음에 가까운 모습으로 부모부터 버림을 받게 된다. 버림을 받은 Oedipus는 코린트의 왕비 페리보아에 의해 성장되어졌다. Oedipus는 왕족으로서 성장하게 되고, 델포이의 신탁을 받은 것을 안 Oedipus는 양부모를 떠나 여행을 하던 중 우연히 싸움이 일어나게 되고, 그 와중에 라이오스 왕과 그 수행원을 죽이게 된다. 아버지를 죽였다는 사실을 모른 채 여행을 하다 스핑크스의 저주를 받아 기근에 시달리던 테베를 지나게 된다. 이곳에서 스핑크스의 퀴즈를 맞추어 후에 왕에 오르고 친모인 줄도 모르고 어머니인 이오카사타와 결혼을 하게 되고, 후에 자신이 델포이의 아버지를 죽이고 어머니와 결혼을 하였다는 사실을 알게 되면서 자신의 눈을 스스로 멀게 하고 테베를 떠나 사막을 방황하게 되는 것이 바로 Oedipus의 비극이다. 그래서 Freud는 아버지를 경쟁상대로 어머니와 결혼하고 싶어 하는 남아의 욕구를 Oedipus complex라고 하였다)라고 불렸는데 Freud는 이 용어를 아들과 어머니의 성 관계와 그 결과를 비극적으로 묘사한 그리스 신화로부터 인용했다.

이 단계에서 어머니는 남자아이의 사랑의 대상이 된다. 남자아이는 환상과 행동을 통해 어머니에 대한 성적 소망을 나타낸다. 그러나 남자아이는 아버지를 어머니에 대한 경쟁자이며 위협적인 존재로 여겨진다. 또한 아버지와 어머니가 특별한 관계임을 지각하고, 아버지에 대해 질투심과 적대심을 가지게 된다.

아이가 힘 있는 적대자인 아버지로부터 자신의 성기가 잘려지지 않을까하는 두려움을 갖게 되는 것을 거세불안(castration anxiety)이라고 한다. 남자아이는 자신을 아버지와 동일시(identification) 함으로써 이러한 Oedipus complex를 극복한다고 보아야 할 것이다. 더불어 사회적 규범, 도덕적 실체(substance)라고 할 수 있는 아버지에 대한 동일시(identify)를 통해 초자아를 형성하게 되는 것이다.

여아의 경우에 겪는 갈등을 Electra complex(트로이 원정에서 그리스 군의 총지휘관으로 출정을 했다가 10년 만에 승리의 영광을 차지하고 돌아온 아가멤논 왕은 왕비인 클리타이메스트라와 왕비의 정부이자 자신의 사촌동생인 아이기스토스의 공모로 암살당한다. 아이기스토스는 왕의 아들인 오레스데스와 딸 엘렉트라도 죽이려 했지만 오레스데스는 그 당시 없었고 엘렉트라는 소녀라서 죽일 수 없어 그 대신 비참한 생활을 하도록 하였다. Electra는 성정하면서 오빠가 돌아와 아버지의 원수를 갚아 주는 것이 유일한 희망이었으나 돌아온 오레스데스는 용기를 내지 못했다. 그러자 Electra는 오빠를 부추기고 협력하여 아버지의 원수를 갚게 된다. 그래서 Freud는 어머니를 경쟁상대로 아버지를 보호하고 싶어 하는 여아의 욕구를 엘렉트라라 하였으나 Electra의 신화는 Oedipus 산화만큼 메시지가 분명히 연결되지 않아 남근기를 총칭하여 Oedipus라 한다)라고 하였다.

그리스 신화에서 'Electra'는 동생을 설득해서 아버지를 살해했던 어머니와 어머니의 정부를 살해하게 하였다. 성기기(남근기) 중에 아버지는 여자아이의 애정대상도 된다. Freud는 남자아이의 거세불안과 상반되게 여자아이는 남근선망(penis envy)을 갖는다고 보았다. 즉 여자아이는 자신의 성기를 잃었다고 믿고, 남자아이는 자신의 성기를 잃을까 두려워한다. 여자아이는 어머니와 동일시를 통해 electra complex를 해결하고 초자아를 형성하게 된다.

(4) 잠복기(latency period)

인간은 5~6세가 되면 마음의 기본 구조가 완성이 된다. 즉 성격의 골격이 만들어지고 이것은 이후에 일부 수정과 보완을 거치지만 크게 변화되지 않는다. 이러한 프로이드의 이론은 최근에 신경 과학의 발달로 사실임이 입증되었다. 어린이가 5세 때 뇌의 기능은 성인 뇌의 90%가 완성이 되고, 어린이가 7세 때 어른 뇌의 95%가 완성되고 어린이가 10세 때 어른 뇌의 97%가 완성된다는 것이 밝혀졌다.

본능의 마스터 즉 충동, 공격, 섹스 욕구를 컨트롤하는 것이 ego와 초자아의 기능이고 이것은 인간이 원시상태에서 문명인으로 발전해가는 진화가 숨어있다.

인간은 출생 시에는 다른 동물이나 다름없던 상태에서 자신의 욕구를 스스로 다스리게 되는 기간은 불과 3~5년 동안이며 이러한 원시적 동물 욕구를 컨트롤하고 다른 사람들과 더불어서 살아가는 방법을 터득하여 문명인이 되어가는 과정이 바로 발달의 과정이라는 것이다.

(5) 생식기(genital stage)

신경증 이론의 바탕이 되는 Oedipus complex는 3~5세까지의 기간으로 보고 약자로 '오디 팔' 기간이라고 부른다. Oedipus complex는 부부관계와 자녀관계를 함축해서 상징적으로 표현한 것으로 본다. 자녀는 엄마의 분신이고 남편은 엄마의 사랑의 대상으로 엄마는 양쪽 모두에게 소홀할 수가 없다. 부부 사랑의 결실이 자녀가 아닌가, 부부 사이에 관계가 원만해서 화목하면 자녀는 엄마의 분신에서 점차로 떨어져 나오면서 분리 개인화(personalization)과정을 거치는 동안 조금씩 부모로부터 분리되어 자치적이고 독립적인 존재(existence)가 되어간다.

1세 때는 엄마 몸에 밀착되어져 업히고 안기면서 보내게 되고 2세 때부터는 기고 서고 걷게 되면서 엄마의 품으로부터 떨어져 나오게 된다. 3세가 되면 아빠라는 존재가 부각되게 되는데 대부분 엄마와 밀착된 관계를 유지하던 아기에게 아빠는 이방인으로 느껴지게 된다. 즉 어느 날 아기가 가장 밀착적인 관계인 엄마와의 관계에 아빠라는 거인이 등장하게 되면서 소홀해지는 자신의 존재를 발견하게 되는 것이다.

또 이때 주로 동생이 태어나게 되어 온 가족의 주의 관심이 새로 태어난 아기에게로 쏠리게 되고 3세가 된 자녀는 엄마의 품을 떠나서 혼자서 자기 방에서 자야 한다는 것을 알게 된다. 그런데 이방인으로 느껴졌던 아빠가 여전히 엄마와 같이 자는 것을 보게 되면서 아빠가 아기 자신보다 엄마와 더 가까이 있다는 것을 알게됨으로써 아기는 엄마에 대한 독점을 포기하고 아빠처럼 행동을 하기 시작한다.

엄마의 사랑을 옛날처럼 독점(exclusive possession)할 수 있을 것이라고 생각한 아기는 점점 아빠를 닮아가는 것이다. 엄마가 아기 자신보다 아빠를 더 사랑하기 때문에 아빠는 언제나 엄마와 함께 잠을 잔다고 생각하게 된다. 아빠 때문에 엄마의 독점을 포기하게 되면서 아기는 모든 것을 엄마한테서 의존해왔던 것을 이제 포기하고 혼자서 세상을 터득해나갈 수 있는 방법을 배우기 시작하는데 이를 통해 자치심과 독립심으로 발전하는 계기가 된다.

이런 과정은 지극히 정상적인 발달 과정으로 볼 수 있다. 그러나 부부관계에 문제가 생기게 되면 엄마는 아기를 남편보다 더 가까이 하게 되고 아기는 성장해가면서 가족 갈등에 휩싸이게 되는데 이는 아빠와 엄마가 갈등(conflict)을 빚게 되면 자녀를 자신의 편으로 끌어들이려고 하거나 편가름 현상 때문이다.

자녀가 부모 갈등의 완충지대 역할을 하거나 부부 사이에 커뮤니케이션(communication)을 전달하는 매개체 역할을 하게 되거나 엄마와 아빠의 십자 포화에 표적이 되기 쉽다. 이처럼 자녀가 가족 문제에 발목이 잡히게 되면 자녀는 발달의 단계에서 가중된 짐을 지게 된다. 아울러 자녀는 사춘기(adolescence)가 되어서도 더 넓은 세상으로 자연스럽게 나갈 수가 없게 된다.

엄마와 아빠 문제에 발목이 잡혀서 가족 갈등에 휩쓸리거나 가족문제로부터 탈출하기 위해서 때로는 가출(leaving home)이라는 행동을 하게 된다. 인생에서 가장 혼란한 시기인 사춘기에 들어가게 되면서 섹스문제, 이성관계, 동료관계, 자아관계 등의 복잡한 문제를 가족문제 때문에 제대로 다룰 수가 없게 되고 혼란 속에 휩쓸려서 빠져나오지 못하고 표류하게 된다.

그런 여러 가지 이유에서 생겨난 심리적 고통을 몸으로 호소하거나 문제 행동으로 표현하게 되는 것이 신경증이라고 본다. Oedipus complex의 원만한 해결은 더 넓은 사회생활로 나아가게 되지만 Oedipus complex 때문에 장애를 받게 되면 자녀는 스스로 장님이 되어서 평생을 고통 속에서 살아간 Oedipus의 전철을 밟아 불행한 삶을 살게 된다는 것이 신경증 이론의 핵심이다. 〈표 8〉은 Freud의 성격발달 단계를 설명하는 것이다.

<표 8> 성격발달 단계의 특징

단 계	나이 구분	성격 특징
Oral	0~1세	리비도가 입에 집중되어 있으며, 주로 빨기를 통해 쾌락을 얻고, 원초아가 지배적으로 작용
Anal	1~3세	외부현실(배설훈련)로 인하여 얻어지는 만족을 해방
Phallic	4~5세	근친상간에 관한 환상(Oedipus complex, 불안, 초자아가 발달
Latency	5세~사춘기	성적 본능의 승화단계
Genital	청소년~성인기	성역할 정체감과 성인으로서의 사회적 관계가 발달

4) Freud의 성격구조 주요개념

(1) 자각(perception)

무의식 이론이라면 Freud란 학자를 떠올리는 것이 일반적인 현상이다. Freud 정신분석의 핵심은 사람들이 억압하여 무의식에 숨겨버린 내용을 이해하는 것이다. Freud는 지형학적 모델(topographical model)을 통해 자각의 수준을 구분하였다. 그가 제안한 자각(self-knowledge)의 세 가지의 내용은 의식(consciousness), 전의식(preconsciousness), 무의식(unconsciousness)이다.

(2) 의식(consciousness)

의식은 개인이 현재 자각하고 있는 생각을 포함한다. 의식의 내용은 새로운 생각이 정신에 들어오고, 오래된 생각은 정신에서 물러나면서 계속적으로 변한다. Freud는 우리가 자각하고 있는 의식은 빙산(iceberg)의 일각에 불과하다고 말하면서 자각하지 못한 부분이 많다는 것을 강조하고 있다.

(3) 전의식(preconsciousness)

전의식은 의식과 무의식의 중간에 있는 자각으로서 용이하게 의식으로 가져올 수 있는 정신의 부분이다. 다시 말해, 전의식은 무의식의 부분이지만 쉽게 거기에 저장된 기억, 지각, 생각이 의식으로 변화될 수 있는 의식의 아래 부분이다.

(4) 무의식(unconsciousness)

무의식은 Freud가 가장 중요하게 생각했던 자각의 수준이다. 정신의 가장 깊은 수준에서 작동되는 것으로 우리가 자각하지 못하는 경험과 기억으로 구성된다. 무의식은 본능에 의해 지배되며 모든 행동의 배후에서 작용하는 주요한 추진력으로 우리의 행동을 방향짓는 소망과 욕망이 자리 잡고 있는 것이라 할 수 있다.

(5) 본능이론

Freud의 성격이론은 성격의 중요한 추진력을 추동(drive) 혹은 충동(impulse)으로 보는 본능이론(instinct theory)이다. 본능은 성격의 기본적 요소이며, 행동을 추진하고 방향짓는 동기이다. Freud는 본능을 에너지의 형태로 보았으며 이러한 에너지가 신체적 욕구와 정신의 소망을 연결한다고 보았다. Freud는 본능을 두 가지로 보고, 그 첫 번째는 life instincts와 death instincts로 구분을 하였다.

(6) Life instincts

인간의 생존을 위해 식욕, 성욕 등과 같은 생물학적인 욕구를 충족시키는데 기여하며 성장과 발달 지향적이다. Freud는 life instincts에 의해 나타난 정신에너지를 리비도라고 하였다. 이러한 리비도가 어떤 한 가지 대상이나 사람에 집중되어 나타나는 것을 리비도의 집중(cathexis)이라고 한다. Freud가 성격에 있어 가장 중요한 것으로 여겼던 life instincts는 성과 관련되며 그것은 단순히 남녀 간의 성욕을 의미하는 것이 아니라 인간에게 쾌락(pleasure)을 주는 모든 행동이나 생각을 포함하고 있다.

(7) Death instincts

Freud는 life instincts와 상반된 개념으로서 death instincts가 있다고 가정을 하였다. 그는 사람들이 죽는 것에 대한 무의식적인 소망을 가지고 있다고 보았다. 이러한 death instincts의 주요한 구성요소가 공격성이다. 즉 개인의 죽음 본능은 공격성으로 표출되어 자신이 아닌 타인이나 대상을 죽이고자 하는 것으로 파괴, 정복 또는 죽이도록 하는 추동이다. Freud가 인생 후반에 제안한 죽음 본능은 그의 이론 중에서 많은 성격이론가들에게 비판을 받은 개념이기도 한 것이다.

(8) 불안(anxiety)

불안 개념은 정신분석이론에서 언제나 중심적 역할을 해 왔지만 Freud는 불안에 대한 견해를 여러 차례 수정을 하였다. 그의 최종적으로 내린 불안의 견해는 불안이 자아에 의해 위험이 닥쳐온다는 신호(signal)로 이용된다는 것이다. 그리고 Freud는 현실불안, 신경증적 불안, 도덕불안이다. 이러한 불안은 앞에서 성격의 세 가지 구조와 관련해서 이해를 할 수 있다. 즉 현실 및 세 가지 자아 간의 갈등에 의해 불안이 야기된다는 것이다.

5) 불안의 생물학적 이론

불안과 같은 정서반응은 주로 자율신경계(autonomic nervous system)의 교감신경계(parasympathetic nervous system)와 관련된다. 불안은 임박한 위험에 대한 신호로 교감신경계의 흥분(excitement)을 일으키는데, 이는 유기체에게 위험이나 위협에 직면해서 싸울 것인지 아니면 도피할 것인지를 준비하도록 한다.

불안할 때 일어나는 교감신경계의 반응들은 다음과 같다. 피의 흐름이 말초기관에서는 감소하여 장기의 혈관(blood vessel)이나 사지의 혈관이 수축한다. 이런 반응으로 우리는 손발이 차거나 오싹함을 느끼기도 하고, 위가 거북하게 느껴진다. 그대신 뇌나 근육(muscle)에는 피가 많이 흐르게 되어 신속하게 판단하고 대응할 수 있도록 준비된다. 성적인 흥분(excitement)은 억제되고 호흡(dichotomous)이 가빠지고, 피부 전도반응으로 손바닥에서 땀이 나기도 한다. 내분비선에도 다양한 변화가 일어나 싸움이나 도피(escape)를 위한 경계태세를 갖추도록 혈당(blood sugar)을 높이고 교감신경계(parasympathetic nervoussystem, 고등 척추동물에서, 척추의 양쪽에 흐르는 한 쌍의 교감 신경간과 거기서 갈라져 나오는 신경섬유로 이루어져 있는 자율신경계)를 자극하는 아드레날린(adrenalin)과 노르아드레날린(noradrenalin, 교감신경계의 신경 전달 작용을 하는 부신 수질에서 아드레날린과 함께 분비되는 호르몬) 등의 내분비 물질을 방출한다. 이 외에도 근육긴장이 증가하는데 특히 목과 어깨 부위의 긴장이 일어난다.

현대의 신경생물학자들은 청반(locus coverlets, 속귀의 전정낭(前庭囊)에서 내벽의 일부가 두꺼워져서 이석(耳石)을 갖고 있는 곳. 머리나 몸의 위치와 운동상태를 포착하여 몸의 평형을 유지하여 준다)이 불안의 생물학적 장소임을 밝혀냈다. 중추신경계4)로부터의 모든 신경경로는 이 핵으로 들어가고, 여기서 나오는 신경경로가 불안에 관여하는 모든 중요한 생리학적 체계로 진행한다. 청반은 괴(GABA, gamma-aminobutric acid)에 의해 활성화되는 억제신경(cardioinhibitorynerve)을 활성화시키거나 비활성화시킴으로써 유기체의 불안수준을 조절한다. 벤조디아제핀계 약물들은 청반에서 억제신경을 활성화함으로써 작용한다.

생물학적으로 불안과 관련된 신경전달물질(neurotransmitter)인 외 이외에도 노르에피네프린과 세로토닌(serotonin)5)이 있다. 노르에피네프린(norepinephrine)은 대뇌피질6)과 변연계(limbic system), 뇌간(brainstem), 척수로 연결되는 경로로 작용하는데, 이 체계를 자극하면 불안이 발생하고, 억제하면 불안이 감소된다고 한다.

6) 불안의 심리학적 이론

(1) 정신역동적 입장

정신역동적 입장 입장에서 불안은 거의 모든 심리장애와 관련이 된다고 할 수 있다. 이러한 불안은 공황장애(panicdisorder)에서처럼 급진적이고 강할 수도 있고, 범불안장애(generalized anxiety disorder)처럼 만성적이고 보통 정도이거나 혹은 회피될 수 있는 구체적인 대상이나 상황과 관련된 공포장애처럼 상당한 시간 동안 외현적인 불안이 없을 수도 있다.

급성적인 형태의 불안은 통제 불가능한 두려움이나 공포에 의해 압도되는 느낌을 받는데, Freud는 이러한 불안을 외상불안이라고 하였다. 외상불안에 처한 사람은 실제로 생존(existence)이 위태롭다고 느끼며 통제의 상실과 미치거나 죽을 것 같은 공포를 가속시키는 다양한 신체적인 증상(symptoms)을 수반한다. 보다 약한 형태의 불안은 외상불안의 잠재적인 시작 신호라고 볼 수 있다. 자아정동으로 간주되는 이러한 신호(signal)는 불안을 감소시키기 위해 자동적으로 방어(defense)들을 일으킨다.

---

4) 중추신경계(中樞神經系): 동물의 신경계가 집중화하여 분명한 중심부를 형성하고 있는 부분(강장(腔腸)동물인 해파리 이상의 동물에서 볼 수 있음).
5) 세로토닌(serotonin): 포유동물의 혈청, 혈소판, 뇌 따위에 있는 혈관 수축 물질.
6) 大腦皮質: 대뇌 반구의 표면을 둘러싸고 있는 회백질의 얇은 층. 많은 주름과 홈이 있음.

불안은 공포와는 달리 현실적이고 외적인 위험에 대한 반응이 아니다. 불안에서 위험의 본질은 심리내적인 것으로, 특히 위험하다고 가정된 무의식적인 소망과 관련된다. 고전적인 정신분석에서는 심리성적인 발달의 상이한 단계와 관련된 전형적인 위험상황을 제시했다. 여기에는 대상의 상실에 대한 불안, 대상으로부터의 애정 상실에 대한 불안, 남자의 거세불안, 초자아 불안이나 죄책감이 있다.

Freud는 삼원구조 모델(Freud의 삼원구조 모델은 원초아, 자아, 초자아로 구성이 된다. 사람은 태어나면서부터 생물학적 기초를 갖는 욕구나 추동에 의해 지배된다. 이러한 원초아 추동이 생겨날 때에는 즉각적으로 만족을 추구하여 쾌감을 얻으려 하고 고통은 회피하려고 하는데 이를 쾌락원리라고 한다. 즉각적으로 만족을 얻으려는 원초아 욕구는 쾌락원리를 통해 발현하지만, 현실적으로는 항상 이렇게 될 수가 없다. 이런 상황에서 환경적 여건과 원초아적 추동 사이를 중재하여 추동만족을 지연하게 하는 자아가 발달하게 된다. Freud는 이렇게 원초아적인 욕구의 만족이 지연되기도 하고 좌절되기도 하는 과정에서 자아가 형성되는 것으로 보았다. 이러한 자아는 현실원리를 따른다. 한편 아이는 성장하면서 부모의 금지와 칭찬을 경험하면서 자라게 되는데, 이런 경험이 반복되면 아이는 부모의 칭찬과 처벌에 일정한 규칙이 있음을 알게 되고 이를 내재화하게 된다. 이러한 원초아는 도덕적 양심과 자아 이상으로 구성이 된다)을 제안하여 이를 통해 다양한 신경증을 이해하려는 시도를 하였다. 불안은 원초아에서 기인하는 무의식적인 성적 혹은 공격적인 추동(정신역동적인 입장에서는 성적인 추동과 공격적인 추동을 인간의 기본적인 추동으로 본다. Freud는 추동(Trieb, drive)이라는 말을 사용했는데, 이것이 영어로 번역되는 과정에서 본능(instinct)으로 번역되어 오해의 소지가 많이 생겼다. Freud는 본능이라는 개념은 동물들에게만 적용하였다)과 이에 상응하여 초자아에서 기인하는 처벌의 위협 사이에서 발생하는 심리적인 갈등의 결과로 생각되었다. 즉 불안은 위험에 대한 신호로 이해된다. 자아는 이러한 신호에 대한 반응으로 받아들이기 어려운 느낌이나 생각이 의식에서 자각되지 못하도록 하기 위하여 다양한 방어기제(자아는 불안신호에 접하면 방어기제를 동원하여 무의식에 억압해 놓으려는 시도를 한다. 중요한 방어기제는 다음과 같다. 억압: 불편감, 불안, 고통을 일으키는 과거 경험, 소망, 갈등의 존재를 무의식적으로 부인하는 것. 부인: 외부의 위협이나 외상적 사건의 존재를 부인하는 것. 반동형성: 무의식적인 추동과는 정반대로 표현하는 것. 투사: 실제로는 자신이 경험하는 추동을 타인이 그러하자고 귀인하는 것. 합리화: 자신의 행동을 보다 수용할 수 있고 덜 위협적인 것으로 재해석하는 것. 대치: 위협적이지 않거나 이용 가능한 대상으로 초점을 옮기거나 바꾸어 버리는 것. 주지화: 자신의 감정을 차단하고 인지적으로만 위협적인 상황을 보려고 하는 것. 승화: 추동 에너지를 사회적으로 바람직한 행동으로 바꾸어 표현하는 것)를 동원한다. 신호불안이 자아의 방어적인 자원들을 적절하게 활성화시키지 못하면 보다 강하고 지속적인 불안이나 또 다른 신경증적인 증상이 초래된다.

신호불안의 존재는 외상적인 상황과 불안감소 경험에 관한 기억에 근거한 예기능력을 가정한다. 또한 이것은 어떤 추동소망이 위험하다는 판단에 근거를 한다. 이 소망들은 실제 혹은 환상(illusion)에서 비난과 처벌로 이끌게 하기 때문인 것이다. 이러한 판단은 내재화되어서 심리내적인 갈등(원초아와 초자아간의 갈등)을 만들어낸다. 자아는 원초아로부터의 추동이 의식에 접근하는 것을 막고 추동과 자아가 연관되는 것을 억압(pressure)을 통하여 분리시킨다. 증상은 금지된 소망과 이러한 소망이 자각되고 표현되는 것을 방어하려는 시도에서 표현되는 것이다.

불안에 대한 민감성, 불안을 감내하는 능력, 불안에 방어하는 방식에는 사람들마다 차이가 있다. 똑같은 불안 상황에 처하더라도 어떤 사람은 잘 버티어낸다. 심지어는 존재론적으로 위협적인 극한 상황에 처하더라도 이에 굴하지 않고 삶의 의미를 발견하고 인간으로서의 품위를 지켜나가는 사람들도 있다.

Freud의 공식화 이후 불안에 관한 다양한 정신역동적인 이론들이 있어왔다. 이러한 이론들은 성격발달과 정신병리(psychopathology)를 설명하는데 있어서 불안이 중심적이었고 불안을 유발하는 것으로서 갈등적인 추동소망을 Freud만큼 강조하지 않았다고 볼 수 있다. Freud 이후로 자아심리학(ego psychology)는 Hartmann에서 시작되었다. 그는 갈등과 무관한 차원이 자아에 있음을 밝히고, 이것이 이차적으로 갈등화될 수 있다고 보았다. 그는 생득적이고 생물학적인 자아자율성을 주장함으로써 새로운 발달이론의 발전에 기여하였다. 자아기능에는 현실검증, 판단, 현실감, 추동충동 및 정동의 조절과 통제, 대상관계, 사고, 적응적 퇴행, 방어, 자극차단기제, 자율기능, 조합적이고 통합적인 기능, 과제 성취 및 문제 극복 역량 등이 있다), 대상관계이론, 자기심리학(대상관계이론이 자기표상과 대상표상들 사이의 내재화된 관계를 강조하는 반면, 자기심리학은 외부관계가 자존감과 자기응집감을 유지하기 위해 어떻게 돕는지를 강조한다. 자기심리학은 코헛에서 비롯되었는데 주로 나르시스(Narcisse 그리스 신화에 나오는 미소년, 호수에 비친 자기 모습을 사랑하다가 빠져 죽어서 수선화가 되었다 함)적인 성격장애를 치료하고 연구하는 과정에서 나온 이론이다. 이 유형의 환자들은 주위 사람들의 사소한 자극이나 평가에도 지나치게 예민하고 상처받기 쉬운 취약한 자존감을 보이는 것이 특징으로 볼 수 있다) 등은 불안증상을 억압된 추동 갈등보다는 분리와 개별화 같은 발달적인 도전, 타인과의 실제적이고 내재화된 대상관계, 자기응집감과 관련된 갈등 등으로 보았다.

그 밖에 광장공포증(agoraphobia)을 무의식적인 성적 환상(illusion)의 표현으로 해석하는 고전적 정신분석적인 입장은 불안장애의 중심요소가 분리불안(separation anxietydisorder) 혹은 자기응집(autoagglutination)과 관련된 불안이라는 개념화로 수정되기도 하였다.

현대의 정신역동적 입장의 임상가들은 추동이론, 자아심리학, 대상관계 이론, 자기심리학 모두 환자를 이해하는데 유용하고 잠재적인 지침이 된다. 어떤 조망이 불안장애의 임상적인 이해와 해석에 더 강조가 주어지는 것은 임상치료자가 선호하는 이론적인 입장과 내담자의 상태나 특징에 달려 있다.

(2) 인지행동적 입장

불안한 상태의 내담자들은 객관적으로 명백한 위험이 없는데도 불안을 느끼는 듯 보이기 때문에 불안한 상태는 부동불안이나 원인을 알 수 없는 불안의 예로 기술하고 있다. 그러나 인지행동적인 입장에서도 부동불안의 개념은 관찰자의 입장에 근거한 것일 뿐 불안한 개인 자신의 관점에서는 그렇지 않다고 주장을 한다.

원시적인 환경에서는 많은 위험들이 신체적인 것이었고 생명을 위협하는 것이었다. 따라서 이러한 환경에서 불안프로그램은 자신을 보호하기 위한 적응적인 기능을 수행하였다. 이와 유사하게 현대 사회에서도 불안반응은 실제의 위험을 포함하는 많은 상황에서 유용한 기능을 수행할 수 있다.

그러나 위험이 잘못된 지각에서 초래되는 경우라면 불안프로그램에 의해서 활성화된 반응은 상황에 부적절할 수 있으며 부정적인 기능을 수행하게 된다. 불안반응으로 인해 오히려 기능상의 저하와 불안증상의 노출(exposure)이 초래되고 이에 대한 타인의 부정적인 반응을 예상하게 되는데, 이것이 다시 또 다른 위협으로 해석됨으로써 악순환(vicious circle)을 형성하여 불안반응(anxiety reaction)은 더욱 증가한다. 위험의 지각과 불안증상 간의 이러한 교호적 상호작용으로 인해 인지행동치료에서는 불안증 상에 대한 불안을 다루는 데 많은 노력을 기울인다.

불안과 관련된 인지적 평가 과정은 의식적인 통제 없이 일어날 수 있는 상당히 자 동적인 정보처리과정으로서 정서적 반응을 유발한다. 이러한 평가 과정은 과거 경험 이 추상화되어 축적된 인지적 구조인 인지도식에 의해 영향을 받는다. 인지도식 이론 에 의하면, 불안과 관련된 인지도식은 위험이나 위해의 주제와 관련되어 있다. 위험 은 공격받음, 신체적 고통, 심리적 상처를 포함한다.

위험에 대한 평가는 두 가지 과정을 거친다. 먼저 환경적 자극이 즉각적인 위험성 을 의미하고 있는지를 결정하는 일차적 평가가 이루어지고 이어 위험한 상황에 대처 할 수 있는 자원을 갖추고 있는지를 판단하는 이차적 평가가 이루어진다. 이차적 평 가에 의해 환경적 자극의 위험성에 대한 평가가 변화될 수 있다.

불안장애(anxiety disorder) 환자들은 위험과 위해의 주제와 관련된 인지도식을 가 지고 있어서 일상생활 속의 위험요소에 예민하게 선택적으로 주의를 기울이게 되고 위험성을 과도하게 평가하며 자신의 대처 자원을 과소평가하는 경향이 있다.

이러한 왜곡된 평가의 결과로 이들은 위험과 위협의 내용을 가진 자동적 사고를 갖게 된다. 이러한 자동적 사고는 주로 언어적 명제(proposition)나 시각적인 심상의 형태를 갖는다. 또한 불안장애 환자들은 이러한 자동적 사고의 현실성과 사실성을 평가하는 능력이 결여되어 있다.

7) 불안의 제이론(不安의 諸理論)

(1) 자기불일치 이론

Higgins는 불안과 우울 같은 구체적 정서경험이 인지적 요소들 간의 관계에 의해 결정된다고 주장하였다. 히긴스에 의하면 정서 경험이 유발되는 데에는 인지적 요소 들 간의 관계에 대한 평가가 중요한데, 평가는 현재 상태에 대한 표상과 원하는 상태 에 대한 표상을 단순 비교함으로써 이루어진다.

Higgins는 두 가지 종류의 자기고정(self locking)으로 자기에 대한 관점과 자기영역 을 상정하였다. 자기에 대한 관점은 자신이 보는 자기에 대한 관점과 타인이 보는 자기에 대한 관점으로 나누어지고 자기영역(magnetic domain)은 실제적인 자기와 이상적인 자기, 의무적인 자기로 나누어진다. 이러한 자기요소들 간에 불일치(disagreement)와 갈등이 일어나면 여러 가지 불쾌한 감정이 일어나게 된다.

자기불일치 이론에 의하면, 불안은 실제적인 자기와 의무적인 자기 간의 불일치에서 기인한다. 실제적인 자기와 타인의 관심에서의 의무적인 자기와 불일치하면 타인으로부터의 처벌과 징벌을 예상하는 인지를 갖게 되어 불안을 경험하게 된다. 반면 실제적인 자기가 자신의 관점에서의 의무적인 자기와 불일치하면 죄책감, 자기경멸감, 불유쾌감 등의 형태로 불안을 경험하게 된다. 불안과는 달리 우울은 실제적인 자기와 이상적인 자기의 불일치에 의해 유발되는 감정이다.

(2) 불안 염려 이론

Barlow는 불안장애 환자와 정상인의 주된 차이는 자기효율성에 있다고 보았다. 이러한 효율성에 대한 신념의 차이는 인지적 처리 과정과 상호작용하여 불안을 유발하게 된다. Barlow에 의하면, 불안해지기 쉬운 사람은 강하고 빈번한 정서 반응을 나타내게 하는 생리적 특성을 선천적(inborn)으로 타고난다. 빈번하고 예측 불가능하게 일어나는 흥분(excitement)상태에서 자신은 환경과 정서적 반응을 통제하는데 무기력하다고 생각하며 자기효율성에 대한 신념 수준이 저하된다.

이러한 흥분 상태와 무기력이 연합되고 일반화되어 여러 형태의 흥분 상태에서도 자동적으로 자기 초점화와 무기력감이 일어나게 되어 불안을 경험하게 된다. 이러한 Barlow의 주장은 흔히 불안 염려 모델이라고 불린다.

8) 생물정보적 이론

Lang은 기억의 연결망식 구조와 활성화 확산 이론에 근거하여 불안과 공포에 대한 인지적 이론을 주장하고 있다. 이러한 Lang의 이론은 생물정보적 이론이라고도 불린다.

그에 의하면, 정서는 기억 내에 저장된 특정한 운동 프로그램(program)의 활성화를 의미하며 이는 신체적 흥분을 유발한다. 정서(emotion)는 행동을 유발하는 데 관련된 인지적 처리과정의 내면적 측면으로 간주한다. 정서와 인지(cognition)를 별개의 과정으로 보는 인지도식 이론과는 달리, 이 이론은 정서를 인지 기능의 운동적, 행동적 측면으로 본다. 정서는 행동경향성이자 행동세트로 구성된 반응 패턴(pattern)인 것이다. 이러한 행동 세트(set)는 기억구조를 구성하는 연결망의 일부를 이룬다.

공포는 기억 내의 연결망으로 표상되어 있으며 이러한 정보구조는 도피행동이나 회피행동의 위한 프로그램(program)으로 간주된다. 공포구조는 무서운 자극 상황에 대한 정보(자극절), 언어적, 생리적, 행동적 반응에 대한 정보(반응절), 구조 내의 자극과 반응요소의 의미에 관한 해석적 정보(의미절) 등 세 가지 정보절로 구성되어 있다. 이때 의미절은 자극정보와 반응정보에 통합하는 역할을 한다.

이러한 공포구조의 활성화는 불안과 공포의 주관적 경험을 초래하며 공포구조 내의 자극절에 저장된 정보와 일치하는 자극의 지각에 의해 자극절이 활성화됨으로써 시작된다. 이어 의미절로 활성화가 확산됨으로써 자극과 반응에 대한 이해(위험하다, 가능한 한 빨리 뛰자 등)가 이루어지는 동시에 반응절의 활성화에 의해 저장된 행동 패턴이 유발된다. 즉 공포구조는 자극과 반응요소뿐만 아니라 특히 구조 내에 포함된 자극과 반응의 의미에 있어서 다른 구조와 구별된다. 공포구조는 '위협으로부터의 도피' 즉 위협의 의미를 가진 자극에 대한 도피의 의미를 지닌 행동 패턴을 포함하고 있는 것이다.

병적인 공포구조는 많은 수의 구성요소와 요소 간의 강한 연결로 이루어진 크고 정교화된 공포연결망을 가지고 있다는 점에서 정상적인 공포구조와 구별된다. 이러한 특성은 공포반응이 다양한 자극 맥락에서 생겨날 수 있음을 의미한다. 자극과 반응요소 간의 강한 연결은 실제 상황에 비해 과도한 공포반응(fearresponse)을 나타내게 한다. 또한 병적인 공포구조에서는 공포연결망이 한번 활성화되면 비공포 관련 처리는 배제되며 요소 간 강한 응집력 때문에 활성화된 상태가 중지되기 어렵다는 특성을 지닌다.

Foa와 Kozak은 노출치료가 공포 감소를 가져오는 정서적 정보처리의 심리적 기제를 설명하면서 Lang의 이론을 다소 수정하였다. Lang은 의미절의 활성화를 통해 자극과 반응의 의식적 이해를 통해 공포반응이 일어난다고 보았다. 그러나 Foa 등은 공포구조 내에 있는 위험과 위협의 의미가 공포구조의 구조적 관계 속에서 내현적으로 전달된다고 주장하였다.

즉 자극과 반응의 의미에 대한 의식적 자각 없이 공포반응(fearresponse)이 유발된다는 것이다. 물론 내성에 의해 공포구조의 어떤 측면은 의식될 수 있지만, 여러 연구는 자극과 반응 그리고 의미의 연결이 그들에 대한 의식적 자각 없이 이루어질 수 있다는 것을 시사한다.

Foa 등에 따르면 병적인 공포구조는 과도한 예민성을 가지고 있다.

첫째, 공포구조는 과도한 반응요소(회피행동, 생리적 반응 등)를 가지고 있다. 둘째는 공포구조가 수정에 대해서 강한 저항력을 가지도 있다는 점이다.

이러한 저항에 의해 지속되는 공포는 공포구조의 강한 응집성뿐만 아니라 공포 관련 정보의 처리기제의 결함에 의해 일어난다. 또 이들은 이러한 공포구조의 변화를 위해서는 두 가지 조건이 수반되어야 한다고 주장한다. 하나는 공포 관련 정보는 기억구조를 활성화시켜 의식화되어야 한다는 것이고, 다른 하나는 공포구조와는 양립될 수 없는 정보에 노출되어 새로운 기억이 형성되어야 한다는 것이다.

9) 현실불안(reality anxiety)

현실세계로부터의 위협에 대한 반응이다. 실제로는 위험하지는 않지만 그 위험성의 정도가 지나쳐 가상적인 위험으로 착각하여 현실로 받아들인다는 것이다. 이러한 유형의 불안은 기본적으로 공포와 같은 것이며, 위험을 피하기 위해 무엇인가 하는 것이 좋을 것이라고 경고하는 기능을 말한다. 어떤 경우에서는 그 불안이 너무 강해 대처능력을 실제로 대처하지 못하는 경우가 있다는 것이다.

10) 신경증 불안(neurotic anxiety)

신경증적 불안은 한 이드충동이 의식 속으로 분출되어 나온다는 위협에 대한 반응이다. 성적 혹은 공격적 본능들을 직접표현하면 양친으로부터 처벌이나 협박을 받는다는 것을 배운다. 처음에는 이것이 현실불안으로 여겨지지만 점진적으로 발달이 진행되면서 자아가 이드로부터의 본능적 위협들을 감지할 때면 우리는 언제나 불안해진다.

11) 방어기제(defense mechanism)

불안은 자아에게 닥친 위험을 알리는 신호이다. 불안은 세 가지 자아 간의 갈등으로 끊임없이 야기된다. 자아는 충동적으로 쾌락을 추구하는 원초아와 완벽성을 추구하는 초자아와의 갈등을 감소시키려고 노력한다. Freud는 모든 행동이 본능(instinct)에 의해 동기화되는 것처럼 역시 불안을 피하려고 한다는 점에서 방어적이라고 보았다. 인간은 기본적으로 불안을 원치 않으며 불안으로부터 벗어나기를 원한다. 따라서 인간은 갈등(conflict)에서 비롯된 불안으로부터 자신을 보호하기 위해 다양한 방어기제[7]를 사용한다. 방어기제는 고통에서 우리를 보호한다는 점에서 유용한 목적에 기여하지만, 그것이 무분별하고, 충동적으로 사용될 때에는 병리적이 된다.

다양한 방어기제가 작동되는 구체적 내용은 서로 다르지만 공통적인 두 가지 특성을 지닌다. 첫째는 현실의 부정 혹은 왜곡이다. 둘째, 방어기제는 무의식적으로 작동된다는 점이다.

몇 가지 주요한 방어기제의 내용은 다음과 같다.

(1) 억압(repression)

불안에 대한 일차적 방어기제로 가장 흔하게 볼 수 있는 억압은 용납할 수 없는 충동을 무의식으로 추방하는 능동적, 무의식적 과정이다. 고통스런 감정에 대한 방어와 충동에 대한 방어는 불안과 죄의식(罪意識, 자기의 행동이나 태도 따위를 죄악시하는 주관적 감정)을 피하여 자아를 보호하려는 동일한 동기(motive)와 목적(purpose)을 가진다. 일반적으로 억압된 충동(drive)은 의식적 노력으로 표면화되지 않는다. 억압은 한 번도 의식된 적이 없을 수도 있고(1차적 억압), 한 번 의식된 것일 수도 있다(2차적 억압).

억압은 무의식 속에 있는 것이 의식되지 못하도록 방해할 수도 있다. 구체적 사건, 특히 정신적 충격(impact)을 준 사건 혹은 고통스러운 감정과 관련된 사건은 불안을 일으키기 때문에 억압의 대상이 되기 쉽다. 억압된 예로는 저명한 연사를 소개하는 중요한 시간에 기억착오(memory falsification)를 일으키는 것 등이 있다. 이 실수는 상징적 의미를 지니며 실제 기억상실(記憶喪失, 머리의 타박(打撲)이나 약물 중독 등 때문에 그 이전의 어떤 기간의 기억을 잃어버리는 일)이 일어난 것은 아니다. 억압되는

---

7) 방어기제(防禦機制): 두렵거나 불쾌한 일, 욕구 불만에 맞닥뜨렸을 때 스스로를 방어하기 위하여 자동적으로 취하는 적응 행위, 도피, 억압, 투사, 보상 따위.

것이 많을수록 억눌린 생각들로 인한 편견이나 선입견이 많아진다. 때로는 억압을 통해 본능적인 혹은 반사회적인 욕구가 억제되므로 억압이 도덕적, 사회적으로 잘 적응된 생활을 가능하게 하기도 한다.

(2) 반동형성(reaction formation)

불안을 야기하는 충동, 감정, 생각이 의식의 수준에서 반대의 것으로 대체되는 것을 말한다. 처음의 충동이나 감정, 생각은 완전히 사라지는 것이 아니라 반대의 표현을 통해 의식에서 감춰지는 것이다. 증오(detestation)는 애정으로 대체되고, 관심은 무관심으로, 질책대신 칭찬으로 표출된다. 반동형성(reaction formation)은 현실적으로 적응(adaptation)에 문제를 일으키지 않는 한 불안을 막는 유용한 방어기제가 된다.

(3) 퇴행(regression)

잠재적 외상(trauma)이나 실패 가능성이 있는 상황에 처할 때 해결책으로 초기의 발달 단계나 행동양식으로 후퇴하는 것이 퇴행이다. 어릴 때 효과적이고 위안이 되었던 행동으로 되돌아가 갈등이나 스트레스(stress)를 피하는 것이다. 배변훈련(boweltraining)이 충분히 된 아동이 동생이 태어난 후 부모의 관심이 동생에게 집중되자 대소변(feces and urine)을 가리지 못하게 되는 것이 대표적인 예라 할 수 있다.

(4) 격리(isolation)

과거의 고통스러운 기억과 연관된 감정을 의식에서 떼어내는 것이 바로 격리이다. 즉, 감정이 사고와 분리된다. 아버지와 관련되어 해결되지 않은 감정이 무의식에 남아있는 한 청년이 자기 아버지의 갑작스러운 죽음에 대해 말할 때는 슬픈 감정을 전혀 보이지 않으면서 아버지를 연상시키는 권위적인 남자가 죽는 영화를 볼 때 비통해하는 것은 격리의 한 좋은 예가 될 수 있을 것이다.

(5) 취소(undoing)

Undoing은 보상과 속죄의 행위를 통해 용납할 수 없거나 죄책감을 일으키는 충동이나 행동을 중화 또는 무효화하는 것으로 심리적 말살이라고 불리기도 한다. 예를 들면 여비서에게 성적으로 끌리는 것을 느낀 남자가 부인에게 줄 비싼 선물을 사는 것이나 기도문을 되풀이하는 마술적 방법으로 죄책감에서 벗어나려고 하는 것이 취소에 해당된다. 취소과정에 의해 현실은 왜곡되는데 의식수준에서는 용납할 수 없거나 죄책감을 일으키는 충동이나 행동이 없었다고 여긴다.

(6) 투사(projection)

자신의 용납할 수 없는 충동, 생각, 행동을 무의식적으로 다른 사람이 이러한 충동, 생각, 행동을 느끼거나 행한다고 믿는 것이다. 예를 들면, 남자들에 대해 자기가 느끼는 강한 성적 감정을 인정하고 싶지 않은 여성이 모든 남자들이 성적으로 그녀에게 관심이 있으며 끊임없이 그녀를 원한다고 느끼는 것이 바로 투사에 해당이 되는 것이다.

(7) 투입(introjection)

투입은 외부의 대상을 자기 내면의 자아체계로 받아들이는 것을 말한다. 특히 애증과 같은 강한 감정을 직접적으로 표현하는 것을 피하기 위해 다른 사람을 자기로 간주하는 것을 의미한다. 외부대상에 대한 적대적이거나 부정적인 감정을 자신에게로 지향시킨다는 투입은 우울증을 야기하는 중요한 기제로 간주된다. 예를 들어 어머니를 미워하는 것이 자아에 수용될 수 없기 때문에 나 자신이 미운 것으로 대치되는 것이다. 투사와는 반대의 개념으로 이해하면 된다.

(8) 전향(against self)

공격성 같은 본능적인 충동이 자기에게 향하는 것(turning against)을 의미한다. 예를 들면 부부싸움을 한 남편이 화가 나서 자기 머리를 벽에 부딪치는 것은 부인에 대한 분노를 자기한테로 향한 것이다.

(9) 역전(reversal)

감정, 태도, 특징, 관계, 방향을 반대로 변경하는 것을 뜻한다. 역전과 반동형성(reaction formation)의 구별은 어렵다. 엄밀한 의미로 반동형성은 감정의 역전에 해당되기 때문이다. 그러나 반동형성보다 역전이 더 일반적인 기제이며, 더 광범위한 행동을 포함한다. 역전의 예로는 극도로 수동적이며 무력한 어머니에게 반항하면서 성장해 자신만만하고 유능하게 된 여성이 자신의 성공에 대해 죄책감과 불안을 경험하는 것을 들 수 있다.

(10) 승화(sublimation)

리비도를 성적 목표로부터 더욱 고상한 사회적 목표로 전환하는 것이다. 승화란 용납할 수 없는 소원들을 사회적으로 바람직한 행동으로 표출하는 가장 성숙한 방어로 간주된다. 창조적 예술작품은 성적 또는 공격적인 본능의 승화로 여겨진다. 경쟁적인 운동도 공격적 본능의 승화에 해당한다.

12) 방어기제의 위계서열

정신분석적 자아심리학은 방어가 성격의 성숙수준을 나타내며 일반적으로 성격발달에 밀접하게 연관된다고 본다. 예를 들면 투사와 부정은 억압과 승화보다 이른 발달단계에 관련 있는 것으로 간주된다. 따라서 부정과 투사를 자주 사용하는 사람은 억압과 승화에 의존하는 사람보다 전반적인 성격기능에서 미성숙한 사람으로 간주된다.

Anna Freud(안나 프로이드는 지그문트의 막내딸로 태어나(1985~1982) 정신역동적인 방어기제 이론, 아동발달, 유아기의 모자관계의 중요성 들을 연구한 정신분석학자이다)는 특징적 방어기제들이 특정 발달단계에서 생긴다고 하였다.

그녀가 시도한 방어기제의 연대기적 분류는 두 가지 관점에 근거한다.

첫째는 각 방어기제가 특정한 본능적 충동과 연관이 있다고 보았다. 예를 들면 억압은 성적 소망을 방어하기 위해 주로 사용되므로 심리성적 발달단계 중 남근기와 관련된다. 둘째는 정신의 구조분화에 근거한 분류이다. 예를 들어 억압은 생각을 의식적 자아에 노출되지 않게 하는 것을 의미하므로 자아와 원초아 간의 분화가 생긴 후에야 억압이 일어날 수 있다.

이와 유사하게 투사와 투입은 자아를 외부세계로부터 분화시키는 것과 관련된 방어기제이다. 자아로부터 생각이나 정서를 추방하는 것이나 외부세계에 이관하는 것은 자아가 외부세계로부터 자기를 구분하는 것을 배웠을 때만 가능한 것이다. 또한 승화는 적어도 초자아가 발달해 있어야 사용가능하다. 일반적으로 억압과 승화(sublimation)는 발달과정상 후기에 사용되는 방어기제이다. 반면 투사(projection), 퇴행(regression), 역전(reversal), 자기로의 전향(against self) 등은 어릴 때부터 나타나는 방어기제이다.

그리고 많은 임상가들이 동의를 표시한 방어기제의 위계서열(안나 Freud가 설명한 방어기제들에 포함되지 않은 방어기제의 개념은 다음과 같다. 합리화(rationalization)는 용납할 수 없는 태도, 신념, 또는 행동을 정당화하기 위한 시도로 그럴듯한 설명을 하는 것이다. 전치(displacement)는 본능적 충동이 진짜 대상에서 덜 위협적인 대상으로 옮아가는 것을 말한다. 동일시(identification)는 주위의 중요 인물들의 태도와 행동을 닮는 것을 의미한다. 전환(conversion)은 심리적 갈등이 신체감각기관과 수의근육계의 증상으로 표출되는 것을 의미한다. 지성화(intellectualization)는 용납할 수 없는 정서와 충동을 직접 경험하지 않고 지성적으로 사고함으로써 피하는 것이다. 지성화를 사용하는 사람들은 대단히 지적으로 보이는데, 설명하고 있는 감정이나 상황을 느끼지 않고도 감정적인 의미를 가진 주제에 관해 충분히 말할 수 있다. 보상(compensation)은 실제든 상상이든 자신의 성격, 지능, 외모 등 이미지상의 결함을 메우거나 체면을 유지하려는 무의식적인 노력을 의미한다. 내면화(internalization)는 다른 사람, 특히 부모의 태도(attitude), 규범(normative law), 가치관을 자신의 성격으로 흡수하는 것을 말한다. 부정(denial)은 자아가 현재의 상황에 있는 위협적 요소를 감당할 수 없는 경우 위협적 요소가 존재(existence)한다는 사실을 인정하지 않는 것을 말한다)이다. 좀 더 정교한 방어기제들이 위에 있으며, 아래로 내려갈수록 더 원시적이며 초기 발달 단계에서 사용되는 방어기제(defense mechanism)이다.

방어기제의 위계서열

① 합리화(rationalization)　　　　② 억압(repression)

③ 전치(displacement)　　　　　　④ 동일시(identification)

⑤ 전환(conversion)　　　　　　　⑥ 격리(지성화, intellectualization)

⑦ 반동형성(과잉보상, compensation)　⑧ 부정(denial)

⑨ 내면화(internalization)　　　　⑩ 투사(projection)

⑪ 부정(denial)

〈표 9〉 방어기제의 종류와 내용

종 류	내 용	예(ex)
억압 (repression)	Freud가 정신분석의 전체적 구조가 의존하는 만큼 주요한 방어기제이다. 억압은 자아가 위협적인 내용을 의식 밖으로 밀어내거나 혹은 그러한 자료를 의식하지 않으려는 적극적 노력의 산물이다. 본질적으로 억압은 우리에게 불편함이나 고통을 가져다주는 존재에 대한 무의식적 부정	자신을 학대하는 부모에 대한 뿌리 깊은 적대감을 알아차리지 못하는 것
부정 (denial)	현실에서 일어났던 위협적이거나 외상적인 사건을 받아들이지 않고 거절하는 것	부모가 사랑하는 자녀의 죽음을 계속해서 믿지 않으려 하는 것
반동형성 (reaction formation)	개인의 내면에서 수용할 수 없는 충동을 정반대로 적극적으로 표현하는 것	위협적인 성적충동에 사로잡혀 있던 사람이 정반대로 포르노그래피를 맹렬하게 비판하는 것
투사 (projection)	자신이 갖고 있는 좋지 않은 충동을 다른 사람이 가지고 있다고 원인을 돌리는 것	내가 미워하는 것이 아니라 그가 오히려 날 미워한다고 표현하는 것
퇴행 (regression)	위협적인 현실에 직면하여 불안을 느꼈던 그리고 책임감이 적었던 이전의 발달단계의 행동을 하는 것	아이가 위협적인 상황에 직면하게 되면 오줌을 싸는 행동
전치 (displacement)	어떤 대상에게 원초아는 충동을 표현하기가 부적절하면 그러한 충동을 다른 대상으로 대체하는 것	적대감을 직접적으로 표현하지 못하고 제삼자에게 그 적개심을 나타내는 것
승화 (sublimation)	전치의 한 형태로서 수용될 수 없는 충동이 사회적으로 받아들여질 수 있는 충동으로 대체되는 것	타인에 대한 공격성을 자기개발로 인해 타인에 오히려 인정을 받는 것
합리화 (rationalization)	자신의 행동을 그럴듯한 그러나 부정확한 핑계를 사용하여 받아들여질 수 있게끔 행동을 재해석하는 것	이솝우화에서 포도를 딸 수 없었던 여우가 포도가 실 것이라고 결론 내렸던 것은 합리화의 고전적인 예

　　방어기제가 상대적으로 정교한지 또는 원시적인지를 결정짓는 가장 중요한 기준은 그 방어기제가 보유하는 현실검증의 정도이다. 합리화(rationalization)는 현실을 최소한도로 왜곡하는 반면 부정은 전적으로 현실을 부인한다. 합리화를 사용하는 사람은 자존심(esteem)을 유지하기 위해 사회적으로 용납될 수 있는 방식으로 그의 행동을 설명한다. 예를 들어, 대학에 들어갈 자신이 없는 고등학교 3학년 학생이 자기의 이상에 맞는 대학이 우리나라엔 없는 것 같다며 수학능력시험을 포기하고 취업반으로

옮기는 것은 현실왜곡의 정도가 크지 않다.

　반면 부정은 현실의 전면 부인까지 포함한다. 이 방어를 사용하는 사람은 현실을 전적으로 인정하지 않는다. 예를 들면 부정의 방어기제[8]를 사용하는 어머니는 죽은 아이를 마치 살아 있는 것처럼 계속 돌볼 수 있다.

13) 욕구이론

　Freud는 끊임없이 자신의 이론을 개발해서 새로운 이론으로 만들어나갔다. 그는 초반기에 주로 욕구 충족과 욕구를 컨트롤하는 욕구 규제에 초점을 맞추었는데 이것이 욕구이론이다. 또 이 욕구가 충족되지 못하면 욕구에 고착이 생기는데 이것이 고착이론이라고 한다.

　부모로부터 어린 시절에 사랑을 충분히 받지 못하면 그 자리에서 사랑의 욕구가 성장이 멈추어 버리거나 성장이 지연된다. 그래서 죽을 때까지 사랑을 채워 넣으려고 하지만 고착되어진 욕구는 밑 빠진 독에 물을 붓는 것과 같이 아무리 채워 넣어도 끝이 없다. 이러한 고착된 욕구는 이후에 성인이 되어서 부모와 유사한 인물로부터 사랑을 받으려고 끊임없이 보채게 되어 결국은 그 사랑의 욕구에 집착하기 때문에 파멸하게 된다는 것이다. 즉 어린 시절에 사랑이나 지식이나 돈 등에 한이 맺히면 그 욕구의 충족에 과도하게 집착하게 되고 그 욕구 이외의 모든 다른 욕구들은 모두 희생되어 그것에만 매달리게 된다. 결국은 욕구가 불균형적인 인간 즉 어떤 부분이 미성숙(immature)한 사람이 되어 버린다. 호주의 천재 피아니스트(pianist)의 실화를 다룬 영화 샤인(Shine)에서 주인공인 데이비드(David)의 이야기가 바로 욕구에 고착되어 정신장애가 된 것을 잘 보여준다.

　이 욕구들은 원초자아에서 나오므로 욕구이론은 원초자아 이론이라고 부른다. 하지만 후반기에 프로이드는 욕구이론에서 관계이론으로 방향을 바꾸었는데 이것이 ego(자아)이론이고 여기에서 ego심리학이 등장한다. 즉 ego의 기능에 초점을 맞추었다.

　Ego는 다양한 기능을 가지고 있음이 밝혀지는데 자신을 방어하는 방어기능, 현실 검증하는 기능, 배움을 대표하는 습득기능, 충동을 컨트롤하는 규제기능, 선택하고

---

8) 防禦機制: 두렵거나 불쾌한 일, 욕구 불만에 맞닥뜨렸을 때 스스로를 방어하기 위하여 자동적으로 취하는 적응행위, 도피, 억압, 투사, 보상 따위.

결정하고 판단하는 기능, 주변 환경에 적응하는 적응기능, 이러한 모든 기능을 통합한 통합기능 등이 바로 그것이다.

Ego의 기능은 발달의 과정에서 점차로 개발되어지는데 이것을 발달 과업이라고 부른다. 발달 단계에서 ego의 기능이 잘못되게 습득되어지거나 결함이 생기면 이후에 부적응 인간으로 나타나게 된다. 성숙한 ego의 개발이 인간이 삶을 살아가는데 중요하며 이 ego의 기능이 부적당하게 될 때 각종 어려움에 부딪치게 된다. 이것이 자아결함이론으로 발전하게 된다.

고착이론은 정신분석학적 발달심리학에서 나온 이론이다. 인간은 태어나면서 본능적으로 욕구를 가지고 있다고 보는데 서양에서는 이것은 식욕, 성욕, 사랑에 대한 욕구, 지식에 대한 욕구, 돈에 대한 욕구, 오늘보다 내일은 더 나은 생활을 원하는 성취욕구, 보고 싶은 욕구, 보이고 싶은 욕구, 자아실현의 욕구, 안전에 대한 욕구, 안정에 대한 욕구, 소속감에 대한 욕구, 아름다움에 대한 욕구, 인정을 받고 싶은 욕구, 존경을 받고 싶은 욕구 등으로 어떤 학자는 인간의 욕구를 18가지로 분류하고 있다. 동양에서는 이 욕구를 5욕 7정으로 표현하고 있다.

7가지의 감정인 희(喜), 노(怒), 애(愛), 락(樂), 애(哀), 오(汚), 욕(辱)으로 그리고 5가지의 욕구를 화엄경(Avatamska Sutra)에서는 식욕, 성욕, 부(富)에 대한 욕구, 명예욕, 그리고 수면욕을 들고 있다. 식욕(appetite), 성욕(sexual desire)은 동양과 서양이 똑같고, 부(富)에 대한 욕구는 서양에서는 돈에 대한 욕구로, 명예욕은 지식에 대한 욕구로 동양과 서양이 공통된다. 단지 서양과 동양의 다른 점이 수면욕이 다를 뿐 서로 같다. 이러한 욕구는 어린 시절에 충족되어야 하는데, 부모가 자녀들에게 이러한 욕구를 충족시켜 주어야 한다.

Freud는 이러한 욕구들을 에너지 개념으로 소개한다. 욕구가 축적되어 쌓이면 에너지가 누적이 되어 몸은 긴장하게 되고 긴장이 증가하면 불쾌감을 느끼게 되며 불쾌감의 방출은 즐거움이 된다고 설명하고 있다.

모든 동물은 불쾌감을 피하고 즐거움을 취하는 쪽으로 행동한다. 어린 시절에 유아에게는 즐거움이 최우선이다. 이 즐거움은 엄마의 양육에서 제공받게 되는데 신생아가 엄마의 젖을 빨 때 아기는 즐거움을 느끼게 된다. 아기의 욕구를 엄마가 제대로 제공해주지 못하면 아기는 울음으로 불쾌감을 엄마에게 전달하게 된다. 대소변을 보았을 때도 울음으로 엄마에게 자신의 불쾌감을 제거해줄 것을 전달하게 된다. 불쾌감이 쌓이면 아기는 욕구 불만족으로 연결되고 누적된 불만족은 아기의 성장에 해로움을 준다는 것은 말할 필요가 없다. 실제로 실험실에서 이러한 실험을 해 본 결과 긴장이 누적되면 불쾌감으로 나타났다. 이것이 최근에 등장한 스트레스 이론이다.

이런 현상은 실험실 밖에서도 우리가 자주 경험하고 있다. 이러한 긴장(tension)의 방출과 즐거움 그리고 긴장의 증가와 불쾌감은 일상생활에서 경험하고 있는 자위행위가 바로 그것이다. 자위행위(masturbation) 시에 상상을 통해서 성기 근육의 긴장을 느낀다. 이 긴장이 방출되면서 오르가즘인 즐거움을 느끼게 된다. 그런데 만약 이 순간에 가족들이 노크를 하게 되어 자위행위(masturbation, 손이나 다른 물건으로 자기의 성기를 자극하여 성적(性的) 쾌감을 얻는 행위)가 중지된 경우에는 불쾌감, 짜증을 경험하게 된다. 이런 현상은 부부가 섹스관계를 시도하다가 한쪽이 상대방을 거부하거나 싫어하여 중단된 경우에 거부당한 파트너는 짜증, 불쾌감을 느끼게 되는 것도 같은 맥락이다.

프로이드는 이러한 욕구가 충족되지 않으면 그 욕구는 그 자리에서 성장과 발달이 중지하게 되고 그 욕구는 더 이상 자라지 않게 되어 어른이 되어서도 그 욕구에 집착하게 된다고 설명하고 있다. 이것을 고착(fixation)이라고 부른다. 욕구의 성장이 그 자리에서 멈추어서 그 욕구의 성장이 중지되거나 지연되는 것을 말한다.

동양에서 말하는 한(恨)이 맺힌다는 말이 이 설명과 맥을 같이 한다. 서양에서는 욕구에 고착이 일어나면 평생 동안 그 욕구의 충족에 에너지(energy)를 쏟아 붙게 되고 결국은 그 욕구 때문에 파멸한다고 설명하고 있다. 그 욕구는 아무리 충족해도 결국은 충족되지 않고 끝없이 그 욕구를 채우기 위해서 다른 욕구들이 희생을 당하게 되고 결국은 그 욕구 때문에 파멸한다. 이것을 밑 빠진 독에 물 붓기 혹은 한강에 돌 던져 넣기로 설명할 수 있다.

아무리 채워 넣어도 채워지지 않는다는 것을 말하고 있다. 동양에서 '여자가 한 번 한이 맺히면 오뉴월에도 서리가 내린다'는 말이나 한이 맺혀 억울하게 죽은 사람은 귀신이 되어 저승에 가지 못하고 구천을 떠돌아 다니다가 다른 사람으로 한을 갚게 하여 한이 풀리면 저승으로 간다는 귀신 이야기들은 모두가 한이 맺힌 사람들의 이야기가 아닌가, 이것은 귀신이 존재한다는 말이 아니고 귀신의 이야기 자체가 한이 맺힌 사람들의 이야기라는 말을 강조하기 위해서 인용한 것이다.

서양에서는 고착(adherence)이 생기면 치료를 받지 않는 이상 그 욕구에 집착해서

파멸로 간다는 것이나 동양에서는 죽어서도 해결이 되지 않는다는 말은 고착이 해결
되지 않으면 어떻게 되는가를 잘 설명해 주고 있다.

고착이론은 인본주의(humanism) 심리학자인 Maslow의 욕구 위계설에서도 같은 맥
락으로 설명되고 있다. Maslow는 심리학자(psychologist)로 정신분석학자는 아니다.
Maslow가 인간의 욕구에는 반드시 계층인 단계가 있고 이 단계에서 하위 단계의 욕
구가 충족되지 않으면 상위 단계의 욕구로 올라갈 수 없다고 설명하고 있다. Maslow
는 삼각형의 그림으로 설명을 한다.

삼각형(triangle)을 7등분하여 제일 아래층의 하위 욕구에는 생리적 욕구인 식욕, 성
욕이 자치하고 두 번째 층에서는 위험으로부터 보호를 받는 안정, 안전에 대한 욕구
그리고 세 번째 층에서는 소속감과 사랑의 욕구가 차지하고 네 번째 층에서는 인정,
존경의 욕구가 그리고 다섯 번째 층에서는 지식의 욕구 그리고 여섯 번째 층에서는
아름다움에 대한 욕구, 美에 대한 욕구 그리고 마지막 일곱 번째 층에서는 자아실현
의 욕구를 들고 있다.

삼각형은 사람의 수를 나타내는 것으로 자아를 실현하는 사람은 극소수이고 기본
적인 욕구는 대다수의 사람들이 충족(fulfillment)을 하고 있음을 나타내고 있다. 일상
생활에서 이것을 설명해 보자면 기본적인 생활이 충족되어야, 즉 가족들을 먹여 살릴
수 있는 경제적인 능력이 있어야 사랑을 하고 결혼을 할 수 있게 된다.

사랑을 하고 거주지를 장만하게 되는 단계는 2단계와 3단계에 소속된다. 세 번째
층까지가 기본적인 최저생활에 해당된다. 최근에 인간의 행복에 대한 심리학자들의
연구를 보면 흥미롭다. 인간은 최저 생활수준(standard of living)이 충족되지 않으면
행복은 오지 않는다는 것이다. 사랑이 모든 것을 해결해 주지 않는다는 점이다. 그러
나 기본적 수준을 넘어서면 행복의 정도는 돈에 비례하지 않는다고 보고하고 있다.
즉 돈이 많다고 행복한 것은 아니지만 그렇다고 돈이 전혀 없어서 기본 생활이 충족
되지 않으면 행복은 따라오지 않는다는 것이다.

기본 생활의 수준을 넘어서면 행복은 자신이 만들어가기에 달려 있다는 말이다.
주변에서 보면 먹고 살기에 걱정이 없어야 다른 사람들로부터 존경(respect)을 받으려
고 한다. 국회의원이나 학교에서 학부모회의 회장에 출마하는 사람들은 경제적으로
걱정이 없는 사람들로써 다른 사람들로부터 인정, 존경을 받으려고 하는 사람들이 아
닌가, 최근에 국회의원들의 재산의 평균치를 보면 약 20억이 넘어가는 것을 본 적이

있다. 경제학(economics)에서 이야기하는 엥겔지수(Engel's coefficient)를 보면 못사는 하위 계층일수록 먹는데 비용이 많이 지출되고 잘 사는 사람들일수록 문화·예술 비용에 많이 지출된다는 것이 이것을 말해주고 있다.

아름다움에 대한 욕구는 상위 욕구에 속한다. 지식에 대한 욕구는 다섯 번째 욕구층에 속한다. 배고픔이 해결되어야 그 다음의 욕구로 올라간다는 것은 먹고사는 것이 해결되지 않으면 그 다음 단계의 욕구로 올라갈 수 없다는 설명은 Freud가 어떤 욕구에 고착이 일어나서 욕구가 충족되어 이루어지지 않으면 그 다음의 욕구로 넘어가지 못하고 평생 동안 그 욕구 충족에 모든 에너지를 쏟아 붓게 되어 다른 욕구들이 희생을 하게 되고 결국은 욕구 불균형으로 건강한 인격 형성에 결함을 초래한다는 것과 같은 맥락이다.

14) 성격 평가방법

성격을 이해하기 위해 Freud는 사례연구 방법을 사용하였다. 환자들의 증상이나 호소하는 문제 이면에서 심층적으로 작동하는 무의식의 내용을 밝히는 작업이 집중적으로 사용되었다. Freud(오스트리아의 정신분석학자, 의학자; 1856~1939)가 성격을 이해하기 위해 사용한 주요기법은 자유연상(free association, 어떤 말이 주어질 때, 거기서 마음에 떠오르는 생각을 자유롭게 연상해가는 일)과 꿈의 분석이다.

(1) 자유연상(free association)

환자가 전혀 자기검열 없이 마음에 떠오르는 모든 생각이나 기억을 치료자에게 말하는 기법이다. 환자는 자기의 마음속에 떠오르는 생각이 아무리 사소하고 중요하지 않고 당황하게 하고 비논리적인 것일지라도 있는 그대로 모든 생각을 치료자에게 이야기한다. Freud는 자유연상을 통해 검열 없이 보고가 이루어지는 시도를 정신분석의 기본원리라고 하였다. 치료자는 자유연상을 사용하여 환자의 문제가 인생 초기에 경험했던 외상 경험과 관련된 것을 발견한다.

(2) 꿈의 분석(dream analysis)

환자의 무의식의 비밀을 벗기기 위해 사용했던 주요한 기법이다. Freud는 꿈을 소망충족을 위한 위장된 시도라고 보았다. 이러한 소망은 개인에게 수용될 수 없는 무의식적 동기로 위장되거나 상징적인 형태로 인간의 억압된 욕망, 공포, 갈등을 나타낸다. 이런 점에서 꿈은 무의식에 이르는 왕도라고 하였다. Freud는 꿈의 내용을 꿈에서의 실제 사건과 그런 사건들의 숨겨진 상징적 의미(잠재한 내용)의 두 측면으로 구분을 하였다. 그는 꿈에서 나타난 상징의 숨겨진 의미를 성적 충동과 관련하여 찾으려 했다.

15) 성격이론의 적용

Freud가 개발한 정신분석 이론은 광범위하게 인간에 대한 이해 및 심리치료방법으로 적용되어 심리적 문제해결에 사용되어 왔다. 정신분석의 목표는 일차적으로 중요한 무의식적 자료를 의식으로 가져오는 것이다. 정신분석자의 과업은 환자가 무의식적 자료를 회상하여 재해석하도록 하여 그의 현재 생활이 만족스럽게 될 수 있도록 조력을 하는 것이다. 이러한 과업달성을 위해 정신분석자는 정신분석의 일반적 단계인

① 시작단계
② 전이 발달단계(development of transference)
③ 훈련단계(working through)
④ 전이 해결(resolution of transference)

등을 통해 환자의 문제를 해결한다.

이러한 정신분석 단계에서 치료자의 주요한 역할이 전이(거의 모든 성공적 분석의 한 중요한 요소인 전이가 발생하는 것은 환자가 분석자를 마치 자기 어린 시절 속의 인물인 것처럼 여기고 반응할 때이다. 긍정적, 부정적 감정 둘 다가 전이될 수 있다. 그렇게 되면 치료실은 과거의 반응과 갈등들이 되살아나는 싸움터가 된다. 전이는 아동기의 문제들을 이해하기 위한 중요한 단서들을 제공해 주며, 치료자는 전이를 이용하여 환자의 아동기 문제들을 해석해 줄 수 있게 된다. 존경, 분노 혹은 증오의 진술들이 전이의 예들이다. 환자는 치료가 쓸모없다고 공격하기도 하지만, 반대로 분석자의 기술에 대해 커다란 존경심을 표현하기도 한다. 긍정 혹은 부정적이든 전이반응들은 현실을 반영하는 것이 아니라, 그 뿌리를 환자의 아동기 속에 가지고 있다. 전이반응들은 치료에서만 발견되는 것이 아니다. 우리가 일상생활에서 친구, 배우자, 상

사 등을 접할 때도 가끔씩 과거경험들의 흔적이 나타난다. 가령 어떤 사람들은 상사에게 칭찬을 받지 못했을 때 대단히 기분이 상한다. 왜 그런가. 아마도 이런 식으로 반응하는 것은 그 상황이 우리를 무의식적으로 아버지에게 인정받고자 노력했던 아동기의 한때로 되돌아가게 하기 때문인지도 모른다. 즉 현재의 과잉반응은 현 상황 때문이기보다는 감정이 충전된 과거의 사건과 이 상황이 유사하다고 지각되었기 때문인 것으로 볼 수 있다. 한때는 환자의 문제들을 없애기 위해서는 본격적인 전이신경증이 필요하다고 생각되었다. 전이신경증이란 현재의 문제와 걱정들이 아동기 욕구들을 성취하기 위한 치료자와의 전투 속에 가라앉아 보이지 않게 되는 상황을 말한다. 그러나 오늘날에는 대부분의 정신분석자들이 치료 성공을 위한 강한 전이신경증이 언제나 요구된다고 생각하지는 않는다)를 유도하고 해결하는 것임을 알 수 있다.

전이(transference)는 내담자가 인생 초기의 의미 있는 대상(부모)과의 관계에서 발생했으나 의식화되지 못하고 억압되어 무의식에 묻혀 있었던 생각, 감정, 욕망(desire)을 치료자에게 자신도 모르게 표현하는 것을 의미한다.

치료자의 전이(transference) 유도 및 해결은 궁극적으로 내담자로 하여금 자신이 무의식에 억압해 버린 자료를 이해하도록 하는 과정이다. 이러한 치료과정에서 저항이 생긴다. 저항은 환자가 무의식에 묻어 두었던 자신에게 고통스러운 기억을 드러내기를 꺼려하는 것이다. 환자가 저항하는 주요한 이유는 변화에 대한 두려움, 무의식적 소망과 욕구의 충족유지 그리고 무의식적 갈등에 직면 자체를 피하는 것이다. Freud는 '저항(resistance)의 해결이 치료의 법칙이다'라고 한 바 있다. 즉 무의식에 숨겨둔 자료를 내담자로 하여금 철저히 이해하도록 하는 과정에서 필연적으로 나타나는 저항을 해결하는 것이 필요하다는 것이다.

제 4 장

정신분석적 제학자 성격이론

Theory of Personality Psychoanalysis

정신분석적 제학자 성격이론
Theory of Personality Psychoanalysis

 1. Alfred Adler의 개인심리학적 성격이론

개인심리학(individual psychology)이라 명명된 Alfred Adler(아들러, 1870~1937, 오스트리아 비엔나에서 출생, 스코틀랜드의 애버딘에서 사망 1895년에 박사학위를 받고 얼마동안 안과 의사를 하였다. 곧 그는 정신과 의사로서 일하기 시작했고 1902년경 Freud의 회합에 참여하였다. 1911년 그는 Freud와 결별을 하고 정신분석 집단인 개인심리학회를 창설)의 성격이론은 인간을 전체적으로 보는 관점은 다음과 같다.

① 전제는 인간이 통일된 자아 일치된 유기체라는 것이다.
  Adler는 이 통일되고 자아 일치된 성격구조를 생활양식이라 하였고 인간을 전체적 관점에서 보았다.
② 전제는 인간은 역동적으로 완성을 추구하며, 개인적으로 중요한 인생목표를 향해 전진한다는 것이다.
③ 전제는 개인이 창조적인 힘을 가지고 자기 삶을 결정할 수 있다는 것이다.
④ 전제는 모든 사람은 협동하고 상호작용하는 사회적 관계를 맺을 수 있는 선천적 능력을 가지고 있다고 하였다.
⑤ 다섯 번째는 개인이 자신을 어떻게 주관적으로 지각하느냐에 따라 행동이 결정된다고 보았다.

제1차 세계대전에 참여하여 전쟁을 경험한 Adler는 비엔나 공립학교에 수많은 아동상담 클리닉(clinic)을 열었으며, 사회복지사를 포함한 전문가 훈련도 시도하였다.

가족분위기, 가족형태, 가족구성원의 생활양식 등에 초점을 둔 Adler의 이론은 가족 상담에 유용한 지식기반이 될 수 있다. 또한 열등감은 집단 내에서 효과적으로 도전 받고 극복될 수 있으며, 사회적, 정서적 문제의 근원인 잘못된 생활양식은 집단경험 을 통해 변화가 가능하므로 Adler 이론의 주요개념은 집단사회사업(group work)에서 아주 잘 적용할 수 있을 것으로 본다.

1) Alfred Adler의 주요 개념

(1) 열등감과 보상(inferiority and compensation)

Adler의 최초의 이론적 업적들은 열등과 그에 따른 보상 개념이었다. 그는 왜 어떤 사람이 다른 병이 아닌 바로 어느 한 가지 병에 걸리며 왜 신체의 다른 부분이 아닌 바로 어느 한 특수한 영역이 영향 받는지에 관심을 가졌다. 처음에 그는 어느 한 부 분이 기본적으로 열등(inferiority)하거나 약하기 때문에, 아마도 유전된 발달이상 때문 에 병에 걸린다고 생각하였다. Adler는 또 한 가지 열등한 특징을 가진 많은 사람들이 종국에는 약점을 보상하기 시작한다는 것에 대해 연구를 하였다. 기본적으로 열등한 기관체계가 보상을 가져올 수 있다. 이 모든 것이 기질적인 것으로 볼 수 있지만 Adler는 결함 자체보다는 그 결함에 대한 개인의 태도에 더 많은 연구를 하였다.

후에 Adler는 기관열등(organ inferiority) 혹은 신체적 결함들에서 유래하는 열등상 태뿐 아니라 심리적 혹은 사회적 열등상태들도 구체적으로 포괄시켰다. 그리고 보상 은 잠재력을 성취하도록 우리를 움직여 주는 건강한 반응이다. 불행히도 성공적 보상 을 못하면 열등콤플렉스(inferiority complex)가 생길 수도 있다고 지적을 하고 있다.

Adler는 심한 신체적 약점이나 결함이 있는 사람이 연습이나 훈련을 통해 이를 보 상하려는 노력을 하며, 이들 중 일부는 결국 그 약점을 보상하는 것에 주목을 하였다. 보상(compensation)은 잠재력을 발휘하도록 인간을 자극하는 건전한 반응이다. 이와 관련해 Adler는 인간은 항상 좀 더 나아지고 싶어하기 때문에 본질적으로 열등감이 발달하게 되어 있다고 주장한다. 열등감은 항상 긴장을 낳기 때문에 우월감을 향해 나아가게 하는 자극이 된다.

(2) 기관열등감(organ inferiority)

이 열등감 원천은 개인의 신체와 관련된 것이다. 개인이 부모에게서 물려받은 자신의 신체에 대하여 어떻게 생각하는가와 관련된 것이다. 외모(outward appearance)에 대해서 어떻게 생각하는가, 건강한가, 아니면 자주 아픈가, 신체적으로 불완전하거나 만성적으로 아픈 아이들은 다른 아이들과 성공적으로 경쟁할 수 없다. 그래서 이런 아이들은 열등감이라는 소라 껍데기 속에 있는 것과 같은 것이다.

(3) 과잉보호(spoiling)

이 원천은 부모의 자녀교육과 관련된 것이다. 자녀를 얼마나 독립적으로 양육하느냐가 중요하므로 부모의 교육방식에 따라 다르다. 과잉보호로 자란 아이들은 다른 사람들이 항상 그를 위해 모든 것을 해주기 때문에 자신감이 부족하게 된다. 그 결과로 그들 자신이 인생의 어려운 고비에 부딪쳤을 경우 해결할 능력이 없다고 믿고 깊은 열등감에 젖게 되는 것이다.

(4) 양육태만(neglect)

부모가 자녀에 대한 최소한의 도리를 하지 않은 것과 관련이 된다. 아이들의 성장에 있어서 부모의 사랑과 관심은 매우 중요한 요소이다. 아이들은 부모와의 신체접촉, 놀이를 통해 안정된 정서(emotion)를 갖게 되며 자신의 존재가치를 느끼게 된다. 사회의 급격한 변화와 더불어 이혼율(divorce rate)과 여성의 사회참여가 증가하면서 자녀에 대한 사랑과 관심이 줄어들고 있다. 이렇게 양육태만된 아이들은 근본적으로 자신이 필요하지 않다고 느끼고 있기 때문에 열등감을 극복하기보다는 오히려 문제에 대해 회피(evasion)하거나 도피(escape)한다.

이러한 아이들은 자신의 능력(ability)을 인정받고 애정을 얻거나 남으로부터 존경을 받을 수 있다는 자신감을 잃고 세상을 바라보게 되는 것이다.

이처럼 부모의 역할이 아동 즉, 인간의 생활양식에 강력한 영향을 준다는 것을 Adler 개념을 통해 이해할 수 있다. 최근의 부모역할훈련에 활발하게 사용되고 있는 Adler 상담이론에 근거한 '효과적 부모역할을 위한 체계적 훈련(systematic training for effective parenting: STEP)'이나 '현대의 적극적 부모역할(active parenting today: APT)'에서 강조하는 민주적 부모역할도 아동의 생활양식의 형성과 밀접하게 관련되어 있다.

즉 독재형이나 허용형의 부모역할로 양육된 아동은 부정적인 생활양식을 형성하게 된다는 것을 쉽게 이해할 수 있다. 이러한 세 가지 어릴 때의 상황에서 비롯된 inferiority complex의 원인은 성인이 된 후에 신경증을 일으키는 주요한 요인이 되는 것으로 지적을 하고 있다

(5) 우월을 향한 노력(striving for superiority)

종국에 Adler는 우리 모두에게 공통된 기본적 동기는 우월을 향한 노력이라는 결론에 도달하였다. 이것은 완벽을 향해 우리를 밀고 가는 선천적 추동이다. 우월을 향한 노력은 열등감을 보상하려는 욕구에서 나오며 우리가 환경을 보다 잘 통제할 수 있도록 권력 혹은 힘을 성취하려는 노력을 나타낸다.

Adler는 우월을 향한 노력이 선천적이라고 생각했는데 우월을 향한 선천적인 노력은 잠재적으로 존재하나 이 잠재력이 실제로 어떻게 구현되는지는 개인마다 다르다. 이것은 우월을 향한 목표가 저마다 고유한 것이며, 각자가 인생에 부여하는 의미에 따라 다르기 때문이다.

우월의 목표는 긍정적인 경향 혹은 부정적인 경향을 취할 수 있다. 긍정적인 경향은 사회적인 관심이나 다른 사람의 행복을 지향하는 이타적 목표이며 부정적인 경향은 개인적인 우월성을 추구하는 자기존중, 권력, 개인적인 허세 같은 이기적 목표이다.

Adler는 우월성 추구는 그 자체가 수천 가지 방법으로 나타낼 수 있으며, 모든 사람들은 자신의 성취나 성숙을 추구하는 일정한 노력의 형태를 가지고 있다는 것을 말하고 있다. 우월성의 추구는 다음과 같은 특징들로 설명할 수 있다.

① 우월성의 추구는 유아기의 무능과 열등(inferiority)과 뿌리를 두고 있는 기초적 동기이다.
② 이 동기는 정상인과 비정상인에게 공통적으로 존재한다.
③ 추구의 목표는 긍정적 또는 부정적 방향이 있다. 긍정적 방향은 개인의 우월성을 넘어서 사회적 관심, 즉 타인의 복지를 추구하며, 건강한 성격이다. 부정적 방향은 개인적 우월성, 즉 이기적 목표만을 추구하며 이를 신경증적 증상으로 본다.
④ 우월성의 추구는 많은 힘과 노력을 소모하는 것이므로 긴장이 해소되기보다는 오히려 증가한다.

⑤ 우월성의 추구는 개인 및 사회 수준에서 동시에 일어난다. 즉 개인의 완성을 넘어서 문화의 완성도 도모한다는 것이다. 이러한 관점에서 Adler는 개인과 사회의 관계를 갈등하는 관계가 아니라 조화할 수 있는 관계로 파악하였다.

이러한 특징을 통해 우월성의 추구가 건전하게 이루어진 성격에 사회적 관심을 가미하고 있음을 이해할 수 있다. 즉 사회적 관심을 가진 바람직한 생활양식을 바탕으로 한 우월성 추구가 건강한 삶이라고 할 수 있을 것이다.

(6) 사회적 관심(social interest)

Adler는 Freud와 달리 인간이 성적충동보다 사회적 충동에 의해 주로 동기화된다고 주장하면서 사회적 관심이란 각 개인이 이상적인 공동사회의 목표(goal)를 달성하고자 사회에 공헌하려는 성향(propensity)을 의미한다고 했다. 이는 개인적 우월(superiority)의 목표가 사회적 목표로 이동하는 것으로 다른 사람들의 행복에 기여하기 위해 개인적 우월의 목표를 포기하는 것을 말한다. Adler는 사회적 관심의 잠재력이 선천적이라고 보았으나 다른 선천적 경향과 마찬가지로 사회적 관심도 자동적으로 발생하는 것이 아니고 의식적인 개발을 필요로 한다고 보았다.

일반적으로 사회적 관심은 가족관계 및 다른 아동기 경험의 맥락에서 발달하는데, 특히 협동심, 연대의식, 동료의식 같은 사회적 관심의 발달에 가장 큰 영향을 주는 사람은 어머니이다.

아버지는 사회적 관심에 영향을 미치는 두 번째로 중요한 사람이다. 일, 우정, 사랑과 결혼 같은 주요 인생과업에서 긍정적 성취(achievement)와 만족을 느끼는 부모가 아동의 사회적 관심을 키워줄 수 있다.

Adler는 사회적 관심(interest)을 개인의 장래 모든 적응이 달린 중요한 관건으로 간주했다. 그는 사회적 관심의 수준이 그 개인의 심리적 건강을 측정하는 유용한 척도이며 사회적 관심이 부족한 사람은 적응(adaptation)을 잘 하지 못한다고 주장하였다. 실제로 신경증적(psychoneurotic)인 사람이란 우월을 향한 보상적 노력을 다른 사람들에 대한 관심으로 대치시키는 것을 아직 학습하지 못한 사람이다.

(7) 생활양식(style of life)

열등감을 극복하기 위해 개인은 '생활양식'을 발달시킨다. 생활양식의 정의는 Adler

에게서 오랫동안 여러 번 바뀌었다. 가령 Ansbacher에 따르면, 생활양식은 자기 혹은 자아, 자신의 성격, 성격의 통일성, 개성, 문제들에 맞서는 방법 등에 공헌하려는 소망 등으로 정의되었다.

이 생활양식의 원칙이 각각의 성격에 독특함을 부여한다. 우리 모두는 유아 때의 무력감을 극복하려고 투쟁한다. 우리는 모두 같은 기본적 목표를 추구하지만 아무도 똑같은 길을 가지는 않는다.

Adler는 5세경에 개인의 생활양식이 본질적으로 결정된다고 보았다. 가족관계 및 다른 중요한 경험들이 그 무렵 우리에게 일생 동안의 특징이 될 기본적 스타일을 부여하는 것이다.

그리고 Adler는 많은 사람이 신체기관의 열등, 허약한 체질, 혹은 환경적 요인에서 비롯되는 사회적 결핍상태 때문에 잘못된 생활양식을 가지는 것으로 보았다. 그들은 미래에 대한 불안(anxiety)이나 두려움, 일상생활에서 일어날지도 모르는 문제들에 대응하려는 목적을 갖는다. 예를 들어 실패를 피하려 하고 실패하는 경우 그 원인을 다른 탓으로 돌리려는 욕구가 강한 사람은 이것이 그들의 생활을 지배하게 된다.

(8) 자아창조의 힘

Adler는 생활양식이 개인의 창조적 행위라고 믿었다. 자아의 창조적 힘이 인생목표와 목표추구 방법을 결정하고 사회적 관점을 발달시킨다는 것이다. 이에 따르면 유전과 환경은 성격형성에 있어 재료인 회반죽과 벽돌일 뿐이며 인간이 창조적 방법으로 건축물을 디자인(designing) 즉, 인생에 대한 태도(attitude)를 형성한다.

2) 성격의 발달(development of personality)

Adler는 가족 및 사회적 요인에 의해 개인의 성격이 발달한다고 보았는데 이와 관련해 생활양식을 왜곡하기 쉬운 상황에 대해 세 가지로 설명을 하고 있다.

① 병약하거나 허약체질인 아동의 상황
② 응석받이 아동의 상황
③ 거부된 아동의 상황

이 세 가지 상황 즉 불완전한 신체기관, 지나친 사랑, 거부(refusal)는 인생에 잘못된 의미를 부여하게 만드는 계기가 되기 쉽다. 이 세 가지 부정적인 요소들은 자존심과 사회적 관심의 발달을 위협하는데 Adler는 이에 대한 개선(improvement)의 가능성은 인생에 대해 보다 협동적이며 용기 있는 대처방식을 훈련하는데 달려 있다고 보았다. 다시 말해 인생에서 모든 문제는 그 해결(solution)을 위해 협동(cooperation)을 필요로 하므로 자신이 다른 사람에게 기여해야 한다는 것을 이해하는 사람만이 역경에 용기를 갖고 대처하며 성공의 기회를 얻게 된다는 것이다.

Adler는 성격에 영향을 미치는 또 다른 변인으로 출생순서를 연구하였다. 그는 출생순서가 각자의 생활양식에 큰 영향을 미칠 수 있다고 보았는데 특히 출생순위에 많은 연구를 하였다. 출생순서에 따른 생활양식은 모두 가능성을 나타내는 것이다. 가족 내의 위치가 생활양식(어떤 사회나 집단에서 공통적으로 볼 수 있는, 생활에 대한 인식이나 생활하는 방식)에 영향을 미치거나 각 가정마다 역할이 다르다. Adler의 의도는 단지 가족 내의 서열상 위치에 따라 부딪히게 되는 독특한 문제들이 있을 수 있다는 점을 보여주려는 것이다.

다시 말해 성격에 영향을 미치는 것은 출생순서에의 숫자가 아니라 태어난 상황이다. 예를 들면 만일 맏이가 의지박약하거나 억눌렸다면 둘째 자녀는 맏이의 생활양식을 가질 수 있다. 대가족 속에서 두 자녀가 다른 자녀들보다 훨씬 늦게 태어나 위의 형제들과 떨어져 함께 자란다면 이 둘 중 손위가 맏이의 특성을 가지기 쉽다.

3) 성격의 유형

개인의 독특한 생활양식은 사고(thinking), 느낌(feeling), 행동하는 모든 것의 기반이 된다. 따라서 생활양식에 기초하여 기본 성격구조는 일생 동안 일관성이 유지된다. Adler는 인생문제에 접근하고 해결하는 방법을 통해 생활양식의 형태를 알 수 있다고 보았다. 직업, 우정, 사랑과 결혼의 문제가 모든 사람이 해결해야 하는 세 가지 중요한 인생과업이다. Adler는 이 인생과업이 서로 연관되어 있으며, 그 해결방법이 생활양식에 달려 있음을 강조하고, 지배형, 획득형, 회피형의 세 가지의 유형이론을 제시하여 다음과 같이 설명을 하고 있다.

① **지배형**: 활동수준은 높으나 사회적 관심은 낮은 유형으로 독선적이고, 공격적이며, 활동적이지만 사회적인 관심이 거의 없는 사람이다. 이 유형은 사회적 관심

이외의 측면에서는 활동적이며 외부세계를 지배하려는 태도를 가진다. 그러므로 인생과업에 공격적, 비사회적인 방법으로 대처해 나간다.

② **획득형**: 활동수준은 중간이고 사회적 관심은 낮은 유형으로 기생적인 방식으로 외부 세계와 관계를 맺으며 다른 사람에게 의존하여 자신의 욕구를 충족한다. 인생의 주된 관심은 가능한 한 많은 것을 다른 사람에게서 얻어내는 것이다. 활동수준이 낮아 다른 사람에게 의존하는 것이 위험한 정도는 아니다.

③ **회피형**: 참여하려는 사회적 관심도 적고 활동수준도 낮은 유형으로 성공하고 싶은 욕구보다 실패에 대한 두려움이 더 강하기 때문에 인생과업으로부터 도피(escape)하는 행동을 주로 한다. 인생의 모든 문제에서 회피함으로써 실패를 면하려 하고 사회적으로는 무익한 행동이 대부분이다.

한편 Adler는 아동기 실패의 성격유형을 수동적 유형과 능동적 유형으로 설명하였다.

① **수동적 유형**: 게으르고, 나태하며, 복종적이면서 의존적이고, 소심, 불안, 성실하지 못하다.

② **능동적 유형**: 지배적이고, 성급, 흥분, 정에 약함, 잔인, 허풍, 달아나기 쉽고, 도벽, 성적으로 흥분을 쉽게 한다.

일반적으로 신경증 환자 중에는 아동기의 수동적 유형의 실패자 비율이 훨씬 높고 범죄자 중에는 능동적 유형의 실패자가 훨씬 많다. 아동기의 실패(failure)는 오줌싸기(frequency of urination), 식사장애, 밤에 고함지르기(shout), 헐떡거리기(gasping), 기침(coughing), 변비(constipation), 말더듬기(stammer) 등이 수반되는 응석받이인 의존적 아동에게 발생하기 쉽다. 이 증상(symptoms)들은 독립성과 협동을 요구받는 것에 대한 일종의 저항인 것이다.

4) Adler의 이론과 Freud 성격이론의 차이점

① 본능(에로스, Eros; 관능적 사랑)이나 타나토스(죽음의 본능, thanatos)도 정신의 실체(이드, 자아, 초자아)들이 없다는 점

② 의식과 무의식을 양분하지는 않지만 Adler는 두 개념 다 사용하는 것으로 보였다는 점

③ 학습, 환경, 자아방어이론을 더 강조하였다는 점

④ Adler는 이론화 과정에서 Freud보다는 체계적이지 않다는 점

⑤ 치료방법론이 잘 기술되지 않았다는 점

⑥ 가족관계의 제문제점들을 이론화하였다는 점

⑦ Freud는 본능적 측면을 강조하는 반면, Adler는 행동을 동기화하는 목표이론을 강조한 점

2. 분석심리학에서의 융의 성격이론

인간 정신의 구조와 정신역동을 설명하면서 Freud의 성욕 및 정신생물학적 결정론을 거부한 Carl Gustav Jung(1875~1961, 융은 스위스 케스빌에서 출생하여, 1907년부터 Freud와 6년 동안에 걸쳐 개인적, 직업적 관계를 유지하며 학문적 교류를 하였다)은 심리적 건강의 이상형은 의식이 무의식을 감독하고 지도하는 것이라 하였다. 이는 의식과 무의식의 세계가 융화되어 양쪽이 모두 자유롭게 발달하도록 허용되어야 한다는 관점에서이다. 그는 또한 개인적, 사회문화적 원형(archetype)이 갖는 힘의 상호작용을 고려하지 않고는 정신을 이해할 수 없다고 믿었다. 이에 따라 융의 분석심리학은 고고학(arch(a)eology), 신화, 동서양 철학(eastern and western philosophy), 천문학(uranology), 종교(religion)에 대한 광범위한 관심을 반영하였다. 또한 융의 내향성과 외향성(introversion and extroversion) 개념은 성격을 구체적인 특질(traits)로 체계화하여 성격에 대한 이해를 확대시켰다.

인간 마음에 대한 융의 호기심(inquisitiveness)은 곧 프로이드의 연구와 연관되었다. 융은 1900년에 프로이드의 '꿈의 해석(the interpretation of dream)'을 읽은 후에 프로이드와 서신왕래를 시작했다.

1907년에 프로이드를 만나 13시간 동안 두 사람은 대화를 나눴다. 1909년에 프로이드를 따라 미국에 갔으며 클라크 대학에서 강연을 하였다. 1911년에 융은 프로이드의 후원을 받아 국제정신분석학회장이 되었다.

그러나 정신분석, 무의식, 리비도에 대한 융의 해석과 이론은 프로이드의 입장과

달랐다. 융이 '무의식의 심리학(psychology of unconscious)'을 발간한 후에, 그와 Freud 사이에 불화가 생겨나게 되었고, 1914년 그들은 결별하였다. 그런 후에 융의 이론과 실제는 분석심리학(analyticpsychology)으로 알려지게 되었다.

1913년에 Jung은 내적 혼란으로 고통을 받았으며 그것은 약 3년 동안 지속되었다. Freud처럼, 그는 자신의 정서적 혼란(confusion)을 해결하기 위해 꿈 해석을 통한 자기분석을 하였다. 이 기간은 융으로 하여금 성격이론에 대한 독특한 접근으로 이끈 창조력과 성장의 시간이었다. 융은 역사를 통해 전해 내려온 인류의 상징과 신화를 평가했다.

Jung의 분석심리학과 Freud의 정신분석의 기본적인 차이는 리비도와 연관된다. 프로이드는 리비도(libido, 성본능의 에너지)를 성적 에너지라고 주장했고 반면에 융은 일반적인 생활에너지로 간주했다. 두 번째 차이는 성격에 있어서 어린 시절의 영향에 대한 프로이드의 결정론적 견해(opinion)에 있다. 융은 성격은 생활 속에서 후천적으로 변할 수 있고 미래의 목표와 열망에 의해 형성된다고 믿었다.

집단적 무의식(unconsciousness)의 요소를 융은 원형(archetypes)이라고 불렀다. 원형에는 영웅, 부모, 죽음, 탄생과 부활, 일관성, 아이들, 신, 악마 등을 포함한다. 어떤 원형은 성격과 분리된 체계로 확인되었다.

잘 알려진 대표적 원형으로 페르조나(persona) 혹은 외부로 드러난 적응성격(adaptive-character), 애니마(anima)와 애니무스(animus, (Sans.); Buddha's picture) 혹은 양성적 성격, 그림자(shadow) 혹은 인간 본성의 동물적인 부분, 무의식(unconsciousness)의 모든 부분으로 구성된 자기(self) 등이 있다. 자기는 만다라(mandala)라는 원의 상징(symbol)으로 표현되며 일관성과 평정을 위해 노력한다. 자기는 성격의 통합, 자기실현, 조화를 위한 노력을 한다.

융의 '심리적 유형(psychology types)'이라는 책에서는 내향성(정신 발동이 주관에 치우치는 기질. 내성적이고, 자기 세계에만 유폐되려는 성질)과 외향성(extroversion)이라는 성격 지향성에 대해 잘 설명되어 있다. 그는 또한 네 가지 심리적 기능으로 사고(thinking)와 감정(feelings), 감각(sense)과 직관(intuition)을 제안하였다. 과학적(科學的, 사실 그 자체로 뒷받침되고, 논리적인 인식으로 매개되어 있는 것)인 심리학(psychology)이 융의 이론에서는 무시되었을지라도 융의 연구는 이러한 성격 특징의 일반화에 기여하였다.

Jung 이론에 대해 사회복지분야에서 직접적(원리적으로 체계가 세워져 있는 것)인 관심을 가진 적은 없었지만, 인간행동과 인간발달에 관해 이해를 돕는데 그의 이론의 주요 개념, 심리적 유형, 중년기의 마음에 관한 연구는 매우 설득력이 있고 많은 학자들에게 주요한 개념을 제시하였다고 할 수 있겠다.

1) 융, 성격구조이론의 주요개념(personality structure)

(1) 칼 융의 삶

칼 구스타프 융(Carl Gustav Jung, 1875~1961)은 목사의 아들로 태어났다. 그는 대단히 섬세한 감수성의 소유자였던 것 같다. 우리가 기억의 그물로 건져낼 수 있는 최초의 경험들은 몇 살부터의 경험들인가, 융은 놀랍게도 자신이 유모차에 누워서 푸른 하늘과 황금의 햇빛을 황홀하게 바라보았던 두세 살의 기억을 떠올린다. 그것도 팔십 세가 넘은 나이에 말이다. 아무래도 그는 망각의 기능을 상실한 운명을 지닌 사람이었나보다.

그는 역마살과 같은 예민한 감수성을 지닌 이유 때문에, 소년시절에 많은 발작 증세를 보였다. 실로 마음은 감수성(외계의 자극으로부터 받은 강한 인상에 의하여 행동이 좌우되기 쉬운 경향)의 크기만큼 세계에 민감하다. 이러한 세계에 대한 고통스러운 느낌은 오히려 자기만의 내면의 세계로 발걸음을 인도하게 한 요인이 되었다.

융에게 있어서 세계에 대한 고독(loneliness)은 내면에 대한 탐구로 전이되었다. 융은 어느 날, 깊은 숲 속에 숨어 아버지와 아버지 친구가 나누는 대화를 엿들었다. 아버지는 아들 융의 병을 치료하기 위하여 많은 재산을 없앴고, 아들이 평생 돈을 벌 수 없게 된다면 슬픈 일이 될 것이라고 친구에게 말하였다. 처음에는 호기심(inquisitiveness)으로 아버지와 친구 분의 대화를 엿들었지만, 융에게 있어서 그 대화는 벼락을 맞은 듯한 충격을 던져 주었다. 융에게 있어서 그 대화는 현실(現實)에 대한 최초의 경험이 되었다.

융은 정신을 바짝 차리고 아버지 서재로 달려가서 라틴어(Latin語, 인도, 게르만 어족에 속하는 말. 옛 로마에서 쓰이고, 로마 제국 전성기에는 유럽 전토에 퍼져 오늘날의 이탈리아, 프랑스어 등의 근원이 됨) 문법책을 꺼내서 공부하기 시작하였으며, 그 와중에 몇 번의 발작 증세는 융에게 나타났고, 결국 융은 굽히지 않고 발작을 극복하고 끈질기게 공부를 계속해 나갔다. 이후 융은 발작증세가 사라졌다. 이러한 경험이 자신을 철저하게 엄격한 사람으로 만들었고, 이후 융으로 하여금 인간의 심리를 연구하는 데 일생을 바치게 한 결정적인 계기가 되었다고 한다.

(2) 칼 융의 사상

'나의 생애는 무의식의 자기실현의 역사이다. 무의식에 있는 모든 것은 사건이 되고 밖의 현상으로 나타나며, 인격 또한 그 무의식적인 여러 조건에 근거하여 발전하며 스스로를 전체로서 체험하게 된다.'[1]

융의 사상에 있어서 가장 중요한 것은 아무래도 자기(self)와 자아(ego) 개념(conception)이라고 할 수 있다. 자기는 우리의 생각의 빛이 닿지 않는 어둠의 세계이다. 무의식(unconsciousness)의 밑바닥에 깊이 놓여 있는 세계이다. 또한 그 세계는 집단무의식(collectiveunconscious)의 원형으로 모든 것을 포괄하는 세계이다. 그러나 자아는 자기의 세계보다 훨씬 작은 세계이다. 그리고 의식(consciousness)과 분별의 세계이다.

자아는 자기를 발견하기가 지극히 어렵다. 의식의 세계는 무의식의 세계를 발견하기가 지극히 어렵다. 왜냐하면 그 세계는 의식되지 않는 것은 존재하지 않는다고 생각하기 때문이다. 그렇다면 어떻게 의식으로서의 자아는 무의식으로서의 자기를 지각할 수 있을까. 그것은 꿈이다. 꿈은 무의식의 활동이 우리의 인식 속에 지각되는 현상이기 때문이다.

자기는 끊임없이 자아에게 꿈의 상징(symbol)들을 통하여 자신의 메시지(message)를 전하려고 한다. 이제 꿈은 자기와 자아가 만나는 접촉점이다. 나를 넘어선 세계와 나의 세계는 꿈을 통하여 이어진다. 그래서 융은 꿈이야말로 현대인에게 있어서 어느 것과도 비교할 수 없는 가장 근본적이고 고귀한 가치(value)를 지니고 있다고 강조한다.[2]

그렇기 때문에 꿈의 언어(language)를 잘 이해하는 길이 저 심연에 고요히 놓여있는 자기를 올바로 이해하는 길이 되는 것이다. 자기와 자아의 관계는 다음과 같은 사건을 통하여 이해할 수 있다. 한 등산가가 융을 찾아왔다. 그 등산가는 어느 날 밤

---

1) 이부영 역(1989), C. G. Jung의 회상, 꿈 그리고 사상, 집문당, p. 17.
2) C. G. Jung, The Psychological Foundations of Belief in Spirits, The Collected Works, vol. 8 (New York: Princeton University Press), pp. 303~4.

높은 산 정상에서 허공으로 발을 내딛는 자신의 꿈에 대하여 말해주었다.

융은 그 꿈을 다 듣고 등산가의 앞에 닥쳐올 위험을 알았다. 그리고 융은 꿈이 주는 경고를 강조하여 그에게 스스로 등산(climbing)을 자제하도록 경고하였다. 그러나 그것은 허사였다. 왜냐하면 그는 결국 등산 중에 발을 헛딛어 '허공으로' 낙하하였기 때문이다. 자기는 자아의 미래를 감지하고 그것은 꿈으로 전달된다는 엄연한 사실을 등산가는 믿지 않았던 것이다. 그래서 융은 의식적인 이성이 자신의 미래를 알아보지 못하는 어두컴컴한 순간일지라도, 인간의 무의식은 정확히 미래를 볼 수 있다고 말한다.[3]

융에게 있어서 자기실현이라 하는 것은 어떤 의미를 갖고 있는가. 자아가 무의식의 바다 깊은 곳에 있는 자기를 진지하게 들여다보고 그 원형의 세계에서 뿜어내는 진실한 목소리를 감지하는 것, 그것이 융이 말한 자기실현의 역사이다. 융에게 있어서 삶은 자아가 자기를 발견하는 과정인 것이다. 그 과정은 바다 위에서 출렁거리는 파도와 같은 자아가 수천 해리(nautical, 1해리는 약 1852미터) 깊이를 가진 마음의 중심인 자기를 찾아가는 여정이다.

하지만 중심으로 향해가는 과정(process)은 결코 평탄한 길이 아니다. 특히 상징과 신화의 언어를 상실한 현대일수록 자아가 자기를 찾는 여정은 그만큼 힘겨워진다. 왜냐하면 분화된 의식(consciousness)으로서의 자아(ego)가 발전하는 과정에서 자기의 세계를 내동댕이쳤기 때문이다. 이런 의미에서 상징과 신화(symbol and mythological story)의 상실은 자기 상실이다. 이러한 상실의 시대를 가로질러 어둠의 세계인 자기의 세계를 빛의 세계인 자아의 세계로 끌어올리는 과정 즉 이 깨달음의 과정이 자기실현의 과정이 되는 것이다.

실로 그 깨달음의 과정은 한 인간의 삶과 죽음 사이에서만 빚어지는 것이 아니다. 융은 더 나아가서 인류의 문명 또한 기나긴 깨달음의 과정으로 본다. 융은 다음과 같이 말한다. '우리가 인류를 한 개인으로 볼 때 우리는 인류가 무의식의 힘에 의해 끌려가는 사람과 같음을 알게 될 것이다.'[4]

인간은 문명된 상태에 도달하기까지 헤아릴 수 없는 많은 세월들을 거쳐 서서히,

---

3) C. G. Jung, Answer to Job, The Collected Works, vol. 11, p. 386.
4) C. G. Jung, Man and his Symbols (London: Aldus Books, 1964), p. 85.

그리고 힘들여 의식을 발전시켜 온 것이다. 그러나 이러한 진화가 완전히 완성되기에는 아직은 거리가 멀다. 저 안개(fog)와 같은 인간 본성의 허다한 부분이 아직 어둠에 쌓여 있다. 그 자아의 세계는 빛이 닿지 않는 무한한 자기의 세계에 비하면 너무나 미미한 세계일 뿐이다.

그리고 우리의 의식은 자연이 획득한 매우 새로운 것이어서 그것은 아직도 실험적 상태에 있다. 실로 의식은 불완전한 기능이다. 이렇듯 인류는 험난한 진화의 과정을 통하여 자아의 세계를 열어간다. 그럼에도 불구하고 그 자아는 끊임없이 자기를 향해 나아가고 있다. 그것은 인류는 무의식의 힘에 의해 이끌리고 있고 무의식을 향해 나아가고 있다는 것을 의미한다.

Jung은 원형(archetype), 집단무의식(collectiveunconsciousness), 개성화(individuation), 그림자(shadow), 애니마(anima), 애니무스(animus) 등 다양한 임상 경험을 바탕으로 한 새로운 개념을 사뭇 조심스럽게 선보인다. 사실 Jung이 인류를 향해 새롭게 선보인 개념은 몇 개 되지 않는다. 하지만 그의 개념은 앞으로도 쉽사리 무너지지 않는 견고한 개념(conception)이라고 할 수가 있겠다. 왜냐하면 그의 개념은 이론가의 책상에서 만들어진 것이 아니고, 철저한 임상 경험을 바탕으로 진지한 숙고의 과정을 통하여 얻어진 것이기 때문이다.

Jung은 일생 동안 수만 명의 환자를 치료하고 돌보았다. 그리고 Jung은 분석가나 이론가이기 이전에 영혼의 의사로서의 순결한 사명을 수행하려는 노력을 끊임없이 삶 가운데서 보여주었다.

왜냐하면 그에게 있어서 삶의 목적은 '환자의 존엄성과 자유를 보호하고 보존하여 환자가 그의 생애(lifetime)를 그 자신의 뜻의 따라서 살도록 하는 것5)이었기 때문이다. 환자(patient)에 대한 따스한 시선은 '병든 의사만이 치료할 수 있다'는 융의 고백을 통해서도 알 수 있다. 이렇듯 융의 삶은 환자의 고통(suffering)을 치유하려는 삶이었고, 환자의 고통과 같이 하는 삶이었다.

한 개인이 경험하는 고통에 대한 Jung의 사려 깊고 진지한 노력은 그의 삶의 여러 곳에 스며있다고 볼 수 있다. 특히 환자의 꿈에서 드러난 상징(symbol)을 분석가(分析家)가 해석하는데 있어서, 환자의 상징과 분석가의 임상 결과에서 일반화된 의미를

---

5) Ibid., p. 58.

쉽게 대응시키지 말라고 Jung은 당부를 하고 있다. Jung은 상징(symbol)을 연구하는데 반세기 이상을 보내온 의사였다.

그럼에도 불구하고 환자의 상징과 그 상징의 의미를 올바로 해석하기 위해서는 분석가 개인의 일반화된 이론을 미련 없이 버려야 함을 강조하였다. 회색 이론은 삶을 찢는다. 오히려 '나는 환자의 꿈에 대해서 아무것도 모른다'[6]는 자세로 환자를 만나야만 한다고 말하고 환자의 상징은 환자와의 끊임없는 대화와 환자의 삶 자체에 대한 깊은 이해를 통해야만 그 상징의 의미가 올바로 드러난다고 보았기 때문이다.

융에게 있어서 꿈 해석의 보편적인 규칙은 없었으며 환자의 삶만이 유일한 해석의 경전[7]이 되었던 것이다. 다시 말해서, 그에게 있어서 환자는 자신의 이론의 적용대상이 아니라 끊임없는 대화의 대상이 되었던 것이다.

그래서 Jung은 다음과 같이 말한다. '개인만이 유일한 현실이다.'[8] 이러한 융의 자세는 이후 프로이드와 영원히 결별하게 된 결정적인 원인이 되었던 것이다. 왜냐하면 Freud는 꿈 해석에 있어서 보편적인 이론을 만드는데 관심이 있었다면, 융은 인간 그 자체에 관한 이해 위에서만 꿈의 해석이 가능하다는 점에서 화해할 수 없는 견해 차이가 있었기 때문이다.

(3) 신과 죽음의 문제, 그리고 동시성 현상

Jung의 일생은 정신의 문제에 대한 끊임없는 탐구였다. 그렇기 때문에 그는 정신의 불멸과 맞닿아 있는 '신의 문제'와 정신의 사멸과 맞닿아 있는 '죽음의 문제'를 결코 외면할 수 없었다.

1959년, 융은 영국 방송공사(BBC: British Broadcasting Corporation)의 존 프리만과 인터뷰(interview)를 한 적이 있었다. 프리만은 융에게 신을 믿느냐고 질문을 하였다. 영국의 수많은 시청자들은 융의 대답에 귀를 기울이며 긴장하였다. 융은 차분하게

---

6) 이부영(1978), 분석심리학, 집문당, p. 196; I have no theory about dreams, I do not know how dreams arise. And I am not at all sure that- my way of handling dreams even deserves the name of a method. C. G. Jung, The aims of Psychotherapy, The Collected Works, vol. 16, p. 42.

7) 경전(經典): The scripture; the sacred books; 불교의 Sutra; the Scripture; 기독교의 Bible; 이슬람교의 Koran.

8) Man and his Symbols, p. 58.

대답하였다. '나는 신을 압니다.' 저 대답은 진정 무엇을 의미하는 것일까. 그 의미가 무엇이건 간에 우리는 쉽사리 범접할 수 없는 영역인 신의 세계까지도 접근해 들어간 인간의 모습을 발견할 수 있지 않을까.

융은 자신의 삶 가운데 죽음을 아주 가깝게 체험하곤 하였다. 실제로 융은 죽은 자를 만나기도 하였고, 대화를 나누기도 하였던 것 같다. 어느 날 융은 기이한 환상(illusion)을 경험한다. 융은 밤중에 깨어 전날 장례(funeral ceremonies)를 치른 친구를 곰곰이 생각하고 있었다. 문득 융은 죽은 친구가 방안에 있는 듯한 느낌을 받았다. 이후 친구는 수백 미터 떨어진 자신의 집으로 융을 데려갔다. 융은 그 친구를 따라갔다. 그리고 친구는 서재에서 적색 표지의 책 한 권을 가리켰다. 너무도 기이한 체험이어서 융은 다음날 아침 죽은 친구의 서재를 직접 찾아가서, 환상에서 가리킨 적색 표지의 그 책의 제목을 확인해 보았다. 그 책의 제목은 死者의 유산(property left)이었다.

융은 실제로 죽은 자를 위한 일곱 가지 說法[9]을 마흔한 살이 되던 1941년에 개인적으로 내놓았다. 이 설법은 죽은 자들이 질문을 하고 융이 대답을 하는 형식으로 되어 있다.

이 문헌의 전체적인 내용으로 미루어 보아 융은 죽은 자와의 대화를 하였던 인물이었을 가능성이 높다. 결국 이 문헌(literature)은 융이 죽기 바로 전에 어렵게 세상에 공개되었다. 하지만 결론부에 있는 글자 수수께끼(riddle)인 아나그람마(Anagrams)는 끝끝내 밝히지 않았다. 그 암호(code)의 열쇠를 공개하지 않고 융은 죽었던 것이다.

우리는 일상 가운데 다음과 같은 경험을 하는 경우가 있다. 한 번도 가보지 않은 곳이었음에도 불구하고 언젠가 한 번 왔었다는 느낌 혹은 현실에서의 이 순간은 언젠가 꿈에서 한 번 보았던 순간 같은 느낌을 자주 경험한다. 이 글을 쓰는 본인도 이러한 기이한 느낌을 자주 체험하기 때문에 앞으로 그 체험에 대한 진지한 접근을 시도하려 한다.

물론 본인뿐만이 아니라 주위의 대부분의 사람들을 통해서도 위와 같은 경험을 자주 듣곤 한다. 융 또한 마찬가지였다. 사실 Jung의 삶의 대부분은 이러한 환상과 희귀한 체험으로 채색되어 있다고 하여도 과언(saying too much)이 아니다.[10]

---

9) 회상, 꿈 그리고 사상, pp. 434~47.
10) Encyclopaedia Britannica, 15th ed., s.v. "Jung, Carl"

어느 날 융은 호텔에서 휴식을 취하고 있었는데 순간 뒷머리에 참을 수 없는 통증을 느꼈다. 그 순간 그의 환자 가운데 한 사람이 권총자살을 하였던 것이다. 그런데 총알은 마침 융이 심한 통증을 느낀 부분에 박혀 있었다. 1918년 융은 영국인 수용소의 지휘자로 있으면서 자기(self)의 세계에서 끊임없이 형상화되어 나타나는 像을 그림으로 옮겼다. 그 그림은 황금의 성 모양을 한 만다라였다. 얼마 뒤에 리햐르트 빌헬름이 융에게 보낸 책 안에는 융이 그렸던 만다라 그림이 놓여있었던 것이다.

융은 이러한 정신적 사건과 물질적 사건의 의미 있는 일치를 동시성(synchronicity) 이론[11]으로 부르고, 이와 같은 정신현상에 대하여 진지하게 논의한다. 사실 융이 최초로 이론화한 동시성 이론은 우리 시대의 양자물리학적 세계상의 정신적 현상이라고 할 수 있다.[12] 오늘날의 많은 과학자들은 융의 이론에 대하여 다각도의 접근을 시도하고 있다.[13] 실로 Jung에게 있어서 텔레파시(telepathy)나 예언현상은 신비한 체

---

11) 융은 동시성 개념을 '동시성: 비인과적인 연결원리, Synchronicity: An Acausal Connecting Principle'이라는 논문에서 발표하였다. 그 논문은 배타원리의 발견자인 볼프강 파울리와 공동으로 연구한 논문이다. 이 논문에서 융은 파울리와 함께 무의식에서 보이는 동시성과 양자물리학에서 인과율의 파탄이 일어나는 현상 사이의 유사성에 주목하였다. 그런데 이 논문은 부분적으로 파울 카메라(Paul Kammerer)의 논문 연속성의 법칙(Das Gesetz der Serie, Stuttgart, 1919)에 근거하고 있다. 카메라는 20세부터 40세까지 동시성 현상에 관련한 경험사례를 정리하여 연속성의 법칙이라는 저서에 100가지의 사례로 수록하였다. 융의 동시성은 주로 시간적으로 연결된 사건의 동시성을 기술하는 반면, 카메라의 연속성은 주로 공간적으로 연결된 사건의 동시성을 기술하였다; Arthur Koestler(최효선 역, 1993), 야누스: 혁명적 홀론이론, 범양사.

12) 융이 깊이 엿본 동시성 현상은 결코 현대과학의 실재관과 유리된 사각지대에서 일어나는 신비적이거나 초월적인 현상이 아니다. 융이 지적한 동시성 현상을 지지하는 실재관을 우리는 다음과 같은 두 가지 논의안에서 발견할 수 있다. 이 두 실재관은 실체적 실재관에 대한 관계적-유기적 실재관으로의 전환을 우리에게 요청한다. 첫째는, 화이트헤드의 동시적 세계에 대한 논의이다. 둘째는, 양자물리학에서 비국소장에 관련된 EPR 사고실험이다. 그러나 이 두 실재관은 아직도 현대과학이 해명해야 할 어려운 난제를 안고 있다. 그렇기 때문에 이러한 논의 전개에 있어서 우리 언어의 한계는 더욱 자명하다고 할 수 있다. 우선 동시성 현상이나, 화이트헤드의 실재관이나, EPR 사고실험의 논의는 '정보소통'의 관점에서 서로 밀접한 관련성을 내포하고 있다는 점을 염두에 두어야 할 필요가 있겠다.

13) 첫째, 화이트헤드의 동시적 세계에 대한 논의는 다음과 같다. 화이트헤드에 의하면, 동시적 세계는 정보소통, 즉 인식 불가능하다. 왜냐하면, 인식을 주체와 대상 사이의 정보소통이라고 한다면, 그 정보소통은 시간의 흐름에서만 가능하기 때문이다. 바꾸어 말하면 정보가 한 계기에서 다른 계기로 전달되는 과정, 즉 시간을 전제로 한다. 그렇다면 우리가 접하는 모든 정보는 과거의 정보라고 할 수 있다. 우리가 듣는 소리를 예로 들어보자. 지금 방 안에서 듣는 음악은 아주 가까운 과거의 음악이다. 지금 듣는 비행기 소리는 몇 초 전의 비행기가 내는 소리이다. 지금 듣는 천둥소리는 몇 분 전의 천둥이 내는 소리이다. 우리가 보는 것도 마찬가

지이다. 하늘의 태양은 8분 20초 전의 태양일 뿐 현재의 태양이 아니다. 실로 우리가 인식하는 모든 세계는 빛바랜 과거의 세계이다. 우리는 결코 현재를 만날 수 없다. 그렇다면 과거의 세계는 동시적인 세계가 아니다. 동시적인 세계는 현재이기 때문이다. 이렇게 화이트헤드에 있어서 우주의 횡단면(橫斷面)인 동시적 세계 안에 포함된 정보는 결코 (주체에게) 인식될 수 없다. 우리는 단지 과거만 만날 수 있을 뿐이다. 마치 현재의 태양을 결코 볼 수 없는 것처럼 말이다. 이러한 우주의 횡단면을 화이트헤드는 지속(Duration)이라고 부른다. 지속은 시간이 개입되지 않는, 모든 것을 포함하는 현재의 우주이다. 화이트헤드에 의하면 지속은 우선 다음과 같다. 첫째, 우주의 현재의 횡단면인 지속의 두 성원은 동시적이다. 둘째, 지속에 속하지 않는 모든 것은 과거에 있든지 미래에 있을 뿐이다. 셋째, 지속이란 지속 안에 모든 성원이 상호간에 동시적인 계기들의 완전한 집합이다. 정보소통이나 세계 인식의 문제를 둘러싸고 전개되는 화이트헤드의 동시적 세계에 대한 논의는 '정보'와 '인식'을 더욱 합리적인 언어로 새롭게 해명한 긍정적인 측면이 있다. 둘째, EPR 사고실험은 다음과 같다. 우리는 EPR 사고실험을 통하여, 전자와 다른 전자 사이의 정보소통에 있어서 시간의 개입이 없이도 서로 정보를 주고받는 장소(field)가 엄연히 존재하고 있음을 발견하게 된다. 1935년 아인슈타인은 동료제자인 포돌스키(Podolsky)와 로젠(Rosen)과 함께 중요한 사고실험의 결과인 논문을 발표하였다(Einstein / Podolsky / Rosen, Can Quantum Mechanical Description on Physical Reality be Considered Complete?, Physcial Revier 47(1935)). 이 세 사람의 약자를 딴 실험은 초기상태에서는 상호작용이 있었으나, 그 이후로 서로 분리된 양자적 대상인 S1과 S2의 두 체계를 상정하였다. S1과 S2는 물론 공간상으로는 분리되어 있다. 이 실험의 요약은, S1에 외부의 영향력으로 인해 결과로서 S1이 변했을 때 아무 관계도 없는 S2가 동시적으로 S1의 변화값만큼 변했다는 사실이다. 예를 들어, 쌍둥이 형제 S1과 S2가 서울에서 출발하여 서로 다른 방향으로 여행을 떠났다고 하자. S1은 백록담으로 갔고 S2는 천지연으로 갔다. 백록담에 간 S1이 돌에 부딪쳐 이마에 혹이 났는데, 같은 시각에 천지연에 있는 S2는 돌에 부딪치지도 않았는데 동시에 이마에 혹이 났다. 이런 상황은 물론 상식적인 거시적 인과율을 어기는 일이다. 이 결과는 당시로서는 사고실험이었으나 1982년 프랑스의 아스페(Aspect)의 세 번에 걸친 실험에 의해 결정적으로 판명된 실험이었다. 그 결과는 공간적으로 분리된 두 실체가 알지 못할 상관성이 있고 서로간의 작용이 있다는 것을 밝혔다. 더 나아가서 우리 세계는 근본적으로는 관계로 직조된 세계라는 것을 밝혔다. 그럼 융의 동시성 현상은 무엇인가. 소련에서는 다음과 같은 흥미로운 실험을 하였다. 어미 고양이를 바다 깊은 곳의 잠수함에 가두고 지상에서 새끼 고양이를 죽인 일련의 실험이다. 이 실험에서는, 지상에서 새끼 고양이를 죽이는 순간 잠수함의 어미 고양이는 움찔거리면서 매우 놀라는 반응을 보였다고 한다. 이것은 무엇을 말해주는가. 어미 고양이와 새끼 고양이의 관계에 보이지 않는 내재적 상호작용이 일어났다는 것을 증명해 주고 있다. 이러한 작용은 동시성의 부분적인 증명사례이다. 우선 동시성은 동일하지 않은 시간으로 연결된 사건의 동시성과, 동일한 시간으로 연결된 사건의 동시성이 있다. 예를 들자면, 전자는 아버지의 교통사고를 꿈에서 보았는데 '그날 오후' 그 교통사고가 현실에서 일어난 경우이고, 후자는 부산에서 일어난 아버지의 교통사고가 서울에 있는 아들에게 '동시에' 마음에서 스쳐지나간 경우이다. 특히 여기에서 논의하는 동시성은 후자, 즉 동일한 시간으로 연결된 사건의 동시성만을 지칭하려 한다. 지금 이 순간 부산과 서울은 동시적 세계이다. 융의 동시성 이론에 의하면 한 순간에 부산에서 발생된 정보가 동시적인 순간 서울에까지 전달될 수 있음을 밝혀준다. 이러한 측면에서 동시성 현상의 외양은 EPR의 실재관을 근거로 하고 있다. 하지만 더 본질적으로 들어갈 필요가 있다. 만약 부산에서 발생된 정보가 〈동시적 시간〉

험이나 주관적 환상이 아니라 자명한 현실이었던 것이다.

(4) 칼 융이 주는 의미

첫째, 융은 우리의 의식이 우리의 중심이 아님을 말하고 있다. 우리의 의식은 문명화된 의식이다. 의식은 자아의 세계이다. 이 자아라는 것은 자기에서 떨어져 나온 것이다. 그렇기 때문에 자아는 우리의 중심이 아니다. 오히려 자아는 우리의 중심인 자기를 향해 나아가야 하겠다.

우리는 자아의 세계가 전부로만 착각(misapprehension)하며 살아간다. 왜냐하면 우리들은 자기의 세계와 같이 설명되지 않는 세계는 존재하지 않는다고 생각하기 때문이다. 사실 우리 시대에 있어서 의식과 무의식의 해리(dissociation)는 자아의 세계를 전부로 생각하는 데서 비롯되었다. 그래서 우리는 주인의 자리에서 노예(slave)의 자리로 추방당하였다. 우리는 중심을 상실하였다. 현대인의 마음은 에덴동산(Garden of Eden)을 상실한 보헤미안(Bohemian)의 서글픈 운명(destiny)이 맺혀 있다.

융은 희미한 잔영으로만 남아있는 자기의 세계에 대한 탐구를 계속해왔고, 오늘 우

에 서울에까지 전달된다고 말할 수 있을까? 만약 지상에서 발생된 새끼 고양이에 관한 정보가 〈동시적 시간〉에 깊은 잠수함에 있는 어미 고양이에게까지 전달된다고 할 수 있는가? 정각 12:00:00초에 부산에서 아버지가 교통사고가 났을 때, 12:00:01초에 아들이 그 정보를 인식할 수 있다고 가정해 본다면, 이것은 분명히 일상적인 차원을 벗어나는 현상일 수는 있어도, 동시적 세계에 대한 정보소통은 아닌 것이다. 왜냐하면 그 정보소통에 있어서 1초라는 단위는 여전히 매개로서 작동하기 때문이다. 즉 화이트헤드에 있어서, 엄밀하게 말하면, 아들의 인식은 1초 전의 과거의 정보에 대한 인식일 뿐이다. 중요한 것은, 아들의 정보가 1초 전의 과거의 정보에 대한 인식일지라도, 1초 사이에 서울과 부산의 서로 떨어진 존재가 어떠한 의미 있는 감응을 할 수 있음을 밝힌 최초의 이론이라는 점에서 융의 동시성 이론은 의미가 있다. 지금까지의 논의를 정리해보자. 우선 융의 동시성 현상은 결코 현대과학과는 유리된 사각지대의 현상이 아니다. 이럴 때 우리는 동시성 현상의 근거인 실재관으로서 융의 동시적 세계와 EPR 사고실험을 말할 수 있다. 화이트헤드는 관계가 진정한 실재이며 대상은 추상적 구성물에 지나지 않는다고 보기 때문에 EPR 사고실험의 아이디어를 별 무리 없이 수긍할 수 있다고 본다. 그런데 엄격히 비교하자면, 화이트헤드의 실재관과 EPR 사고실험의 실재관은 정면으로 대립될 수밖에 없는 지점이 있다. 동시적 세계는 정보소통이 불가능하다는 입장과 정보소통이 가능하다는 입장이 바로 그 지점이 된다. 이렇게 두 이론 사이의 차이가 있음에도 불구하고, 최종적으로 화이트헤드와 EPR 사고실험은 융의 동시성 이론을 지지하는 실재관으로서 매우 유용하다고 할 수 있다: A. N. Whitehead, Process and Reality (New York: The Free press, 1978), pp. 125, 168, 320. 최종덕(1995), 현대 자연철학의 이해, 서울: 소나무, 1995년, pp. 139~206.

리에게 그 세계는 엄연히 존재한다는 사실을 건네주고 있다. 태초로부터 지금까지 우리 내면 가장 깊은 곳에 고여 있는 자기의 세계는 너와 내가 서로 넘나드는 화해의 세계이고 통합(integration)의 세계이다.

그 세계는 보다 보편적이며 진실한 세계이고 영원한 세계이다. 오히려 그곳은 그늘에 가려진 세계가 아니라 빛의 세계이다. 그리고 중심의 세계이다. 그렇다면 꿈을 통하여, 신화(mythological story)를 통하여, 상징(symbol)을 통하여 자기의 세계에서 자아의 세계를 향해 건네주는 메시지(message)에 우리는 귀를 모아야 하겠다. 왜냐하면 의식의 치명적인 손실(damage)은 꿈에 의해 보완되고 있기 때문이다. 우리는 무엇보다도 저 깊은 내면의 무의식을 향해 마음을 열어야 하겠다.

둘째, 우리의 세계는 설명 가능한 세계만이 전부가 아님을 말하고 있다. 특히 자아의 세계 안에서의 '이성'이라는 것은 지극히 불완전하기 때문에, 우리의 이성으로는 마음의 전체성(全體性, 하나의 전체로서 고찰되는 사물에 특유한 것이라고 생각되는 법칙성(法則性)이나 목적성)을 결코 파악할 수 없다.[14]

융은 다음과 같이 말한다. '비판적 이성이 지배하면 할수록 인생은 그만큼 빈곤해진다. 그러나 무의식과 신화를 우리가 의식하면 의식할수록 우리는 더 많은 삶을 통합할 수 있다.'[15]

의식을 넘어선 세계에 대한 겸허함을 상실한 채, 이성의 왕국으로만 전진하려는 현대문명의 기나긴 행렬은 사실 막대한 손실을 지불하고 있는 것인지도 모른다.

현대문명은 합리성에 의하여 바벨탑(Babel塔)을 축조하였다. 완고한 탑의 벽돌 하나하나에 깃들어 있는 합리성의 질료는 비합리성을 신화로 매도하였다. 왜냐하면 바벨탑의 세계에서는, '설명되지 않는 것은 존재하지 않는다'고 선포하기 때문이다. 결국 우리의 시대는 비합리성이 사멸한 시대이다. 그렇다면 비합리성은 존재하지 않는가. 단지 이성의 등불이 건져내지 못하는 심연(deep swamp)의 세계를 존재하지 않는다고 당당하게 선포할 수 있는가.

우리는 여기에서 바벨탑(Babel塔)[16]이 감내해야 할 불길한 징후(symptom)를 예감

---

14) C. G. Jung, The Psychology of the Unconscious, The Collected Works, vol. 7, p. 117.
15) 회상, 꿈, 그리고 사상, p. 344.
16) Babel塔:

　① 구약 성서 창세기에 나오는 탑(노아 Noah의 자손들이 하늘에 닿는 탑을 쌓기 시작하였으

하지 않을 수 없다. 만약 심연의 세계가 존재하지 않는다고 한다면 마치 빛이 소멸하고 어둠에 깃든 저 밤하늘에는 단지 우리 눈에 보이는 저 별만 존재한다고 말해야 하기 때문이다.

심연은 존재를 망각케 한다. 하지만 존재는 심연에 앞선다. 오히려 존재는 어둠을 품고, 심연(deep swamp)과 어둠에서 있는 존재는 비록 설명되지 않을지언정, 자명한 존재인 것이다.[17]

사실 '비합리적인 것'은 모르는 것이나 인식되지 않는 것을 의미하지는 않는다. 만약 그렇다고 한다면 그것은 우리와 전혀 상관이 없다. 심지어 우리는 그것에 관하여 '비합리적인 것'이라고 조차도 이름붙일 수 없을 것이다.[18] 이름은 존재(existence)의 징표이기 때문이다. 실로 융의 동시성(同時性, 시간적 간격을 초월하여 종교적 실존이나 순환하는 문화 현상이 영원한 곳에서 되풀이되거나 대면하는 일. 키르케고르의 기독교 사상에 있어서 가장 중요한 개념의 하나로, 그리스도와 기독교 신자가 역사의 시간을 넘어서 동시에 결부되는 것과 같은 현상을 이른다) 이론(theory)이나 죽은 자와의 대화는 우리의 이성이 얼마나 빈약한 기능인가를 예증해 준다. 오히려 눈에 보이지는 않고 설명되지는 않는 세계가 우리 가까이에 있고, 그리고 그 세계가 우리를 인도한다고 융은 말한다.

셋째, 융은 우리 각자의 生이 매우 소중하다는 점을 강조한다. 모든 인간 심성의 뿌리에는 저 깊은 무의식의 세계, 전체의 세계와 닿아 있다. 그렇다면 각자의 生은 결코 가볍거나 보잘 것 없는 生이 아니다. 오히려 우리의 生은 우주(universe)를 닮아 있다. 영원의 세계인 무의식의 현현이 각자의 生인 것이다. 플레로마의 세계에서 클레아투라의 세계로 뛰어든 최초의 사건이 生이다.[19]

나 하느님이 노하여 그들의 언어에 혼동을 일으키게 하니 공사를 끝내지 못했다 함).
② 실현 가능성이 없는 가공적 계획을 비유적으로 일컫는 말.

[17] Rudolf Otto, Das Heilige (Muenchen: Verlag C. M. Beck'sche Reihe, 1987), p. 163.

[18] Ibid., p. 164.

[19] 융은 우주의 대극쌍으로서 '플레로마'와 '클레아투라'를 말한다. 융에게 있어서 플레로마는 원형의 세계이고 자기(Self)의 세계이고 영원의 세계이고 무(無)의 세계이다. 플레로마는 이 세계의 근원이자 뿌리이다. 그리고 플레로마와 대극의 자리에는 크레아투라가 놓여있다. 크레아투라는 자아(自我)의 세계이고 의식의 세계이다. 융은 의식의 기원을 이해하고자 하는 지칠 줄 모르는 충동에서 시작되었다고 말한다. 이해는 지(知)이고 그것은 분별(分別)을 통해서 가능한 것이다. 무의 세계인 플레로마의 세계에서 분별의 세계인 클레아투라로 나아가려는 것, 그것

우리의 生은 불멸의 무한한 세계가 유한한 세계 속으로 뛰어든 사건이다. 더 나아가 우리의 生은 끊임없는 성숙을 지향하는 존재이다. 그 지향이 바로 '개성화(individuation)'인 것이다.[20)]

우리는 융을 통하여 살아있음(生)이 결코 예사스럽지 않음을 발견한다. 이제 생은 환희이고 생명은 경이로움이다. 하늘을 향해 날개를 펄럭거리며 비상하는 새를 보자. 새는 날기 위하여 얼마나 지난한 시간 동안 새가 되려는 꿈을 꾸었을까. 인간은 인간이 되고 싶어서 얼마나 긴 계절(season)을 인간의 꿈을 꾸었을까. 인간은 백 년의 삶을 만나기 위하여 백만 년 동안, 그 한순간만을 꿈꾸어 온 존재(existence)이다. 백만 년 겨울잠의 기나긴 제의를 통하여 우리의 삶은 주어진 것이다. 우리 삶의 밑 둥에는 백만 년의 지난한 세월을 견뎌온 뿌리가 있다. 그러기에 우리는 지금 단지 백 년을 사는 삶이 아니다. 우리는 백만 년을 몸으로 살아가는 푸른 생명나무이다. 그 생명나무가 가장 찬연한 열매(fruit)를 맺는 그 순간, 그 절묘한 순간이 바로 지금의 生이다. 그러기에 生은 저 영원의 빛의 드러남이다. 또한 지금의 生은 자신의 고유한 모습을 구현(individuation)하기 위하여 끊임없이 어디론가 나아간다.

마지막으로, 꿈은 인류를 구원하는 유일한 길임을 우리에게 예언한다. 꿈이란 자기와 자아가 체험하는 두 지대의 합이다. 그렇기 때문에 꿈은 삶을 회복할 수 있게 해 주는 중심의 소리이다. 꿈은 삶의 해리를 통합한다. 도스토예프스키가 '아름다움이

은 플레로마 자신이 자신을 밝히 드러내어 보이려는 강렬한 의지이고 신념이다. 그런데 플레로마와 클레아투라의 긴장적 대극적 운동은 플레로마의 세계인 무로 와해되는 것, 그리고 클레아투라의 세계인 끊임없는 분열상으로 와해되는 것을 동시에 지양한다. 클레아투라를 통하여 플레로마가 승화되어 드러나는 과정, 혹은 플레로마의 중심인 자기로 향해가는 과정이 개성화(個性化)이다. 이 개성화의 과정은 자기실현이다. 하지만 이 과정은 결코 평탄한 길이 아니다. 깨달음이란 고통스러운 것이며 고통을 거치지 않은 깨달음이란 또한 없기 때문이다. 또한 플레로마의 무로 와해되지 않고 클레아투라의 구별로 와해되지 않는 고양과 상승의 과정으로서의 개성화는, 결국, 세계를 배제하지 않고 수용한다; 회상, 꿈, 그리고 사상, pp. 365, 466. C. G. Jung(이부영 역, 1993), 현대의 신화(서울: 삼성출판사), p. 21 참조.

20) 우리는 개성화(individuation)와 개인주의(Individualism)를 명료하게 구분하지 못한다. 하지만 융에게 있어서 개성화는 개인주의와는 분명 다르다. 개인주의는 한 개인에게 부과된 고유한 기질의 단층이다. 또한 개인주의의 기질은 한 개인의 사회적 실현을 간과하거나 혹은 억압한다. 하지만 개성화는 인간의 전체적인 모습을 온전히 실현하는 과정이다. 그렇기 때문에 한 개인의 특성에 대한 깊은 사려는 더욱 성숙한 사회적 실현을 추구하게 하는 바탕이 된다: C. G. Jung, The Relations between the Ego and the Unconscious, The Collected Works, vol. 7, p. 171.

이 세상을 구원하리라'고 고백하였다면, 융은 '꿈이 이 세상을 구원하리라'고 지금 우리에게 고백하는 것이다. 왜냐하면 구원은 꿈을 타고 우리에게 건너오기 때문이다.

우리가 처음 서늘하게 만났던 융에 대한 감정은 이제는 따스한 할아버지로, 예리한 관조의 시선을 통하여 우리의 상한 영혼(spirit)을 치유해 주는 영혼의 의사로, 오늘의 가난한 마음과 가난한 문명에 한 줄기 빛을 선사하는 천상의 헤르메스(Hermes, 그리스 신화에 나오는 신(神). 신들의 사자(使者)이며 목부(牧夫), 나그네, 상인, 도둑의 수호신으로, 날개 달린 모자와 신을 신고 뱀을 감은 단장을 짚으며 죽은 사람의 망령을 저승으로 인도한다고 한다. 로마 신화의 메르쿠리우스(Mercurius, 로마 신화에 나오는 상업의 신. 그리스 신화의 헤르메스에 해당하며, 전대(錢帶)를 가지고 있는 모습으로 표현된다)에 해당한다)로 새롭게 다가오고 있다.

> 꿈은 마음의 가장 깊고, 가장 은밀한 곳에 숨어 있는 작은 문(門)이며 그 문은 저 우주의 태고적 밤을 향하여 연다. 그것은 아직 자아의식이 없던 시기의 마음이었고 자아의식이 일찍이 도달할 만한 곳을 훨씬 넘어서 있는 마음이 될 태초(beginning of the world)의 밤이다.
>
> – 칼 구스타프 융(Carl Gustav Jung, 1875~1961) –

2) 정신의 구조

Jung은 전체적 성격을 정신으로 보았다. 인간이 전체적 성격을 갖고 태어났으며, 일생을 통해 이러한 타고난 전체성을 분화하고 통합해 간다고 보았다. 전체적 성격인 정신의 수준을 크게 의식(conscious)과 무의식(unconscious)으로 구분하였다. 더 나아가 무의식을 개인무의식(personal unconscious)과 집단무의식(collective unconscious)으로 세분화한 후 집단무의식을 중심으로 그의 분석심리학을 발전시켰다.

(1) 의식(conscious)

우리가 직접 알고 있는 정신의 부분이 의식이다. 의식은 자아에 의해 지배된다. 자아는 비록 정신 전체 속에서는 작은 부분을 차지하고 있지만 의식에 이르는 문지기라는 중요한 역할을 하고 있다. 인간은 자아를 통해 자신을 외부에 표현하고 외부 현실을 인식(perceiving)한다. 의식과 관련하여 중요한 내용인 태도(attitude)의식 기능(function)을 이해하는 것이 필요하다.

① 태도는 의식의 주인인 자아가 갖는 정신적 에너지의 방향이다. 즉 자아가 외부 대상에 지향하는 방향이 수동적 혹은 능동적인가에 따라 성격태도가 결정된다. 능동적인 태도를 외향성(extraversion)이라고 한다. 외향성은 의식을 외적 세계 및 타인에게 향하게 하는 성격태도이다. 내향성(introversion)은 의식을 자신의 내적 주관적 세계로 향하게 하는 성격태도이다. Jung은 우리 모두가 이러한 두 가지 성격태도를 모두 가지고 있으며, 둘 중 어느 태도가 지배적이냐에 따라 태도가 결정된다고 보았다.

② 의식의 기능은 주관적 세계와 외부세계를 지각하고 이해하는 서로 다른 방식을 의미한다. Jung이 제안한 정신적 기능의 구성요소는 사고(thinking), 감정(feeling), 감각(sensing), 직관(intuition)이다.[21] 이러한 구성요소는 그가 제안한 정신의 반대의 원리에 따라 합리적 차원(사고-감정)과 비합리적 차원(감각-직관)으로 구분된다. 이러한 기능 중 어느 것을 우선적으로 사용하는가에 따라 기본적인 성격이 달라진다고 하였다. Jung은 심리적 태도와 기능을 조합하여 여덟 가지 심리적 유형[22]인 외향적 사고형, 외향적 감정형, 외향적 감각형, 외향적 직관형, 내향적 사고형, 내향적 감정형, 내향적 감각형, 내향적 직관형이 결정된다고 보았다. 인간의 타고난 성격유형을 검사하는데 현재 많이 쓰이는 MBTI(myers-briggs-type indicator)는 이러한 Jung의 이론에 기초하고 있다.

MBTI는 Jung의 이론에 바탕을 둔 성격유형 검사로서 네 가지 차원을 조합한 것이다. 이러한 네 가지 차원은 다음과 같다.

① 자아와 대상(object)과 관계에서 자아가 주체가 되어 반응하는 외향성과 외부 자극이 왔을 때만 반응을 나타내는 내향성(내-외향성).

② 자아와 관련된 정신적 기능에서 합리적 차원인 사고-감정이다.

③ 자아와 관련된 비합리적 차원의 직관-감각이다.

④ 감각과 직관을 통한 인식과 사고와 감정을 통한 판단으로 이루어진 인식-판단(perceiving-judging) 차원이다.

---

21) 임상곤(2002). 심리학의 이해, 서울 백산출판사. p. 16.
22) (2002), 심리학의 이해, 서울 백산출판사, pp. 130~135.

(2) 무의식의 구성

Jung은 무의식(unconscious)이 개인무의식(personal unconscious)과 집단무의식(collective unconscious)이라는 두 층으로 구성되어 있다고 보았다. Jung은 무의식의 세계는 상징을 통해서만 접근할 수 있다고 생각했다. Jung은 무의식의 창조성을 절대적으로 신봉하였으므로, 그의 무의식은 Freud식의 위험한 무의식 개념(concept)과 구별된다.

자기보다 상층부에 있는 것이 개인무의식이다. 자아에 의해 인정받지 못한 체험이라고 해서 정신에서 소멸되지는 않는다. Jung은 이 체험들이 개인무의식에 저장된다고 보았다. 개인무의식(personal unconscious)은 살면서 의식이 억압하고 망각한 모든 성향과 감정을 포함한다. 그림자의 대부분은 개인무의식이며, anima와 animus도 부분적으로는 개인무의식이다.

개인무의식 중 일부는 Freud의 억압된 무의식과 거의 같아서 자아와 초자아에 의해 용납될 수 없는 고통스러운 경험과 심한 불안으로 인한 환상, 감정, 사고가 자아에 의해 억압, 억제, 격리(isolation), 부정(injustice), 망각되어 인식되지 못한 것이다.

그러나 어떤 개인무의식의 내용은 필요할 때 쉽게 의식에 접근할 수 있다. 즉 자아에 의미 있는 인상을 주지 못한 경험은 Freud의 전의식[23]처럼 쉽게 의식에 도달할 수 있다.

개인무의식에는 하나의 공통된 주제와 관련된 정서, 기억, 사고가 집합을 이루는 경우가 있는데, 이것이 complex이다.

Complex는 무의식이므로 자아는 complex의 지배를 받고 있는지를 깨닫지 못한다. 자아의 저항이 complex와 관련되어 신경증을 일으키는 정서나 원형을 의식하지 못하게 하므로 complex는 자율적이다. Complex는 부정적 요소와 긍정적 요소를 가지므로 성장을 방해 또는 촉진한다.

Complex에 구조적으로 관련되어 작용을 한다. 예를 들면 모성 complex는 자녀 complex, 부성 complex와 상호작용을 한다. Complex는 통합적 자아로부터 독립적으로 분리되어 있으므로 유해할 수 있다. Jung이 관찰한 complex의 대부분은 환자의 complex[24]이었다. 후에 Jung은 complex가 반드시 작용을 방해하지만은 않는다는 것

---

23) 前意識: 의식이나 기억에 나타나는 억압된 잠재의식.
24) 심리치료 과정에서 이 complex를 의식하게 될 경우 환자는 complex에서 벗어나게 된다.

을 깨달았는데 complex가 뛰어난 업적을 이루는 데 꼭 필요한 영감(inspiration)과 충
동의 근원이 될 수 있음을 발견한 것이다.

Freud의 영향을 받은 Jung은 처음에는 complex가 아동기 초기의 외상(trauma) 경험
에서 비롯된다고 믿었으나 Freud의 영향에서 벗어난 후에는 아동기 초기의 체험보다
더 심오한 것으로부터 생기는 것임을 깨닫기 시작했다.

그 결과 complex는 종의 진화사에서 겪은 어떤 경험, 즉 유전(genetic)이라는 기제
를 통해 한 세대에서 다음 세대로 계승되는 경험이라고 간주되었는데 이것이 정신의
또 다른 수준인 집단무의식이다. 집단무의식의 구조적 요소는 인간의 근원적 행동조
건인 원형이다. 원형들(archetypes)은 집단무의식(collective unconscious) 속에서 별개
의 구조를 이루고 있지만 서로 결합하기도 한다. 예를 들면 영웅의 원형이 악마의
원형과 결합하면 무자비한 지도자 유형의 성격이 나온다. 따라서 모든 원형이 갖가지
로 결합되어서 작용하는 점이 개인마다 성격이 다르게 되는 한 요인이 된다.

Jung은 무의식(unconsciousness)으로부터 나오는 원형적 활동을 작동시키고 상징적
으로 구조화하는 데 있어 문화의 역할을 강조하였다. 그러므로 동일한 환경(environ-
ment)에서의 경험이 상이한 원형적 반응을 일으킬 수도 있고, 다양한 환경적 요인들
이 동일하거나 유사한 원형적 반응을 일으킬 수도 있다는 것이다.

(3) 개인무의식(personal unconscious)

Personal unconscious는 모든 정신적 행동 그리고 의식적 개별화와 기능(conscious
individuation function)과 일치하지 않은 내용을 포함하는 저장소이다. 또는 괴롭히는
생각, 해결되지 않은 문제, 개인적 갈등 그리고 도덕적 문제 등과 같이 여러 가지 이
유로 억압되어져 왔거나 무시되어져 온 의식적 경험들이라고 할 수 있다. 개인무의식
은 경험되어질 당시 중요하지 않아 보이거나 부적합하기 때문에 쉽게 잊혀질 수도
있다.

의식에 도달하기에는 너무 약하거나 의식 속에 남아 있기에 너무 약한 모든 경험
들은 개인적 무의식 속에 축적되어진다고 보면 된다.

개인무의식의 내용은 이것들을 위한 욕구가 일어났을 때 보통은 쉽게 의식 속으로
접근되어진다(개인적 무의식은 꿈의 생산(production of dreams)에의 중요한 역할을
하게 된다).

(4) 집단무의식(collective unconscious)

집단무의식은 Jung의 독창적인 개념으로서 분석심리학의 이론 체계에서 가장 핵심적인 개념으로 볼 수 있다. 집단무의식은 개인적 경험이 아니라 사람들이 역사와 문화를 통해 공유해온 모든 정신의 심층에 존재한다고 보았다.

Jung은 집단무의식을 인간의 정신적 소인이 유전된 것으로 생각하였다. 따라서 집단무의식은 인류역사를 통해 선조로부터 물려받은 우리의 행동에 영향을 주는 정신적 소인인 수없이 많은 원형(archetypes)으로 구성되어 있다. 집단무의식(collectiveunconscious)은 직접적으로 의식화되지는 않지만 인류역사의 산물인 신화(myth), 민속(folk), 예술 등이 지니고 있는 영원한 주제의 현시(revelation)를 통해 간접적으로 관찰될 수 있다.

(5) 원형(archetypes)

집단무의식을 구성하고 있는 인류 역사를 통해 물려받은 정신적 소인이 archetypes이다. 이 원형 형태(form)를 가진 이미지 혹은 심상이지 내용(content)은 아니다. 상징은 원형의 내용이며 원형의 외적 표현이다. 원형은 꿈, 신화, 동화, 예술 등에서 나타나는 상징(symbol)을 통해서만 표현된다. 원형은 인간이 갖는 보편적, 집단적, 선험적인 심상(mental image)들로 Jung의 분석심리학(analytic psychology)에서 성격의 주요한 구성요소이다. 지적한 것처럼 원형의 수는 무수히 많다.

① Persona[25]

페르소나는 자아의 가면(mask)으로 개인이 외부세계에 내보이는 이미지(image), 즉 개인이 사회적 요구에 대한 반응으로 내보이는 사회적 모습이다. 사회의 기대치에 부응하는 개인의 역할을 말한다. 그러므로 페르소나는 때로 음영(shadow)에 대비되기도 하고 때로는 애니마(anima)와 애니무스(animus)에 대비되기도 한다. 사회에 적응하기 위해서는 어느 정도 페르소나가 발달하는 것이 필요하다.

페르소나에 의해 싫은 사람까지도 포용하면서 다른 사람들과 잘 융화할 수 있으므로 personality에 persona는 유익할 수 있다. 그러나 개인이 사회적 역할에 지나치게 사로잡혀 자아가 오직 이 사회적 역할만 동일시하기 시작하면 성격의 다른 측면들이

---

25) 임상곤(2002), 심리학의 이해, 학지사, pp. 33~48.

발달하지 못한다. 즉 persona와 지나치게 동일시되면 표리부동한 이중적인 성격으로 사회적 적응(adaptation)에 곤란을 겪게 된다.

② Anima와 Animus

Jung은 인간이 태어날 때 본질적으로 양성을 가지고 태어났다는 양성론적 입장을 취했다. 이러한 입장을 반영한 개념이 anima와 animus이다. 즉 남성의 내부에 있는 여성성을 anima라고 하고, 여성 내부에 있는 남성성을 animus라고 한다. 남성성의 속성은 이성(logos)이고 여성성의 속성은 사랑(eros)이다. 인간은 누구나 양성을 갖고 태어났기 때문에 이성과 사랑을 겸비하고 있다고 볼 수 있다. 따라서 성숙된 인간이 되기 위해서 남자는 내부에 잠재해 있는 여성성, 즉 사랑을 이해하고 개발해야 하며 여자는 내부에 있는 남성성, 즉 이성을 이해하고 개발하는 것이 필요하다. 즉 현명한 여자가 되기 위해서는 사랑뿐만 아니라 이성을 갖추는 게 요구된다.

③ 그림자(shadow)

Shadow란 의식의 이면으로써 무시되고 도외시되는 마음의 측면이다. 그림자는 인간의 동물적 본성을 크게 포함하고 있어 용납하기 어려운 특질과 감정으로 구성되어 있다. 인간이 사회생활을 무리 없이 하기 위해서는 그림자에 포함되어 있는 동물적 본성을 자제해야 하므로 persona를 발달시키게 된다. 그러나 그림자는 동물적 본능의 근원일 뿐 아니라 자발성(spontaneity), 창의력, 통찰력(penetration) 등 완전한 인간성에 필수적인 요소의 원천이기도 하다. 따라서 그림자를 완전히 억압하면 창조성과 생명력 같은 본성을 희생시키는 대가를 치르게 된다. 반면 자아와 그림자가 조화(harmony)를 이루면 그 사람은 생기와 활력이 넘치게 된다.

그림자는 긍정적인 자기상과 반대되기 때문에 대부분의 경우 부정적이다. 그러나 의식적인 자기상이 부정적이라면 무의식적인 그림자는 긍정적 모습이 된다. 그림자에 대한 통찰(discernment)은 자기자각과 성격 통합의 첫걸음이 된다. 그러나 그림자를 인식하기는 어려운데 그 이유는 주로 그것이 투사와 관련되기 때문이다. Jung는 인간 사이에 일어나는 모든 갈등은 음영투사로 인해 생긴다고 보았다. 즉, 자신의 일부임에도 외면하게 되는 그림자는 상대방에게 있을 때 질투(jealousy)를 하거나 적개심을 느낀다는 것이다.[26]

④ 자아

자아는 의식되는 정신이다. 그것은 우리가 의식하는 모든 감정(feeling), 사고(thinking), 기억(memory), 지각(perception) 등으로 구성되어 있다. 그것은 '나' 감정을 대표하며 나날을 무난히 보낼 수 있게 해 준다. 이것은 Freud가 의미하는 자아의 개념과 일치한다고 보면 된다.

자아는 의식의 개성화(individuation) 과정에서 생기는 것으로 보았다. 개성화란 개인의 의식이 다른 사람으로부터 분리되는 과정(process)을 말한다.

⑤ 정신(psyche)

융은 personality 전체를 정신이라 칭하였으며, 정신을 생리적 충동(instigation)에 예속되지 않은 독자적 실체로 보았다. 즉, 인간이 personality의 전체성을 가지고 태어나는 것으로 간주했다. 여기서 정신은 의식적, 무의식적인 모든 생각, 감정, 행동을 포함한다. 정신적 에너지(energy)는 인간 정신에 깊이 근원하는 모든 상이한 충동을 만족시키는 많은 형태를 가진다고 가정되었다. 예를 들면 예술의 목적은 사회적, 종교적 목적을 충족시킬 뿐만 아니라 권력, 성적 충족, 상징적 죽음과 부활, 파괴적-공격적 충동(substance)의 방출 또는 창조력이라고 보았다.

⑥ 리비도(libido)

융은 Freud의 리비도 개념을 넓혀서 리비도가 생물학적, 성적(sexual), 사회적, 문화적, 창조적인 모든 형태의 활동에 에너지를 제공하는 전반적인 생명력을 의미한다고 보았다. 다시 말해 융의 리비도는 영적(spiritual)인 특질(characteristic)을 가진 창조적 생명력(life force)으로 개념화되었다.

⑦ 콤플렉스

융의 Complex이론은 특수한 종류의 감정으로 이루어진 무의식 속의 관념으로 보았다. 콤플렉스의 내용은 완전히 무의식일 수도 있고 어떤 때에는 의식하다가 다시 의식하지 못하게 되는 상대적 무의식일 수도 있다. 콤플렉스의 존재(existence)는 언어연상실험(verbalassociation experimentation)을 통해 발견되었다. 융은 일련의 단어

---

26) 노안영, 강영신(2005), 성격심리학, 학지사, p. 121.

들을 한 번에 하나씩 읽고 피실험자에게 마음에 떠오른 단어를 대답하도록 했을 때 가끔 피실험자가 반응하는데 시간차가 있음을 주목했다.

즉, 반응을 지연시킨 단어들 간에 연관이 있기 때문에 무의식 속에 사고, 감정, 기억의 연합체인 complex가 있다고 생각한 것이다. Complex에 관한 융의 연구결과는 complex가 personality 속의 별개의 작은 personality임을 암시하였다. Complex는 자립적이며 그 자체의 추진력을 갖고 사고와 행동을 강력하게 지배할 수 있다.

(6) 성격발달

Jung에 있어 성격발달은 자기를 실현하는 과정(process)이다. 타고난 인간의 잠재력인 자기를 실현하기 위해 인생 전반기에는 자기(self)의 방향이 외부로 지향되어 분화된 자아(ego)를 통해 현실 속에서 자기를 찾으려고 노력을 한다. 이러한 점에서 인생의 전반기에는 보다 활동적이고 환경과 상호작용(interaction)이 왕성해진다. 그러나 대략 40세인 중반기를 전환점으로 인생 후반기에는 자기의 방향이 내부로 지향되어 자아는 다시 자기에 통합되면서 성격발달이 이루어진다.

Jung은 이렇게 분화(differentiation)와 통합을 통해 자기가 발달하는 과정을 개성화(individuation)라고 하였다. 그리고 변화가 일어나는 과정을 네 단계로 구분하고 그 성격의 발달을 다음과 같이 설명을 하였다.

① 아동기

이 단계는 출생에서부터 사춘기(adolescence)까지이다. 출생 후 몇 년 동안은 정신이 완전히 본능(instinct)에 의해 지배되므로, 이 시기 동안 아동은 전적으로 부모에게 의존한다. 의식적 자아가 발달하기 전이므로, 지각된 것은 조직화되지 못하며 의식적 기억도 쓸모가 없다. 생활 속 질서의 대부분을 부모가 결정한다. 유아의 행동은 본능에 의해 지배되므로 심리적 문제는 있을 수 없고, 사실상 있지도 않다.

심리적 문제란 의식에 자아가 존재해야 생기는 것인데 이 시기는 자아가 아직 형성되지 않았기 때문이다. 따라서 의식의 연속성(continuity)도 자아정체감의 감각도 없다. 아동기(사람의 개체 발달의 한 시기로서 6~7세에서 12~13세까지의 시기) 후반에 가서 기억이 지속되면서 또 자아정체감의 감각과 관련된 지각이 축적되면서 자아가 형성된다.

② 청소년기와 성인기

사춘기에 일어나는 생리적 변화로 시작되어 35~40세 사이에 끝난다. Jung은 청소년기를 정신적 탄생(psychic birth)이라 칭했다. 정신적 탄생과 부모로부터 자아의 의식적 분리는 청소년기(adolescence)에 일어난다. 생리적 변화가 이러한 정신적 혁명을 수반한다. 청소년기에는 부모도 본인도 어려운 시기라고 보아야 할 것이다. 바로이 시기에 현실의 모순되는 현상에 집착하면 많은 문제에 봉착하게 된다.

성인기에는 외관적으로 팽창하는 시기이며, 성숙의 힘에 이끌려 자아가 발달하고 외부세계에 대처하는 능력이 발달한다.

따라서 경력을 쌓고 가정을 이루며, 사회적 성공을 얻기 위해 노력하는 시기인 것이다. 활력은 외부로 향하고 외향적(extroverted) 태도를 취하기 쉽다. 즉 남녀의 특성을 가진 원리를 발달시킨다고 보아야 한다.

③ 중년기

35~40세 전후를 통해 정신적 변화가 오게 되며, 외향적 목표와 야망(ambition)은 중년이 되면 그 의미를 잃기 쉽다. Jung은 그러한 변화가 일어나는 것은 사회가 보상한 성취(achievement)가 성격의 어떤 측면들을 희생시킨 대가로 얻어진 것이기 때문이라고 보았다. 그러나 중년기 위기(crisis)에서 정신은 인간으로 하여금 내면으로 시선을 돌려 생의 의미를 음미하도록 촉구하여 위기에서 벗어날 출구를 제시해 주는데, 무의식이 정신의 균형(balance)과 조화를 위해 억압된 측면을 인식할 것을 요구한다.

중년기의 변화는 처음부터 의식되는 현저한 변화가 아니며 오히려 무의식에서 야기되는 것 같은 간접적인 변화이다. 성격의 변화 같은 것이기도 하고 어떤 사람에게는 아동기에 사라졌던 특질들을 나타내는 것이기도 하다. 중년기에는 청소년기나 성인기의 가치와 목표에 여전히 매달려 있으면 더는 발달하지 못한다. 그 가치들은 이미 의미를 상실했으므로 새로 그 의미를 찾아야 하는데 그러지 못하면 절망에 빠지게 되는 것으로 볼 수 있을 것이다.

④ 노년기

내적 과정에 있어서 청소년기(adolescence)에는 자기 자신에게 지나치게 몰두하는 것이 좋지 않으나 노인에게는 자신에 대해 진지한 관심을 가지는 것이 의무이고 필수이다. 나이든 사람에게도 미래를 향한 목표는 필요하며 죽음의 불가피성은 어느 정도 죽음 자체가 하나의 목표로 간주되어야 함을 시사한다. 죽음에서 인간이 추구할 수 있는 목표를 발견하는 것이 건전하며, 죽음을 회피하는 것은 인생 후반부의 목적을 빼앗는 것으로 불건전(unwholesomeness)하고 비정상적(anything unusual)이라는 의미 이다.

Jung의 관점에서 죽은 사람의 영혼(spirit)은 죽어서 새가 된 사람에게서 새의 의미에 대한 진리를 깨닫기 위해 넋을 잃고 귀 기울이는 청중과 같다. Jung의 관점에서는 사후의 삶도 인생의 연속인 것이다. 따라서 죽은 사람도 노인처럼 존재의 의문에 대해 계속 씨름하고 있다고 가정된다.

(7) Jung, 성격이론의 적용

Jung은 신경증이란 자기실현을 향한 개인의 성장이 멈춘 심각한 질환이라고 믿었다. Jung은 중년의 문제를 다루는데 많은 노력을 기울였다. 때문에 Jung의 분석적 치료가 '생애 후반기 심리학'으로 하기도 했다. Jung은 자신의 치료과정을 고백(confession), 명료화(clarification), 교육(education) 그리고 변형(transformation)의 단계로 구분을 하였다. 이러한 네 단계를 구체적으로 보면 아래와 같다.

① **고백단계**: 이 단계는 치유 과정의 필수적인 단계이다. 자신의 제한점을 다른 사람과 나누는 단계이면서 모든 사람이 약점(weak)을 가지고 있다는 점에서 인류와의 유대감을 자각할 수 있게 된다. 카타르시스(catharsis) 과정을 통해 치료자(healer)에 대한 신뢰가 형성되기도 한다(일종의 전이 형태).

② **명료화 단계**: 전이를 이해하는 과정에서 내담자는 치료자가 명료화하는 무의식적인 내용을 표면(surface)으로 이끌어낼 수 있게 된다. 이 과정이 명료화 단계이다. 이 단계에서는 문제의 원인에 대해서 알게 된다.

③ **교육단계**: 이 단계에서는 사회적 환경(environment)에 적응하기 위해 자신의 성격에 대한 통찰을 한다.

④ **변형단계**: 내담자와 치료자 간의 역동(dynamic)적인 상호작용을 통해 단순히 사회에 대한 적응을 넘어서 자기실현에로의 변화가 형성된다.

3. Erik H. Erikson의 심리사회적 성격이론

Erik H. Erikson(1902~1994, 독일 프랑크푸르트에서 출생, 미국에서 왕성한 연구 활동을 한 후 사망)은, 인간은 일생 동안 여러 단계의 심리사회적 위기(crisis)를 경험하게 되는데, 그 위기의 결과로 인해 성격이 발달한다고 보았다. 다시 말해서 Erikson의 이론은 사회가 개인에게 미치는 영향과 개인이 개인적, 사회적 위기를 극복하면서 '나는 누구인가', '내가 무엇을 해야 하는가'에 대한 답을 발견하는 과정에 초점(focus)을 두고 있다. 따라서 그의 이론은 개인적 기능의 중추적 요소로서 자아기능을 강조하여 자아를 성격을 통합시키는 구조로 강조했고, 자아력을 다양한 심리기능의 차원을 결속시키는 접착제로 보았다. 이와 같이 Erikson의 이론은 Freud와 달리 무의식에는 거의 관심이 없었다.

Erikson은 스스로 정신분석적(psychoanalytic) 사고의 주류라고 주장하지만 심리사회적(psychosocial) 성격이론은 세 가지 측면에서 근본적으로 Freud의 정신분석적 성격이론과 구별이 된다.

첫째, 인간의 행동과 기능의 기초로 원초아보다 자아를 강조하였다. 자아를 성격의 자율적 구조로 간주한 것이다.

둘째, 가족상황 속에서 개인과 그 부모(parents)의 관계뿐 아니라 그 가족이 위치한 역사적, 문화적 상황 속의 사회적 관계에 관심을 가졌다. 즉, 자아가 형성되는 심리발달적 환경을 중요하게 여겨 자아발달(ego development)이 사회제도와 변화하는 가치체계(value system)에 밀접하게 연관되어 있음을 강조하였다.

셋째, 삶의 심리사회적 위험을 극복할 수 있는 인간능력에 관심을 기울였다. Erikson은 모든 개인적, 사회적 위기가 성장으로 이끄는 요소를 제공한다고 보았다. 위기(crisis)가 새로운 경험을 할 기회를 제공하고, 자신과 세상에 대한 관점의 변화를 요구하기 때문이다.

Erikson의 심리사회적 이론(psychosocial theory)에 의해 제창된 인간의 자아기능에 관한 견해는 사회복지실천 방법론에 중요한 영향을 미쳤다고 평가되고 있다. 개인의 자아를 강화하고 클라이언트(client)를 둘러싼 환경적 조건을 향상시킴으로써 문제해결이 가능하다는 관점은 아직도 사회복지전문직의 핵심적 시각이다. 그의 성격발달에 대한 접근방법은 사회복지실천 철학과 가치에 일치되며, 사회제도가 어떻게 인간발달을 촉진하는지에 대한 사회복지계의 이해에 도움이 되었다.

특히 1940년대에 사회복지실천이 단선적인 '의료모델'로부터 변화를 시도할 때 Erikson의 이론은 사회복지실천의 심리사회적 접근방법의 지식기반을 제공한 것으로 평가되고 있다.

1) Erikson의 주요 개념

(1) 자아

Freud는 자아가 원초아와 초자아의 세력 중간에 있다고 보았으나 Erikson은 이 두 세력을 어느 정도 무시하고 자아가 자율적인 기능을 하는 것으로 간주하였다. 이 차이는 성격이 어떻게 기능하는지에 관한 Erikson의 관점을 암시한다. 성격이 주로 본능이나 부모의 영향(influence)을 받는 것으로 생각하는 대신 Erikson은 부모, 형제자매, 다른 사람들을 포함한 사회의 모든 구성원의 영향을 받는다고 보았다. 또한 성격이 아동기(兒童期, 사람의 개체 발달의 한 시기로서 6~7세에서 12~13세까지의 시기) 초기에 거의 형성된다고 믿는 대신 지속적으로 사회와 연관하여 발달한다고 보았다.

(2) 자아정체감(ego identity)

자아정체감은 두 측면을 가지고 있는 것으로 보고 있다. 즉, 제1의 측면인 내적측면은 시간적 자기동일성과 자기연속성의 인식이다. 이는 시간이 경과하면서 자기 자신을 이제까지의 자신과 같은 존재로 지각하고 수용하는 것이다. 제2의 측면인 외적측면은 문화(culture)의 이상과 본질적인 패턴(pattern)을 인식(cognition)하면서 그것과 동일시하는 것이다. 즉, 타인과의 본질적인 특징을 공유하는 것을 의미한다.

(3) 점성원칙(epigenetic principle)

심리사회적 자아발달은 점성원칙을 토대로 한다. 점성원칙이란 성장하는 모든 것은 기초 안을 가지며, 이 기초 안으로부터 부분이 발생하고, 각 부분이 특별히 우세해지는 시기가 있으며, 이 모든 부분이 발생하여 기능하는 전체를 이루게 된다는 것이다. 각 요소는 결정적 시기가 정상적으로 도달하기 전에도 어떤 형태로든 존재를 한다.

이와 같이 생물학적으로 인간은 수태되면서 이미 기본적 요소들을 가지나 시간의 경과에 따라 이 요소들이 결합(combination), 재결합하여 새로운 구조를 형성하듯이 심리사회적 성장도 이 원리(principles)를 따른다는 것이다. 즉, 건강한 성격은 각 요소가 다른 모든 요소에 체계적으로 관련되면서 적절하게 연속적으로 발달하게 된다.

(4) Erikson의 심리사회발달의 8단계(eight stages of psychological development)

Erikson의 첫 번째 저서인 '아동기와 사회'는 1950년에 출판되었고 1963년에 수정되었다. 이 책은 중요한 영향을 미쳤으며, 자아심리학(ego psychology)의 기초가 되었다고 볼 수 있다. 그가 인간발달의 8단계의 이론(theory)을 제시한 것이 바로 이 책이다.

① 유아기(기본적 신뢰감 대 불신감: 희망)
② 초기아동기(자율성 대 수치심과 회의: 의지력)
③ 유희기(주도성 대 죄의식: 목적)
④ 학령기(근면성 대 열등감: 능력)
⑤ 청소년기(자아정체감 대 자아정체감 혼란: 성실성)
⑥ 성인초기(친밀 대 고립: 사랑)
⑦ 성인기(생산성 대 침체: 배려)
⑧ 노년기(자아완성 대 절망: 지혜)

〈표 10〉 Erikson의 8단계 또는 위기와 각각과 연합되어 나타나는 특징

단 계	연 령	긍정적 해결의 결과	부정적 해결의 결과
1. 신뢰 대 불신(구강기)	0~1	희망	공포
2. 자율 대 수치와 회(항문기)	1~3	의지력	자기회의
3. 솔선 대 죄책(남근기)	4~5	목적	무가치함
4. 근면 대 열등(잠복기)	6~11	유능함	무능함
5. 자아정체 대 역할본능	12~20	충성	불확실
6. 친밀 대 본능	20~24	사랑	난잡함
7. 생성 대 정체	25~65	보살핌	이기주의
8. 자아통합 대 절망	65 이상	지혜	의미상실과 절망

2) 성격관계의 범위

Erikson은 발달단계에 따른 중요한 인간관계의 범위를 제시하였다. 초기에는 적은 수의 관계에 집중되어 있다. 학령기(學齡期, 초등학교에서 의무교육을 받아야 할 나이의 시기), 청소년기(adolescence), 성인 초기 동안 관계의 범위가 확대되면서 그 관계의 깊이와 강도가 다양해진다. 성인기와 노인기의 인간관계는 다시 깊이와 친밀(intimacy)의 기회를 주는 소수의 극도로 중요한 관계에 집중되면서 지역사회 내의 관계, 인류애까지 확대되는 것이다.

유아기(幼兒期, 생후 1년 내지 1년 반부터 만 6세에 이르기까지의 어린 시기)에 중요한 사회적 관계는 어머니 또는 양육자와의 관계이다. 주로 어머니가 유아기에 중요한 사람이 된다. 초기아동기에는 어머니뿐만 아니라 아버지, 형제 혹은 대체 양육자도 중요한 관계를 제공하고 학령기에는 이와 더불어 친구 및 교사와의 관계가 중요해진다.

청소년기에는 이웃과 학교의 지인(acquaintance)을 포함하여 더 넓은 범위의 사람들과 관계를 가지게 된다. 청소년기에는 통합된 정체감을 갖기 위해 애쓰는데 중요한 관계의 반경이 교사, 지도자, 지도력의 모범을 보이는 사람을 포함하도록 확대된다.

성인 초기에는 우정, 애정, 경쟁 및 협동 상대들이 중요한 관계를 제공한다. 그런데 이 시기에는 관계의 깊이가 새로운 초점이 되는 것이다. 성인기(adulthood)의 중요한 관계는 가족, 일, 지역사회에 토대를 둔다.

이 관계는 다른 도시와 나라들에서 맺는 우정으로까지 확대될 수 있다. 성인들은 자신의 삶뿐만 아니라 자기 자녀와 부모의 삶에 영향을 미치는 사회적 관계의 영향을 받는다. 노년기에는 인간에 대한 더 일반적인 관계를 발전시키게 되면서 인간관계가 피상적으로 되는 한편 어느 측면에서는 도움이 필요한 가까운 친척과 친구를 보살펴야 하므로 더 집중이 된다.

앞에서 기술한 것처럼 각 단계마다 존재하는 중요한 관계망이 그 사람에게 가해질 요구와 보살핌을 받게 될 방식과 그가 관계로부터 부여받을 의미를 결정한다. 이 관계망은 사람마다 다르며 발달단계가 진행되면서 각자는 중요한 관계망과 더 넓은 사회적 영역에 참여할 기회를 갖는다(〈표 11〉참조).

<표 11> 발달단계별 중요한 관계의 범위

단 계	중요한 관계의 범위
1. 유아기	어머니
2. 초기아동기	부모
3. 학령전기	가족
4. 학령기	이웃, 학교
5. 청소년기	또래집단, 외집단, 지도력의 모형들
6. 성인 초기	우정, 애정, 경쟁, 협동의 대상들
7. 성인기	직장, 확대가족
8. 노년기	인류, 동족

Erikson에 의하면 8단계는 유전적으로 결정된 순서로 전개된다. 이 순서는 점성원칙에 의해 주도되는데 위에서 설명한 바와 같이, 성격성장이 사회적 상호작용들을 점점 확대시켜가는 청사진(blueprint)을 따르는 것을 의미한다. 나아가 사회의 조직 자체가 발달의 전개를 고무하는 경향이 있다. 이것은 순서대로 그리고 적절한 속도로 일어나는 선천적(inborn)으로 계획된 발달이다. 문화에 따라 세부는 다를지라도 심리사회 단계들의 기본적 요소들은 보편적이다.

각 단계는 본질적으로 개인의 생리적 발달수준이 그 연령의 그 사람에 대해 사회가 가지는 기대(expectation)들과 결합하여 각 단계에 특징이 되는 위기를 발생시킨다. 그 위기가 부정적으로 해결되면, 적응이 떨어지고 다음 단계에서 위기(crisis)를 성공적으로 해결할 가능성이 줄어들 것이다.

긍정적 해결은 반대의 효과를 가져온다. 물론 해결이 완전히 긍정적이거나 완전히 부정적인 일은 드물다. 중요한 것은 각 단계에서 부정적인 것과 긍정적인 것의 균형이다.

Erikson도 Freud처럼 단계 개념(concept)을 강조하지만 중요한 차이가 있다. 가령 Erikson이 수식어로서 심리성욕이 아니라 심리사회를 선택한 것은 우연이 아니다. 뿐만 아니라 Erikson의 단계들은 개인의 전 생애를 포괄하며 청년기와 성인기가 특히 강조된다.

그가 성인기의 위기들을 즐겨 다루었기 때문에 그의 연구는 노인학분야에도 유용해졌다. 마지막으로, Freud가 이드에 몰두한 데 비해 Erikson은 자아 그리고 각각의 위기 해결에서 생기는 개인적 및 사회적 태도(attitude)들을 고찰하였다.

🌿 4. 신Freud학파의 성격이론(Neo-Freud personality theory)

1) 카렌 호나이(Karen Horney)

Karen Horney(1885~1952, 독일 함부르크에서 출생, 베를린 대학에서 의사수련을 받고, 14년간 베를린 정신분석연구소에서 연구를 했다. 1934년 뉴욕의 정신분석연구소에서 활발한 연구를 했다)는 여성으로서 자신의 경험과 개인의 성격형성에 사회적, 문화적 영향력에 대한 인식을 바탕으로 이론을 발전시켰다. 또한 그녀는 Adler처럼 성격형성에 의미 있는 요인으로서 사회적 관계를 강조하였다.

그녀는 '기본적인 악은 불변적으로 진솔한 온화함과 애정의 결핍이다'라고 하였다. 호나이는 인간은 성적 혹은 공격적 힘(eros and thanatos)에 의해서가 아니라 안전과 사랑(safety and love)의 욕구에 의해 동기화된다고 보았다.

(1) 주요개념

① 기본적 불안(basic anxiety)

Karen Horney는 사회적 힘에 의해 창조되는 불안을 우리가 처리해야 하는 기본적 인간조건이라고 하였다. 인간으로서, 우리의 본질적 도전(challenge)은 타인의 효과적으로 관계하는 것이다. 개인이 맺는 이러한 관계의 불안전감(feeling of insecurity)에서 비롯되는 기본적 불안(basic anxiety)은 호나이의 기본적 개념으로 신경증의 토대가 된다. 호나이는 기본적 불안을 '적대적 세계에서 자신도 모르게 증가하는 모든 측면에 파고드는 고독과 무력감'이라고 정의했다. 적대적 환경에서, 아이들은 자신의 에너지를 사용하고 자존감 및 신뢰(trust)를 발달시킬 능력이 위협됨을 느낀다.

아이들은 환경 자체를 자신의 발달과 내적 소망에 대한 위협(menace)으로 느낀다. 아이들은 자신의 만족을 위해 부모 혹은 돌보는 사람에게 의존적이다. 그러나 어떤 부모는 아이의 욕구를 만족스럽게 충족시키지 못한다.

호나이는 아이로부터 불안전을 야기할 수 있는 환경 내의 모든 부정적 요인을 '기본적 악(basic evil)'이라고 불렀다. 이런 부정적 조건은 지배(superintendence), 고립 (isolation), 과보호(overprotection), 적의(appropriateness), 무관심(indifference), 일관되지 않는 행동, 무시(disregard), 부모 불화(disagreement), 돌봄과 지도의 결여, 격려 (encouragement)와 애정의 결여(deficiency)일 수 있다.

아이는 전체로서 환경을 비현실적이며, 위험하며, 부당하며, 위협적으로 지각하기 때문에 두려움을 느낀다. 아동기에 아이는 네 가지 방식, 즉 애정과 사랑 확보, 복종, 힘 성취, 철회(withdrawal)로 기본적 불안(anxiety)에 대해 자신을 보호하려고 시도하는 경향이 있다.

② 복종(submissiveness)

자아보호의 수단으로서 복종을 사용하여 위협적인 사회환경에서 그에게 영향을 미치는 누군가의 소망에 순응한다. 복종적인 아이들은 타인에게 반감을 사는 행위를 피한다. 복종의 기제를 사용하는 아이들은 타인을 비판하거나 공격하지 않고 자신이 갖는 욕망이나 감정을 억압한다. 또한 이들은 학대하는 사람에 대한 두려움으로 인해 그가 받았던 학대(mistreatment)에 반해 자신을 방어하려고 하지 않는다.

복종적으로 행동하는 대부분의 사람들은 자신을 이기적이지 않고 희생적이라고 믿는다. 복종 기제를 통해 기본적 불안을 피하는 아이들은 '만약 내가 당신에게 복종하면, 나를 해치지 않을 것이다(If I give I won't be hurt)'라고 생각하고 그에게 위협적인 사회적 환경에 순응한다.

③ 철회(withdrawal)

기본적 불안에 대해 자신을 보호하는 마지막 방법이 철회이다. 이러한 방식을 사용하는 사람은 신체적(physical)으로나 심리적으로 타인들과 관계를 하지 않는 것을 의미한다. 즉 개인은 자신의 욕구만족을 위해 타인에게 의존하지 않고 독립적이 되려고 시도한다.

④ 애정과 사랑 확보(securing affection and love)

아이들은 타인으로부터 '애정과 사랑을 확보'함으로써 기본적 불안으로부터 자신을 보호하려고 한다. 즉 이러한 기제를 사용하는 아이들은 '만약 당신이 나를 사랑하면, 당신은 나를 해치치 않을 것이다(If you love me, you'll not hurt me)'라고 생각한다. 아이들은 애정(affection)과 사랑을 확보하기 위해 타인이 원하는 것은 무엇이든 하려고 노력하거나, 타인에게 잘 보이기 위해 아부하려고 노력하거나, 바라는 애정을 제공하도록 타인을 위협(intimidation)하는 방법을 사용할 수 있다.

⑤ 힘 성취(attaining power)

타인을 능가하는 '힘 성취', 즉 성공, 우월성 확보를 통해 개인은 자신의 무력감을 보상하고 안전을 성취할 수 있다. Horney 자신은 기본적 불안을 해결하는 수단으로 힘 성취를 위해 아동기에 학업에 열중하였다. 이러한 방식으로 행동하는 사람은 '만약 내가 힘을 가지면, 누구도 나를 해칠 수 없다(If have power, noone can hurt me)'고 생각한다.

이러한 네 가지 자아보호 기제가 갖는 유일한 목적은 기본적 불안에 대해 방어하는 것이다. 개인은 기제를 통해 행복이나 쾌락(pleasure)을 추구하기보다 안전과 만족을 추구한다. 그러므로 이러한 기제는 안녕의 추구가 아니라 고통에 대한 방어이다. 이러한 자아보호 기제는 각기 그것의 힘과 강도에 따라 작동한다.

호나이는 자아보호 기제가 성적 혹은 생리적 욕구보다 강력할 수 있다고 믿었다. 개인은 이러한 기제를 통해 자신의 불안을 감소시킬 수 있지만 보통 부정적인 성격을 발달시키게 된다.

흔히 신경증을 가진 사람은 한 가지 이상의 자아보호 기제를 사용하여 안전을 추구하며 기제들 간의 마찰(friction)을 통해 추가적인 문제를 야기하게 된다. 예를 들면 어떤 개인은 힘 성취 및 복종(obedience) 욕구에 의해 행동할 수 있다. 이러한 욕구 간의 불협화음은 해결될 수 없으며 더 심각한 갈등을 초래한다.

(2) 자아의 구분

성격의 역사에서 보면 자아에 관한 개념을 처음으로 정립하여 자아개념(self-esteem)이라는 용어와 자아심리학(ego psychology)의 형성에 영향을 준 인물이 호나이였다. Horney는 자아를 크게 주관적 현실 자아(real self), 객관적 실제 자아(actual self), 이상적 자아(idealized self)로 구분하였다. 특히 이상적 자아와 관련하여 부적응적인 성격을 체계적으로 설명하였다.

① 주관적 현실 자아

부모에 대해 무력감과 표현할 수 없는 적대감 사이의 심각한 갈등(conflict)에 직면하는 아동은 점차로 자신을 지각하는데 방어적인 방식을 개발해 나간다. 아동의 '현실적 자아'는 사랑받지 못하고 무가치한 것으로 여겨진다. 내부에 억압된 부모에 대한 적대감은 자신에게로 향하게 되어, 자신은 사랑스럽지 못하고 무가치하다는 확고부동한 결론을 내리게 된다.

이때의 '현실 자아'는 전혀 현실적이지 못하다. 아동이 자신에 대해 갖는 상(image)은 타인에 의한 그릇된 평가에 근거한다. 아동의 '현실 자아'가 이처럼 부정적일 때 '혐오적 자아(despised self)'가 된다. 아동은 적대적인 세상을 살아나가기 위해 그리고 필요한 사랑과 인정을 얻기 위해 이 같은 자신의 혐오적 자아상을 반드시 되어야 하는 이상적 자아로 재구조화하기 시작한다.

본래 '현실 자아'는 아동의 무력감을 부모가 강화시킴으로써 형성되는 손상된 자아상(damaged self-image)을 가리켰다. 하지만 나중에 호나이는 존재의 중심 혹은 핵심을 가리키는 말로 '현실 자아(現實自我, real self)'를 사용하였다. 부모에 의해 손상받는 것이 바로 이 중심이다.

현실 자아의 목표는 자아실현(自我實現)을 추구하는 것인데, 이는 자신만의 가치와 삶의 목표를 달성하는 것이다. 이런 의미에서 호나이는 '현실 자아'를 '가능한 자아(possible self)'를 가리키기 위해 사용하기 시작하였다. '가능한 자아'는 현실적으로 표출할 수 있는 자아를 의미한다.

② 객관적 실제 자아

넓은 의미로, 현실 자아는 자아 자신에 대한 지각의 산물이며 자신이 누군가에 대한 자신의 스스로의 해석이다. 현실 자아와는 구별되게, 호나이는 타인에 의해 관찰된 그 사람에 대한 객관적 총합을 가리켜 '실제 자아(實際自我, actual self)'라고 하였다. '실제 자아'는 자신의 지각 내용과는 상관없이 '있는 그대로의' 신체적 그리고 정신적인 모든 것을 의미한다.

③ 이상적 자아

이상적 자아는 자신이 되어야만 하는 자아(self what we should be)를 가리킨다. 이상적 자아는 잠재력을 개발하고 자아실현을 성취하도록 돕는 모델(model)의 역할을 한다. 자아실현을 도모하기 위해 이상적 자아를 형성하는 것은 인간의 보편적인 특징이다. 유능한 의사가 되고 싶은 사람은 유능한 의사가 어떠한 사람인지에 대한 이상적인 모습을 형성할줄 알아야 한다.

정상적인 사람에게는 이상적 자아와 현실 자아가 대체로 일치한다. 왜냐하면 이상적 자아가 자신의 능력과 잠재력에 대한 현실적인 평가에 근거하여 형성되기 때문이다. 하지만 신경증 환자에게는 현실 자아와 이상적 자아의 괴리가 심하거나 분리되어 있다. '유능한 의사는 어떤 경우에도 자기를 환자를 죽게 해서는 안 된다'라는 이상적 자아를 형성한 사람은 비현실적인 사람일 것이다.

(3) 여성심리학(feminity psychology)

여성심리학에 대한 Horney의 관심은 프로이드의 리비도 이론과는 상반되는 임상적 관찰로부터 비롯되었다. Freud(오스트리아의 정신분석학자, 의학자; 1856~1939)는 남근선망(penisenvy)이 여성의 발달(development)에 있어 큰 역할을 한다고 주장하였는데, Horney는 남성과 여성 모두 Oedipus 상황을 대처하기 위한 노력으로 환상(illusion)을 발달시킨다고 지적하였다.

또한 인류학(인류의 문화 및 체질(sieving)에 관한 여러 문제를 연구하는 학문. 체질 인류학과 문화 인류학의 두 부문으로 나눔)분야의 여러 연구들과 임상적 사례들을 통해 많은 남성이 자녀를 출산(childbirth)하고 여성의 능력에 질투(jealousy)하고 있다는 점을 발견하고 이러한 점을 강조하였다. Horney는 이러한 현상을 자궁선망(womb envy)이라고 불렀다.

Horney는 성적인 삶에 있어서 가장 중요한 본질은 생물학적인 창조(creation) 능력에 있다고 주장하였다. 이러한 능력은 여성에게만 있기 때문에 남성은 여성을 매우 시기하며 이러한 시기는 공개적인 형태가 아닌 월경과 출산(childbirth) 등과 관련된 금기(taboo), 여성의 성취를 폄하하는 것, 동등한 권리를 부여하지 않는 것 등의 형태로 표출된다고 보았다. Horney는 남성과 여성 모두 창조적이며 생산적이고자 하는 충동이 있음을 주장하였다.

여성은 임신(pregnancy)과 출산을 통해 자연스럽고 내부적으로 이러한 욕구를 충족시키는 반면, 남성은 외부 세계에서의 성취를 통해서만 이 욕구를 충족시킬 수 있다. 때문에 직장이나 기타 창의적인 분야에서 성공하는 남성은 아이를 출산할 수 없는 자신의 능력(ability)을 보상하기 위해 노력하는 것으로 여겨진다.

여성의 열등감은 본래적인 것이 아니라 습득된 것이라고 Horney는 주장한다. 가부장적인 사회 속에서 여성의 개성(individuality)을 펼쳐나가는 것은 쉬운 일이 아니기 때문에 여성들은 자신의 여성성(femininity)을 억제하여 성적으로 냉랭한 사람이 된다. 이러한 여성들은 자신이 남자이길 바란다. 이러한 여성스러움의 탈출(flight from womanhood) 현상은 본능적인 발달이 아니라 사회와 문화적인 불이익(disadvantage)을 경험함으로써 기인한다고 볼 수 있다.

Horney는 남성에게만 치우쳐 적용되는 이론들에 반하여, 여성의 정체성을 여성의 입장에서 정립하고자 노력하였다는 측면에서 인간 행동의 보다 포괄적인 스펙트럼(spectrum, 분광; (눈의) 잔상(殘像); (변동이 있는 것의) 범위, 연속체; (특정 진동의) 주파수역(域), 가시 파장역(可視波長域), 가청(可聽) 진동수역)을 제공한 최초의 정신분석자였다.

2) 성격발달

Horney는 연령에 따른 성격발달을 제시하지는 않았지만, 아동기 때 발달되는 적개심의 억압이 지속적인 영향을 미친다고 보았다. 여기에서는 이러한 적개심(hostility)의 원인을 살펴보자.

아동기는 안전 욕구에 의해 지배되기 때문에 자녀의 안전을 해치는 부모의 행동은 아동에게 적개심을 야기시킨다. 그러나 아동은 적개심을 부모에게 표현하지 못하고 억압할 필요를 느낀다고 볼 수 있다. Horney는 아동이 부모에 대한 적개심을 억압하는 네 가지 이유로 무기력(helplessness), 두려움(fear), 사랑(love), 죄의식(guilt)을 제안하였다. 이러한 네 가지 이유를 간략히 살펴보면 다음과 같다.

(1) 무기력(helplessness)

Horney는 유아의 무기력(spiritless)을 매우 강조하였다. 아들러와는 달리, 모든 유아가 반드시 무기력을 느끼는 것은 아니라고 생각했지만 일단 무기력을 느끼기 시작하면 신경증적인 행동으로 발전할 수 있다고 보았다. 아동의 무기력감은 부모의 행동에 달려 있다. 아동이 의존적인 상태에서 과도하게 보호받거나 응석을 부리도록 내버려 지면 무기력은 점차로 커지게 된다. 즉 '나는 당신이 필요하기 때문에 나의 적대감을 억압할 수밖에 없어요'라는 의미가 된다.

(2) 두려움(fear)

아동은 부모로부터의 처벌(punishment), 신체적 학대 혹은 여러 유형의 위협 등을 통해 부모를 두려워한다. 두려움이 커지면 커질수록 적대감은 억압된다. 이 경우는 '당신이 두렵기 때문에 나의 적대감을 억압할 수밖에 없어요'라는 의미가 된다.

(3) 사랑(love)

역설적으로 사랑은 부모에 대한 적대감을 억압하기 위한 또 다른 목적이 된다. 이 경우의 부모들은 자신들이 얼마나 아이를 사랑하는지 그리고 아이를 위해 얼마나 많은 것을 희생하는지를 말하지만, 실제로 보이는 사랑과 따뜻함은 그리 진솔하지 못하다. 아동은 부모의 이러한 말과 행동이 진정한 사랑과 보호(protection)를 제공하기에는 충분치 않다는 것을 알지만 선택의 여지가 없기 때문에 애정도 잃어버릴까봐 적대 감을 억압하게 된다.

(4) 죄의식(guilt)

아동은 종종 자신이 느끼는 적대감과 반항심에 죄의식을 느끼곤 한다. 부모에 대한 분노나 악한 마음을 품거나 표현하는 것에 자신이 무가치하고 사악(wickedness)하며 죄를 짓는 일이라고 여긴다. 이러한 죄의식을 느끼면 느낄수록 적대감은 더욱 더 억압된다. 부모의 행동에 의해 야기된 억압된 적대감은 안전에 대한 아동의 욕구를 해치게 되고 기본적 불안상태를 유발하게 된다.

3) 성격이론의 적용

신경증 환자들은 자신의 현실 자아와 타인으로부터 고립되어 있다. 이들은 이상화된 자아와 동일시하여 자신의 단점들이 타인에게 드러나는 것을 두려워한다. Horney 는 자신에 대한 환상과 비현실적인 목표를 버릴 때 비로소 자신이 지닌 잠재력을 발견할 수 있다고 믿었다.

Horney에게 있어서 치료는 또 하나의 인간관계이므로 신경증 환자들이 타인과의 관계에서 경험하는 어려움들이 치료과정에서도 나타날 수 있다고 보았다. Horney에 따르면, 치료자의 질문(inquiry)이 내담자의 내면에서 작용하고 있는 장애물들을 지각하는 데 도움이 된다. 하지만 지적(intelligent)인 수준에서의 통찰만이 아니라 정서적인 경험도 중요하다고 주장하였다.

지적인 통찰만으로는 변화를 가져오기가 불충분하다는 것이다. 자신의 내면에서 작용하고 있는 무의식적인 힘들을 느끼게 되면 자신이 지닌 환상(illusion)들을 포기할 수 있는 동기가 생긴다고 보았다.

자유연상(어떤 말이 주어질 때, 거기서 마음에 떠오르는 생각을 자유롭게 연상해 가는 일)과 꿈의 분석을 통해 내담자의 현실 자아를 발견하도록 조력한다. 또한 치료장면 이외에서는 자아분석을 통해 자신의 정체성을 발견하도록 한다. 치료자는 타인과의 관계에서 내담자가 어느 정도 발전되어가고 있는지에 주목한다. 미미한 성장일지라도 내담자에게는 매우 긍정적인 영향을 줄 수 있으며, 내담자는 이전과는 다른 경험의 충족감을 경험하게 된다.

이는 자아실현[27]을 위한 동기(motive)를 유발시킨다. 나아가 자신 이외의 사람들, 가족, 국가 그리고 세계에 자신을 확장시켜 나간다. 자신뿐 아니라 타인에 대한 책임감(responsibility)도 수용하게 되며 적극적이며 이타적인 참여(participation)를 통해 소속감이 비롯될 수 있다는 내면의 확신(conviction)도 갖기 시작한다.

🌿 5. 에릭 프롬(Erich Fromm)

Erich Fromm은 1900년에 독일(Germany, 1990년 10월 3일 0시를 기해 45년간의 동서 분단 끝에 재통일을 이룩함)의 프랑크푸르트(Frankfurt)에서 태어났다. 하이델베르그에서 박사학위를 받고, 베를린(Berlin) 정신분석연구소에서 정신분석가(psychoanalyst) 훈련을 받았다. 1933년 미국에 가서 시카고 정신분석연구소에서 강의를 하다가 뉴욕시

---

27) 自我實現: 자아의 본질의 완성, 실현을 도덕의 궁극 목적인 최고선으로 삼는 완전설의 주장.

에 개업을 하였다. 1949년 멕시코 시(Mexico City)의 국립자율대학 교수(professor)를 역임한 바 있다.

그리고 1976년 스위스(Switzerland)로 이사를 가서 1980년에 사망하였다. Fromm은 칼 마르크스(독일의 경제학자, Karl Heinrich Marx, 1818~83) 저술의 영향을 상당히 받았다. 실제로 그가 사회적 맥락에서 사람들이 어떻게 투쟁하는가를 논의한 것들은 뚜렷하게 경제적 색채를 띤다. 즉, 우리의 공포(fear) 및 신경증들, 더불어 우리가 거기 대항하여 싸우는 방식(formula)들이 모두 사회의 경제적 및 자본주의적 구조를 반영한다는 것이다. 삶은 자유와 존엄(dignity)의 영원한 탐색이 된다.

1) Fromm의 주요 개념

(1) 도피기제

자유로부터의 도피(escape)를 통해 서구문명의 역사에서 사람들이 보다 많은 자유를 성취함으로써 그들이 보다 많은 고독(solitude), 무의미성, 고립(solitude)을 느끼게 된다고 하였다. 반대로, 사람들이 보다 적은 자유를 가질수록 그들이 보다 많은 소속 및 안전의 감정을 느낀다고 주장하였다.

이처럼 Fromm은 자유 대 안전(freedom vs safety)에 대한 개념을 바탕으로 인간의 기본적 딜레마(dilemma)를 설명하였다. 여기서는 Fromm이 제시한 자유의 부정적인 측면으로부터 도피하기 위해 그리고 잃어버린 안전을 되찾기 위해 사용하는 정신적 도피기제를 세 가지로 설명하였으며 이는 권위주의(authoritarianism), 파괴성(destructiveness), 자동적 동조(automaton conformity)이다.

(2) 권위주의(authoritarianism)

인간은 지배(superintendence) 혹은 복종(obedience)의 새로운 형태에 집착함으로써 자유의 문제를 도피하려고 추구한다. 개인은 타인이 자신을 지배하도록 허용하거나 타인의 행동을 지배하고 통제하려고 한다. 권위주의의 특징은 자신의 삶이 자신 이외의 힘에 의해 결정되고, 행복의 유일한 방법은 그러한 힘에 복종하는 것이라는 믿음이다. 이러한 권위주의는 가학적(sadistic) 혹은 피학적(masochistic)으로 나타나는 경우가 많다.

(3) 파괴성(destructiveness)

파괴성을 통해 인간은 타인 혹은 외부세계를 제거함으로써 자유의 문제를 해결하려고 추구한다.

(4) 자동적 동조(automaton conformity)

자동적 동조를 통해 자유의 문제를 도피하려고 추구한다. 자신의 본연의 모습을 포기하고 사회, 문화에 의해 지배되고 선호된 성격유형을 선택한다. 시대적 유행에 동조함으로써 고독과 불안을 느끼지 않으려고 한다.

2) 성격의 유형

모든 행동의 기초가 되고 우리 자신이 실제세계에 어떻게 관계하고 적응하는 지를 설명하는 많은 성격유형을 제시하였다. Fromm은 성격유형을 크게 비생산 성격유형과 생산 성격유형으로 보고 있다. 즉 비생산 성격유형은 적절하지 않은 방식으로 수용(receptive), 착취(exploitative), 저장(hoarding) 등이 이에 해당하고, 생산 성격유형은 자기 자신의 잠재력을 잘 발휘하고 인간발달의 이상적인 상태로 볼 수 있다.

(1) 비생산 성격유형

① **수용지향**: 외부적 원천(사랑, 지식, 만족)인 타인에게서 얻기를 기대한다. 이러한 유형의 사람은 다른 사람과의 관계에서 매우 수용적이다. 반면, 외부적인 지원이 없이는 작은 일에도 무력감을 느낄 수 있다.

② **착취지향**: 수용지향처럼 동일한 경우를 가지는 성격특성이 있다. 그러나 힘혹은 다양한 방법으로 착취(탈취)한다. 이러한 사람은 타인이 갖고 있는 가치있는 것을 착취하기를 원한다. 즉 타인이 가지고 있는 것을 탈취한 것이 그냥주어진 것보다 훨씬 가치가 있다.

③ **저장지향**: 자신이 저장하여 자기 수중에 가지고 있는 것에서 안전을 느낀다. 이러한 사람은 자신의 둘레에 장벽을 쌓고 내부에만 많은 것을 축적하며, 외부침입자로부터 그것을 보호하려고 가능한 한 지키려고 한다.

(2) 생산 성격유형

① **생산지향**: 자신과 타인을 있는 그대로 존중한다. 외부 환경과 교류 시에도 정확한 지각능력을 바탕으로 주변 환경을 왜곡하지 않는다.

② **삶, 죽음지향**: 삶 자체에 사랑이 있으며 성정, 창조에 매력을 느낀다. 삶(biophilia)지향적인 사람은 자기와 타인의 발달에 관심을 가지며 그들의 견해는 미래지향적이다. 이 개념은 Freud의 삶의 본능이론(instinct theory)과 유사하다. 그리고 죽음(necrophilous)지향은 죽음에 매력을 느끼는 비생산적 지향형이다. 이러한 성격을 가진 사람은 병, 죽음, 시체(corpse), 매장(burial) 등에 매력을 느끼며 생활의 형태는 과거에 집착하고 냉정한 편이다. Freud의 죽음의 본능과 유사한 이론으로 볼 수 있다.

③ **실존(being)과 소유(having)지향**: 실존지향은 자신에 의해 자기를 정의하고 타인과 비교한 가치보다 자기 내부에서 비롯된 가치를 존중한다. 타인과 협동적, 사랑(사랑의 네 가지 요소; 돌보는 것(care), 책임감(responsibility), 존중(respect) 그리고 지식(knowledge)으로 보았고, 이 네 가지는 서로 상호작용을 한다고 주장), 생산적으로 사물을 본다. 타인과의 공유가 자신의 삶을 즐겁게 한다고 생각한다(The Art of Loving에서 존중과 책임지는 사랑을 강조)고 강조하였다. 그리고 소유지향은 이러한 유형이 지배적인 사람은 자신의 의미를 그가 가진 소유물에 의해 정의한다.

이러한 사람은 자신이 가진 것과 소비하는 것이 자기라고 생각을 한다. 즉 자신이 자신의 소유물이 자신과 자기의 정체감을 구성한다고 믿는다. 이러한 유형의 사람은 경쟁적, 고립적이며 자신의 소유가 타인의 것과 비교하여 얼마나 좋고 많은가에 가치를 두는 편으로 볼 수 있다.

3) 성격이론의 적용

Fromm은 자신의 성격이론을 바탕으로 한 심리치료의 기법은 그다지 자세하게 제시를 하지 않았다고 보아야 한다. 그러나 Fromm은 자신이 Freud보다 더 적극적인 치료자임을 주장하며 치료를 촉진시키기 위한 치료자의 개입을 설명하기 위하여 활성화(activating)라는 용어를 도입하였다.

치료자와 내담자가 같은 인간으로서 공통되게 경험하는 바를 인식할 줄 알아야 한다고 강조를 하였고 이러한 공감을 통해 내담자는 자신의 내면감정이 다른 사람과 공유될 수 있다는 자각(self knowledge)을 하게 된다. 또한 Fromm의 개념(conception)들은 사회적 힘의 영향력을 이해, 사랑 그리고 삶에 책임을 지는 인간 존재에 대한 중요성을 이해하는 데 많은 시사점을 주었다고 하여야 하겠다.

6. 해리 스택 실리번(Harry Stack Sullivan)

Harry Stack Sullivan(1892~1949, 정신분석학자 중 최초의 미국 태생으로서, 그는 뉴욕 노르위치에서 출생하여 시카고 의과대학에서 학위를 받았다. 그리고 1930년대 초에 분석과정의 교육을 받고 미국 정신분석운동에 지대한 영향력을 행사하였다)은 기본적으로 개인을 강조하고 환경과 개인의 상호작용을 강조하였다.

또한 그는 모든 상황은 대인적(interpersonal) 상황으로 보고, 혼자 있을 때도 개인은 타인들과 가진 과거의 경험들과 공유하는 것으로 보았다. 그리고 자기개념(self-concept)을 많이 사용하고 있다. 즉 타고난 자기가 아니라 타인들의 '반사된 평가'들로 성장해 나오는 자기역동(self-dynamism)이다.

아동이 발달할 때 의미 있는 타인들(significant others)과 긍정적 상호작용을 하게 되면 자기를 긍정적으로 보게 되고, 부정적 상호작용을 하게 되면 부정적 자기존중이 나온다고 하였다. 따라서 자기의 주요 측면들은 아동기의 몇 년 동안에 굳게 확립이 된다. 우리 모두는 환경 속의 의미 있는 타인들의 인정을 얻으려고 노력하면서 사회화되고 성격의 본질적 특질들을 갖는 것으로 강조를 하였다.

1) 성격 본질

Sullivan은 '성격이 인간의 삶을 특징짓는 대인관계 상황의 비교적 지속적인 패턴이다'라고 정의를 하였다. Sullivan은 성격의 본질이 생리적 욕구와 사회적, 심리적 욕구에서 야기되는 긴장에 의해 결정된다고 믿었다. 따라서 행동의 일차적 목적은 이러한 긴장을 감소시키거나 최소화하는 것이다. 긴장(tension)의 두 원천인 생리적, 사회적 불안전 욕구를 살펴보면 다음과 같다.

(1) 생리적 욕구

첫 번째 긴장의 원천인 생리적 욕구는 생존에 필요한 욕구로서 음식, 물, 휴식, 공기 등의 필요를 의미한다. 이러한 욕구가 작동될 때 그러한 욕구가 생성하는 긴장은 만족을 성취하려는 활동을 야기하며 만족은 긴장을 해소시킨다.

따라서 '욕구→활동→만족→해소'의 순환이 계속적으로 나타난다는 것이다.

(2) 사회적 불안전

두 번째 긴장 원천인 사회적 불안전은 문화적 및 대인관계적 원인에서 비롯된다. 이러한 긴장 원천의 목적은 안전을 성취하는 것이다. 아동의 안전감은 그에 대한 어머니의 행동과 태도에 의존을 한다. 불안은 자신감 또는 효율성을 감소시키고 대인관계(interpersonalrelation)의 문제를 야기한다고 보았다. 불안은 개인이 속한 가정, 사회, 전체적 문화와 관련되어 있다고 주장을 하였다.

긴장을 해소하면서 성취하는 두 가지 목적인 만족과 안전은 성격의 기반을 형성하며 모든 인간에게 보편적이다.

아동에 있어 생리적 욕구의 만족은 보다 일관된 추진력이 되는 것이며 나중에 발달되는 안전을 위한 욕구는 성격의 전체적 영향에 있어 중요하다. Sullivan이 가정한 유아기(생후 약 1년간 모유(母乳) 또는 우유로 양육되는 시기)에 나타나는 두 가지 추가적인 욕구(desire)가 힘 동기(power motive)와 신체적 친밀감(physical closeness)이다. 이러한 욕구는 안전적 욕구에서 파생된 통합부분이다.

2) 불안(不安, anxiety)

불안은 Sullivan의 대인관계이론에서 핵심적인 개념이다. Sullivan에 따르면, 불안은 모든 종류의 정서적 고통과 관련이 있는 것으로 보고 있다. 즉, 초조함, 죄책감, 수줍음, 두려움, 혐오감 등 고통스러운 감정들과 관련이 된다. 불안은 정도의 차이가 있을 뿐이며, 단순한 불편함과 같은 미미한 수준에서부터 숨쉬기조차 어려운 공황상태까지 매우 다양한 편이다.

불안은 경고의 신호와도 같은 것이다. 신체적 고통도 마찬가지의 역할을 하는데 무엇인가 잘못되었기 때문에 치료가 필요하다는 신호(signal)를 준다. 한 사람이 자신의 내부에서 일어나는 어떤 불안을 경험하면, 그 불안은 무엇인가 잘못되고 있다는 신호인 것이다.

Sullivan은 불안이 항상 대인관계에서부터 비롯된다고 믿었다. 사람간의 장기적 혹은 단기적인 건강하지 못한 관계로부터 불안이 야기된다는 것이다. 불안을 유발하는 여러 원인(cause)들은 개인의 가치감을 위협하여 자아존중감을 손상시키게 되는 것이다.

3) 자아체계(self-system)

Sullivan은 자아(self), 자아역동성(self-dynamism), 자아체계(self-system)를 같은 의미로 사용을 하였다.

그러나 마지막에서 그는 자아체계라는 하나의 용어로 사용을 하였으며, 자아체계는 자아보호체계(self-protecting system)라는 용어로 설명될 수 있는데 불안으로부터 자신을 보호하고 정서적 안전감을 얻기 위해 사용하는 안전작동기제(security operation)이다.

자아체계는 불안한 아동기로부터 형성되기 시작한다. 즉 아동이 부모의 규칙에 순응하면 부모로부터의 처벌(punishment)이나 비난(criticism)을 면할 수 있기 때문에 순응하기 위한 자아체계를 형성한다.

하지만 아동(juvenile)이 부모의 요구에 무조건적으로 따르는 이러한 순응(adaptation)은 불안을 피할 수는 있지만 자아의 발달을 저해하게 되는 것이다. 자아체계와 자아와의 간격이 커질수록 정신분열적인 상황이 유발될 수 있다고 Sullivan은 주장을 한 바 있다.

4) 성격양상

Sullivan은 개인의 성격을 정의하는 대인관계 상호작용에서 관찰되는 주요한 세 가지 양상(aspect)을 역동성(dynamism), 성격형성(personification), 경험양식(mode of experience)이라고 하였다.

(1) 역동성

개인의 대인관계와 정서적 기능을 특징짓는 비교적 지속되는 에너지 변형의 패턴(pattern)으로 정의를 하였다. 역동성의 에너지 원천은 개인의 신체적 욕구에 있다. 이러한 에너지 변형이 어떤 형태의 행동이다. 이것은 습관처럼 반복되고 지속되는 신체적 혹은 정신적으로 어떤 종류의 행동이 역동성이라는 것을 의미한다.

(2) 성격형성

개인이 자신 혹은 다른 사람에 대해 어떤 이미지를 형성하는 것이다. 이런 이미지는 욕구만족 및 불안의 경험에서 비롯되는 감정, 태도, 개념의 복합이다. 그리고 이러한 이미지는 우리의 지각과 마찬가지로 자아체계의 본질(intrinsic)에 의해 영향을 받기 때문에 정확한 표상은 아니다. 역동성처럼, 성격형성은 유아기에 시작되며 불안으로부터 자신을 보호하려는 것과 관련되어 있다고 볼 수 있다. 특정한 사람들에 대해 일관된 지각을 형성함으로써, 개인은 일관된 방식으로 반응을 한다고 보면 되는 것이다.

(3) 경험양식

개인이 세계를 경험하는 세 가지 다른 방식, 즉 개인이 다른 사람들과 관계하는 세 가지 인지 혹은 사고의 수준이 있다고 지적하였다. 그 세 가지는 원형적(prototaxic), 병렬적(parataxic), 통합적(syntaxic) 등이다.

① 원형적(prototaxic) 경험

원형적이란 그리스어(Greece語, 인도, 유럽 어족의 한 어파. 그리스 본토를 중심한 일대에서 씀)로 첫 번째 배열(first arrangement)을 의미한다. 인생의 가장 초기에 원초 경험으로 생후 몇 개월 동안에만 유아에게 나타난다. 이러한 경험은 단순하고 직접적으로 지각하는 감각(sense), 사고(thinking), 감정(feelings)을 수반하며 서로간에 어떤 관련성을 나타내거나 혹은 즉각적으로 나타나는 특징이 있다.

② 병렬적(parataxic) 경험

사물끼리의 연관성을 잘 맺지 못하는 단계의 사고이다. 병렬적이란 사물을 나란히 놓지만 서로간에 관련을 짓지 못하는 배열을 의미한다.

③ 통합적(syntaxic) 경험

현실적인 평가단계의 사고이다. 통합적이란 조화로운 방식으로 연결되도록 사물들을 배열하는 것을 의미한다. 현실의 통합적 경험이란, 물리적이며 공간적인 인과관계를 이해하는 능력과 결과에 대한 지식으로부터 원인을 예언할 수 있는 능력을 가정한다. 즉 현재(present time), 과거(times past), 미래(future)의 논리적인 통합을 통합적 양식이라고 Sullivan은 칭했다.

5) 성격 방어

불안에 대해서 성격을 방어하는 세 가지 방식이 있다. 그 세 가지는 해리(dissociation), 병렬적 왜곡(parataxic distortion), 승화(sublimation) 등이다.

(1) 해리(dissociation)

Freud의 부정(denial) 및 억압(repression)과 유사한 개념으로 자기역동성과 부합하지 않는 과학적인 처리에 따라 조작적으로 만들어진 개념(conception), 태도(attitude), 욕망(desire)을 의식적 자각(self-knowledge)으로부터 배제시키는 것이다. 해리의 기제는 자기를 보호하고 자기에게 위협적인 것에 민감하게 반응을 한다. 억압(suppression)에서처럼, 개인은 단순히 사회적으로 수용할 수 없고 불쾌한 경험을 보거나 듣지 않으며 회상할 수 없다. 불안을 야기하는 모든 현실적 측면을 배제시키는 이러한 선택적 부주의(selective inattention)를 해리라고 한다.

(2) 병렬적 왜곡(parataxic distortion)

타인에 대한 개인의 반응이 자신이 경험해 왔던 나쁜 관계에 의해 편향되거나 왜곡되는 것을 의미한다.

(3) 승화(sublimation)

Freud가 사용한 승화의 개념과 유사하다. 승화(sublimation)를 통해 개인은 자신에게 혼란을 주고 위협적인 충동을 사회적으로 수용되고 자기향상적인 충동으로 변화시킨다.

6) 성격발달

성격은 개인의 대인관계, 특히 친밀한 사람들과의 관계에 의해 일생에 걸쳐서 형성된다고 볼 수 있다. Sullivan은 성격이 고정불변하다고 여기지 않았다. 대인관계의 양상이 성장과정에서 달라지기 때문에 성격도 수정된다는 것이다.

하지만 성격발달의 토대가 되는 시기는 유아기에서 청소년 초기까지이며 이때 발달된 성격이 광범위하고 보편적인 틀을 제공한다고 믿었다.

Sullivan은 성격발달을 자아(self)의 진화로 생각을 하였다. 그가 제안했던 성격발달의 7단계는 유아기(infancy), 아동기(childhood), 아동 후기(juvenile era), 청소년 전기(preadolescence), 청소년 중기(mid adolescence), 청소년 후기(late adolescence) 그리고 성인기(adulthood) 등으로 구분을 하였다.

7) 성격평가 방법

Sullivan은 성격을 평가하기 위해서는 다음의 두 가지의 방법으로 설명을 하고 있다.

(1) 면담(interview)

면담을 치료자와 환자 간의 의미 있는 대인관계 상호작용으로 보았으며, 치료자가 참여자이면서 관찰자이어야 한다는 것을 강조하였다. 즉 참여적 관찰자(participant observer)로서 치료자는 면담상황에서 환자와 상호작용을 해야 한다고 보았다. 그리고 Sullivan은 개시(inception), 정찰(reconnaissance), 정밀탐색(detailed inquiry), 종결(termination)의 네 단계로 구분을 하고 평가방법에 적용을 하여야 한다고 하였다.

(2) 꿈 분석(dream analysis)

대인관계에 관한 꿈은 일상적인 의식생활에서처럼 꿈에 나타나는 다른 사람과의 대인관계를 보여 준다. 꿈은 개인이 현실생활에서 달성할 수 없는 대인관계에서의 어떤 만족을 얻으려는 시도를 나타낸다.

7. Murray의 욕구 및 동기이론

Henry A. Murray(1893~1988, 1915년에 미국 하버드 대학에서 역사학을 전공한 후, 1919년 콜럼비아 대학에서 의학박사학위를 받았고, 1927년에 영국 캠브리지 대학에서 생화학으로 다시 박사학위를 받았다. 융의 심리유형을 많이 공부를 하였고, 이어 다시 Freud의 정신분석에 관련하여 많은 연구를 하여 1928년에 보스턴 정신분석학회를 만드는데 기여를 하고, 다시 1933년 미국정신분석학회의 회원이 되었다. 그 후 지속적으로 성격에 관련된 연구를 하여 20세기에 가장 선두적인 성격이론가로 남게 되었다)는 생화학 및 의학적 배경에 근거한 다양한 경험을 바탕으로 인간에 대한 체계적 연구를 통해 성격심리학을 발전시켰다. 그리고 Murray는 인간학(personology) 이론의 부분 측면은 Freud의 이론으로부터 영향을 받았다.

하지만 Freud의 개념들을 정교화시키고 새롭게 부각시켰다. Freud의 개념이 임상적으로는 타당하다고 여겨지더라도 과학적으로 연구하기가 어렵다는 단점이 있었지만 Murray는 Freud의 여러 개념들에 조작적 정의를 부여하고 구체적 자료를 수집하여 과학적인 성격 구성개념(과학적인 처리에 따라 조작적으로 만들어진 개념)을 찾으려고 노력을 한 학자이다.

Murray는 Freud가 사용한 개념인 Id(개인의 본능적 충동의 원천), ego(자기를 의식한 개인), superego(상위자아, 자아를 감시하는 무의식적 양심)로 성격을 구분하였다. Murray는 기본적인 추동과 욕구의 원천이 원초아라는 점에는 Freud와 의견을 같이 했지만 원초아가 부정적인 충동만을 포함하고 있는 것은 아니라고 주장을 하였다.

또한 원초아는 어떤 욕구가 언제, 어디서, 어떻게 표출되어야 하는가를 알려주는 사회환경의 내재화된 표상이라고 주장하였다. 그리고 자아는 조직화된 성격의 자의식적(self conscious)인 부분으로서 변별력, 경험전달력, 추론능력 그리고 문제해결능력을 갖고 있다고 보았다. 또한 Murray는 Freud보다 자아의 역할과 기능을 더 강조하였다.

1) Murray의 주요개념

(1) 성격원리

자신이 확립한 인간학(인간의 본질 해명 및 그 인간성, 인간의 우주에서의 지위와

의의 등을 연구하는 철학적 연구)을 통해 성격이론을 정립시켰다. 그의 성격이론에서 보여지는 성격의 본질을 다음과 같이 설명을 하고 있다.

① 성격은 뇌에 근거를 둔다. 이것은 개인의 심리적 과정이 생리적 과정에 의존한다는 것을 강조한 내용이다. 개인의 대뇌 생리적 현상은 성격의 모든 양상을 좌우한다. 예를 들면, 특정한 약은 뇌의 기능과 성격까지도 바꿀 수 있다. 성격을 좌우하는 모든 것들, 즉 느낌의 상태, 의식(consciousness)과 무의식(unconsciousness)의 기억(memory), 신념(belief), 태도(attitude), 가치(value), 공포(fear) 등은 뇌의 기능에서 비롯된다.

② 성격은 유기체의 욕구로 유도된 긴장감소와 관련된다. 인간이 생리적 및 심리적 긴장을 감소시키는 행동을 하지만, 이것은 긴장이 없는 상태가 되려고 애쓰는 것을 의미하는 것은 아니다라는 Freud의 견해에 동의를 했다.

Murray는 긴장감소는 긴장이 완전히 해소된 상태보다는 긴장(tension)을 감소하기 위한 행동과정이 만족을 준다는 것이다. Murray는 긴장이 없는 상태를 고통의 원인이라고 생각했다. 인간은 흥분(excitement), 활동(activity), 진전(progress), 움직임, 열정(passions)에 대한 지속적인 욕구를 가진다. 인간은 긴장감소를 통한 만족감을 얻기 위하여 긴장을 생성한다. Murray는 인간의 이상적 일정 수준의 긴장을 수반한다고 믿었다.

③ 성격은 시간에 따른 종단적 본질이다. 개인의 성격은 계속해서 발달하고 생애 과정 중에 일어나는 모든 사건으로 구성된다. Murray는 '유기체의 역사가 유기체'라고 보았다. 그러므로 그는 인간의 과거 사건에 대한 연구가 성격에서 중요하다고 보았다.

④ 성격은 변화하고 발달한다. 성격은 진행되고 있는 현상으로 고정되고 정적인 것이 아니라는 점이다.

⑤ 성격은 사람들의 유사성뿐만 아니라 각 개인의 독특성을 내포한다.

(2) 성격체계

Murray는 성격의 체계를 개인의 욕구(needs)와 환경적 영향인 압력(pressure)의 상호작용을 통해 나타난 행동인 주제(thema)의 개념으로 설명을 하고 있다.

① 욕구

욕구(needs)는 지적능력과 지각능력을 조직하고 방향을 부여하는 두뇌(brains)의 생화학적(biochemical) 힘을 말한다. 욕구는 갈증(thirst)과 같은 내부적 과정 혹은 환경에서 일어나는 사건에서 비롯된다. 욕구는 일정 수준의 긴장을 야기하는데 유기체는 이러한 욕구를 충족시킴으로써 야기된 긴장을 감소시키려고 한다. 욕구는 행동을 강하게 하고 또한 방향을 결정한다. 즉 욕구는 적절한 방향으로 행동을 하도록 하는 것이다.

② 욕구의 유형

(a) 일차적 욕구 및 이차적 욕구

일차적 욕구인 생리적 욕구는 신체 내부의 상태에서 기인하고(성욕, 감각욕, 음식, 물, 공기, 위험회피 등), 이차적 욕구는 심리적 욕구는 일차적 욕구에서 부차적으로 발생한다. 이차적이라 하는 것은 일차적 욕구로부터 파생이 되기 때문인 것이다. 이차적 욕구는 정서적 만족과 관련이 되고, Murray의 초기 욕구 목록에 있는 대부분의 욕구가 이에 해당된다.

(b) 반응적 및 발생적 욕구

반응적 욕구는 환경에서 특별한 사물에 반응하는 것을 말하고, 그 대상이 존재할 때만 발생한다(위험회피욕구는 위험이 존재할 때만 나타난다). 발생적 욕구는 특별한 대상의 존재와는 상관이 없다. 이는 환경으로부터 독립되어 욕구가 발생될 때마다 사람들은 욕구를 만족시키기 위해 음식을 찾는 경우이다(다음 〈표〉 참조).

③ Murray의 발생욕구

1930년대 하버드 대학 심리상담소에서 자세한 조사연구를 한 후에 Murray는 인간 행동에 기본이 되는 장기발생적(생리학적인) 욕구와 심리발생적(비생리학적인) 욕구의 목록을 제시했다. 심리발생적 욕구는 그의 이론에서 중요한 부분을 차지하는데 그 예는 아래의 표에 나타나 있다. Murray의 이론에서 모든 욕구의 표기는 항상 소문자 'n'에 의해, 즉 'n Dom, dominance(지배욕구)'로 나타내고 있다.[28]

---

28) 강봉규(2005), 심리검사의 이론과 기법, 동문사, p. 465.

④ Murray의 욕구 목록

욕 구	정의, 행동의 예
A. 외적 사상의 욕구 (1) n Ach Achievement: 성취	● 노력과 인내로서 어떤 중요한 일을 하는 것. 곤란한 일을 극복하고 무엇인가 중요한 일을 수행하며 보다 높은 수준에 도달하려는 것으로 행동 속에 야망이 나타남
(2) n Acq Acquisition: 획득 * 사회적 획득(social) * 반사회적 획득(asocial)	● 재산 소유를 위해 일하거나 어떤 가치 있는 목적을 얻기 위해 노력하는 것 ● 훔치거나, 탈취, 착취, 위조하는 것
(3) n Cha Change, Travel, Adventure: 변화, 여행, 모험	● 침착하지 못하고 언제나 움직이는 것. 새로운 경치나 지역을 찾아다니며, 모험을 추구하거나 이상하고 아름다운 먼 나라를 여행하는 꿈을 꾸기도 하고, 여행, 탐험, 보물찾기를 하는 것
(4) n Cog Cognizance: 인지	● 호기심을 가지거나 무엇을 열심히 응시하고 있는 것. 알고 싶은 문제를 물어 보고 관찰, 연구, 시험해 보며 어떤 일을 조사, 탐색, 탐정하는 것
(5) n Cons Construction: 구성	● 정리, 정돈, 청결, 배열, 조직, 건축 어떤 것을 창조해 내는 것
(6) n Cnt Counteraction: 만회	● 자존심을 다시 얻기 위해 애를 쓰는 것. 큰 장애를 극복하기 위해 다시 노력함으로써 실패를 보상하고 창피를 없애고, 불명예, 공포, 열등감을 씻고, 자만과 자기존중을 유지하려는 것
(7) n Ext Existence, Disassociation: 흥분과 탕진	● 여러 가지 방법으로 정서적인 흥분을 찾는 것으로서 여행을 하고, 도박, 경마, 투기 등도 포함됨
(8) n Nut Nurturance: 식음	● 음식과 음료를 찾고 즐기는 것으로 배고픔과 갈증을 느끼는 것이다. 음료수나 약물을 마시고, 먹는 것이나 마시는 것과 관계된 일을 하는 것
(9) n Pas Passivity: 부동	● 평온, 휴식, 수면을 즐기고, 누워 있는 것. 무력감을 느끼며, 전혀 노력하지 않는 것과 무관심, 무감동하게 지내는 것
(10) n Play 유희	● 놀이를 즐기고, 농담, 웃는 것, 재미있게 이야기하는 것
(11) n Ret Retention: 확실	● 사물을 보관하고, 빌려 주기를 꺼리며, 남의 눈에 띄지 않도록 숨기는 것. 물건을 저장, 수집, 수선, 보호하는 것. 절약, 검소하게 하는 것
(12) n Sen Sentience: 관능 * 향락적(epicurean) * 심미적(aesthetic)	● 안락, 안일, 안이, 쾌락 좋은 음식과 술을 추구하는 것 ● 음악, 미술, 예술, 문화 등 미적 쾌감을 추구하고 창작, 서예,

욕 구	정의, 행동의 예
	저작의 즐거움을 추구하고 자연의 신비스러움과 감각적인 면에 민감해지는 것
(13) n Nud 　　Understanding: 이해	• 무엇인가 배우기를 위해 독서를 하고, 문제를 해결하기 위해 사고, 반성, 사유하는 것. 지혜를 얻기 위해 경험을 추구하는 것
B. 대인관계의 욕구 (14) n Aff 　　Affiliation: 친화 　　* 우의적(associative) 　　* 정서적(emotional)	• 우의적인 관계를 유지 확보하는 것 • 친구 사귀기를 좋아하고, 우의를 유지하고, 같이 일을 하거나 놀이를 하는 것. 어떤 사람에 대해서 강한 우정을 느끼는 것. 모든 사람을 좋아하고, 사교성이 많으며, 집단 또는 소집단과 함께 일을 하거나 놀이를 하는 것. 강한 애정, 동정, 존경에 의해서 다른 사람에게 얽매여 있는 것
(15) n Agg 　　Aggression: 공격 　　* 정서, 언어적(emotional, 　　　verbal) 　　* 신체, 사회적(physical, 　　　social) 　　* 파괴(destruction)	• 화를 내거나 사람을 미워하는 것. 저주, 비판, 모략, 견책, 비방, 조소하는 것. 공공연하게 개인 또는 집단에 대해서 공격적인 언행을 하는 것 • 자기방어나 자기가 사랑하는 사람을 위해 투쟁하는 것. 조국이나 우방을 위해 싸우는 것. 비행을 처벌하는 것 • 범죄적 공격, 불법으로 사람을 구속, 공격, 상해 등을 하는 것 • 동물을 공격하고 살해를 하는 것. 물리적인 대상물을 부수며, 파손, 불태우며 파괴하는 것
(16) n Dom 　　dominance: 지배	• 타인의 행동에 영향을 미치려 하는 것. 명령적인 지위를 위해 노력하는 것. 지도, 운용, 지배, 설득을 시키려 논쟁을 하는 것과 반대의 의견을 억제하는 것
(17) n Exp 　　exposition: 전달	• 소식을 알리고, 뉴스를 전하고 설명을 하는 것. 해설, 강의, 보도를 하는 것
(18) n Nur 　　nurturance: 양육	• 행동으로 동정을 표시하고, 남을 위로하고 불쌍히 여기는 것. 친절하고, 타인의 감정을 염려해 주는 것. 연로자, 연소자, 환자, 약자의 실망, 비판, 위험을 동정, 위로, 위험, 간호, 보호해 주고 먹을 것을 주거나 금품을 조력하는 것
(19) n Ree 　　recognition, exhibition: 　　승인과 자기과시	• 칭찬, 명예, 명성을 찾고, 타인의 인정과 승인을 즐기는 것. 자랑, 주의, 과장된 언행, 허영, 화려한 복장, 기묘한 행위 등으로 남의 주목을 끄는 것
(20) n Ree 　　rejection: 거부	• 경멸, 비난을 하거나 행동으로 멸시를 나타내는 것. 자기의 관심과는 다른 사상, 인물, 직업 또는 생각을 멀리 하는 것
(21) n Sex 　　sex: 성	• 이성의 친구를 찾고 즐기는 것. 손을 잡고 스킨십을 즐기는 것

욕 구	정의, 행동의 예
(22) n Suc succorance: 구조	● 도움이나 동정을 추구하는 것. 남에게 격려, 지지, 보호, 염려를 기대하고, 동정, 선물받기를 즐기는 것
(23) n Sup superiority: 우월	● 성취의 욕구(n Ach)와 승인의 욕구(n Rec)로 구성되어진 것
(24) n Sim sibilance: 유사	● 감정이입(empathy), 모방 혹은 본을 받는 것. 다른 사람에게 자신을 동일시하고 남을 동의하고 믿는 것
(25) n Con constrainable: 불일치	● 남과 달리 행동을 하고, 비인습적인 견해를 취하며, 독특, 혹은 반대의 입장을 취하는 것
C. 압력배제의 욕구 (26) n Aba abasement: 굴종	● 비난이나 처벌을 피하거나 고통이나 죽음을 피하기 위해서 따르는 것. 모욕, 상해, 견책, 처벌에 맹종하고 무저항적으로 패배하는 것
(27) n Aut autonomy: 자율 * 자유, 저항, 반사회적 freedom, resistance, asocial	● 구속이나 속박의 지역으로부터 도피, 회피하는 것. 감금지역에서 도피하고, 감옥을 탈출하는 것. 가출 혹은 학교를 그만 두는 것. 강요에 저항하는 것. 자기에게 요구된 일을 거부하거나 하지 않는 것. 상관의 판단에 이의, 반박을 하는 것. 순종하지 않고, 권위에 저항을 하는 것. 도덕, 사회적 규범을 벗어난 짓을 하는 것. 허위, 사기, 도박, 폭음, 매음, 도벽이 아닌 범죄행위를 하는 것
(28) n Blam blam-avoidance: 비난회피	● 불명예, 비난, 처벌을 두려워하고 잘못을 삼가고 비인습적이고, 비판받을 일을 시키려는 유혹을 배제하는 것
(29) n Def deference: 복종 * 복종(compliance) * 존경(respect)	● 동료의 선망, 암시, 권위에 부합하는 것. 기쁘게 하려고 애쓰고, 명령에 재빨리 동의, 협조를 하는 것 ● 행동으로 칭찬과 존경을 표시하는 것. 영웅숭배, 남의 강점과 재질을 인정하고, 업적을 칭찬하는 것
(30) n Harm harm-avoidance: 재난회피	● 싸움이나 신체적 위협을 피하기 위해서 공포, 불안, 염려, 신체적 약점을 보이는 것
(31) n Dfd defence: 방어	● 공격, 비난, 비평으로부터 자기 자신을 방어하는 것. 비행, 실패, 창피를 숨기거나 정당화시키는 것
(32) n Inf Inf-avoidance: 굴종회피	● 굴욕, 타인의 경멸, 조소, 자기의 굴욕적인 실패와 패배를 회피하는 것. 거절 당할까봐 구혼을 회피하고 낙제될까 스스로 시험을 포기하는 것
(33) n Sec seclusion: 은둔	● 승인의 요구(n Rec)와 반대되는 것으로 간주되나 그 자체를 독립적인 변인으로 보기는 어려움
(34) n Inv inviolably: 불가침	● 자존심의 손상과 박탈을 방지하고 좋은 평판을 유지하고 비평을 최소한으로 듣고, 심리적 거리감을 유지하려 하는 것
(35) n Nox nox-avoidance: 해독회피	● 불쾌한 감각, 용납될 수 없는 광경, 소리, 냄새, 맛을 거부, 배척하는 것. 음식물 구토, 소화불량으로 고통을 받고, 어떤 음식물을 거절하는 것이 특히 이에 해당됨

※ 강봉규(2005), 심리검사의 이론과 기법, 동문사, pp. 465~468.

⑤ 욕구의 특성

욕구는 행동을 유발하는 긴급성의 정도에 따라 서로 다르다. 이러한 특징을 Murray는 욕구의 우세성(prepotence)이라 하였다. 예를 들어 공기에 물에 대한 욕구 충족이 급박(imminent)하기 때문에 이러한 욕구가 다른 욕구들보다 선행되어 행동(behavior)을 지배하게 되는 것이다.

⑥ 압력(press)

인간의 행동은 욕구와 환경(environment)에 의해서 결정된다고 Murray는 주장을 하였다. 또한 그는 요구에 따른 동기는 성격이론의 핵심이며, 동기는 유기체 내에서 작동한다고 보았다. 인간행동에 영향을 미치는 것이 외부환경 즉 압력(pressure)이라고 보았다. Murray는 아동기(사람의 개체 발달의 한 시기로서 6~7세에서 12~13세까지의 시기)의 사건들이 욕구 발달단계에 영향을 줄 수 있고 이후의 삶에서 그 욕구가 활성화(activation)될 수 있다고 믿고 있다.

⑦ 주제(thema)

개인적인 요인인 욕구와 개인의 행동에 요구하고 강요하는 환경적 요인인 압력을 결합시킨다. 즉 욕구와 압력이 결합(combination), 융화(deliquescence), 상호작용을 하여 주제를 형성한다. 주제는 초기 아동기 경험을 통해 형성되고 성격(personality)을 결정하는데 영향력을 가지게 되는 것이다. 이러한 Murray의 주제개념이 현재 투사검사(projective test, 투사(投射) 검사법, Rorschach test 따위의 성격 검사)로서 많이 사용되고 있는 주제통각검사의 이론적 배경이 되기도 하였다.

(3) 성격발달

① Complex

Murray는 Freud의 성격발달단계를 바탕으로 아동기를 다섯 단계로 구분을 하였다. 각 단계의 특징은 사회의 요구에 의해서 필연적으로 종결되는 즐거움의 종류이다. 각 단계는 이후의 발달을 지배할 무의식적 complex의 형태로 우리의 성격에 남아있다고 Murray는 주장을 하였다(다음 〈표〉 참조).

② **Murray의 아동기 발달단계와 complex**

단 계	Complex	행동특성
자궁 내의 안전상태	폐소 complex(claustral)	질식과 감금에 대한 두려움
젖을 빠는 구강의 즐거움	구강 complex(oral)	토하기, 가려먹기, 구강감염
배변 즐거움	항문 complex(anal)	물건모음, 축척, 청결, 단정
배뇨 즐거움	요도 complex(urethral)	지나친 목적 추구, 이상추구
생식기 즐거움	거세 complex(castration)	처벌, 징벌에 강한 두려움

(4) Murray의 성격이론 적용

Murray는 인간의 신체적 요소와 환경적 요소 모두를 강조함으로써 성격에 대한 치우친 입장을 피하려 하였다. 또한 과거와 미래사건 모두 인간에게 중요한 영향을 미친다고 믿었다.

Murray의 이론은 실험적이면서 경험적인 면을 모두 포괄(comprehension)하고 있다. 특히 욕구에 대한 Murray의 분류법은 성격유형(여러 성격의 유사, 친근을 추출하여 몇 개로 나눈 형) 분류법보다 더 유용한 것으로 알려져 있다. 특히 힘, 성취 그리고 친밀감에 대한 욕구에 관한 여러 연구들은 모두 Murray의 욕구이론에 기초를 한 것이라고 볼 수 있다.

Murray의 성격이론을 바탕으로 개발된 투사검사(projective test)인 TAT(주제통각검사)는 성격 평가기법 발달(development)에 지대한 영향을 미쳐 왔으며, 현재에도 성격을 연구하고 진단하는 주요한 도구(tool)로 사용되고 있다.

🌿 8. 인본주의적 이론

1) 기본적 개념

인본주의적 심리학(Maslow, Rogers, Perls, Allport, Murray 등의 대표 심리학자들이 있다) 접근의 가장 주된 특징은 주관적 경험을 강조한다는 점이다. 모든 행동은 주어진 순간에 개인이 체험하는 모든 것, 즉 현상적 입장에 의해서 결정되므로 개인의 행동을 이해하고 예측하려면 무엇보다도 그 사람의 눈으로 세상을 바라볼 필요가 있다는 것이다. 인본주의적 입장에서 보는 인간관은 첫째, 인간은 능동적인 존재(existence)이다. 즉 인간은 지각, 감정, 사고, 행위에 영향을 줄 수 있는 내적 구조와 과정을 가지고 있다. 둘째, 인간은 심리학적인 조직을 가지고 있다. 즉 인간은 규칙성과 질서를 가진 통합된 인격을 가지고, 조직적인 성질을 가진 통합체이다. 셋째, 인간은 심리적으로 복잡한 존재이다. 즉 통합체(cointegrate)로서의 인간은 분화과정을 통해 발달하는 여러 가지 요소를 통합한 복잡한 조직이라는 것이다. 넷째, 인간의 기능은 합리적이다. 아동에게 때로 비합리적인 행동이 보이지만 성인의 기능은 합리적이라고 볼 수 있으며 Murry는 인간의 대부분의 행위는 무의식적으로 합리적인 목표, 의도, 가치관에 의해 결정된다고 보았다. 다섯째, 인간은 심리적으로 독자적인 존재이다. 즉 인간은 독자적인 존재이기 때문에 행동주의와 같은 하등동물의 행동법칙에 의해 인간을 이해하려고 하는 것은 부당하다고 본다. 여섯째, 인간은 미래지향적이다. 즉 심리적인 성장, 진보적(progressive)인 분화(differentiation)와 결합이 강조되고, 성격이란 끊임없이 환경에 작용하는 것이라고 보았다.

2) Gordon Willard Allport의 특질이론

Allport(1897~1967, 미국 인디애나 주에서 출생, 하버드에서 1922년 심리학 박사학위를 받음, 편견의 본질(The Nature of Prejudice), 성격의 패턴과 성장(Pattern and Growth in Personality), 성격, 심리적 해석(personality, a psychological interpretation) 등의 저서를 남김)는 특질심리학자들 가운데 가장 뛰어난 학자로서, 특질(characteristic)에 대한 연구는 대단하였다. Allport의 성격이론이 성격연구에 기여한 점은,

첫째, 성격심리학을 과학적 심리학의 영역으로 포함시켰다는 점,

둘째, 특질의 중요성을 강조하는 성격이론을 형성시킨 점이다.

Allport의 성격이론의 또 다른 두드러진 특징은 개인(individual)의 특질을 정의함으로써 성격의 독특성을 강조한 점이다. Allport는 개인차의 중요성을 주장한 선구적인 대표자였으며 그의 이론은 양적(quantitative) 연구라기보다는 생활과 경험에 대한 심층적인 연구(research)라고 볼 수 있다.

이런 점에서 Allport는 성격연구의 방법으로 법칙정립접근보다 개체기술접근의 입장을 취하였다. Allport의 특질이론(trait theory)은 인본주의적이며 개인적 연구방법을 혼합하여 인간행동을 연구하는 것이다. 개인의 특수성에 대한 해명을 심리학의 중요한 목표로 생각했던 그는 성격을 개인의 특정한 행위나 사고를 결정하는 내적인 정신신체적 역동적 조직(dynamic organization)으로 보았다.

성격은 개인의 내부에 실재하는 '인간의 참모습'을 의미한다. 그의 학설에 의하면, 특질은 각종 자극(stimulus)에 대하여 동일하게 반응하려는 경향을 말한다.

특질은 시간과 장소를 초월하여 언제 어디서나 인간이 비교적 일관되게 행동하는 것을 의미한다. 그런데 특질은 성격 내에서 확산(pervasiveness)된 정도에 따라 세 가지, 즉 주특질, 중심특질 그리고 2차적 특질로 분류된다.

이 외에 Allport는 공동특질과 개인특질을 구별하였는데, 공동특질이란 어떤 문화권 내에서 대부분의 다른 사람들과 비교될 수 있는 일반적 소질을 말하며, 개인특질이란 다른 사람과 비교될 수 없는 개인만의 독특한 개인적 소질(predisposition)을 말한다.

특질을 통합하고 일생 동안 방향을 제시하는 전반적인 구조를 고유자아(proprium)라고 부른다. 이 개념(conception)은 본질적으로 내적 통합감을 갖게 해 주는 성격의 모든 면을 포함하는 인식된 자아를 의미한다. 그리고 그의 성격개념 중 가장 잘 알려져 있으면서도 논쟁의 대상이 되고 있는 것은 '기능적 자율성(functional autonomy)'이다. 이 개념은 성인의 동기는 그 동기가 최초에 나타났던 경험과 무관하다는 것이다.

Allport는 이 기능적 자율성(autonomy)을 인내적 기능적 자율성(perseverative functional autonomy, 신경계의 순환적, 피드백(feedback) 기제)과 자아적 기능적 자율성(propriative functional autonomy, 개인의 습득된 흥미, 가치관, 태도, 의도 등)을 구별했다. 본질적으로 자아적 기능적 자율성은 성숙한 인간발달을 가져오는 것으로, 이는 Allport 이론의 뚜렷한 특징을 나타낸다.

Allport는 성격의 일부분인 특질이 궁극적으로 성격의 총체적 Gestalt에 연결되어져야 한다고 믿었다. 더구나 성격의 전체성(하나의 전체로서 고찰되는 사물에 특유한 것이라고 생각되는 법칙성(法則性)이나 목적성)에서 가장 본질적인 구성요소는 자아추구라고 했다.

Allport는 인간을 주어진 시간 속의 정지된 하나의 단위로서가 아니라, 먼 미래의 목표나 목적, 이상(ideal)을 향하여 끊임없는 내적조화(internal harmony)를 추구하는 존재라고 주장을 했다. 이러한 Allport의 연구는 근본적으로 Gestalt적이라고 할 수 있을 것이다.

(1) Allport의 주요개념

① 성격의 정의

Allport는 성격이론가로서 이전에 이루어진 많은 성격의 정의를 검토한 내용을 바탕으로, 성격은 개인의 특유한 행동과 사고를 결정하는 심리신체적 체계인 개인 내의 역동적 조직이라고 정의를 하고 있다.

(a) 역동적 조직(dynamic organization)

성격이 끊임없이 변화하고 성장하는 것을 의미한다. 조직의 의미는 성격이 하나의 체계로서 성장함에 따라 변화된 조직을 형성한다는 것이다. 조직의 형태가 변하는 것처럼 성격의 구체적인 측면도 변한다고 한다.

(b) 심리신체적 체계(psychophysical system)

성격이 정신과 신체의 체계로 구성된 인간에 대한 연구로 정신과 신체가 함께 작용함을 의미한다. 즉 성격은 정신적이거나 또는 생물학적이지 않고 정신과 신체의 결합을 의미한다.

(c) 결정(determine)

성격이 실체적인 어떤 것이며 어떤 것을 하는 것(personality is something and does something)을 뜻한다. 즉 성격의 모든 측면은 구체적인 행동과 사고를 활성화하거나 유도한다.

(d) 특유한 행동과 사고(characteristic behavior and thought)

개인이 행동하거나 생각하는 모든 것이 그 사람에게 특유한 것임을 말한다. 즉 개개인은 다른 사람들과는 다른 독특성을 가지고 있음을 나타낸다.

이상의 내용에서 Allport의 성격정의를 요약하여 보면,

① 성격은 지속적으로 변화하고 성장하는 조직이며,

② 성격은 정신(심리)과 신체의 결합에 따른 상호작용이며,

③ 성격의 모든 측면은 구체적 행동과 생각을 활성화 또는 유도하며,

④ 성격은 개인의 독특성이다.

② 성격의 원리

Allport의 성격이론을 광범위하게 연구한 후에 Bischof는 일곱 가지의 원리를 제시하였다. 그 일곱 가지의 원리는 다음과 같다.

① 동기원리(motivation principles)

② 학습원리(learning principles)

③ 현재성 원리(contemporaneity principles)

④ 독특성 원리(uniqueness principles)

⑤ 자아원리(ego or self principles)

⑥ 연속성-비연속성 원리(continuity-discontinuity)

⑦ 특질원리(traits-trends-tendency-temperament)

③ 특질(traits)

Allport의 성격이론의 핵심개념은 특질로 볼 수 있다. 그에게 주요한 성격연구 주제는 특질이었으며, 미국에서 처음으로 성격특질이란 주제로 박사논문을 썼다. Allport는 특질을 '다양한 종류의 자극에 같거나 유사한 방식으로 반응할 경향 혹은 사전성향(predisposition)'이라고 정의를 하였다. 특질은 환경의 자극 측면에 반응하는 일관적이며 지속적인 방식으로 볼 수 있다.

Allport의 성격특질의 특성을 보면 다음과 같이 요약을 할 수 있다.

① 특질은 실제적으로 볼 수 있다. 즉 특질은 인간의 행동을 설명하기 위해 만들어진 이론적인 구성개념 혹은 명칭이 아니다. 특질은 개인 안에 실제로 존재한다는 것이다.

② 특질은 행동을 결정하거나 행동의 원인이 된다는 것이다. 특질은 어떤 자극에 반응으로만 생기는 것은 아니다. 특질은 적절한 자극을 찾도록 개인을 동기화하고, 행동을 생성하기 위해 환경과 상호작용을 한다는 것이다.

③ 특질은 경험적으로 증명될 수 있다는 점이다. 반복적으로 개인의 행동을 관찰

함으로써, 우리는 특질(traits)의 존재에 대한 증거를 추론할 수 있다. 즉, 특질은 실제적이기 때문에 눈으로 보이지 않을지라도 존재와 본질을 입증하는 것이 가능하다는 것이다.

④ 특질은 서로 관련이 되고 중복될 수 있다는 것이다. 특질이 서로 다른 특성을 나타내지만 서로 밀접한 관계가 있다. 예를 들면, 공격성과 적의성은 분리된 특질이지만 서로 밀접하게 관련이 되어 있는 것이다.

⑤ 특질은 상황에 따라 변화한다는 것이다. 개인은 어떤 상황에서는 청결의 특질이 나타날 수도 있으며, 그렇지 않을 수도 있다.

④ 특질의 유형

Allport는 처음에는 개인특질(individual traits)과 공통특질(common traits)을 주장하였으나, 나중에는 공통특질을 특질로, 그리고 개인특질을 개인적 성향(personal dispositions)으로 부분적으로 수정을 하였다. 개인적 성향에는 주특질(cardinal traits), 중심특질(central traits), 이차적 특질(secondary traits) 등 세 가지 유형의 특질이 있다.

(a) 주특질(cardinal traits)

개인에게 지배적이며 거의 모든 생활에 영향을 미친다. 주특질은 강해서 개인의 행동을 지배하게 된다. Allport는 주특질을 '지배적 열정', '감정의 지배자'라고 하였고, 가학성과 맹신의 그것을 그 예로 들었다.

(b) 중심특질(central traits)

중심특질은 개인의 행동을 기술하는 5~10가지 정도의 두드러진 특질이다. 주특질에 비해 일반적이고 지배적(dominant)인 특질이다. Allport는 중심특질의 예로서, 개인이 갖는 공격성, 자기연민, 냉소주의[29] 등을 들었다. 중심특질은 우리가 누군가의 추천서를 쓸 때 언급하는 개인의 특성 같은 것이다.

(c) 이차적 특질(secondary traits)

이차적 특질은 개인에게 가장 적게 영향을 주는 개인특질로 주특질과 중심특질보다 두드러지고 덜 일관적으로 나타난다. 이차적 특질은 좀처럼 드러나지 않고 약해서

---

29) 冷笑主義: 사물을 냉소적으로 보는 태도. 견유주의(犬儒主義). 시니시즘.

매우 절친한 친구만이 그것을 알아챌 수 있는 특질이다.

(2) 성격발달

① 고유자아의 발달단계

Allport는 아동기에서 청소년기에 걸친 고유자아의 발달을 일곱 단계로 구분하였다. 일곱 가지의 단계는 다음과 같다.

① 신체적 자아(bodily self)
② 자아정체감(self-identity)
③ 자아존중감(self-esteem)
④ 자아확장(self-extension)
⑤ 자아상(self-image)
⑥ 합리적 적응체 자아(self as a rational coper)
⑦ 고유자아 추구(self-propriate striving)이다.

나이에 따라 전반적인 발달단계를 보면, 1~3단계는 출생하여 3~4세까지 나타나고, 4~5단계는 4~6세에 나타나며, 6단계는 6~12세에 나타나며, 7단계는 청소년기에 나타난다. 이러한 고유자아의 발달단계 내용을 구체적으로 살펴보면 다음과 같다.

(a) 1단계: 신체적 자아

유아는 자신의 존재를 인식하고 자신의 신체와 환경에 있는 대상을 구별하게 된다. 즉, 이 시기에 고유자아의 형성이 시작되며 유아는 신체적인 자기를 인식하기 시작한다.

(b) 2단계: 자아정체감

아이가 정체감의 연속성을 느끼는 시기이다. 이러한 자아정체감은 아이가 자신의 이름을 알게 되고 자신을 다른 사람들과 구별되는 존재라는 것을 알게 될 때 향상된다.

(c) 3단계: 자아존중감

자기의 성취에 대해 자랑스러워하며 자존감을 느낀다. Allport는 이 단계가 중요하다고 보았다. 아이는 접한 환경에 있는 대상을 탐구, 조작, 만들도록 동기화한다. 만약 부모가 아이의 탐구할 욕구를 좌절시키면, 자아존중감의 형성이 위협받고 수치감과 분노로 대체된다.

(d) 4단계: 자아확장

아이는 주변에 있는 대상과 사람들이 자신의 세계에 속한 일부라는 것을 깨닫게 된다. 예를 들면 아이는 '나의 집', '나의 부모', '나의 학교' 등을 말하기 시작한다.

(e) 5단계: 자아상

아이는 자신에 대한 실제적이며 이상화된 이미지를 발달시키며 자신의 행동이 부모의 기대를 만족시키는지의 여부를 인식하게 된다. 아이의 실제적 및 이상적 자아상은 부모와의 상호작용으로 발달된다.

(f) 6단계: 합리적 적응체 자아

합리적 및 논리적 능력을 문제해결에 적용할 수 있다는 점을 인식하는 시기.

(g) 7단계: 고유자아 추구

청소년기(adolescence)에 해당하는 시기로 이 시기에 인생의 장기목표 및 계획을 형성하기 시작한다. 즉 청소년기에 해당하는 연령에는 미래에 하고자 하는 것과 그 내용을 실현하기 위한 계획을 형성하기 시작하는 시점이다.

(3) 성격이론의 적용

Allport는 기능자율성(perseverative functional autonomy), 고유자아(propriate functional autonomy) 등의 개념은 임상가들에게 유용하게 적용할 수 있는 이론을 정립을 하였다. Allport의 개념들은 심리측정(psychometrics)과 법칙정립적 연구를 강조하는 학문으로서의 심리학과 성격을 이해하는 데 사례연구보다 그가 강조하는 임상심리학을 연결하는 다리역할을 하였다고 볼 수 있다. Allport가 성격을 이해하기 위해 실시한 언어(language)에 대한 분석은 5요인 모델(model)의 발달에 임상적이며 개념적인 영향을 주었다고 할 수 있겠다.

3) 인본주의적 관점에서의 Maslow 자아실현

Abraham Maslow(1908~1970, 인본주의humanism 입장에서의 심리학을 자아실현 접근으로 시도하였다. 결정론적인 입장을 취하는 정신분석과 기계론적 입장을 취하는 행동주의를 강하게 비판하였다. 미국 뉴욕 출생, 1943년에 위스콘신 대학에서 박사학위 받음. 1967년에 미국심리학회 회장으로 선출되어 많은 연구를 하였다)는 인간 각자는 자신의 잠재력을 발달, 성장시키고, 완성시킬 수 있는 본능적 욕구를 가지고 태어난다고 보았다. Maslow는 인간이 균형(equilibrium)을 유지하거나 좌절(frustration)을 회피하는 것에만 관심이 있기보다는 성장에 많은 연구를 하였다고 하겠다.

그리고 인간은 무엇인가를 갈망하는 존재로 보고, 즉 Maslow에 의하면 욕구위계를 설명하는 것처럼 Maslow는 동기의 단계로서 욕구위계를 체계화하였다.

실제로 욕구위계에 따라 인간은 하나의 욕구가 충족되면 곧이어 다른 욕구가 발생하고, 그것을 위해 충족시키려고 한다는 것이다. Maslow의 주된 심리학적 공헌은 동기가 어떻게 위계적으로 조직되는가에 대한 분석과 건강한 성격에 대한 기술을 바탕으로 인간의 자아실현의 중요성을 강조하였다는 점으로 볼 수 있을 것이다.

(1) 주요개념

① 욕구의 위계

Maslow는 인간의 행동을 활성화시키고 이끄는 욕구 즉 다섯 가지의 타고난 위계설의 이론정립을 하였다. 그 이론은 다음과 같다.

(a) 생리적 욕구(physiological needs)

모든 요구 중에서 가장 강한 것이 바로 이 욕구이다. 유기체의 생존과 유지에 관련된 생리적 욕구이다. 즉 인간의 생존을 위해 필요한 음식, 물, 공기, 수면, 성 등에 관한 생리적 욕구가 다른 욕구에 비해 가장 기본적이고 강력하다고 볼 수 있다. 이러한 욕구가 충족되지 못한다면 다른 욕구들이 완전하게 차단될 수 있다. 생존 자체가 매일의 관심사인 사람들에게 있어서는 생리적인 욕구가 무엇보다 주요한 내용인 것이다.

(b) 안전욕구(safety needs)

안전욕구의 만족을 위해 안전, 보호, 질서, 안정성 그리고 공포와 불안으로부터의 자유가 요구된다. 안전욕구가 유아와 신경증(노이로제, neurosis)을 보이는 성인에게 있어서 가장 중요하다고 Maslow는 주장을 하였다. 신경증 환자나 정신상태가 불안정한 성인도 어느 정도의 조직과 질서를 필요로 한다. 왜냐하면 안전욕구가 우세하기 때문이다. 기본적으로 모든 인간은 생리적 욕구 다음으로 안전욕구를 우선적으로 중요시하기 때문이다.

(c) 소속감과 사랑 욕구(belonging and love needs)

안전의 욕구가 적절하게 충족되면 소속감과 사랑의 욕구가 생겨난다. 개인은 다른 사람과의 친밀한 관계, 특별한 친구관계, 연인관계를 형성하기를 원하며 특별한 집단에 소속되기를 원한다. 사랑의 욕구는 사랑을 주거나 받는 욕구를 의미하는데, 이러한 욕구는 다른 사람과 긴밀하고 따뜻한 관계 속에서 충족될 수 있다. Maslow는 사랑과 성을 동일시하지 않았으며 다만 성이 사랑의 욕구를 표현하는 하나의 방법이라고 주장을 하였다.

(d) 존중욕구(esteem needs)

Maslow는 인간이 두 가지 존중욕구, 즉 자신으로부터의 존중과 타인으로부터의 존경을 필요로 한다는 점을 강조하였다. 자아존중을 이루기 위해 개인은 유능감, 자신감, 성위, 독립, 자유 등을 갖는 것이 필요하다. 자아존중의 욕구를 충족시킨 사람은 자신의 힘, 가치, 적절함에 대해 확신(conviction)을 갖는다.

반면 자아존중이 결여된 사람은 자신이 남보다 못하다고 생각하고, 자신을 비하한다. 따라서 이런 사람은 용기를 잃어 무기력하게 되는 것이다. 참된 자아존중은 자신의 능력과 경쟁력(competitiveness)에 대한 현실적인 판단 위에 기초해야만 한다고 Maslow는 지적을 하였다. 사회적 지위와 명성 그리고 훌륭한 평판은 노력하지 않고 얻어지는 것이 아니라 개인의 유능감과 숙달(proficiency)과 많은 노력으로 인해 얻어지는 산물(product)인 것이다.

(e) 자아실현의 욕구(self actualization needs)

자아실현은 자신의 모든 잠재력과 능력을 인식하고 충족시키는 것을 의미한다. 사람은 누구나 자신의 잠재력을 충족시킬만한 자아실현의 기회를 갖고 있다고 Maslow는 강조를 하고 있다. 자아를 실현하기 위해서는 많은 전제조건들이 필요하다.

첫째, 사회와 자기 자신의 구속으로부터 자유로워야 하며,

둘째, 욕구위계에서 하위에 있는 생리적 욕구와 안전의 욕구에만 집착해서는 안되며,

셋째, 가족 및 타인들과 친밀감을 느끼며 남과 사랑을 주고받을 수 있어야 한다.

(2) 욕구의 특성

Maslow가 제안한 욕구위계에서 살펴본 것처럼 하위에 있는 욕구는 생존(survival)에 필요하고 상위에 있는 욕구는 성장에 필요함을 알 수 있다. 따라서 욕구의 특성을 보면, 욕구위계에서 하위에 있는 욕구가 강하고 우선적이다.

하위에 있는 욕구일수록 강도와 힘이 세고, 순위가 높다. 반면 상위에 있는 욕구일수록 강도와 힘이 약하고, 순위가 낮다. 또한 욕구위계에서 상위의 욕구는 인생의 나중에 나타난다. 생리적 욕구와 안전의 욕구는 유년기에, 소속과 존중의 욕구는 청년기에, 자아실현 욕구는 인생의 중반에 나타난다.

Maslow는 욕구위계에서 위로 올라갈수록 각 욕구의 만족 비율이 낮아진다고 보았다. 예를 들면, 생리적 욕구에서 85%의 만족감을 갖는 사람은 안전의 욕구에서 70%, 소속감과 사랑의 욕구에서는 50%, 자아존중에서는 40%의 만족감을, 그리고 자아실현의 욕구에서는 10%의 만족감을 얻게 된다는 것이다.

(3) 자아실현자의 특성

Maslow는 자아실현을 이룬 사람들에 관한 연구로 유명하다. 그는 자아실현적인 삶을 영위한 자신의 친구나 동료로부터 그리고 알려진 역사적 인물로부터 발견할 수 있었던 훌륭한 특성을 확인하였다. 이러한 자아실현자들에게서 발견되는 공통된 특성은 아래와 같은 내용을 가지고 있다.

① 현실의 효율적 지각: 객관적인 지각능력을 가진다는 점이다. 자아실현자는 현실을 고도로 객관적으로 보는 경향성과 아울러 선입관적인 태도로 상황을 파악하지 않는다.

② 자신, 타인, 자연의 수용: 실패, 성공에 있어서 왜곡하지 않으며 부끄러움이나 죄책감을 가지지 않는다. 자신, 타인의 장단점에 있어서도 그대로 수용을 한다.

③ 자발성, 단순성, 자연성

④ 자신 외의 문제에 초점

⑤ 초연함 및 사적 자유 욕구

⑥ 인식의 신선함

⑦ 신비 혹은 절정경험

⑧ 사회적 관심과 깊은 대인관계

⑨ 자유로운 성격구조와 창의성을 갖고 있다.

⑩ 문화에 대한 저항을 한다.

(4) 성격이론의 적용

Maslow의 성격이론이 실제적인 상담이론이나 심리치료기법으로 발전되는 않았지만, 인본주의 심리학의 선구자로서 그의 이론은 1960년대와 1970년대에 광범위하게 영향을 끼쳤다.

Maslow의 성격이론이 기여한 점을 요약해 보면 아래와 같다.

첫째, 인간은 건강, 창의성, 통찰(discernment) 그리고 자아충만과 같은 상위의 수준을 향하고자 하는 내적 경향성을 지닌다. 둘째, 신경증은 기본적으로 자아실현(自我實現, 자아의 본질의 완성, 실현을 도덕의 궁극 목적인 최고선으로 삼는 완전설의 주장)에 대한 내적 경향성이 봉쇄됨으로써 나타난 것이다. 셋째, 일의 효율성과 개인성장은 서로 밀접하게 연관되어 있다.

실제로 자아실현의 과정은 각 개인으로 하여금 효율성, 창의성 그리고 생산성을 불러일으킨다.

9. 행동주의적 성격이론

정신분석적 이론의 관점에서는 사람의 행동이나 생각이 내면의 요인에 의해서 결정된다고 가정(hypothesis)을 하였다. 상황에 따라서 사람의 행동이 달라질 수 있음을 인정하고 있으나, 역시 주요한 관심사는 상황(situation)보다는 내면(internal)의 성격이라고 할 수 있다.

반면 행동주의적 입장에서는 이와는 달리 겉으로 나타나고 객관적으로 관찰될 수 있는 행동과 학습에 영향을 주는 조건들에 더 관심을 기울인다. 이러한 관점에서 볼 때 행동주의적 관점에서는 여러 상황에서 행동에 일관성을 부여하는 개인의 내적 특성(character)이라는 성격개념의 중요성을 받아들이지 않는다고 할 수 있다.

행동주의적 입장에서의 대가인 Watson은 다음과 같은 이론을 제시하였다.

첫째, 심리학이 과학(science)으로 확립되기 위해서는 그 연구대상을 내면적인 의식이 아니라 객관적으로 관찰 가능한 행동으로 정해야 하며, 그 행동을 예측, 통제하기 위한 법칙과 원리에 대한 해명을 과제로 삼아야 한다. 둘째, 심리학의 연구방법으로 기존에 주로 사용되었던 내성법(introspective method)은 적절치 못하며, 자연과학과 같은 객관적 방법을 사용하여야 한다. 셋째, 모든 행동은 자극과 반응이라는 기본 단위로 이해되어야 한다. 복잡한 행동이라도 이러한 자극-반응기제의 복합이라고 볼 수 있다. 넷째, 유기체의 행동의 대부분은 조건반사적으로 형성된 후천적인 학습이며, 생득적인 행동은 극히 제한되어 있다. 이러한 측면에서 볼 때 Watson은 극단적인 환경론적 결정주의자이다.

Watson은 우리가 출생시에 갖게 되는 것은 몇 가지의 기본적 반사(reflexion)와 정서이며, 우리의 정신적 능력과 기질도 가지고 태어나는 것이 아니라고 주장을 하였다. 이러한 입장을 끌고 가려는 그의 생각은 다음과 같은 유명한 진술문에도 잘 나타나 있다. '나에게 건강하고 잘 기른 아이를 달라. 그리고 그들을 기를 구체적인 세계를 이야기해 달라. 그러면 나는 그들의 재능, 취미, 경향, 능력, 부모의 인종 등에 관계없이 의사, 법률가, 예술가, 상인 그리고 걸인, 도둑 등과 같이 원하는 유형의 사람으로 훈련시켜 낼 것을 보장한다'고 하였다.

1) 성격형성

행동주의적 전통의 핵심인 학습이론에서는 사람의 행동은 모두 같은 원리를 통해서 설명할 수 있다고 가정한다. 고전적 조건화(classical conditioning)와 조작적 조건화 같은 실험실에서 발견된 학습(learning)의 과정들은 우리가 성격의 표현이라고 생각하는 좀 더 복잡한 여러 가지 행동들을 설명하는데도 똑같이 적용될 수 있다고 본다.

행동주의적 입장에서는 성격은 과거 경험에 의해서 학습된 행동성향으로 파악하고 있다는 점에서 과거경험의 중요성(importance)을 부인하지는 않는다. 그러나 정신분석이론에서 어린 시절 경험에 의해 형성된 성격은 지속적인 영향을 갖는 것으로 보는 것과는 달리, 행동주의적 입장에서는 상황이 변해 다른 행동이 강화를 받게 된다면, 과거와는 전혀 다른 새로운 행동성향이 나타날 수도 있다고 본다.

　　행동주의 입장에서 주장하는 대로 환경(environmental)의 변화에 따라 행동이 바뀐다면 사람들에게서 일관성 있는 행동성향을 보기 어려울 것이다. 실제로 사람들의 행동이 얼마나 일관성이 있는가 하는 것에 관해서는 심리학자들 간에 늘 논쟁이 있는 편이다. 그 결과 종전에 성격심리학자들이 가정했던 것 같이 사람들의 행동에 높은 일관성이 있는 것은 아니라는 것이 밝혀졌다.

　　그러나 대개의 경우 우리에게 중요한 환경이 크게 변화하지 않고 유지되는 경우가 많으며, 환경이 갑자기 다른 행동을 강화하기 시작하여도 오랫동안 강화 받아 왔던 행동이 쉽게 소거되지는 않을 수 있어 동일한 행동성향이 오랫동안 지속되는 듯한 인상을 줄 수 있을 수 있다.

　　행동이 환경적 요인에 의하여 결정된다고 보는 것은 곧 환경적 조건을 통하여 행동을 통제할 수 있다는 것과는 같은 의미를 지닌다.

10. Rogers의 자기이론과 현상학적 이론

1) 자기이론의 특징

　　Rogers(Carl R. Rogers, 1902~1987, 미국 일리노이주 Oak Park에서 출생, 1931년 콜럼비아 대학에서 박사학위 받음, 1940년 오하이오 주립대학에서 심리학 교수, 1957년 위스콘신 대학으로 이동을 하여 연구를 함)의 자기이론은 현상학적 성격을 이해하려고 한 대표적인 이론으로 볼 수 있다. Rogers는 개인의 독특한 주관적 경험을 강조한다. 우리가 주관적으로 경험하고 있는 현실을 각기 다르므로 개인의 주관적 해석을 떠나서 개관적 현실을 이야기하는 것은 무의미하다는 것이다.

　　Rogers는 상담경험을 통하여 자기가 심리적 적응에 아주 중요한 역할을 함을 발견하게 되었다. 자기는 대부분의 현상학적 이론의 중심개념이며, 또한 Rogers에게도 기본적인 개념이다. Rogers의 자기이론에서의 '자기'란 사람들이 자신에게 속한다고 보는 모든 것 즉, 신체적 특징, 능력, 불안감, 포부 등으로 사람들은 살아가면서 여러 가지의 경험을 통하여 서서히 '자기'라는 것을 인식하게 된다는 것이다. 이와 같이 형성된 자기는 개인의 주관적인 경험에 영향을 미치고 우리의 체험과 기억들을 길러내는 기능을 한다.

Rogers 이론의 다른 중요한 특징은 인간은 자신을 유지하고 향상시켜주는 방향으로 자기 자신이 지닌 모든 능력을 개발하려는 강한 성향이 있음을 가정한다. 이와 같이 인간을 자기실현과 성장을 추구하는 낙관적(optimistic)인 존재로 보는 Rogers의 견해는 본능의 욕구를 다스리기 위하여 끊임없이 갈등을 겪는 것으로 묘사한 Freud 의 인간상과 좋은 대조를 이룬다고 볼 수 있겠다.

Rogers는 인간을 전체적으로 혹은 통합적으로 연구하고 이해해야 한다고 생각을 하였다.

그의 이론 속에는 전체주의에 대한 강조가 잘 드러나고 있다. 그 가운데서도 그의 중심이론의 개념인 자아(self) 속에서 이러한 강조가 분명하게 나타난다. 인간의 행동을 설명하기 위해서는 전체적이고, 포괄적이며 단일한 개념을 주장하는 것이 필요하다고 믿는 이론가는 전제조건으로서 전체주의적 가정이 필요한 것이다.

Rogers 이론에서는 자아는 항상 더 원대한 전체성(wholeness)으로 이동해간다. 이러한 견해는 인간발달에 대한 설명에서 현저하게 나타나는 특성으로서 인간발달이 유아가 미분화된 현상학적 장(undifferentiated phenomenological field)에서 출발해서 그 장이 자아와 환경으로 분화되고 유기체가 자아와 자아일치성을 계속 추구하는데 있어서 정점에 도달하는 것으로 보았다. 발달적으로 개인은 그가 건강하다면 항상 전체로 그리고 통합지향적으로 발전해 나아간다는 것이다.

2) 주요개념

(1) 유기체[30]

Rogers의 인간 이해를 위한 철학적 입장은 현상학(phenomenology)의 영향을 받아 형

---

30) 유기체의 특정재료의 분배는 이러한 조건에 의해서 확실하게 조정되지 않는다. 예컨대 우리가 모든 세포부근에 있는 조직에서 발견하는 조직에는 유연성이 있어야 하는데 이 조직 유연성은 세포가 살아 있는 중재물이며, 또 세포가 생존한다면 이는 적절하게 분배되어야 한다. 적절한 조건을 유지하는 것은 해부학적 차단벽에 의한 유동성이 아니라 이전에 상정된 순수한 역동성에 기초하여 생기는 것이다. 조직의 유동성은 혈액에도 해당이 된다. 이러한 화학물질의 공급을 특정한 조직의 생성을 위해서 뿐 아니라, 전제 유기체에 기초가 되는 것이다. 또 시각적 지각 조직화에 직접 부응하는 것은 뇌의 생리학적 과정의 역동적 구조이다. 이러한 역동적 구조들은 멕스웰, 플랑크, 괼러의 의미에서 기능적인 구조의 조직화이다.

성되었다. 철학(philosophy)에서 현상학은 즉각적인 경험에 대한 자료를 기술하는 것을 추구하는 것을 의미하지만, 심리학에서 현상학은 인간의 자각(self-knowledge)과 지각(perception)에 대한 연구를 의미한다. 즉 현상학자가 중요하게 여기는 것은 대상 혹은 사건 그 자체가 아니라 개인이 대상 혹은 사건을 어떻게 지각하고 이해하는가이다.

현상학적 장은 전체를 의미한다.

유기체, 즉 전체로서의 개인은 모든 경험의 소재이다. Rogers가 '경험은 나에게 최고의 권위이다(experience for me is the highest authority)'라고 말한 것처럼, 그는 유기체의 경험을 중요시하였다. 경험은 주어진 순간에 유기체 내에서 진행되는 잠재적으로 자각에 이용될 수 있는 모든 것을 포함하고 있다. 이러한 경험의 전체가 현상적 장(phenomenological field)을 구성한다. 현상적 장은 단지 경험하는 개인에게만 알려질 수 있는 자신의 틀이다. 개인이 행동하는 방식은 외적 자극조건이 아니라 자신의 현상적 장에 의존을 하는 것이다.

(2) 자아(self)

Rogers의 성격이론에서 핵심적인 구조적 개념은 자아(self)로 볼 수 있다. Rogers는 개인은 외적 대상을 지각하고 경험하면서 그것에 의미를 부여하는 존재임을 강조한다. 개인의 지각과 의미의 전체적 체계는 그로 하여금 자신의 현상적 장을 구성하게 된다. 즉 현상적 장 내에 자아가 있다. Rogers는 자아가 불안정하며 끊임없이 변화하는 실체라는 점에서 한 과정으로서 자아를 중요시하였다. 즉 자아는 조직화되고 일관된 Gestalt[31]로 상황이 변함에 따라 끊임없이 형성되는 과정에 있다.

---

31) 1920년대까지 Gestalt Psychology은 일반적으로 지각영역에서 흥미 있는 현상과 관계되는 심리학적 관찰에만 국한되어 있었다. 그러나 이러한 현상들은 그때까지 설명되지 못했으며 두 개의 사물을 특정한 상황에서 다른 지점에서 제시하면 한 물체가 움직이는 것 같이 보이는 것을 관찰자들이 보고했으나, 그 원인을 알지 못했다. 또한 극적인 시각적 착각을 볼 때도 단순한 도형을 지각하는 것이 그 주위 다른 도형에 의해서 어떻게 그리고 왜 영향을 받는지 알지 못했다. 다시 말해서, gestalt psychologist은 이러한 현상들을 상호작용으로 설명하려고 시도했으나, 이러한 상호작용이 왜 나타나는지, 즉 어떠한 힘이나 과정이 관여하는지를 설명할 수 없었다. 지각은 이러한 가설적 원인의 작용만을 나타내지만, 관찰자에게 이러한 물질에 대한 해명은 할 수 없었다. 이러한 지각 사실의 기초가 되는 힘과 과정은 현상적이고 지각된 세계에서만 나타난다. 지각장에서의 이러한 독특한 상호작용을 결정하는 미지의 과정은 뇌에서의 과정으로 주로 회색피질의 기능이다. 지적현상도 뇌기능과 관련된 심리적 과정이지만, 심리학들에게 중요한 의문은 우리가 여러 가지로 지각할 때에 관계되는 생리적 어떤 것이냐

자아 혹은 자아개념(self-concept)은 조직화되고 일관된 지각의 패턴을 나타낸다. 비록 자아는 변하지만, 자아는 항상 패턴으로 형성, 통합, 조직화된 특성을 가진 자아개념을 유지한다.

Rogers의 자아와 관련하여 알아두어야 할 두 가지 내용은 다음과 같다.

첫째, 자아는 내부에 있는 작은 사람이 아니다. 자아는 어떤 것을 하지 않는다. 즉 개인은 행동을 통제하는 어떤 자아를 가지고 있는 것이 아니라 현상적 자아의 일부로서 조직화된 일련의 지각인 자아를 가진다. 둘째, 자아로서 알려진 경험과 지각(perception)의 패턴(pattern)은 일반적으로 자각이 가능하다. 즉, 그것은 의식화 될 수 있다. 개인이 의식하지 못하는 경험을 가지고 있지만 자아는 일차적으로 의식이다.

자아와 관련된 구조적 개념은 이상적 자아(ideal self)이다. 이상적 자아는 개인이 가장 소유하고픈 자아개념으로, 잠재적으로 자아와 관련되고 개인이 높게 가치를 부여하는 지각과 의미를 포함한다.

(3) 성격발달

Rogers는 사람은 누구나 중요한 타인들로부터 사랑받고 인정받고 싶은 긍정적 존중(positive regard)에의 강한 욕구를 지니고 있다고 보았다. 어린이들은 성장하면서 긍정적 존중은 얻어지는 것이 아니라 특정한 조건을 충족시켰을 때 주어진다는 것을 깨닫게 된다. 긍정적 존중의 조건을 깨닫고, 이에 따라 행동하려고 하는 것은 우리 모두를 사회화하는데 아주 중요한 역할을 하는 것이 사실이지만, 때에 따라 역기능도 생각할 수 있다. 즉 긍정적 존중을 얻고자 하는 욕구로 인하여, 그 조건들에 지나치게 집착을 하게 되면, 우리의 성장과 자아실현의 잠재력은 그만큼 감소될 것이다.

Rogers는 기본적으로 누구나 무조건적으로 사랑받고, 존중받는 경험이 필요하다고 주장한다. 만약 이러한 사람이 되어야만 이러한 행동을 해야만 사랑받고 존중받을 수 있다는 생각을 하게 된다면, 자신의 욕구나 경험을 왜곡(perversion)하고 제한하는

하는 것이다. Gestalt는 합성적 전체개념으로 간주된다. 예컨대, Werner는 gestalt를 창조적 변화로 보고 있으며, Lersch는 그의 성격이론에서 통합(integration)으로, Piaget와 Pradines는 '지능의 산물'이라고 정하고 있다. 마하는 전기 자극장과 같은 물리적 체계란 의미에서 gestalt를 '체계(system)'로 보았는가 하면, Duncker와 Karstens는 '정신적 포화'라고 보고 사고모델을 구축하기도 하였다. Gestalt는 전체성, 구조의 성질을 포함한 상위 개념으로 볼 수 있다.

결과를 가져와 자기 안에 내재되어 있는 가능성을 실현하는 데에서 멀어질 수 있다는 것이다. 여기서 무조건적 긍정적 존중(respect)이란 어떤 행동이라도 그대로 수용한다는 의미가 아니라, 인간으로서의 가치와 존중이 다른 어떤 것보다 우선적으로 인정되어야 한다는 것을 뜻한다.

(4) 성격이론의 적용

성격이론이 Rogers의 상담 및 심리치료 경험으로부터 발전했을지라도, 그의 중심 내용은 치료적 과정 그 자체에 근거한다. Rogers의 주요 관심은 성격의 변화가 일어나는 방법이다. 초기에 Rogers는 치료시에 감정 반영의 기술을 매우 중요하게 생각하였다. 이러한 비지시적(nondirective) 접근에는 내담자가 말하는 것에 대해 치료자의 활동과 지도가 최소화된다.

비지시적 상담자(consultant)가 종종 수동적이고 흥미가 없는 사람처럼 지각되기 때문에 Rogers는 자신의 관심을 내담자 중심으로 바꾸었다. 궁극적으로 Rogers는 치료에서의 중요한 변인이 치료적 환경이라고 믿었다. 만약 치료자(healer)들이 내담자에게 현상학적인 의미 있는 방식으로 내담자와의 관계에서 세 가지 조건을 제공할 수 있다면, 자연스럽게 치료적 변화가 일어날 것이라고 생각했다. 상담자(consultant)가 내담자를 조력하기 위해 갖추어야 할 세 가지 태도 혹은 특성은 일치성(congruence or genuineness), 무조건적 긍정적 존중(unconditional positive regard) 그리고 공감적 이해(empathic understanding)인 것이다.

II. 실존주의적 접근

실존주의에서는 인간을 제한된 존재로 본다. 인간은 불안을 극복하고 성장을 이루기 위해 위엄과 자기존중을 유지하며 자기 인생을 살고자 하는 진실성과 용기(courage)를 필요로 한다. 진실성이란, 인간애로서 개인의 의무를 충분히 인식하고 인간의 자유와 책임(responsibility)을 포용함으로써 얻어진다고 본다.

실존주의적 접근은 우리의 심리적 문제가 실존(existence)으로서 인간의 궁극적 관심사에 관련되어 있다고 본다. 이 접근은 분리된 하나의 학파도 아니고 또 기법을 가진 체계적인 모델도 아니다. 실존주의적 접근을 성격이론과 관련하여 살펴보면 다음과 같다.

① 실존주의적 접근은 실존주의 철학에 근거한다. 따라서 잘 알려진 실존주의 철학자인 Kierkegaard(1813~1855), Nietzsche(1844~1900), Heidegger(1889~1976), Sartre (1905~1980) 등이 보는 인간에 대한 이해를 반영한다.

② 실존주의적 접근은 종교철학자들에 의한 영향을 받아 발전해 왔다. 영향을 준 대표적인 종교철학자는 Buber, Tillich 등을 들 수 있다. Buber의 '나-당신의 관계' 혹은 Tillich의 '존재할 용기'에서 강조하는 내용이 실존주의적 상담에 반영되었다고 볼 수 있다.

③ 실존주의적 철학(philosophy)이나 종교철학[32]을 상담(consultation) 및 심리치료에 적용하여 실존주의적 접근을 주장한 학자로는 Binswanger(1881~1966), Boss (1903~1990), Frankle(1905~1997), May(1907~1994), Yalom(1931~) 등이 있다.

실존주의 접근은 지금까지 살펴본 성격이론들과는 다르게 성격발달이나 성격평가에 관한 개념들을 제안하지 않았다. 실존주의 학자들은 존재론적 입장에서 인간이 세계와 관계하는 방식을 주로 강조하였다. 따라서 인간이해에 영향을 끼친 대표적인 인물이 강조한 견해를 이해하는 것이 중요하다.

1) 키에르케고르(Kierkegaard)

헤겔(Hegel)의 관념철학적 사변에 대항하여 실존하는 개인의 내면세계를 철학적 사색의 근본문제로 등장시킨 최초의 철학자이다. Kierkegaard(덴마크의 신학자, 철학자, 사상가; 1813~55)는 진정한 생의 문제들이란 반드시 이른바 '실천적인 개별문제'의 형태를 띠고 있다고 보았다. 이런 문제가 '실존적'인 문제이다. 일반적으로 Kierkegaard를 최초의 실존주의자라고 부르는 것도 이 때문이다.

Kierkegaard는 자유를 가능성이라고 정의하고, 이 가능성을 인간이 가지고 있는 정신적인 면이라고 지칭하고 있다. 인간은 끊임없이 가능성에 의하여 유도되며 창조적인 능력에 의하여 그 가능성을 실현한다. 이 가능성에로 지향하는 자유능력이 동시에

---

32) 宗教哲學: 종교 일반의 본질을 철학의 입장과 방법을 가지고 연구하는 철학의 한 부문.

불안을 수반한다. 불안이란 인간이 자기의 자유에 직면했을 때의 상태이다. 곧 자유와 가능성으로 표현된다. 그 가능성이 마음에 떠오를 때는 언제나 불안이 잠재적으로 같은 경험 안에 존재하고 있는 것이다.

Kierkegaard에게 실존(existence)이란 객관화될 수 없고 대상화될 수 없는 내면성이며 주체성을 지니고 있는 존재였다. 그에게 있어서 실존한다는 것은 무엇보다도 단독자임을 뜻했으며, 신 앞에 서있는 나, 즉 그 사이에는 아무것도 없다는 것이다. 이같은 실존은 진실로 불안의 존재이며 불안 속에서 살아가는 존재이고, 언젠가 한번은 꼭 죽음에 이르러야 할 유한적인 존재인 것을 의미하는 것이다.

2) Nietzsche

'신은 죽었다'라는 명제를 통해 그 시대의 모든 기독교적인 가치를 부정하였다. 그러나 Nietzsche(독일의 철학자; 1844~1900)의 부정은 '모든 것을 부정하여 더 이상 부정할 것이 없는 상태'에서 새로운 가치를 창조하기 위한 건설적인 부정이었다. '지금까지의 가치에 매달려 온 인간은 이제 자기 스스로 극복하지 않으면 안 된다.'

이 말을 통해 그는 새로운 인간상으로 초인을 제시하고 있다. Nietzsche가 이상으로 삼는 초인은 종교적이고 초월적인 도덕(morality)을 거부하는 현세중심적인 인간인 동시에 민주주의적인 인상을 거부하는 엘리트(elite)의 상징(symbol)이다. Nietzsche의 초인은 아무 주저 없이 스스로를 의지에 따라서 가치를 변혁하고 새로운 가치를 만들어내는 사람이다. Nietzsche는 인간은 고정적이지 않고 어디인가에 새롭게 생성되어가는 존재로 파악을 한다.

3) Heidegger

그의 주요 저서인 '존재와 시간(being and time)'에서 현상학적인 관점에서 인간에 대한 이해를 시도하였다. Heidegger(독일의 철학자; 1888~1976)는 존재(existence)를 이해하고 있는 인간을 '현존재'라 하였다. 이러한 현존재는 단순히 사물이나 도구적 존재가 아님을 보여준다. 현존재는 세계 안에서 다른 많은 존재들과 관계를 맺는 가운데 본래적인 존재방식을 상실하고 비본래적인 존재방식을 취하게 된다. 이와 같이 본래적 자기를 상실한 현존재를 그는 '일상인'이라고 하였다.

일상인으로서의 현존재는 평균화되고 책임(responsibility)을 지지 않는 비개성적인 인간으로 전락해버린다. 이러한 일상인은 불안에서 헤어날 수 없다. 일상인으로서의 현존재가 불안으로부터 벗어나려면 본래적인 자기를 근원적으로 이해하고 본래적인 자기로서 존재할 것을 결단하지 않으면 안 된다. 이와 같이 본래적인 자기에로 자기 자신을 내어던지는 것을 기투라고 하였다. 이러한 기투에 의해 본래적인 존재방식을 찾는 것이 존재방식이다.[33]

4) May

May는 미국에서 유명한 실존주의적 상담자로 현대사회에서 인간이 직면하는 불안과 고독에 관심을 가졌다. 존재론적(存在論的) 입장에서 인간에 대한 이해를 추구하였다. May는 Descartes의 '나는 생각한다, 그러므로 나는 존재한다'는 말을 바꾸어 '나는 존재한다, 그러므로 나는 생각하고, 느끼고, 행동한다(I am, therefore I think, I feel, I do)'라고 표현을 하였다.

May는 인간(human being)이란 용어에서 존재(being)는 진행형으로 어떤 것이 되어가는 과정을 함축하고 있으며, 명사로 이해한다면 잠재력의 원천을 의미한다고 지적을 하였다.

그는 이런 점에서 '되어가는(becoming)'이란 말이 정확한 의미를 전달하는 것으로 여겼다. 인간은 다른 생물과 달리 자기에 대한 지각을 하는 존재임을 강조하였다. 즉 도토리가 가진 잠재력은 자동적으로 도토리나무가 되게 하지만, 인간은 자기 자신이 되려면 자신에 대해 자각해야 하며, 자신에 대해 책임져야 하는 특별한 존재임을 자각하여야 할 것이다.

🍃 12. 실존과 실존주의의 이해

실존(existence)이란 인간 존재의 특유한 존재방식을 뜻한다. 따라서 그것은 어디까

---

33) 노안영, 강신영(2005), 성격심리학, 학지사, pp. 344~345.

지나 인간의 현재에 관계하는 것이며 인간의 본질이 무엇인가 하는 본질에 대한 규명의 문제는 직접적인 관심사가 아니다. 실존은 본질에 선행한다. 실존은 밖(ex)에 나타나(sister) 있는 것을 의미하므로, 실존철학(19세기의 합리주의적 관념론 및 실증주의에 대한 반동으로 일어난 주체적 존재로서의 실존을 중심 개념으로 하는 철학적 입장) 역시 인간의 숨겨진 본질보다는 드러나 있는 인간의 존재방식을 묻고 그것을 규명하려는 노력이다.

실존은 현실의 존재, 사실의 존재, 진실의 존재에 대한 새로운 표현이라고 할 수 있다.

실존주의[34]는 인간의 존재에 관심을 둔다. 인간의 가장 직접적인 경험인 그 자신이 존재에 초점이 맞추어져 있다. 인간의 존재를 무에서 시작된 자유로운 존재로 본다. 인간은 사전에 그 무엇에 의해서도 규정되어 있지 않기 때문에 자신을 규정할 수 있는 힘은 오로지 자신에게만 있다고 본다.

실존주의적 접근에서 기본적인 인간조건을 결정하는 범주(category)에 속하는 것은 자각의 능력, 자유와 책임감(sense of responsibility), 자신의 정체성을 창조하고 다른 사람과 의미 있는 관계를 확립하는 것, 의미, 목적, 가치 그리고 목표의 탐구, 삶의 조건으로서 불안, 죽음의 자각이다. 실존의 의미성은 인간이 결코 고정되어 있지 않다는 것이다. 차라리 우리는 이 세상에 던져진 우리를 계속적으로 재창조한다고 보고 있다.

🌿 13. 사회학습이론 관점의 성격이론

1) Rotter의 이론

Rotter(Julian B. Rotter, 1916~, 미국 뉴욕 출생, 1941년 인디애나 대학에서 박사학위

---

34) 실존주의: ① 19세기의 합리주의적 관념론이나 실증주의에 반대하여, 개인으로서의 인간의 주체적 존재성을 강조하는 철학. 19세기의 키에르케고르와 니체, 20세기 독일의 하이데거와 야스퍼스, 프랑스의 마르셀과 사르트르 등이 대표자이다. ② 실존철학의 사조나 경향. 독일에서는 실존철학이라고 하며 야스퍼스가 쓰기 시작하였고, 프랑스에서는 철학 외에도 문학과 종교를 포함하여 실존주의라고 이른다.

를 받음, 오하이오 주립대학 심리학 교수로 연구를 하였다)는 행동이 학습된다는 점에는 동의를 하였지만 외적 변인들에 의해서만이 형성된다는 Skinner(1904~1990)의 견해에는 찬성하지 않았다.

Rotter는 '행동은 진공상태에서 발생하지 않는다. 인간은 외적 그리고 내적 환경의 여러 측면에 반응한다'라고 언급을 하였다.

행동을 설명하기 위해서는 유기체의 외적 그리고 내적 측면, 즉 외적인 강화와 내적인 인지과정을 살펴보아야 한다고 주장을 하였다. Rotter를 사회학습이론(social learning theory)가로 보는 이유는 인간행동이 주로 사회적 경험을 통해 학습된다는 Rotter의 믿음에 근거를 두고 있는 것이다.

Rotter는 하위동물의 행동을 설명하기 위해 사용된 원리로 복잡한 인간행동을 설명하는 것은 너무 제한적이라고 주장하면서 급진적 행동주의자의 입장을 비판하였다. 동물대상의 연구는 보다 복잡한 인간의 사회적 대상으로 연구를 하였지만, 여전히 잘 통제된 실험실 상황의 연구를 통해 개념들을 발전시켰다는 것이다.

Rotter는 외부의 강화가 중요한 역할을 하지만, 강화의 효과(effect)는 내부적인 인지적 요인에 달려 있다고 보았다.

따라서 그는 사람들이 어떤 상황에서 할 행동을 예언하기 위해, 지각 기대, 가치와 같은 변인을 고려해야 한다고 주장을 하였다. 성격에 대한 Rotter의 접근은 강화이론과 인지이론이라는 절대로 만날 수 없을 것 같은 평행선을 달리는 두 이론을 통합시키려고 했다는 점에서 그 의의가 매우 깊다고 보아야 할 것으로 보인다.

(1) Rotter의 기대-강화가치 모델론

기대-강화가치 모델은 두 가지 기본가정에 근거를 하고 있다.

첫째, 성격은 학습된다는 점

둘째, 성격은 구체적 목적으로 동기화된다는 점

성격의 기능을 설명하기 위해 Rotter는 네 가지 개념, 즉 행동잠재력(behavior potential), 기대(expectancy), 강화가치(reinforcement value), 심리적 상황(psychological situation)을 언급하였다.

'행동이 어떤 특별한 상황에서 일어날 잠재력은 그러한 행동이 그러한 상황에서 특별한 강화로 이끌 기대와 그러한 강화가치의 함수이다.' 이러한 Rotter의 기대-강화가치 모델의 공식은 다음과 같다.

$$\text{Behavior Potential(BP)} = f[\text{Expectancy(E)}, \text{Reinforcement Value(RV)}]$$
$$\text{행동잠재력(BP)} = f[\text{기대(E)}, \text{강화가치(RV)}]$$

Rotter의 성격이론은 기본적으로 학습 및 원리에 근거한다. 즉 개인의 대부분 행동은 학습되며 행동은 다른 사람들과의 경험을 통해 획득된다는 것을 가정한다. Rotter는 행동을 예언하기 위해서 개인의 과거경험을 심층적으로 탐색할 필요가 없다고 믿었다. 대신에 그는 우리가 현재 행동을 예언하는데 도움이 되는 과거사건에 초점을 두어야 한다고 주장하였다.

Rotter는 개인의 경험과 상호작용은 계속적으로 서로 영향을 준다는 점에서 성격의 통합성 혹은 상호의존성을 강조하였다. 과거경험은 현재경험에 영향을 주고, 현재경험은 과거에 학습된 것들을 변화시킨다.

그는 성격은 개인이 계속적으로 새로운 경험에 노출되기 때문에 변화하고, 이전경험이 새로운 학습에 영향을 주기 때문에 안정적이라고 보았다. 성격의 통합성 혹은 상호의존성인 다른 측면은 다른 동기들이 기능적으로 관련된다는 점이다. 강화 역시 기능적으로 관련될 수 있다.

Rotter는 우리의 많은 행동이 목표지향적임을 가정한다. 즉 그는 인간행동이 보상을 최대화하고 처벌(punishment)을 최소화하거나 피하기 위해 동기화된다고 가정한다. 동기에 대한 두 가지 측면을 고려하는 것이 중요하다.

① 사회학습 이론가들이 행동의 방향을 결정하는 편을 환경조건에 초점을 둘 때 그들은 목표 혹은 강화에 대해 이야기하고 있다. 그러나 그들이 행동의 방향을 결정하는 사람에게 초점을 둘 때 그들은 욕구에 대해 이야기하고 있다. Rotter에게 목표와 욕구의 구별은 단순히 편리를 위한 것이었다.

② 사회학습 이론가들은 초기 목표들이 가족상황 내에서 학습된다는 것을 가정한다.

(2) 심리적 욕구

Rotter는 모든 행동은 방향성을 가지고 있다고 가정을 하고 있다. 즉 행동은 어떤 목표에 지향되어 있다고 보았다. 행동의 방향성은 강화의 효과로부터 추론되며 선택적으로 환경단서에 반응할 능력(ability)을 설명해 준다.

인간의 주요한 동기는 모든 상황에서 정적 강화는 최대화하고 부적 처벌(punishment)은 최소화하는 것이다. 이미 지적한 것처럼, Rotter는 행동의 내적 및 외적 요인 간에 상호작용을 강조한다. 즉 외적 조건을 기술을 할 때는 강화물에 초점을 두며, 내적인 인지요인을 언급할 때는 욕구에 초점을 둔다.

학습된 욕구는 타인에 의존하기 때문에 그 기원에서는 사회적이다. 유아나 아동이 욕구의 만족과 강화를 위해서 다른 사람 특히 부모에게 의존한다는 것이 분명하다. 자라면서 강화는 선생님이나 친구를 포함한 좀 더 넓은 범위의 사람들에게 의존하게 된다. 어른이 되면서 사랑, 감정, 인정 같은 욕구들에 대한 만족은 타인들에게 의존하게 된다.

Rotter가 인간의 동기와 관련하여 제안한 개념이 욕구잠재력(need potential)이다. 개인의 행동, 욕구, 목표는 서로 관련되며 기능적으로 관련된 체계 내에 있다. 이러한 체계 내에서, 같거나 유사한 강화를 야기할 수 있는 관련된 행동이 동시에 일어날 수 있는 기능성이 욕구잠재력이다.

기능적으로 묶어질 수 있는 행동의 유형은 관찰할 수 있는 행동에서부터 내현적인 인지에까지 걸쳐 있다. 그리고 Rotter는 6단계의 욕구범주를 체계화하고 있으며 그 내용은 다음과 같다.

① 인정/지위욕구

이 욕구는 전문적, 사회적, 직업적 혹은 여가 활동에 있어 유능하다는 평가를 받고 싶은 욕구이다. 즉 다른 사람들보다 유능(competence)하고 훌륭하게 보이기를 원하는 욕구이다.

② 보호/의존욕구

타인으로 하여금 좌절 혹은 처벌을 예방하도록 하거나 자신의 욕구만족을 위해 타인에게 의존하는 욕구이다.

③ 지배욕구

가족 구성원이나 친구를 포함한 다른 사람들의 행동을 이끌고 통제하려는 욕구이다. 즉 자신이 제안한 대로 타인이 어떤 행동을 하도록 하는 욕구이다.

④ 독립욕구

자신이 결정을 하고 자기 자신에게 의존하고자 하는 욕구이다. 즉 타인의 중재없이, 직접적으로 만족을 얻기 위한 기술을 개발하고자 하는 욕구이다.

⑤ 사랑/애정욕구

타인에게 수용되고 좋아함을 받고자 하는 욕구이다.

⑥ 신체적 안락욕구

안전달성과 관련이 있는 신체적 만족에 대한 욕구이다.

2) 개인구성개념이론의 Kelly

(1) 개인구성개념(personal construct)

Kelly(George A. Kelly, 1905~1967, 미국 캔사스주 Wichita에서 출생, Iowa 대학에서 심리학 박사학위를 받았다. 그리고 그는 오하이오 주립대학에서 성격이론을 체계화하고 많은 심리학적 연구를 하였다)는 개인이 자신의 환경에 대한 인지적 구성개념을 강조하며, 그러한 구성개념에 의해 사건을 예견하고 해석한다는 것이다.

이런 점에서 그는 인간을 일어나는 사건을 관찰하고, 의문을 던지고, 탐구하는 과학자로서 보았다.

모든 사람들은 자기가 독특하게 형성한 구성개념을 바탕으로 과학자처럼 사건을 예견하고 해석하면서 삶을 영위한다는 것이다. 따라서 개인의 성격을 파악하기 위해서 그가 접하는 세계를 조직화(organization)하고 해석하는 방식인 구성개념(과학적인 처리에 따라 조작적으로 만들어진 개념)을 이해해야 한다는 것을 강조하였다.

Kelly의 개인구성개념이론은 임상가로서 문제를 가진 사람들을 돌보는 자신의 경험으로부터 비롯되었다. 그러한 경험으로부터 그가 개발한 인간성의 모델(model)은 과학자들이 하는 것과 같은 방식으로 기능한다는 '과학자로서 인간'이라는 독특한 입장이었다.

과학자는 이론과 가설(hypothesis)을 구성하여 실험실에서 실험을 수행함으로써 자신의 가설이 현상을 얼마나 정확하게 예언하는가를 검증한다.

인간성격에 대한 Kelly의 개인구성개념이론이 개인의 독특성과 주관성을 강조한 점에서 그의 이론을 현상학적 입장으로 분류하기도 한다. 이것은 Kelly의 인지적 입장이 정보처리적 측면에서 인지과정을 연구하는 인지심리학(cognitivepsychology)과 매우 다르기 때문이다.

요약하면 Kelly는 개인구성개념이론에 따라 사람들의 행동이 다른 이유가 주로 그들이 세계를 해석하는 방식이 다르기 때문에 비롯된다는 입장을 유지하였다. 그가 주장한 구성개념적 대안주의(constructive alternativism)는 그의 인지적 입장을 강조하는 이론의 토대이다.

구성개념적 대안주의의 가정은 개인이 자신의 현재 해석을 변화시키거나 대체할수 있다는 것이다. 즉 우리는 언제나 우리의 생각의 틀인 구성개념을 변화시킬 수 있다. 구성개념적 대안주의는 역시 개인구성개념이 완전하게 사전에 결정되어 있지 않는다는 것을 함축한다. 우리는 어느 정도 자신의 경험을 재해석하는데 항상 자유롭다. 그러므로 Kelly는 인간을 스스로 선택하고 결정하는 책임있는 수행자로서 접근하였다고 볼 수 있다.

(2) 과학자로서 인간

Kelly의 성격이론은 개인이 자신의 삶을 해석하는 방법에 맞추어져 있다. 그의 인간에 대한 연구는 모든 인간이 과학자라는 가정, 즉 과학자로서 인간(man the scientist)의 관점에 근거를 하고 있다. 일반적으로 과학자의 궁극적 목적은 예언하고 통제하는 것이라고 말한다.

우리는 과학자가 자신의 이론을 형성하고 검증하는 방식과 유사한 방식으로 일어나는 사건을 관찰하고, 의구심을 갖고 탐색하면서 예언(prophecy)하고 통제하려는 시도를 계속하면서 우리의 삶을 영위한다.

(3) 개인구성개념

Kelly는 우리가 사건을 해석하고 예언하는데 사용하는 인지적 구조를 개인구성개념이라 했다. 개인구성개념[35]은 개인이 세계 속에 있는 사건을 보는 방식으로 인생

---

35) 이 이론을 응용하여 개발된 치료방법이 고정역할치료이다. 고정역할치료는 역할 시연 기법을

의 사건을 해석하거나 설명하기 위해서 고안된 지적 가설이다. 개인은 자신의 구성개념이 일상생활의 현실(actuality)을 예언하고 설명하리라는 기대에 따라 행동한다. 개인은 과학자처럼 계속적으로 이러한 가설을 검증한다. 개인은 자신의 구성개념에 근거하여 행동하며 행동한 결과를 평가한다.

따라서 이 지구상에 당신과 동일한 구성개념을 가진 사람은 없으며, 마찬가지로 당신과 동일한 방식으로 구성개념을 조직화하는 사람도 없다고 보면 된다.

구성개념의 변경과 수정은 필요하고 계속되는 과정이다. 즉 우리는 어떤 상황에 적응하기 위해 대안적인 구성개념을 가져야 한다.

Kelly는 인간이 갖는 이러한 적응성을 구성개념적 대안주의(constructive alternativism)라고 하고, 인간은 그가 갖고 있는 구성개념을 상황에 맞는 대안적 구성개념으로 수정을 하거나 대체하는 주체로서 현실에 적응해 가는 존재임을 의미한다. 만약 우리의 구성개념이 유연성이 없고 수정될 수 없다면, 우리는 새로운 상황에 대처하거나 적응할 수 없을 것이다.

(4) 기본가정 및 추론

Kelly는 자신의 성격이론인 개인구성개념이론을 설명하기 위해 기본가정과 11가지 추론을 제시하였다. 기본가정과 추론을 살펴보면 그 내용은 다음과 같다.

■ **기본가정**

개인(person), 과정(process), 심리적(psychologically), 통로화된(channelized), 방식(ways), 그가(he), 예견(anticipates), 사건(events).

■ **추론**

① **구성개념 추론**: 개인은 사건의 반복을 해석함으로써 사건을 예견을 한다(a person anticipates events by construing their replications). 이 추론은 반복되는 사건들 간의 유사성 때문에, 우리가 미래에 그러한 사건을 어떻게 경험할 것인가를 예견하거나 예언할 수 있다는 것을 의미한다.

사용하여 사람들이 새로운 조망을 얻고, 보다 편리한 생활방식을 달성하도록 돕는 치료 접근방식이다.

② **개별성 추론**: 사람들은 각자가 갖는 사건의 구성개념에 있어 서로 다르다(person differ from each other in their construction of events). 이 추론은 개인이 사건을 해석하는데 있어 보이는 개인차를 강조한 것이다. 즉 사람들은 각기 다른 방식으로 사건을 지각하고 해석한다는 것을 의미한다.

③ **조직화 추론**: 구성개념들 간의 관계성을 강조한 것이다. 즉 개인은 구성개념들의 유사성과 차이점에 따라 구성개념들을 체계적 패턴으로 배열한다는 것을 말한다.

④ **이분법 추론**: 두 개의 서로 배타적인 대안적 구성개념을 가정한 것으로, 구성개념이 양극적임을 의미한다. 예컨대, 정직에 대한 견해를 가진다면, 우리는 거짓에 대한 개념을 가져야 한다.

⑤ **선택추론**: 개인의 선택 자유를 가정한 것으로, 개인은 자신에게 가장 부합하게 작동하는 대안적 구성개념을 선택한다는 것을 말한다. 개인이 선택한 구성개념은 그에게 예견되는 사건의 결과를 예언하도록 허용할 것이다.

⑥ **범위추론**: 구성개념의 편리함 혹은 적용성의 범위를 강조한 것으로, 개인의 어떤 구성개념이 단지 하나의 상황이나 한 사람에게 제한될 수도 있고, 많은 상황이나 많은 사람들에게 적용될 수 있다는 것을 의미한다.

⑦ **경험추론**: 새로운 경험에 대한 노출을 강조한 것으로, 인간은 끊임없이 경험을 통해 자신의 구성개념을 검증하여 불필요하고 부적절한 구성개념을 수정하고 대체해간다는 것을 의미한다.

⑧ **조절추론**: 구성개념의 새로운 경험에 대한 적응을 강조한 것으로, 구성개념의 침투성에 따라 새로운 요소를 편리함의 범위에 투과시키거나 받아들이도록 허용한다는 것을 말한다. 즉 어떤 구성개념은 새로운 사건 및 경험에 개방적이며 그러한 사건이나 경험에 의해 수정되고 확장될 수 있다.

⑨ **분열추론**: 구성개념들 간의 경쟁을 강조한 것으로, 개인은 때때로 자신의 전체적 구성개념 체계 내에 모순되거나 비일관적인 하부 구성개념들을 가질 수 있다는 것을 말한다.

⑩ **공통성 추론**: 사건을 해석하는 사람들 간의 유사성을 설명한 것으로, 개인의 구성개념은 독특하지만, 같은 문화 혹은 집단에 속한 사람들은 유사한 구성개념들을 가진다는 것을 말한다.

⑪ **사회성 추론**: 인간의 대인관계를 강조한 것으로, 우리는 타인이 생각하는 방식을 이해하고 타인이 어떤 행동을 할 것인가를 예견하려고 노력하며, 그것에 따라 우리의 행동을 수정한다는 것을 의미한다.

3) Ellis, Beck의 인지적 성격이론

(1) Ellis의 인지적 성격이론

Albert Ellis(1913~)는 인지(cognition), 정서(emotion), 행동치료(rational emotive behavior therapy: REBT)를 발달시켰다. Ellis는 합리적 이성이 중요하다는 기본가정에서 1955년에 처음으로 그의 상담접근방법을 '인지치료(rational therapy)'라고 불렀으나, 1961년에 인지-정서치료(rational-emotive therapy)로 변경한 후 1993년에 인지, 정서, 행동치료로 용어를 정리하였다. 이러한 발달과정 때문에 Ellis는 자신의 상담접근이 최근의 주요한 상담 및 심리치료의 경향인 인지치료(cognitive therapy)의 원조라고 하였다.

Ellis는 인지, 정서, 행동치료를 주장한 최초의 학자로서 스토아 철학자인 에픽테투스(Epictetus)의 말을 자주 인용을 하고 있다. Epictetus는 '우리를 당황하게 하는 것은 우리에게 일어난 사건이 결코 아니다. 그것은 이러한 사건을 보는 우리의 관점이다'라고 주장을 하였다.

즉 우리의 생각 혹은 신념체계를 바탕으로 일어난 사건을 어떻게 해석하느냐에 따라서 삶이 달라진다는 것이다. 불교(Buddhism)에서 강조하는 일체유심조(一切唯心造) 즉 '세상사가 마음먹기에 달려 있다', '모든 것은 하나의 마음에서 비롯되기에' 이러한 내용도 우리의 생각을 강조한 내용이다. 우리가 어떻게 생각하고 마음을 내느냐에 따라 일체의 내용이 달라질 수 있는 것이다.

(2) 성격의 세 가지 측면

① 성격의 생리적 측면

Ellis는 인간 성격의 생물학적 측면을 우선으로 강조를 하고 있다. 인간에게는 사용되지 않은 거대한 성장 자원이 있으며 자신의 사회적 운명과 개인적 운명을 변화시킬 수 있는 능력이 있다고 주장하는 반면, 그와 동시에 사람들이 비합리적으로 생각하고 스스로에게 해를 끼치려는 예외적으로 강력한 선천적 경향성도 가지고 있다고 본다.

이러한 인간 성향(inclination)은 개인이 자신의 인생에서 일어나는 모든 일에서 최상의 것을 원하고 또한 주장하는 경향성을 가지고 태어난다는 것이다. 그리고 자신이 원하는 것을 얻지 못한다고 여길 때에

① 자신
② 타인
③ 세상을 두루 비난하는 강한 경향을 가지고 태어난다는 것으로 요약할 수 있다. 즉 생득적인 자기파괴(self-sabotaging) 방식으로 자기 자신을 파괴한다.

② 성격의 사회적 측면

인간은 사회집단 내에서 성장되고, 인생의 대부분을 타인에게 인상을 남기려 하고, 타인의 기대에 맞춰 살고, 타인의 수행을 능가하려고 노력하는 데 바친다. 즉 타인이 자신을 인정하고 승인한다고 믿고 있을 때, 보통자기 '자신'을 '선량하고 가치있는' 사람으로 본다.

Ellis에 따르면, 정서적 장애는 타인들이 생각하는 것에 대해 지나치게 많은 염려를 하는 것과 관련되며, 다른 사람들이 자신을 좋게 생각할 때만 자신 스스로를 수용할 있다는 믿음으로부터 기인한다고 보면 되는 것이다. 그 결과 타인의 인정을 받고자 하는 욕망이 커지게 되어 타인에 대한 인정과 승인에 대한 욕구가 절대적이고 긴박한 욕구가 된다. 이렇게 되는 것이 불안과 우울을 피할 수 없게 되는 요인이 되는 것이다.

③ 성격의 심리학적 측면

Ellis는 슬픔, 유감, 좌절감과는 구별되는 정서적 혼란이 비합리적인 신념에서 유발된다고 보았다. 다시 말해, 개인이 일단 비합리적인 사고를 통해 불안과 우울을 경험하게 되면, 자신이 스스로 불안하고 우울한 것에 대해 불안해하고 우울해할 것이다. 그래서 일종의 악순환(vicious circle)을 경험하게 되는 것이다.

개인의 현재 감정 측면에서 볼 때 그 감정에 더 초점을 둘수록 그 감정들은 더 많이 나빠질 가능성이 높은 것이다. 따라서 바람직하지 못한 감정을 차단하는 보다 논리적인 관점은 개인으로 하여금 불안을 생성하는 신념체계에 초점을 맞추도록 하는 것이다.

ⓐ 당위주의

우리를 파멸로 몰아넣은 근본적인 문제는 우리가 갖고 있는 비합리적 신념이다. 우리가 주어진 상황을 긍정적으로 생각하느냐와 부정적으로 생각하느냐에 따라 엄청나게 다른 정서적, 행동적 결과를 낳는다는 것을 흔히 경험한다. 마찬가지로 사고, 감정, 행동은 상호 밀접하게 관련되어 순환적인 관계를 이루고 있다. 비합리적인 신념에 의해 야기된 부적절한 감정이나 역기능적 행동은 다시 또 다른 비합리적 생각을 촉발하는 악순환을 되풀이하게 된다.

인간은 근본적으로 불완전한 존재이다. 전지전능하지 않기 때문에 인간과 관련하여 당위성을 강조하는 것은 비합리적이다. 대체로 비합리적인 신념의 뿌리를 이루고 있는 것은 세 가지 당위성, 즉 자신에 대한 당위성(I must), 타인에 대한 당위성(others must), 조건에 대한 당위성(conditions must)과 관련이 있다.

ⓑ 자신에 대한 당위성

우리 자신에 대해 당위성을 강조하는 것이다. 나는 훌륭한 사람이어야 한다, 나는 실수를 해서는 안 된다, 나는 적절하게 행동을 해야 한다 등 수없이 일종의 자기최면 같은 내용으로서, 우리는 자기의 당위성에 매어 있는 경우가 많다.

ⓒ 타인에 대한 당위성

ⓓ 조건에 대한 당위성

(3) 비합리적 사고

Ellis가 말하는 정서장애의 원인이 되고 유지시키는 비합리적인 내용은 다음과 같다.

① 알고 있는 모든 의미 있는 사람들로부터 인정받고 사랑받는 것이 필연적이라는 생각
② 자신이 가치 있는 사람이려면 모든 측면에서 능력이 있고, 적절하고, 성취적이어야 한다는 생각
③ 어떤 사람은 나쁘고 사악해서 그러한 사악함 때문에 가혹하게 비난받고 처벌받아야 한다는 생각
④ 일이 자기가 원하는 대로 되지 않을 때, 끔찍하고 파국적이라는 생각

⑤ 인간의 불행은 외적인 사건에서 비롯되었고 사람들은 자신의 슬픔과 장애를 통제할 능력이 없다는 생각

⑥ 위험하거나 두려운 일이 있으면 그 일에 대해 몹시 걱정하고 그 일이 일어날 가능성을 계속해서 가져야 한다는 생각

⑦ 인생의 어려움이나 자기-책임감을 직면하는 것보다 피하는 것이 보다 용이하다는 생각

⑧ 사람은 다른 사람에게 의지해야 하고 의지할만한 자신보다 강한 누군가가 있어야 한다는 생각

⑨ 자신의 과거사가 현재 행동의 주요한 결정요인이며 일어났던 중요한 일이 자신의 인생에 영향을 미쳤던 것처럼 그것이 유사한 영향을 미치리라는 생각

⑩ 타인의 문제나 장애로 인해 자신이 몹시 당황하거나 속상해야 한다는 생각

⑪ 문제의 완전한 해결책이 항상 있고 만약 이러한 완전한 해결책을 찾지 못하면 파국이라는 생각

(4) ABC 이론

Ellis는 신념체계를 합리적인 것과 비합리적인 것으로 분류를 하였다. 합리적 신념을 갖는 사람은 일어난 사건에 대해 합리적 해석을 하여 대처하기 때문에 바람직한 정서적, 행동적 결과를 초래한다. 그러나 비합리적 신념체계를 가진 사람은 일어난 사건에 대해 비합리적으로 해석하여 바람직하지 않은 정서적, 행동적 결과를 경험하게 된다.

그러므로 Ellis에 따르면 정신적으로 건강한 사람은 합리적 신념체계에 따라 행동하는 사람이며 건강하지 않은 사람은 비합리적 신념체계의 지배를 받는 사람이다. 우리의 정서적, 행동적 결과에 영향을 미치는 원인으로 사건보다는 신념체계의 중요성을 인지, 정서, 행동치료를 ABC 이론이라고도 한다.

여기서 A는 의미있는 활성화된 사건(activating events)을, B는 신념체계(belief system)를 그리고 C는 정서적, 행동적 결과(consequences)를 의미한다.

4) Beck의 인지적 성격이론

Beck(Aron T. Beck, 1921~, 로드아일랜드 출생, 1946년 예일대 박사학위 받음, 1954

년 펜실베니아 대학의 정신과 교수로 활동, 우울, 자살, 불안, 공황장애, 물질남용, 결혼문제, 성격장애 등에 걸쳐 많은 연구를 하였으며 350편의 연구논문과 12권의 저서를 집필)의 인지적 성격이론의 토대가 된 인지치료의 세 가지 주요 원천은 심리학의 현상학적 접근, 구조이론 및 심층심리학 그리고 인지심리학이다. 현상학적 접근은 개인이 자기와 사적 세계에 대한 견해가 행동의 핵심이라는 것을 설명한다.

Kant(Immanuel, 독일의 철학자; 1724~1804)의 구조이론 및 Freud(Sigmund, 오스트리아의 정신분석학자, 의학자; 1856~1939)의 심층심리학(深層心理學, 정신의 의식적 부분에 대해 무의식적 부분의 기능을 다루는 심리학)이 두 번째 원천에 해당되는데, 특히 Freud의 일차적 그리고 이차적 과정에 대한 인지의 위계구조 개념에서 비롯된다. 세 번째 인지심리학(cognitive psychology)은 Beck의 이론 형성에 많은 영향을 끼쳤다. 인지치료의 선구자로 여겨지는 Kelly의 구성개념과 행동변화에 있어 신념(belief)의 역할을 강조한 점은 Beck에게 많은 영향을 주었다. 사람들은 조력하는데 있어 정신분석보다 더 효율적이며 효과적인 방법을 발견하려고 노력한 결과, Beck은 주로 Kelly, Adler, Horney의 생각을 바탕으로 자신의 인지치료를 개발하였다.

(1) 인지수준(levels of cognitions)

인지는 네 가지 수준, 자동적 사고(automatic thoughts), 중재적 신념(intermediate beliefs), 핵심신념(core beliefs) 그리고 스키마(schemas)로 분류될 수 있다.

① 자동적 사고

자동적 사고는 우리의 마음속에 계속적으로 진행되는 인지의 흐름이다. 자동적 사고는 상황과 정서를 중재한다.

② 중재적 신념

중재적 신념은 사람들의 자동적 사고를 형성하는 극단적이며 절대적인 규칙과 태도를 반영한다.

③ 핵심신념

자동적 인지에 바탕이 되는 자신에 대한 중심적 생각이며, 보통 자신의 중재적 신념에 반영되어 있다. 핵심신념은 보편적이며 일반화된 절대적인 것으로 볼 수 있다.

핵심신념은 세계, 타인, 자신 그리고 미래에 대한 자신의 견해를 반영한다.

④ 스키마

스키마[36]는 핵심신념을 수반하는 정신 내의 인지구조로 정의된다. Beck은 스키마를 정보처리와 행동을 지배하는 구체적 규칙으로 보았다.

(2) 자동적 사고(automatic thoughts)

자동적 사고는 정서적 반응으로 이끄는 특별한 자극에 의해 유발된 개인화된 생각으로 노력 혹은 선택 없이 자발적으로 일어난다. 자동적 사고는 사람들이 자신의 경험으로부터 생성한 신념과 가정을 반영한다. 심리적 장애를 가진 사람의 자동적 사고는 흔히 왜곡되어 있거나 혹은 극단적이거나, 부정확하다.

자동적 사고의 주요한 특징은 다음과 같다.

① 자동적 사고는 구체적이며 분리된 메시지이다.
② 자동적 사고는 흔히 축약해서 언어, 이미지 또는 둘 다의 형태로 나타난다.
③ 아무리 비합리적이라 할지라도 거의 믿어진다.
④ 자발적인 내용으로 경험된다.
⑤ 당위성을 가진 말로 표현된다.
⑥ 극단적으로 보지 않는 경향성을 내포한다.
⑦ 개인에 따라 독특하게 나타난다.
⑧ 중단하기가 쉽지 않다.
⑨ 학습된다.

(3) 인지적 왜곡(cognitive distortion)

인지적 왜곡은 생각에 있어 그릇된 가정 및 잘못된 개념화로 이끄는 체계적 오류이다. 인지적 왜곡은 정보처리가 부정확하거나 비효과적일 때 나타나며 대개 비현실적인 세계관을 나타내거나 비논리적인 추론과 관련된다.

---

36) 스키마(schemas)는 Moss(1992)가 명명한 인지의 세 구성 요소(cognitive triad)인 자신, 세계, 미래를 보는 개인의 특유하고 습관적인 방식이다. Beck은 schemas 작업을 치료과정의 핵심이라고 보았다.

인지적 왜곡은 별다른 노력 없이도 자발적이고 자동적으로 발생하는 것처럼 보인다. 그래서 그것은 또한 부정적 자동적 사고라고 불린다. 자동적 사고는 순간 우리에게 떠오르는 생각이나 영상을 말한다.

사람들에게 나타나는 인지적 왜곡의 유형에는 자의적 추론(arbitrary inference), 선택적 추상(selective abstraction), 과일반화(over-generalization), 극대화(minimization), 개인화(personalization), 이분법적 사고(dichotomous thinking), 정서적 추론(emotional reasoning), 긍정격하(disqualifying), 파국화(catastrophizing), 명명(labeling) 등이 있다.

(4) 인지 타당성 평가

Beck과 Emery는 인지 타당성을 평가하는 5단계 과정을 머리글자 A-FROG로 설명을 하였다. A-FROG는 개인이 합리적으로 생각하고 있는가의 여부를 평가하는 것으로서 다음과 같은 내용으로 사고를 평가한다.

A: Alive(나의 사고는 나를 생기 있게 하는가?)

F: Feel(나는 이러한 사고의 결과로 기분이 더 나아졌는가?)

R: Reality(나의 사고는 현실적인가?)

O: Others(나의 사고는 다른 사람과의 관계에 도움이 되는가?)

G: Goals(나의 사고는 나의 목표를 성취하는데 도움이 되는가?)

만약 자신의 사고에 대한 위의 질문에 모두 '예'라고 답하지 않으면 그 사고는 역기능적이며 왜곡된 것일 수도 있다.

성격장애론과 유형

Personality disorder and type

제5장 성격장애론과 유형

1. 성격과 성격장애론

성격장애의 원인과 치료에 대한 과학적인 연구는 Freud의 hysteria에 대한 연구나 정신분석학자들의 신경증의 원인과 치료에 대한 연구들보다 한참 뒤에 시작되었다. 왜냐하면 신경증 환자들에 대한 치료와 연구가 확대 발전되면서 한층 더 어려운 성격장애 환자에 대한 치료와 연구로 확대되어갔기 때문이다.

성격장애가 본격적으로 등장한 것은 1980년도에 출판된 DSM-III에서였다. 이후 1987년에 수정판으로 등장한 DSM-III-R에 11개의 성격장애와 더욱 더 연구의 필요성이 인정된 두 개의 성격장애가 부록에 첨가되었다. 이후 1994년에 개편되어 지금까지 사용해 오고 있는 DSM-IV에는 10개의 성격장애와 더욱 연구가 필요하다고 인정되는 2개의 성격장애가 실려 있다.

일반적으로 성격장애의 진단기준은 특정한 장애와 관계있는 어떤 인격의 특징(characteristic), 태도(attitude), 행동(behavior)들을 7개, 8개, 9개 항목 정도로 기술해 놓았다. 이러한 성격적 특질 항목을 전부 합치면 성격적 원형이 된다.

그러나 대부분의 기준들은 피상적이어서 실제로 사람 중에 성격장애의 모든 항목에 다 해당되는 순수한 타입의 장애는 거의 없다고 본다. 그래서 어떤 성격장애는 8개 중에 5개 정도를, 다른 성격장애는 9개 중에 5개 항목 정도를 진단의 기준으로 요구한다.

지금 세계적으로 가장 인정을 받고 표준으로 사용되고 있는 진단 분류집이 미국 정신과 의사 협의회에서 발간한 정신이상에 대한 통계(statistics)와 진단 지침서인

DSM이다. 1994년에 네 번째 수정본으로 나온 것이 DSM-1V이다. 이 진단 지침서는 전 세계의 정신건강 전문가들에게 필수적인 진단서로 각광을 받고 있다. 이 DSM-IV 의 축 II(Axis II) 부분이 성격장애의 종류로 분류되어 있고 각 성격장애의 진단기준이 명시되어 있다.

성격장애는 유사한 성격장애를 그룹별로 모아서 군(群)으로 분류해 놓았다. 전문가 들의 흥미와 관심을 가장 많이 받고 있어서 연구와 치료가 활발하게 일어나고 있는 그룹이 B군(群)과 C군(群)이다. B그룹의 특징은 감정의 기복이 심한 그룹으로 여기에 속하는 성격장애 군(群)이 borderline 성격장애, 히스트로닉 성격장애, 나르시즘 성격 장애, 반사회적(antisocial) 성격장애이다. C군(群)으로 분류되는 그룹의 특징은 불안과 두려움으로 여기에 속하는 성격장애가 강박적 성격장애, 의존적 성격장애, 회피적 성 격장애이다. 나머지 A군(群)으로 분류되는 특징은 괴상하고 이상한 행동을 보이는 그 룹으로 편집증 성격장애, 자아분열 성격장애, 자아분열타입 성격장애가 있다.

경계선 성격장애도 여러 가지 성격장애들 가운데 하나이다. 따라서 성격장애란 무 엇인지, 성격장애가 다른 심리적 장애들(예: 신경증이나 정신증)에 비해 어떤 특징들 을 지니고 있는지, 그리고 성격장애는 어떻게 분류되는지를 먼저 살펴보는 것이 경계 선 성격장애를 이해하는 데 도움이 될 것이다.

1) 성격(personality)

성격이란 생각하고 느끼고 행동하고, 주변 사람들과 관계를 맺고, 주어진 환경에 대처해나가는 일관적이고 지속적인 패턴을 말한다, 즉, 사람들이 가지는 비교적 지속 적이고 중요한 심리적 특징들을 성격이라고 할 수 있다.

우리들은 흔히 한 개인과 다른 개인이 서로 차이가 나는 주된 이유로 각 개인의 성격이 다르다는 점을 든다. 성격은 일반적으로 다음과 같은 세 가지 특성을 가진다.

첫째, 독특성이다. 이는 각 사람들의 지문이 다르듯이 성격 또한 사람들마다 다르 다는 것을 의미한다.

따라서 사람들이 남과 다른 개성을 발휘할 수 있는 주된 근거는 각자가 가지고 있 는 성격이 다르기 때문인 것으로 이해된다.

둘째, 안정성과 일관성이다. 이는 시간이 흐르거나 상황이 변해도 사람들이 가진 성격특성은 크게 달라지지 않는다는 것을 나타낸다. 예를 들어 10년 만에 대학 동창을 만난 경우 그가 여전히 세상에 대해 비관적(pessimistic)인 생각을 가지고 있는 것처럼 느껴진다면 그것은 그가 가진 성격이 시간이 많이 흘렀는데도 변하지 않았음을 나타낸다. 그렇다고 해서 성격이 언제 어디서나 항상 똑같은 모습을 유지하는 것은 아니다.

다만 시간이 흘러도 변하지 않는 안정성과 상황일 달라져도 변치 않는 일관성이 어느 정도는 유지된다는 말이다.

성격의 세 번째 특징은 내용이다. 성격의 내용이란 각각의 사람들이 지닌 성격의 알맹이를 뜻한다. 예를 들어 어떤 사람은 사교적인 반면 어떤 사람은 수줍음을 많이 타고, 어떤 사람은 적극적인 반면 어떤 사람은 소극적이며, 또 어떤 사람은 외향적(extroverted)인데 반해 어떤 사람은 내성적이다. 이렇듯이 각 개인이 서로 다른 이유는 그들이 각자 가지고 있는 성격의 내용이 다르기 때문이다. 이러한 성격 내용을 성격특질이라고 부른다.

2) 성격장애의 정의와 주요 특징

앞서 성격이란 비교적 오랫동안 지속되는 행동 경향이나 특질(characteristic)을 가리킨다고 언급하였다. 그런데 이렇게 오래 지속되는 행동 경향이나 특질이 융통성이 없고 미숙하며, 이 때문에 사회생활이나 직업 활동에서 자신의 능력을 발휘하지 못할 경우 이를 성격장애라고 한다.

성격장애란 개인(individual)의 고유한 성격특질이 경직되어 있어서 아무 상황에서나 반복적으로 나타나며 이 때문에 사회적으로나 직업적으로 심각한 기능장애(dysautonomia)를 야기하거나 주관적인 고통을 유발하는 경우를 말하는 것이다.

우리들은 일상생활에서 여러 사람들을 만나게 되는데 그 중에는 흔히 '성격이 좋다'는 평가를 받는 사람들도 있을 것이고 반대로 '성격이 형편없다'는 평가를 받는 사람들도 있을 것이다. 그러나 한 가지 주의할 것은 형편없는 성격이 성격장애와 똑같은 의미를 지니는 것은 아니라는 점이다. 어떤 사람의 성격이 장애를 가진 것으로 진단 또는 평가되기 위해서는 DSM-IV에서 제시하는 기준에 맞아야 한다.

우울(depression)이나 불안(anxiety)과 같은 정서장애(情緒障礙, 외계의 자극에 대하여 반응을 보이지 못하는 하나의 정신이상 상태)와 성격장애 간에는 한 가지 중요한 차이가 있다. 그것은 자신에게 심리적 문제가 있다는 것에 대해 어떤 인식을 가지고 있는가 하는 점이다.

자신에게 나타나는 심리적 문제를 얼마나 인식하고 있느냐에 따라 이 둘은 확연히 구분된다. 예를 들어 우울감에 시달리는 사람은 자신이 무기력하고 희망이 없으며 아무런 의욕도 없다는 점을 스스로 자각하고 인정한다. 하지만 성격장애의 경우는 그렇지가 않다.

성격장애를 가진 사람치고 자신의 성격이 잘못되었다고 믿는 사람은 극히 일부에 불과하다. 대부분의 성격장애 환자들은 자신의 성격에는 아무런 잘못이 없으며 잘못이 있는 것은 다른 사람이나 상황이라고 생각한다. 이들도 심리적 문제를 경험하기도 하고 경우에 따라서는 전문가의 도움을 구하기도 한다.

그러나 이때도 전문가의 도움을 통해 해결하고자 하는 것은 자신의 성격 자체가 아니라 성격장애로 인해 초래되는 부부간의 불화(disagreement)라든지 주위 사람들과의 마찰로 인한 스트레스(stress), 업무수행의 비효율성에서 오는 스트레스 등인 경우가 대부분이다.

성격장애의 또 다른 주요 특징으로 장애의 지속성을 들 수 있다. 성격장애는 짧은 시간 동안 경험되었다가 사라지는 것이 아니다. 어릴 때부터 형성해 온 성격특질들은 사춘기(adolescence)나 적어도 성인기 초기에는 고착된 특질로 굳어지게 되며, 이렇게 고착된 성격특질은 이후의 삶의 과정에서 지속적으로 발현된다. 따라서 한번 형성된 장애적인 성격은 잘 변치 않는 안정성과 지속성을 지니게 되는 것이다.

3) 성격장애의 진단기준(DSM-IV)

한 개인이 속한 문화에서 일반적으로 기대되는 것에서 현저히 벗어나는 내적 경험 또는 행동상의 지속적 패턴과 이러한 패턴이 다음에 제시되는 영역들 중 두 가지 이상에서 나타날 경우를 성격장애로 진단한다.

① **인지**: 자기와 타인 또는 생활에서 경험하는 사건들을 지각하고 해석하는 방식에 문제가 있는 경우
② **정서**: 정서적 반응의 범위, 강도, 안정성, 적절성 등에서 문제가 있는 경우

③ **인간관계**: 인간관계에서 지속적인 문제를 경험하는 경우

④ **충동통제**: 내적인 충동을 통제하지 못하고 그대로 표출해버리는 경우

    (a) 이러한 패턴이 융통성이 없이 여러 상황들에 걸쳐서 광범위하게 지속될 경우

    (b) 이러한 패턴이 사회적, 직업적, EH는 다른 중요한 삶의 영역에서 임상적으로 심각한 고통이나 손상을 초래하는 경우

    (c) 이러한 패턴이 청소년기 후기나 성인기 초기에 발현된 이래로 오랜 시간 동안 만성적으로 지속되는 경우

    (d) 이러한 패턴이 다른 정신적 장애의 결과로 나타나는 것이 아닌 경우

    (e) 이러한 패턴이 약물복용 또는 약물남용(drug abuse)의 생리적인 결과나 일반적인 의학적 상태의 결과와 직접적인 관련이 없는 경우

4) 성격장애의 유형과 분류

미국정신의학회에서 편찬한 정신장애 진단 및 통계편람인 DSM-IV(APA, 1994)에서는 성격장애를 임상적 증상의 유사성에 따라 다음과 같이 군집A, 군집B, 군집C의 세 가지 유형으로 분류한다.

(1) A군 성격장애

군집A 성격장애는 이상하고 특이하며 상궤를 벗어난 기이한 증상이나 행동 패턴들이 핵심 특징인 여러 가지 성격장애들로 구성된다.

군집A 성격장애에는 분열형 성격장애, 분열성(schizoid) 성격장애, 편집성(metamorphosis) 성격장애 등이 포함된다.

분열형 성격장애는 기이한 사고나 행동을 보여 다른 사람들에게 흔히 괴짜나 기인으로 불리는 경우가 많다. 이들은 자신이 천리안이나 텔레파시(telepathy)를 가지고 있다고 믿거나, 비현실적인 감각을 경험하거나, 다른 사람들이 자신에 대해 말을 하고 있다는 등의 심각한 증상들을 나타낸다.

분열성 성격장애는 사회적으로 무관심하고, 다른 사람과 관계를 맺지 않고 혼자 지내는 것이 특징이다. 흔히 '은둔자'로 불리기도 하는 이들은 혼자 일하기를 선호하고, 타인에 대해서 무관심하며, 칭찬이나 비판 또는 다른 사람의 감정표현에 무감각하거

나 반응하지 않는다. 분열성(schizoid) 성격장애를 가진 사람들은 기쁨이나 거의 경험 하지 않는 것처럼 보이며, 때로는 부자연스럽고 위축된 것처럼 보인다. 분열성 성격 장애의 특징을 한마디로 말하자면 '고립'이다.

편집성 성격장애는 다른 사람들의 행동을 위협적이거나 비판적인 것으로 잘못 해 석하는 경향이 강하고, 자신이 타인에 의해 이용당할 것이라는 기대가 만연해 있는 것이 주된 특징이다. 따라서 끊임없이 사람들을 의심하기 때문에 주위 사람들과 원만 한 관계를 유지하기가 어렵다(〈표 12〉 참조).

(2) A형 사람들의 행동특징

① 나는 가만히 앉아서 아무것도 하지 않는 것을 싫어한다.
② 나는 다른 사람들이 애기할 때 끼어들어 말을 막는 경향이 있다.
③ 나는 마감 시간이 있을 때 걱정을 하는 경향이 있다.
④ 나는 점심을 먹느라 시간을 낭비하는 것을 좋아하지 않는다.
⑤ 나는 계획대로 하고 있다는 것을 확신하기 위해 시계를 본다.
⑥ 한 장소에 오래 있지 못한다. 다른 장소로 빨리 이동을 한다.
⑦ 누군가 천천히 일하는 모습을 볼 때 짜증이 난다.
⑧ 일이 지연되거나 방해를 받는 것에 참기가 힘들다.
⑨ 다른 사람들과 경쟁하는 것을 좋아한다.
⑩ 내 일에 방해를 하면 쉽게 화가 난다.
⑪ 반복적인 일에 참기 힘들다.
⑫ 식사를 하면서 신문, TV 보는 것을 좋아한다.
⑬ 최소한의 시간에 여러 가지의 일을 동시에 한다.
⑭ 너무 많은 책임을 맡는다.
⑮ 다른 사람들이 일 처리하는 방식에 대해 비판적이다.
⑯ 한 번에 두 가지 이상의 일을 즐긴다.

(3) B군 성격장애

군집B 성격장애는 극적이고 감정적이며 변덕스러운 증상이나 행동 패턴이 핵심 특 징이다. 여기에는 연극성 성격장애, 자기애성 성격장애, 그리고 이 책에서 중점적으로 다루어질 경계선 성격장애 등이 포함된다.

연극성 성격장애는 마치 연극배우가 연기를 하는 것과 같은 극적인 행동을 보이며, 주위의 관심을 끌려고 하는 특징을 보인다. 연극성 성격장애자들은 감정이 쉽게 변하고, 과장된 정서표현을 자주하며, 다른 사람을 은근히 조종하려는 경향이 두드러진다. 또한 허영심이 강하고 솔직하지 못하고 신중하지 않아서 진실한 인간관계를 맺어나가는데 어려움이 있다.

자기애성 성격장애는 자신의 중요성에 대해 지나치게 과대한 생각을 유지하고 있는 경우이다. 따라서 자기애성 성격장애자들은 늘 남들로부터 찬사와 인정과 존경받기를 원한다. 또한 지나치게 자기중심적이어서 다른 사람들을 이용하거나 착취하는 것을 당연시한다. 이들은 자존심이 손상당하게 되면 쉽사리 우울이나 공허감을 느끼고, 공상(fancy)이나 환상(fantasy)을 통해 현실적인 어려움에 대처하고 보상하려는 경향이 강하다.

(4) C군 성격장애

군집C 성격장애의 핵심적인 특징은 불안과 걱정, 두려움 등이다. 여기에는 회피성 격장애, 의존성격장애, 강박성격장애(compulsivecharacter) 등이 포함된다.

회피성 성격장애는 다른 사람들과 친밀한 관계를 맺기 원하면서도 거부당하거나 비난받을지도 모른다는 불안과 두려움 때문에 인간관계를 맺는 것을 회피하는 것이 주된 특징이다.

의존성격장애는 자기비하나 열등감을 자주 느끼며, 자신감과 자율성(autonomy)과 독립심이 부족해서 다른 사람에게 지나치게 의존하려는 것이 특징이다. 이들은 스스로 결정을 내리거나 책임(responsibility)을 져야 마땅한 상황에서도 다른 사람에게 의지하려 한다. 또한 자신의 욕구나 감정을 억누르고 상대방과의 관계를 해칠 가능성이 있는 행동을 자제함으로써 다른 사람들을 계속 붙잡아두려 한다.

강박성격장애는 질서(order), 규칙(rule), 통제(control) 등을 추구하는 완벽주의적인 특징을 보인다. 이들은 사소한 것에 지나치게 집착(adaptability)하고 융통성(adaptability)이 부족하며, 인간관계에서 딱딱하고 지나치게 신중하고 진지한 모습을 보인다. 따라서 다른 사람과 쉽게 친해지거나 어울리지 못하고, 인간관계보다는 일과 생산성(productivity)에 집착하는 경향이 있다.

〈표 12〉 성격장애의 핵심 인지 내용과 과잉 및 미발달된 측면

성격장애	핵심인지	과잉발달	미발달
의존성	무력	도움추구, 매달림	자율성
회피성	상처받기	사회적 취약성, 회피, 억제	자기주장, 사교성
편집성	모두 적	경계심. 불신, 의심	신뢰, 수용
자기애성	특별한 존재	자기과장, 경쟁심	상호협력, 집단활동
연극성	타인 감동 집중	노출, 과다한 표현	통제, 체계화
강박성	실수 불용인	통제, 책임감, 체계화	자발성, 유희
반사회성	착취 대상	호전성, 착취	공감, 상호성
분열성	충분조건의 공간	자율성, 고립	친밀성, 상호성

※ Beck, Freeman(1990) 인용.

〈표 12〉에서 보이는 것처럼 각각의 성격장애에는 각기 다른 내용의 핵심이 되는 신념이나 태도들이 있으며 과잉발달된 측면과 미발달된 측면들도 포함이 되어 있다.

5) 성격장애 그룹의 군(群)별 분류

① B군(群)에 해당되는 성격장애 그룹

1. 보드라인 성격장애
2. 히스트로닉(histronic) 성격장애
3. 나르시시즘(narcissism) 성격장애
4. 반사회적(antisocial) 성격장애

② C군(群)에 해당되는 성격장애 그룹

5. 강박적 성격장애
6. 회피적 성격장애
7. 의존적 성격장애

③ A군(群)에 해당되는 성격장애 그룹

8. 편집증 성격장애
9. 자아분열 성격장애
10. 자아분열타입 성격장애

2. 보드라인 성격장애(borderline personality disorder, 경계선 성격장애) 유형

1) 문제상황

'당신이 나를 떠나면 나는 분노할 것이다'라며 대인관계(interpersonal relation)에 집착을 보이는 borderline 성격장애자는 감정이 불안정하고 대인관계가 집중적이고 폭풍적인 것이 특징이다. 그들은 청룡열차처럼 조용하다가 갑자기 비명을 지르는 위기를 반복한다. 혼자 있으면 공허해지고 참을 수 없어 하며 버림받지 않으려고 광적인 시도를 한다. 즉 자살 제스처(gesture)를 취한다. 그러나 그러한 매달림이 다른 사람을 도망하게 한다는 것을 모른채 불안, 우울, 죄의식, 열등감에 휩싸이면 자기파괴적 행동을 하거나 약물(drug dependence) 혹은 난잡한 섹스 행동에 빠진다. 어떤 Borderline 환자는 몸을 불이나 칼로 자해하거나 자기파괴적 행위를 하는 사람도 있다. 성숙한 자아주체성이 부족하기 때문에 충동적이고 갑자기 직업을 바꾸기도 한다. 스트레스(stress) 기간에는 일시적으로 정신이상 상태를 보이기도 한다. 대인관계가 불안정해서 사랑하는 사람이 천사가 되었다가 갑자기 악마가 되는 감정의 기복이 수없이 되풀이된다.

2) 진단기준

① 버림받음(상상이거나 실제이거나)을 피하려고 광적인 노력을 보인다. 늦게 오거나, 시간 변경, 휴가, 결근 등을 버림받음, 방치하여 포기한 것, 거부로 해석한다. 버림받음은 환자로 하여금 '내가 나쁜 사람'이라고 믿게 된다.

② 극단적인 이상화에서 평가절하를 반복한다. 연인이나 어떤 대상을 처음에는 이상화했다가 이후에는 이유 없이 평가절하한다. 그 대상이 자신이 원하는 것을 충분히 주지 못한다고 생각하기 때문이다.

③ 주체성이 혼란하다. 안정된 자아 이미지, 자아감각이 없다. 의견, 계획, 친구의 타입, 가치 등이 갑자기 변경된다. 졸업 직전에 학교에서 철수, 치료가 성공적으로 진행되고 있는데도 심하게 퇴행을 보인다.

④ 충동적이다. 충동적 행동은 순간적인 만족을 얻으려는 행동이다.

⑤ 자해적이고 자살 행동을 보인다. 버림받음의 지각 후에 자신을 버린 사람과 자

아의 집중적 평가절하와 대인관계 철회가 온다. 긴장의 증가는 자해 후에 일시
적 구원으로 감소한다.

⑥ 감정이 불안정하다. 100% good에서 100% bad로 바뀐다. 지킬 박사와 하이드처
럼 한 사람이 갑자기 천사에서 악마가 된다.

⑦ 망상적인 공허감을 느낀다. 휴식, 편안함을 즐기지 못하고 공허감 때문에 계속
해서 문제를 일으킨다. 모든 것이 조용하고 안정되면 오히려 불편해하고 질병,
위기, 비참함, 공포적 시나리오가 규칙적으로 일어난다.

⑧ 집중적 분노가 있고 이 분노를 컨트롤할 수가 없다. 파트너로부터 버림받음을
느꼈을 때 분노가 폭발한다. 분노는 파트너를 컨트롤하기 위한 것이다.

⑨ 스트레스 시에 편집증 증세를 보인다. 어린 시절에 학대를 다시 경험하고 있다.

3) 성장배경

부모의 싸움, 혼외정사, 유산(miscarriage), 불륜(immorality), 음주 행패(drinking), 자
살시도, 투옥(imprisonment), 살인(murder), 사생아(illegitimate child) 등 혼란한 가정에
서 성장한 경우가 많다. 극적인 사건이 없는 삶은 공허하고, 지루하고, 권태로우며,
외형적으로 조용해 보여도 닫힌 문 뒤에는 혼란이 숨어 있다.

충동적으로 감정이 폭발하고 무드가 불안한 점, 이상화에서 평가절하로 모델화되
었다. 어린 시절 발달 과정을 보면 버림받음의 상처 경험이 있다. 어릴 때 적절한 보
호 없이 대부분 혼자서 시간을 보냈거나 문이 잠긴 방에 혼자 갇혀 있었던 경우도
있었고 사소한 잘못에도 엄한 처벌을 받았던 경우가 많다.

술에 의존해 사는 친척에 의해 양육되면서 학대가 반복되거나 생계유지에만 급급
한 부모의 무관심 속에 방치되어 방과 후에 오빠들로부터 성폭행(sexual violence)을
당한 피해자가 많았다. 친아버지로부터 근친상간을 당한 상처를 가진 여성들도 많았
으며 성적인 학대를 당하는 동안 즐거움과 고통을 혼돈하게 된다. 고통과 에로틱한
감정이 혼란을 일으키거나 무감각 또는 느낌을 차단하는 행동으로 자신의 신체에 자
해를 하며 그 때 고통보다는 오히려 에로틱(erotic)함을 느끼기도 한다.

어린 시절에 학대당한 보드라인 환자들은 어떤 대상에 대해 이상화하였다가 평가
절하시키는 급변하는 행동을 한다. 어떤 환자들은 어린 시절 초저녁에 근친상간을

하려는 아버지가 자신에게 '너는 우리 집의 희망이다', '너 때문에 산다'라고 했다가 근친상간 후에는 딸에게 '너에게 잘못이 있다', '너는 매춘부이다'라고 하여 몇 분 안에 이상화의 절정에서 최악의 평가절하로 곤두박질당하는 경험을 하게 된다. 성인이 되어서도 전지전능함과 절망을 반복하게 된다.

근친상간 환자가 다 보드라인 환자가 되는 것은 아니며 모든 borderline 환자들이 다 근친상간 상처를 가진 것은 아니다. 혼자 있을 때, 보호 받지 못하고 있을 때, 성적 학대와 신체적 학대가 일어난 경우에는 가족 구성원들에게 의존하는 것과 혼자 있는 것이 좋지 못하다는 것이 강화를 받게 된다. 보드라인 환자가 자치적이 되거나 혼자 있게 되면 가족에게 불충실하거나 배신감을 준다고 믿게 된다.

이러한 메시지는 자신감, 수치심, 행복감을 보일 경우에는 성적 학대, 신체적 학대를 당한다고 믿는다. 그래서 독립심, 행복해지면 신체적 공격으로 나타날 수 있다. 병들고 비참할 때 가족들의 관심과 사랑을 불러일으킨다는 것을 배운 것이다.

4) 이론근거

정신분석학자들이 정신증이 아닌데도 정통적 정신분석 치료 대상으로는 부적당한 환자들을 발견하게 되었고 1938년에 Stern은 이런 환자들을 신경증의 변두리에 있는 환자 그룹이라는 뜻으로 '보드라인'이라고 명명했다. 따라서 보드라인이라는 말은 정확하게 정의되지 않는다는 의미로 어떤 것(정신증)의 주변에 있다는 애매함을 특징으로 한다. 따라서 보드라인 환자의 범위는 광범위하고 증세도 다양하게 나타난다. 2:1의 비율로 남성보다는 여성에게서 많이 나타난다.

Borderline 환자들은 안정된 관계를 갈망하고 있기 때문에 자신에게 안정감을 줄 수 있는 powerful한 인물을 갈구하며 자신의 파트너(partner)를 이상화시키고 파트너와의 분리를 참을 수 없어하며 거리감이 생기면 바로 분노하며 공격적이 된다. 어떤 대상과 감정적으로 집중적 연결이 되어 있기 때문에 버림받음에 대한 두려움이 거의 공포적으로 나타난다. 그 대상과의 관계가 끊어지게 되면 마치 자아 응집력이나 주체성이 해체되는 것처럼 느껴지고 삶 자체가 공허하다고 생각한다. 이들에게 있어 모든 존재는 관계의 지속에 달려 있으며 버림받음에 대한 두려움은 상처와 연관하여 내면화된다.

Borderline의 분노 표출은 버림받았다는 지각에서 온다. 이들의 자해행위는 학대의 재연이며 내면화된 가해자를 달래려고 하는 행동이다. 주체성의 혼란은 가해자인 대상을 내면화한 결과이다. 자아 사보타지는 내면화된 학대자로부터 자아를 보호하는 행동이다. 이들이 스트레스를 받을 때 편집증 증세를 보이는 것은 가해자가 공격해올 것이라는 과거의 경험을 반영하고 있는 것이다.

3. 히스트로닉 성격장애(histronic personality disorder)

1) 문제상황

'만약 내가 사람들로부터 매력을 끌지 못하면 나는 아무것도 아니다'라고 생각하는 특징을 가진 히스트로닉 성격장애인들은 삶을 파티로 착각하며 도움을 줄 사람과 가까이 하기 위해서 파티의 주인공이 되어 관심을 끌고 적극적으로 다가간다. 그리고 도움을 주는 사람을 자신의 의지대로 컨트롤하려 한다. 자신을 항상 모범적인 형태로 유지하면서 관심의 중심에 있을 때에는 자긍심이 고취되어 자신을 존중하는 청중들 가운데서 주인공이 된 기분이 되지만 무시당하거나 주목 받지 못하면 절망하게 된다. 그래서 이들은 계속적으로 칭찬과 찬사를 받을 수 있는 방법에 몰두한다. 전략적으로 눈맞춤을 하고 주변인으로 밀려나는 것에 강한 저항(resistance)을 보인다. 항상 자기에게만 특별한 관심을 가져주기를 원하고 관심의 중심인물이 되지 못하면 질투(jealousy)하고 분노(anger)하고 우울해 한다.

이런 자극과 관심에 대한 만성적인 욕구는 대인관계에서 유혹적이고 드라마틱(dramatic)하고 변덕적 패턴으로 나타나는데 감정은 생생하게 살아 있는 것 같이 보이지만 심층에는 진실성이 부족하다. 히스트로닉(histronic) 환자들은 대부분이 여성에게서 나타나고 있다.

2) 진단기준

① 자신이 관심의 핵심이 되지 못하면 불편해 한다. 관심의 중심이 되지 못하면 관심을 끌기 위해서 이야기를 만들어 내거나 극적인 장면을 만들어 낸다.

② 지나치게 성적으로 유혹하거나 도발적인 행동을 한다. 사회적으로는 통용되기 어려울 정도로 과도하게 섹시한 매력을 강조한다.

③ 감정 표현이 의도된 것이라는 것이 쉽게 눈에 보인다.

④ 관심을 끌기 위해서 신체적 매력을 사용하며 칭찬을 듣기 위해서 과도하게 시간, 돈, 노력을 많이 사용한다.

⑤ 과도하게 인상적인 말을 많이 사용한다. 의존적인 이미지를 창조하는데 흥미를 많이 보인다.

⑥ 모방된 감정 표현은 물론 극적인 자기연출적 행동을 보인다. 일의 능력을 개발하는 데는 흥미를 보이지 않는다.

⑦ 특수한 사람과의 관계를 과장하고 새로운 소문을 퍼뜨린다.

⑧ 자신이 원하는 것을 얻기 위한 위장술로서의 조작적인 자살 행동을 시도한다.

3) 성장배경

이들의 어린 시절(오디팔 기간)을 살펴보면 아버지와 딸 관계에 문제가 있는 경우가 많이 나타난다. 아버지의 관심을 끌려는 노력으로 성적 유혹(temptation)을 효과적으로 사용하는데 아버지와 딸 사이에 섹스 욕구는 근친상간의 위협 때문에 강하게 억압되어 있기 때문에 딸로서의 아름다움이나 귀여움을 중점적으로 이용한다.

이것이 패턴으로 형성되어 섹스를 대인관계에서 조작적으로 이용하면서도 실제로 섹스에 대한 욕구는 강하게 억압하게 되어 있다. 자연적으로 이러한 행동은 엄마와 딸 사이에 갈등을 일으키고 이런 과정에서 엄마는 평가절하의 대상이 되며 '아버지의 귀여운 딸'이 된 것이다.

과도한 섹스 제스처(gesture)의 거짓된 성숙(mature)으로 적당한 여성모델의 부족을 보상할 수 있는 얄팍하고 피상적인 자아 이미지를 만들어 내게 된 것이다. 즉 겉으로 보아서는 아주 외향적이고 매력 있고 사교적인 이미지가 만들어지는 것이다. 하지만 실제로 이들은 성적으로 자기주장이 약하고 섹스의 에로틱(erotic)함에 대한 공포증[1]을 보이며 자긍심이 낮고 결혼생활에 대한 불만족이 높은 경향을 보인다. 성적인 생

---

1) 恐怖症: 강박 관념의 하나. 항상 공포, 불안을 느끼면서 자기 통제를 하지 못하는 병적 증상.

각에만 집착하면서도 욕구가 낮고 섹스에 지루함, 권태(weariness)를 많이 보인다. 그래서 외도 비율이 높게 나타난다. 히스트로닉 남자도 성적으로 능력이 있다고 보지 않는다. 섹스 제스처는 많지만 어려움이 많은 것으로 섹스 narcissism으로 보는 학자도 있다.

4) 이론근거

Freud의 신경증 이론의 출발인 hysteria의 연구에서 나왔다. '히스테리아'라는 말은 그리스어로 자궁(uterus)이라는 뜻으로 히포크라테스(Hippocratic)가 여성들 몸 안에서 자궁이 떠돌아다니면서 증세를 일으킨다고 본 것에서 유래했다. 지금은 hysteria라는 용어는 사용하지 않고 대신에 남성들에게도 적용된다는 뜻으로 히스트로닉 성격장애로 바뀌게 되었다. Freud가 사용한 hysteria라는 말은 지금은 사용되지 않고 대신에 전환장애, 신체장애 그리고 히스트로닉의 3개 분야로 세분화되어 서로 다르게 사용되고 있다.

유혹은 남성적인 공격의 위협으로부터 자신을 보호하는 방어(defense)수단으로 사용한다. 즉 폭력(violence)의 가능성에 깜짝 놀라서 공격자가 가지고 있는 적대감을 끌림 즉 성적 매력 같은 다른 욕구를 불러일으키게 만들어서 대체시킨 것이다. 그러나 히스트로닉 성격장애자는 실제의 행동에는 모순을 보인다. 즉 성적으로 유혹적인 행동은 하지만 직접적인 섹스가 실제로 일어나는 것은 배제한다.

도발적인 성적 메시지에 따라 실제로 섹스를 대면하게 되면 쇼크(shock)까지 일어나기도 한다. 많은 성적인 관심과 흥미는 다른 사람으로부터 관심을 끌기 위한 전략이 투사된 것일 뿐이다.

파트너로부터 성적 요구를 받으면 분노하고 혼란해 하면서 본인은 다른 여성들과 다르게 예술적이고 미학적 가치를 추구한다'고 강하게 주장한다. 자신의 불안과 공허감에서 탈출하여 대인관계를 부드럽게 하기 위해서 섹스를 이용하고 있는 것이다. 많은 정신분석학자들은 히스트로닉 성격장애자를 거짓 자아 혹은 거짓 성숙의 표본으로 본다. 즉 그들의 행동은 성숙한 세계로 나아가기 위함이 아니라 피상적이고 어린이 같은 유혹녀로 남아 있기 위함이다.

히스트로닉 성격장애자들은 자신의 좋은 인상 때문에 사랑을 받고 있다고 믿고 있기 때문에 능력을 개발하기보다는 어떻게 매력적인가에 집중되어 있다. 전형적인 유형으로 핸섬한 아버지로부터 사랑을 받는 예쁜 딸들이 많다. 대인관계가 유혹적이지만 근친상간은 아니며 엄마와 경쟁을 배우는 것을 피한 것이다.

히스트로닉 환자에게 주어진 임무는 장식물이 되는 것이다. 매력이나 용모가 자신을 돌보아줄 것이기 때문에 자신은 어떤 것을 배울 필요가 없다. 이 환자는 자신이 의존적이기 때문에 어떤 사람이 자신에게 의존하면 매우 불편해 한다. 자신이 매력의 중심일 때는 문제를 보이지 않으나 자신이 매력의 핵심이 되지 못할 때는 두려워하는 증상을 보인다.

 ## 4. 나르시즘 성격장애(narcissistic personality disorder)

1) 문제상황

'이 세상에서 내가 최고임을 인정하고 나를 특별 취급하여 존경해 달라'가 특징인 나르시즘 성격장애는 자아의 중요성이 너무 과장되어 장애가 나타나는 것으로 여자들보다 남자들이 더 많다. 인플레(inflation)된 자아감각을 가지고 있어서 거짓으로도 어떤 것을 성취할 수 있다고 믿고 있으며 자신감이 지나쳐 현실적으로 위험 부담이 있어도 고려하지 않는다.

과장된 자아의 문제는 고대 그리스(Greece) 신화(mythological story)의 나르시우스의 이야기에서 유래된 것으로 다른 사람에게 흥미를 보이지 않는 과대망상 환자를 나르시즘 환자라고 부른다. 자아에 대한 집착은 성장에 방해가 된다는 것에 모두가 아는 사실이다. 이 환자들은 최고라는 찬사가 항상 자신에게 따라와야 하며 조그만 성과에도 극찬이 따라오지 않으면 충격을 받고 분노한다. 나르시즘 환자에게는 완벽하지 못하다는 지적은 일종의 재난과도 같고 그 완벽에 대한 짐은 무겁기만 하다. Narcissism 환자의 자아 개념이 비현실적인 존중에서 온 것이기 때문에 실망이나 비평(critical essay)은 재난이 되는 것이다. 보드라인 환자는 자아 공격이 특징이지만 나르시즘 환자는 자아 찬양이 특징이다. 강박증 성격장애자들은 너무 작은 것이나 너무 세밀하고 사소한 것에 집착해서 문제이지만 narcissism 환자는 너무 야심적이고 너무 큰 것 때문에 문제가 된다.

2) 진단기준

① 과장된 패턴, 존경에 대한 욕구, 공감의 부족 등이 특징이다. 자신의 성취, 재능에 인플레, 과장을 보이는 반면 다른 사람들은 평가절하한다.

② 성공, 富, 美에 무제한적 상상으로 집착을 보인다.

③ 자신은 특수한 사람임으로 특별한 신분을 가진 사람만이 자신을 이해할 수 있다.

④ 과도한 찬사를 요구한다.

⑤ 자신의 기대와 욕구가 자동적으로 채워지지 않으면 분노한다.

⑥ 대인관계에서 착취적이다. 자신의 목적을 위해서 다른 사람을 이용한다.

⑦ 공감이 없다.

⑧ 다른 사람을 평가절하하고 질투한다.

⑨ 거만하며 항상 자신이 우수하다고 생각한다.

⑩ 비판에 분노, 수치심, 모욕으로 반응하고 비판하면 적이 된다.

3) 성장배경

부모의 과잉적인 사랑이 수년간 지속된다면 어린이는 이 태도를 내면화하기 쉽고 비현실적이 된다. 다른 사람도 욕구, 견해, 소망을 가지고 있다는 것을 배우지 못한다. Freud는 어린이에 대한 부모의 과장된 찬사는 부모 자신의 어린 시절의 나르시즘 단계의 재등장을 상징한다고 말한다. 나르시즘 환자의 부모는 자녀의 나르시즘에 집중함으로써 부모 자신에 대한 실망감을 해결한다. 유아기 이후에 부모의 찬사를 계속한다는 것은 파괴적이다. 현실에 근거를 둔 skills을 개발해야 한다. 정상적인 어린이의 부모는 모든 사람이 취약점을 가지고 있고 완벽하지 못하다는 것을 자녀들에게 가르친다. 현실에 대한 이러한 교육이 이루어지지 않는다면 어린이는 거짓 영광에 발목이 잡히게 된다.

4) 이론근거

Freud는 어떤 대상으로 향하는 에너지가 ego에 말착되어 ego가 과장되게 나타난다고 보았는데 이것이 최초의 나르시즘에 대한 설명이었다. 대상관계 학자들은 자아

문제를 다른 사람과의 관계에서 찾고 있는데 어린 시절, 양육자와의 관계에서 오는 어떤 결함들이 나르시즘 문제의 근원으로 본다. 표면적으로는 자아가 과장되어 있지만 내면으로는 만성적인 공허감, 수치심 속에 쌓여 있는 나르시즘 성격장애자들은 자아가 완벽해야 한다고 믿고 있다. 자아에 조그만 결함이 있어도 참을 수 없어 한다. 사실 병적인 나르시즘은 부모의 과대평가의 결과라고 할 수 있다.

정신분석학 측면에서 나르시즘은 두 가지 의견으로 대립된다.

① 정신분석 학자인 Kernberg는 나르시즘은 나의 이미지와 대상이 되는 이미지가 통합되지 못하고 융합된 것이며 나르시우스들은 이상적 자아, 이상적 대상, 자아 이미지가 융합되어 현실을 왜곡하고 있다고 본다. 자아 이미지와 이상적 이미지의 융합(나의 이상과 너의 이상의 융합)이 과대망상과 전지전능함으로 이어진 것으로 본다. 이것은 발달 초기인 구순기 때에 고착이 일어나서 그 상처에 대한 방어로 나타난다고 본다.

병적인 나르시즘 장애자들에게 무조건적인 사랑을 제공해 주지 못한 양육자에 대한 구순기적 분노가 숨어 있다. 이 분노는 나르시스트들을 비판하거나 찬사를 제공해 주지 못하면 폭발적으로 나타나게 된다. 즉, 대상을 무자비하게 평가절하해버리고 만다. 과장된 자아일수록 연약한 자아가 내면에 숨어 있기 때문에 비난이나 비판에 대해 예민하게 반응하고 구순기(프로이드가 성 본능(性本能)의 발달을 정신분석학적으로 나눈 한 기(期), 생후 약 1년간 젖을 빠는 입술의 활동이 생활의 중심이 되는 시기. 구강기) 분노에 쉽게 빠지게 된다.

② 정신분석학자인 Kohut는 유아기에 엄마에 대한 공감 실패가 자아에 결함을 가져온 것이 나르시즘에서 말하는 과장된 자아라고 말한다. 출생 당시 유아는 자아가 없지만 점차적으로 외부에서 사랑이 전해짐을 느끼고 유아의 사랑도 엄마에게로 향하게 된다. 이 시기에 엄마의 자아와 아기의 자아는 하나가 되고 이것을 너와 나의 하나가 된 단계, 즉 나라는 의미의 글자인 self와 너라는 의미의 글자인 object가 합성되어 있는 self-object라고 부른다. 부모를 이상화하고 자신을 전지전능하다고 믿는 시기이다.

정상적 공감에 의해서 너와 나 즉, self와 object는 분리되어 나와서 독립된 개체인 self와 object가 된다. 여기서 분리된 과장된 자아는 ego ideal 즉 나의 미래의 이상이 되어 초자아(자아(自我)로 하여금 원시적 욕구를 억제하고 도덕이나 양심에 따라 행동하도록 하는 정신 요소. 정신분석학에서, 이드(id) 및 자아와 더불어 정신을 구성하는 요소로, 도덕 원칙에 따른다)와 결합하게 된다. 이 단계에서 엄마의 공감실패가 자아의 결함을 낳게 되고 이 자아의 결함에 대한 방어가 과장된 자아 즉 나르시즘 자아가 된 것이다.

5. 경계선(borderline)의 성격장애(보드라인 성격장애) 특성

경계선 성격장애를 이해하기 위해서는 우선 '경계선(borderline)'이라는 용어의 뜻이 무엇인지를 제대로 이해해야 한다. 사실 경계선의 정확한 뜻에 대해서는 심리학자들 간에도 견해가 일치하지 않는다. 또한 시간이 흐름에 따라 경계선이라는 용어의 의미가 조금씩 달라지는 것도 사실이다. 우선 이 용어의 의미가 시대의 흐름에 따라 어떻게 달라져 왔는지부터 살펴보기로 하자. 여기서 한 가지 주의할 것은 다음에 제시되는 경계선이라는 용어의 네 가지 해석 중에 현대 심리치료 전문가들 사이에 가장 보편적으로 받아들여지고 있는 것은 마지막 해석이라는 점이다. 따라서 나머지 세 가지의 해석들은 옳고 그름을 떠나 특정한 이론적 맥락에서만 제한적으로 사용되고 있다.

1) 신경증과 정신증 경계선

원래 경계선이라는 용어는 환자가 신경증적 증상과 정신증적 증상을 복합적으로 나타내고 있어서 치료자가 정확한 진단을 내릴 수가 없을 때부터 사용되기 시작하였다. 비록 공식적인 정신장애 분류방식을 따른 것은 아니지만, 심리치료 전문가들은 심리적 문제를 크게 신경증(neurosis)과 정신증(psychosis)으로 구분하는 경향이 있다. 이렇게 볼 때 심리적 문제를 가진 사람들은 크게 신경증적 문제를 겪는 사람과 정신증적 문제를 겪는 사람 두 가지 부류로 나뉘어지는 셈이다.

신경증적 문제는 현실 인식과 생활 적응에 치명적인 결함을 가지지는 않지만, 주로 정서적 또는 행동적 측면에서, 그리고 주변 사람들과 인간관계를 맺고 유지해나가는 과정에서 상당한 정도의 불편과 고통을 느끼는 경우를 말한다. 감정의 변화가 심하고 우울, 불안, 공포 등 부정적 감정을 계속해서 경험하며 주어진 상황에 부적절한 행동을 되풀이하거나, 의기소침, 의욕상실, 무기력 등의 지속, 상황에 적응해나가는 데 도움이 안 되는 생각들을 자주 하게 되거나, 주변 사람들과 마찰과 갈등을 지속적으로 경험하는 것 등이 신경증적 문제의 예들이다.

정신증적 문제는 현실의 인식과 기본적인 생활 적응 자체가 심각하게 손상된 경우를 지칭하며 흔히 정신병(mental illness)이라고 부르는 것들이 여기에 속하며 정신증적 장애의 주요 특징을 몇 가지만 예로 들면 다음과 같다. 우선 현실 인식 능력에 있어서의 손상이다. 현실에 대한 지각이 심하게 왜곡되어 나무를 귀신이라고 하고 비행기를 우주선이라 하기도 한다.

상황에 전혀 맞지 않는 정서를 경험하거나 표현하는 것 또한 정신증의 주요 특징인데 예를 들어 친한 친구의 부음을 받고도 박장대소하는 것이다. 행동적인 측면에서도 기이한 행동을 되풀이하는 경우가 많다. 그러나 정신증의 가장 뚜렷한 특징은 사고의 방식과 내용의 기이성에서 찾을 수 있다. 이런 유형의 사람들은 사고의 흐름에 논리적 연결이 되지 않아 비약이 심하거나 상식이나 일반적인 상황과는 전혀 맞지 않는 기이한 생각을 하는 것이다. 문제는 신경증적 문제와 정신증적 문제 간의 구분이 언제나 명확하게 이루어질 수 있는 것은 아니라는 데 있다.

과거에는 어떤 환자가 신경증적 증상과 정신증적 증상을 모두 가지고 있어서 어느 한 가지로 분류할 수 없을 때, 그 환자는 신경증과 정신증의 경계선상에 위치하고 있다는 의미에서 경계선이라는 진단이 내려지곤 했었다. 그러나 심리적 문제를 진단하는 방법이 발전한 요즘에는 신경증과 정신증의 경계로서의 경계선적 장애라는 진단은 거의 내려지지 않는 추세이다.

따라서 정신과적 문제에 대한 현대의 진단분류법에 의거해서 볼 때 경계선이라는 용어를 이와 같은 상황에 적용하는 것은 부적절하다고 할 수 있다.

2) 성격조직으로서의 경계선

경계선이라는 용어는 정신분석 이론에서 경계선적 성격을 가진 환자들을 지칭할 때도 사용되었다. 예를 들어, 정신분석 이론가인 Kernberg는 정신증도 아니고 신경증도 아니면서 심각한 성격 병리를 가진 환자들에게 경계선 성격조직(borderline personality organization)이라는 용어를 사용하였다.

이러한 성격조직을 가진 환자들의 핵심적인 특징은 불안정한 자기정체성이다. 즉, 자신이 어떤 사람인지에 대한 생각이 매우 불안정하다는 것이다. 이런 유형의 사람들은 자신이 살 만한 가치가 있는 사람인지, 한 인간으로서 자신의 존재의 의미가 무엇인지, 도대체 자신이 어떤 사람인지등에 대한 생각이 뚜렷하거나 확고하지 못하여 혼란을 경험하게 된다. 그럼에도 불구하고 이러한 환자들은 정신증 환자들처럼 현실을 왜곡한 상태로 지각하거나 망상을 나타내지는 않는다.

역시 정신분석 이론가인 Grinker는 경계선 증후군(borderline syndrome)이라는 용어를 사용하였다. 그에 따르면 경계선 증후군을 가진 사람들의 가장 중요한 특징은 자기정체성의 혼란이다. 이와 더불어 인간관계에서 매우 의존적이고 깊은 우울감에 사로잡혀 있고, 항상 고독과 외로움에 고통스러워 하며, 돌발적으로 적개심(hostile feeling)과 분노를 표현하는 것 등이 경계선 증후군의 또 다른 특징으로 언급된다.

정신분석 이론가들 중 경계선이라는 개념의 의미를 이해하는 데 큰 공헌을 한 사람 중의 한 명은 Mahler이다. 그녀와 동료들(Mahler, Pine, Bergman)은 다음과 같은 견해를 가지고 있었다.

아이들의 발달 과제 중의 하나는 부모로부터 분리하여 자율성을 획득하는 것이다. 엄마로부터 심리적으로 분리되어 자율성을 얻고 개별화를 이루기 위해 아이들은 자신을 구속하고 제한하려는 엄마(나쁜 엄마, 즉 bad mother)에게 도전하고 독립하고자 한다. 그러나 아이에게 있어서 엄마는 좋은 측면도 가지고 있다(좋은 엄마, 즉 good mother). 따라서 아이의 입장에서 엄마의 좋은 측면은 계속 받아들이면서 나쁜 측면으로부터는 독립해나가는 것이 자율성 획득의 핵심이다. 그러나 엄마라는 대상에 대해 좋은 엄마와 나쁜 엄마가 분리된 대상이 아니라 사실은 동일한 대상이라는 것을 적절히 수용하지 못하면 문제가 발생한다. 즉, 동일 대상에 대한 아이의 심리적 이미지(혹은 표상)가 분리된 채로 통합되지 못하면 엄마에 대한 안정적인 이미지를 형성할 수 없을 뿐더러, 나아가 자기정체감을 형성하는 데 있어서도 혼란을 겪게 된다는 것이다. 이렇게 볼 때 경계선적 성격병리란 좋은 엄마와 나쁜 엄마 사이의 심리적 경계가 적절히 융화되지 못하여 발생하는 대상 분열 혹은 분리의 성격병리라고 할 수 있다.

정신분석 이론의 맥락에서 사용되는 경계선이라는 용어는 한마디로 정의내리기 어렵다는 문제가 있다. 경계선 성격조직이나 경계선 증후군(몇몇의 증후가 늘 함께 인정이 되나 그 원인이 불명할 때 또는 단일(單一)이 아닐 때에 병명(病名)에 준하는 명칭)을 가진 환자들이 구체적으로 어떤 일련의 행동이나 증상들을 나타내는지가 불분명하다는 것이다. 또한 경계선 성격조직을 가지고 있다고 해서 경계선 성격장애의 증상들이 반드시 나타나는 것은 아니다. 역으로, 경계선 성격장애의 증상을 가진 사람들이 반드시 경계선 성격조직을 가지고 있는 것도 아니다. 따라서 정신분석 이론에서 말하는 '경계선'이라는 용어의 의미는 현대 심리치료 전문가들이 말하는 경계선 성격장애와는 차이가 있다고 볼 수 있다.

3) 치료하기 어려운 환자 경계선

경계선이라는 용어를 가장 잘못 사용하는 경우로서 치료하기 어려운 내담자나 환자들을 경계선 환자라고 지칭하는 경우를 들 수 있다. 즉, 심리치료자들은 치료적 노력에 잘 반응하지 않아서 치료의 진전이 이루어지지 않는 환자들에게 경계선이라는 진단명을 잘못 부여하는 경우가 많다는 것이다.

한 예로 심리치료자와 그를 지도하는 선배 심리치료자 간의 다음의 대화를 살펴보자.

선배 치료자 : 왜 당신은 이 환자를 치료하는 데 어려움을 겪고 있죠?
담당 치료자 : 이 환자는 경계선 장애를 가지고 있기 때문입니다.
선배 치료자 : 왜 이 환자가 경계선 장애를 가지고 있다고 생각하죠?
담당 치료자 : 왜냐하면 제가 그를 치료하는 데 아주 애를 먹고 있기 때문이죠.

사실 심리치료자가 정신과적 문제를 지닌 환자를 상대로 치료를 할 때 항상 성공하는 것은 아니다. 더러는 모든 전문적 노력을 기울였지만 실패하는 경우도 있을 수 있다. 또한 심리치료의 과정이라는 것이 매 순간마다 항상 순조롭게 진행되는 것도 아니고 도중에 큰 걸림돌에 직면하기도 한다. 그러나 치료를 진행하는 데 있어서 난관을 경험하거나 치료에 실패한다고 해서 모든 잘못을 환자 탓으로 돌릴 수만은 없다.

물론 치료하기 어려운 환자들은 분명히 있다. 그러나 환자를 탓하기 전에 치료자는 자신이 적용한 치료적 절차나 과정에 어떤 잘못이 있지는 않았는지, 환자를 제대로 이해하기는 했는지 등 철저한 자기검토를 거쳐야 한다. 그렇지 않고 치료자의 실수나 전문성 결여로 인한 치료의 실패를 내담자나 환자에게만 책임 지우려 한다면 그것은 변명이나 자기합리화와 다를 바 없다.

유감스럽게도 치료자들 사이에 경계선 장애란 명목 하에 이러한 관행이 한때 있었던 것이 사실이다. 이는 경계선이라는 용어를 치료자에게 유리한 방식으로 남용하는 잘못된 명칭 사용의 대표적인 용법 중의 하나이다.

4) 경계선에 대한 현대의 견해

현대의 심리치료 전문가들은 주로 DSM-IV(APA, 1994)에 제시된 진단 준거에 들어맞는 증상을 가진 사람들에게 경계선이라는 진단명을 부여한다. 경계선이라는 용어의 다양한 용법 중에서 DSM-IV에 제시된 경계선 성격장애의 경우가 가장 일반적이고 적절하기 때문에 이 책에서도 경계선이라는 용어를 사용하는 경우 특별한 언급이 없는 한 이 견해를 따를 것이다.

5) 경계선 성격장애의 진단

어떤 사람에 대해 경계선 성격장애의 진단을 내리기 위해서는 DSM-IV에 제시되는 아홉 가지 증상들이 일시적으로 나타났다가 사라지는 것이 아닌 비교적 지속적인 성질을 지녀야 하며, 청소년기 이하의 연령층에 대해서는 성격장애 진단을 내리지 않는 것이 보통이다. 이제 DSM-IV에 제시된 경계선 성격장애의 진단기준과 증상들을 보다 구체적으로 살펴보기로 한다.

6) 버림받는 것에 대한 두려움

중요한 인간관계를 맺고 있는 상대방으로부터 거절이나 무시를 당하는 것은 누구에게나 큰 스트레스로 작용한다. 그러나 경계선 성격장애를 지닌 사람들은 이에 대해 보통 사람들보다 훨씬 더 큰 공포를 가지고 있다. 관계를 맺고 있는 다른 사람들로부터 거부를 당한다는 것은 그들에게는 참을 수 없는 아픔이자 공포(fear)로 작용한다. 따라서 그들은 남들이 자신을 어떻게 대하는지 혹시나 자신을 버리지는 않을지에 대해 항상 신경을 곤두세운다. 그렇기 때문에 이들은 누군가가 약속시간에 조금 늦는다든지 상대방이 자신에게 밝은 표정으로 친절하게 대해주지 않는 등의 인간관계에서 흔히 발생할 수 있는 사소한 일들에 대해 매우 민감하고 예민하게 반응하게 된다.

7) 경계선 성격장애의 진단기준(DSM-Ⅳ)

인간관계, 자기상 및 정서의 불안정성과 현저한 동성의 지속적 패턴이 초기 성인기부터 발현되고, 다음에 제시되는 것들 중 다섯 가지 이상이 다양한 맥락에서 나타나는 경우. 실제 혹은 상상적인 방기를 피하려는 극도의 노력(주의: 기준 5에 포함되는 자살 혹은 자해행동은 포함하지 않음)이 나타나는 경우이다.

8) 인간관계 패턴

정체성 장애: 자기상 혹은 자기에 대한 감각이 현저하고 지속적으로 불안정한 경우를 말한다.

잠재적으로 자기손상적 성질을 지니는 최소한 두 가지 영역에서의 충동성(예: 소비, 성, 약물남용, 부주의한 운전, 폭식)(주의: 기준 5에 포함되는 자살 혹은 자해행동은 포함하지 않음). 되풀이되는 자살행동이나 제스처 혹은 위협 또는 자해행동 기분의 현저한 반응성으로 기인하는 정서적 불안정성(예: 며칠마다 간헐적으로 나타나 몇 시간 동안 지속되는 강한 기분저조나 초조 혹은 불안 에피소드(episode))이 나타나는 경우를 말한다.

① 만성적인 공허감

부적절하고 강렬한 분노 혹은 분노통제의 어려움(예: 빈번한 분노폭발, 지속적 분노상태, 되풀이되는 신체적 충돌). 스트레스와 관련된 일시적인 편집증적 사고 혹은 심각한 해리 증상이다.

② 불안정한 인간관계

경계선적 성격장애를 지닌 사람들이 보이는 가장 큰 특징 중의 하나는 바로 관계를 맺는 상대방에 대한 이들의 태도이다. 이들은 동일한 인물에 대해 극단적으로 상반되는 평가를 내린다. 예를 들어, 어떤 때는 마치 상대방이 자신의 구세주라도 되는 양 온갖 찬사와 흠모와 존경을 아끼지 않는다. 상대방이 지닌 능력은 모든 사람을 능가하며, 인품 또한 월등하다고 생각한다. 그러나 상대방의 입장에서 보면 기분이 좋아지기는커녕 그러한 존경과 찬사가 부적절하고 부담스러울 뿐이다.

정작 문제는 상대방에 대한 이러한 이상화가 오래 지속되지 않는다는 것이다. 이 와 같은 이상화는 오래지 않아 정반대의 태도로 돌변한다 얼마 전까지만 해도 그토록 찬사를 보냈던 상대방에 대해 이제는 티끌보다도 하찮고 형편없다는 태도를 취한다. '무능하고 아무짝에도 쓸모없고 인간미라고는 그 어디에서도 찾아볼 수 없다'는 등의 가시 돋친 말들을 쏟아 붓는다.

이처럼 상대방을 철저히 무시하고 비하하니 상대방으로서는 어리둥절하고 억울하 기 짝이 없다. 아무리 생각해봐도 그런 말까지 들을 만큼 잘못한 기억이 없는 것이다.

경계선 성격장애를 가진 사람과 대하면서 이렇게 극단적으로 상반되는 평가를 받 노라면 상대방은 마치 마음이 둘로 쪼개지는 듯한 느낌을 받게 된다. 그러나 경계선 성격장애 환자들의 이러한 태도가 현실에 대한 정확한 지각과 평가에 바탕을 둔 것이 아님을 명심해야 한다.

오히려 둘로 갈라진 것은 그들의 마음이다. 그들의 마음에는 좋은 것과 나쁜 것, 바 람직한 것과 바람직하지 않은 것, 옳은 것과 그른 것이 적절히 통합되어 있지 못하다.

그들에게는 사람들이란 좋은 면도 있고 안 좋은 면도 가지고 있는 존재가 아니라, 완전히 좋거나 온전히 좋지 않는 존재로 여겨진다. 결국 통합되지 못하고 분리된 마 음 중 어떤 상황에서 어떤 면이 발휘되느냐에 따라 이들과 관계를 맺고 있는 상대방 은 이상적인 존재가 되기도 하고 형편없는 존재가 되기도 하는 것이다.

③ 불안정한 정체성(self-identity)

자기정체성(self-identity)이란 한마디로 '나 자신이 어떠한 존재인가'라는 물음에 대 해 스스로가 내리는 답이다. 이러한 답이 보다 확고하여 쉽게 흔들리지 않고 나름대 로 충분한 현실적 근거를 가지고 있다면 자기정체성은 보다 확고한 성질을 지니게 된다. 자기정체성에도 여러 가지 측면들이 있지만 가장 중요한 측면은 자기가치감 (sense of self-worth)일 것이다. 대개의 경우 사람들의 자기가치감은 다른 사람들의 마음속에 반영된 자기를 통해 발달된다. 어렸을 때부터 부모나 어른들로부터 꾸준히 칭찬이나 수용, 사랑, 인정을 받아온 사람들은 긍정적인 자기가치감을 발달시킬 수 있다. 그러나 다른 사람들로부터 받게 되는 평가가 부정적이거나 일관적이지 못할 경우에는 자기가치감은 손상을 입게 되고 부정적이거나 혼란스러운 가치감이 발달하게 되는 것이다.

자기정체성이나 자기가치감이 불안정할 경우 초래되는 결과는 생각보다 심각하다. 우선 무엇을 하고 살아가야 할지가 불분명해진다. 그 결과 이들은 직업을 전전하거나 진로를 자주 바꾼다. 또한 자신에게 한때는 의미 있게 여겨진 것들이라도 시간이 지나면 의미를 상실하고 만다. 따라서 그들의 삶은 자신을 보다 자신답게 느끼도록 해줄 수 있는 삶의 목표나 방법들을 추구하는 것으로 점철된다. 그러나 불행하게도 그러한 노력은 성공을 거두지 못한다. 왜냐하면 그들의 내면세계, 즉 정체성이 올바로 확립되어 있지 못하기 때문이다.

④ 충동적 행동

아마도 대부분의 사람들은 시험이 코앞에 다가왔는데도 갑자기 영화를 보고 싶은 충동에 휩싸여 영화관으로 향했던 경험을 한두 번쯤은 겪어 보았을 것이다. 이러한 충동을 너무 억제하는 것은 오히려 삶을 메마르게 만든다. 그렇다고 해서 충동대로 행동하는 것이 적절하다거나 바람직하다는 뜻은 아니다. 대부분의 경우 충동적으로 한 행동은 후회를 낳기 쉽다. 그러한 행동은 상황에 대한 적절한 평가와 결과에 대한 신중한 예상을 포함하지 않기 때문이다.

경계선 성격장애를 가진 사람들은 어떤 충동이 일면 그것을 효과적으로 통제하지 못한다는 특징을 지닌다. 성적인 충동이 일었을 때 상대방을 가리지 않고 성관계를 맺거나 도로에서 차를 아주 난폭하게 운전하거나, 자신의 경제력에 걸맞지 않게 고가의 물건을 닥치는 대로 구입하기도 한다. 경계선 성격장애를 가진 사람들이 언제 어떠한 행동을 할지 예상하기란 매우 어렵다. 따라서 이들이 직장생활이나 사회생활 또는 인간관계에 적응하기란 매우 어려워지게 된다.

⑤ 되풀이되는 자해행동

경계선 성격장애를 가진 사람들에게서 가장 문제가 되는 것이 자살시도를 포함한 자해행동이다. 이들이 언제 자해행동을 하게 될지 전혀 예상할 수 없다는 것이 문제를 더욱 심각하게 한다. 앞서 설명한 대로, 경계선 성격장애를 가진 사람들은 충동을 억제하지 못하는 특징이 있다.

따라서 이들은 아무런 사전 예고 없이도 충동적(impulsive)으로 자해행동을 하곤 한다. 실제로 필자가 상담한 내담자 중의 한 사람은 상담이 끝난 후—기억에 의하면 그 날 상담은 별다른 문제없이 진행되었다—산에 올라가 칼로 손목을 그었다. 나중에 안 일이지만 그 사람의 팔목에는 여러 개의 칼자국이 있었다.

자해를 하는 구체적인 이유와 사정은 사람들마다 다르겠지만 보다 근원적인 이유는 불안정한 자기정체성과 자기가치감과 관련이 있는 듯하다. 앞서 예로 들었던 내담자는 자해행동과 관련하여 필자에게 '팔에서 뚝뚝 떨어지는 피를 보면서 내가 살아 있다는 것을 느낄 수 있었다'고 말하기도 하였다.

이렇게 볼 때 경계선 성격장애 환자들의 자해행동은 아무리 해도 정체를 알 수 없는 자신에 대한 모호함과 끝없는 나락으로 떨어져가는 자신에 대한 혐오를 일순간에 끝장내버리려는 시도가 아닌가 싶다. 한 가지 아이러니는 그들의 자기파괴적 행동 속에서 살아 있음을 느껴보려는 그들의 절박한 외침을 느끼게 된다는 것이다.

⑥ 정서적 불안정성

관계를 맺는 상대방에 대한 평가가 극과 극을 오가듯이, 경계선 성격장애를 나타내는 사람들의 정서상태 또한 매우 불안정하다. 이들은 조그마한 스트레스 자극에도 과도하게 반응한다. 경계선 성격장애를 가진 사람들의 이러한 정서적 반응은 강도 면에서는 매우 강렬하지만 오래 지속되지는 않는다.

6. 반사회적 성격장애(antisocial personality disorder)

1) 문제상황

이들은 '어린 시절에 내가 마음대로 하지 못했기 때문에 지금은 내가 확실히 마음대로 할 수 있다는 것을 보여 주겠다'라는 특징을 보인다. 이들은 공통적으로 참회, 양심, 수치심이 없고 병적인 거짓말쟁이들이 많다. 결손 부모, 양육결함, 적대적 환경 때문에 반사회적 성격장애자가 되었다. 즉각적인 자아 즐거움을 충족하려면 사회 규범, 룰을 위배하고 다른 사람에게 손해를 주게 된다. 반사회적 성격장애자는 여성보다 남성이 3:1로 많다는 것으로 보고되고 있다.

2) 반사회적 성격장애의 세분화

전과자 유형들은 범죄형으로 어린 시절부터 사랑, 감정 지원, 물질적 해택을 박탈당하고 자란 사람들로써 다른 사람들은 자신들보다 많은 것을 가지고 있다고 질투, 분노하고 있다. 삶의 공허감을 사기 또는 파괴적인 행동으로써 보상하려고 한다. 혼자서 자신에게 주어진 운명을 극복하겠다고 합리화시키고 분노와 노여움에 차서 다른 사람의 소유물이나 재산을 컨트롤하는데 즐거움을 얻는다.

이들은 대개 복수심이 강하고 다른 사람들에게 성취와 power를 과시하려고 소비적 성향을 보인다. 또 자신의 욕구를 만족시키기 위해서 다른 사람을 조작하거나 착취하는 경향이 있는 편이다.

갱스터 유형들은 방어 욕구에서 용감하다거나 터프 가이(tough guy)로 통하며 라이벌(rival)이 꼬리를 내릴 때까지 위협적이고 공격적(aggressive)이며 사춘기(adolescence)때부터 갱(gang) 활동에 참가한 전력이 있다. 거칠고 자기주장적인 것은 힘을 과시하려는 방어 행동에서 나오는 것이다.

사기범죄 유형들은 사소한 위험 부담을 늘 달고 다닌다. 다른 사람에게 표면적으로 용기 있게 보이려는 방어 행동으로 외부적 위험에 예민하다.

부랑아 유형들은 집시(gypsy), 부랑아, 구걸인들이 많고 사회의 구석진 곳에 살며 매춘, 약물남용(drug abuse)을 많이 한다. 이들은 자아로부터 고립되어 있고 목적지 없이 떠돌아다니는 것이 부모와 가정 등 마음의 안식처를 찾는 무의식적인 욕구로 본다. 세상일에 무관심하고 현실과 동떨어져 있으며 충동적이고 좌절(frustration)에 잔인하다. 또한 이들은 약한 사람들에게 공격적이다. 특히, 갱스터 스타일은 공격적이고 호전적이며 잔인하고 배신을 예견하고 처벌적이다. 고통을 준 사람에게 꼭 복수하려 하며 인간관계가 진실되지 못하다. 약해서 보복할 수 없는 사람을 공격해서 피해자로 만들어 자아를 만족시키는 새디즘적 특질이 눈에 띈다.

3) 진단기준

A. 다른 사람의 권리 침해

① 사회 규범을 지키지 못한다.

② 거짓말이 반복되며 내가 원하는 것은 수단과 방법을 가리지 않는다.

③ 충동적이며 컨트롤 당하는 것을 피한다.

④ 타인과 신체적 싸움이 잦고 매사가 신경질적이며 공격적이다.

⑤ 다른 사람의 안전은 안중에 없고 누구도 나를 컨트롤할 수 없다.

⑥ 반복된 실패로 지속적인 책임감이 없으며 배우자나 자녀를 방치하며 빚을 갚지 않는다.

⑦ 참회가 없다.

B. 만 18세 이상이다.

C. 15세 이전에 품행장애의 증거가 뚜렷하다. 품행장애는 어른이 된 후에도 지속되는 경향이 있다. 모든 품행장애가 다 어른이 되어서 반사회적 성격장애자가 되는 것은 아니지만 반사회적 성격장애자는 사춘기 때 품행장애로 진단되었다.

4) 성장배경

붕괴된 가정, 알코올 중독(alcoholic poisoning), 폭력(violence), 부모가 의무를 방치하여 포기, 빈곤, 아버지의 부재 등이 반사회적 성격장애의 발달 역사에 나타난다. 알코올과 밀접하게 관련이 있었다. 반사회적 성격장애의 결정적 요인은 발달 과정에서 결정적으로 중요한 시기에 대인관계를 방치하거나 포기하는데 있다는 것이다. 또 붕괴된 가정에서 자랐다는 공통점이 있다. 사회적으로 고립된 환경에서 자랐기 때문에 일차적 애착이 부족하고 어른이 되었을 때 공격적 성향을 보인다.

폭력적인 부모를 보고 잔인해지는 것을 배웠으며 부모에게 방치되는 과정에서 포기라는 것과 버림받음을 내면화했다. 자신조차 돌보는 것을 배우지 못하므로 다른 사람의 욕구에도 관심이 없다. 즉 어떤 사람에게도 애착을 보이지 않는다. 또 자아 컨트롤을 할 수 없는 부모로부터 비난의 대상이 되며 자라왔다.

어릴 때부터 적당한 컨트롤 부족 패턴은 어른에 되어서는 다른 사람에게 향하고 폭발적이고 격렬해졌다. 애착 거부는 친절이라는 가면 속에 감추어진 착취적 관계 때문에 생겨난다. 자아와 다른 사람에게 거짓 애착(attachment)을 보이는데 대단히 공격적(aggressive)이고 충동적(impulsive)이고 무책임(irresponsibility)하고 미래에 계획이 없다. 그러나 자치적이고 다른 사람에게 조작적 접근을 한다는 점과 독립적이고 무모하다는 것도 이들의 특징이다.

5) 이론근거

성숙한 초자아는 부모의 가치와 금기를 양심과 ego 이상(ideal)으로 내면화함으로써 형성된다. 또한 양심은 해서는 안 되는 것 즉 제한과 금기로 구성된다. Ego 이상은 자아실현(자아의 본질의 완성, 실현을 도덕의 궁극 목적인 최고선으로 삼는 완전설의 주장. 자기실현)을 향하는 가치로 구성된다. 반사회적 성격장애자는 ego는 발달했으나 초자아가 발달하지 못했다. 정신분석학적으로 말하면 Id적 성격을 말한다.

양심의 부재는 반사회적 성격장애의 가장 두드러진 특징이다. 죄의식 없이 죄를 저지르고 도덕적인 감각을 개발하지 못하고 내면의 목소리를 개발하지 못했다. 사회규범을 지키는 것은 처벌을 피하기 위한 것이지 도덕적인 고려 때문은 아니다. 필요하면 하는 체하여 피해자를 능숙하게 조작한다.

어린 시절에 대인관계(interpersonal relation)에서 쌓인 적대감이 장애의 핵심요인으로 본다. 그래서 다른 사람의 감정을 무시하고 협력을 거부하고 분쟁을 도발한다고 본다. 이들은 다른 사람을 착취하고 신체적으로 피해를 입히는 것을 자랑으로 생각하고 다른 사람들도 자신에게 피해를 주는 행동을 한 후에 그들도 아무도 죄의식을 느끼지 않았다고 항변한다.

어린 시절부터 방치되어 포기되었고, 무관심(indifference), 적대감, 신체적 학대에 노출되어 세상을 차갑고 무정하다고 배웠다. 유아기에 공감을 배우지 못하고 분노에 쌓이고 공격을 적당하게 컨트롤하는 것을 배우지 못했다. 폭력적인 부모가 폭력적인 모델을 제공한 것이다. 한쪽 부모가 폭력적이고 다른 쪽 부모는 복종적인 것을 보고 배운 것이다. 어린 시절부터 학대(mistreatment)와 컨트롤에 분노하고 저항하게 만든 것이다.

사랑으로 설득하기보다는 비난하고 컨트롤하는 강력한 권위주의자가 됨으로써 어린 시절에 방치된 것을 과도하게 보상받으려고 하는 것이다. 그들의 핵심 욕구는 모든 억압, 억제(restraint), 규제(regulation), 애착, 책임, 일상의 일로부터 자유로워지기를 원하는 것이다. 그들에게 조작, 속임수, 시기, 정직하지 않음이 일상사가 된 것이다. 부모의 간섭과 컨트롤에 분노한다. '나에게 언제 가족이 있었던가, 나에게는 지랄 같은 가족들은 없다'고 말한다.

이들은 두 가지 특징을 가지고 있다. 자신을 순간에 내맡기는 경우와 행동과 결과를 연결시키지 못하는 경우가 그것이다. 순간이 공허하기 때문에 삶 자체가 공허하며 지루함에서 벗어나기 위해서 문제를 일으킨다.

7. 강박적 성격장애(obsessive compulsive personality disorder)

1) 문제상황

이들 환자의 특징은 '어떤 일이 있더라도 실수(mistake)를 해서는 안 된다'가 지배적이어서 그들의 삶은 잘 조직되어 있고 질서정연하고 효율적이고 모든 것이 제 자리에 놓여 있으며 완벽해지려고 노력한다는 것이다. 대신에 조그만 흠이나 실수도 산더미같은 죄의식을 생산하게 된다. 자기 자신이나 가족들을 위해서 시간을 내는 일은 거의 없고 너무 양심적이며 내면에 비난의 목소리를 달고 다닌다.

강박적 성격장애자는 너무 사소한 것에 신경을 쓰다가 전체의 핵심을 잃어버릴 정도로 모든 일에 지속적인 완벽을 강조한다. 하지만 너무 완벽을 추구(perfection)하다가 오히려 어떤 결정도 내릴 수 없기 때문에 마비가 되어 버린다. 완벽주의(perfectionism)때문에 오히려 피해(damage)를 입는 경우가 많으며 자기 의심 또한 많다. 우유부단해서 결정을 내릴 수가 없고 책임과 의무감에 고통을 받는다.

완벽을 얻으려는 반복된 실패, 룰, 규제(regulation), 질서에 집착하다가 유연성이 상실 된다. 완벽하지 못해서 비난 받는 것을 두려워하며 권위자에게 맹목적인 복종을 보인다. 과도한 자기훈련, 자아비판, 자아방어(욕구가 충족되지 아니할 때, 그것을 끝까지 추구하여 욕구를 만족시키려 하지 아니하고, 자기나 다른 사람을 탓한다든가 아무렇지도 아니하다든가 하는 식으로 합리화함으로써 자아를 방어하려는 성질), 격렬하게 자기비판적이다.

강박적 성격장애는 일반인들이 자주 쓰는 강박장애와는 구분된다. 강박장애는 강박증 혹은 결벽증으로 불리우며 DSM-IV의 축 I(Axis I)에 속하지만 강박적 성격장애는 축 II(Axis II)의 성격장애 그룹에 속한다. 하지만 뚜렷하게 구분이 되는 것은 아니고 둘 다 서로 공통된 부분이 많이 있다.

원래의 본명은 강박사고 강박행동(compulsivebehavior) 장애이지만 줄여서 강박장애 혹은 강박증 장애라고 하는데 이 환자들은 반복된 행동 즉 손씻기, 체크와 청결, 그리고 반복적인 사고로부터 벗어나기 위해서 반복된 행동을 한다. 즉 불안에서 벗어나기 위해서 하는 행동이 강박적 행동이다. 반복된 행동을 하지 않으면 불안해서 견딜 수 없어한다. 강박적 성격장애는 모든 일이 완벽주의(perfectionism)에 의해서 간섭을 받는다. 자신의 엄격한 기준 때문에 어떤 일을 완료할 수가 없다. 그리고 치료에서는 강박적 성격장애가 94% 정도를 차지한다.

2) 진단기준

① 룰, 규범, 스케줄 등에 집착하여 핵심 활동을 놓친다.
② 너무 엄격한 기준 때문에 오히려 일의 완성도가 떨어진다.
③ 여가 활동이 없고 친구관계가 없으며 '시간을 낭비하지 말라'가 신조어로 일벌레가 많다.
④ 지나치게 양심적이라 일에 유연성이 없으며 기준이 너무 엄격하여 자신의 실수에 무자비한 자아비판이 따른다.
⑤ 특별한 가치가 없는데도 사소한 물건을 버리지 못한다. 누군가 그 물건을 버리면 분노한다.
⑥ 다른 사람이 자신이 정해 놓은 대로 복종하지 않으면 같이 일하기 싫어한다.
⑦ 경직되어 있고, 옹고집 스타일이다.

3) 성장배경

개인적인 희생을 감수하면서 너무 룰(rules), 규범(moral standard)을 강요당하고 완벽함과 질서 정연함을 강조당하며 자라왔기 때문에 어린이다운 발달 현실이 방치되어 거부되었다. 운동감각(몸의 각 부분의 운동에 따라 생기는 감각. 근육 조직, 관절, 건(腱)에 있는 특수한 부분을 자극함으로써 일어난다)기능과 중추신경조직(신경세포와 이로부터 나온 축색돌기와 수상돌기로 이루어진 조직. 신경계의 기관인 뇌, 신경절, 신경, 신경색, 감각기관의 감각 부분을 포함한 신경원과 신경교로 이루어졌으며, 자극을 전달하는 작용을 한다)이 제대로 성숙되기도 전에 완벽함과 질서 정연함이 부과되어 짐이 된 것이다. 그래서 고착(adherence)현상이 발생한 것이다.

차갑고 컨트롤적인 부모를 동일시하였으며 완벽함에 대한 실패로 처벌을 받았던 경우가 많다. 비평과 처벌을 피하기 위해서 환자는 완벽주의, 질서 정연함에 집착하게 되었고 이들은 완벽함이 자신의 성격 결함을 보상해 줄 수 있다고 믿는다.

그들의 부모는 어린이가 사악하기 때문에 처벌로써 엄격하게 교육시켜야 한다고 생각하는 사람들이 많았으며 그들은 완벽하지 못하기 때문에 부모로부터 처벌을 받는 형제를 보고 자랐다. 그래서 처벌을 피하기 위해서 실수를 하지 않는다.

아버지가 화를 내지 않도록 모든 것을 완벽하게 하라는 메시지(message)를 받고 자랐다. 또한 성공에 대한 대가와 칭찬은 없고 완벽하지 못함에 대한 처벌(punishment)만 있어 왔기에 자기에 대한 비난(criticism), 실수를 모욕으로 생각한다. 가정에 따뜻함, 웃음 즉, 유머(humor)가 없고 감정은 위험한 것으로 보기에 느끼지 않으려고 노력해왔기 때문에 어린이가 실패하면 그것은 부모의 잘못이 아니고 어린이의 실패가 된 것이다.

4) 이론근거

항문기(1~4세)의 특징이 자아 컨트롤, 본능적 즐거움을 지연, 공격적 충동을 컨트롤하는 것인데 항문기 과정에서 고착현상이 일어난 것이다. 부모들의 과도한 강압, 거부, 처벌로 인해서 욕구가 고착되어 내면의 취약함을 보호하기 위한 방어에서 온 행동들이다. 반대행동 형성(formation)의 방어가 특징이다.

깨끗함은 더러움의 방어 행동에서 온 것이다. 질서 정연함, 정리정돈 습성은 내면의 무질서함에 대한 반대행동적 방어이다. 내면의 취약함을 애써서 방어하고 있는 것이다. 정신분석학자인 Reich는 강박(compulsive)을 감정 차단으로 본다.

왜냐하면 강박장애의 특징이 삶에 즐거움이 없다. 로맨틱(romantic)함이 없다는 점이다. 또 다른 정신분석학자인 Fromm(독일 태생의 미국의 정신분석학자; 1900~1980)은 연약한 자아 때문에 새로운 것이 내면으로 들어오지 못하게 마음의 벽을 쌓아서 내면을 보호하고 있다고 보았다.

마치 금방 재난이 일어날 것처럼 미리 모아 두고 쌓아 두고 비축해 두어야 하고 다른 사람과 나누어 쓰지 않는 항문기(항문의 자극에서 성적 쾌감을 느끼는 시기. 정신분석에서 어린이 성욕 발달 단계의 하나로, 생후 8개월부터 4세까지의 시기이다)의 보유의 특징이 남아 있다. 내면의 무질서함에 대한 방어로 질서 정연함, 정리정돈 습성(acquired habit)은 세상을 컨트롤하고 세상을 마스터하려는 감정을 제공해 주는데 이것 역시 항문기에 세상을 컨트롤하고 마스터(master)하려는 욕구가 어른이 되어서도 남아 있음을 볼 수 있다.

강박적 성격장애자들은 이러한 욕구에 상처를 입었기 때문에 이러한 행동을 반복함으로써 세상을 컨트롤하려는 감각, 마스터하려는 감각을 어린 시절처럼 얻으려 한다. 강박장애자들은 예측할 수 없는 재난의 가능성을 최소화하기 위해서 매사에 조심하고 완벽해야 한다고 믿고 있다. 조그만 실수도 용납하지 않는다. 조그만 실수가 내면의 취약점을 드러내며 이 취약점이 자신을 붕괴시킨다고 믿고 있기 때문에 빈틈을 허용하지 않으려고 한다. 이러한 행동들은 내면에 자신이 없기 때문에서 온 것이다.

매사에 질서나 룰에 집착하고 완벽주의가 되려고 하는 것은 주변 세계의 재난에 대한 대응 기재에서 온 것이다. 조그만 실수가 자아에게 엄청난 재난이 되는 것을 두려워하기 때문이다. 이러한 행동으로 내면세계의 안전함을 느끼려 한다.

8. 회피적 성격장애(avoidant personality disorder)

1) 현재상황

'당신이 나를 좋아해 주면 얼마나 좋을까! 하지만 나는 당신이 나를 미워할 것임을 알고 있어'라는 식의 특징을 가진 회피적 성격장애자들은 전형적으로 친구관계가 연인처럼 한두 명으로 제한되어 있고 가족 구성원 중에도 친하게 지내는 사람이 한두 명이다. 다른 사람과의 관계에서 그들은 어쩔 줄 몰라 하고 모욕(contempt)이나 수치심 때문에 눈에 띄지 않으려고 한다. 직장생활에서도 승진이나 다른 사람에게 관심이 없고 사람과의 접촉이 많은 직업을 피한다.

다른 사람에게 진실된 감정을 보여주지 않으며 다른 사람이 나를 좋아한다는 확실한 보장이 없으면 사귀지 않는다. 깊은 친교를 나누고 싶지만 수치심 때문에 내면의 세계로 칩거하며 혼자 있는 편이 좋다고 믿는다.

절망해서 간절하게 사랑을 갈구하지만 자아 내면에서 다른 사람에게 자기가 거부

(rejection), 비판(criticism)을 받을지 모른다고 의심하여 아예 내면세계로 칩거해서 삶에 즐거움, 만족감을 가질 기회를 상실한다. 거부, 조롱, 모욕을 두려워해서 대인관계를 피하며 자아의식이 너무 강해서 다른 사람이 자신에 대해 부정적으로 평가하는 것에 대해 과도하게 예민하며 민감하게 반응한다. 다른 사람의 평가를 두려워해서 직장 활동을 제한하거나 심하면 직장을 떠나기도 한다. 다른 사람을 실망시킬까 두려워 조그만 비평에도 깜짝 놀란 거북이처럼 단단한 방어의 껍질 속으로 숨어버리므로 도전이 없고 변화 또한 싫어한다 한다.

회피적 성격장애는 대인 공포증(social phobia)과 구분이 어렵다. 후자는 DSM-IV의 축 I(Axis I)의 불안 장애에 속하지만 전자는 축 II(Axis II)의 성격장애 그룹에 소속되어 있다. 둘 다 사람들과의 관계 상황에서 불안이나 두려움으로 반응하는데 대인 공포증이 일상생활에서 심하게 일반화된 것이 회피적 성격장애라고 본다.

회피적 성격장애는 대인공포증(anthropophobia)이 가지고 있지 않은 다양한 부정적인 특징을 가지고 있다. 이들은 자신의 자아 컨트롤을 위해서 내면의 분노와 상처들을 많이 감추고 있는 반면 대인공포증은 발달의 역사에서 회피적 성격장애만큼 조롱, 모욕 등의 많은 상처는 없다.

2) 진단기준

① 비평, 불인정, 거부를 두려워하기 때문에 대인관계 접촉이 많은 직업을 피한다.
② 좋아한다는 확실한 보장이 없으면 다른 사람과 관계하기를 싫어한다.
③ 수치심, 조롱에 대한 두려움 때문에 친밀관계를 피한다.
④ 대인관계 상황에서 거부를 받았거나 비평받은 것에 집착한다.
⑤ 부적당하다는 느낌 때문에 새로운 대인관계 상황을 억제한다.
⑥ 자신을 다른 사람보다도 열등하다, 무능력하다고 본다.
⑦ 새로운 활동에 참가하거나 개인적 위험 부담을 항상 싫어한다. 다가올 사회적 이벤트를 불안해 한다.
⑧ 모욕적 상황에서 패배로 받아들여 분노가 폭발한다.
⑨ 대인관계에서 지속적 억제, 부적당한 감정, 부정적 평가에 과도하게 예민하다.

3) 성장배경

관계하고 싶은 욕구와 어쩔 줄 몰라 하는 두려움 사이에서 갈등하는 회피적 성격장애자들은 다른 사람에 대한 깊은 불신을 가지고 있다. 고통스런 경험을 겪으면서 세상을 차갑고 모욕적이라고 배웠기 때문에 그 결과 대인관계 기술을 습득하지 못한 것이다. 다른 사람으로부터 기대되는 조롱(frustration)과 경멸(contempt)을 방어해야 한다고 배운 것이다. 어린 시절에 양육자 가까이서 안전한 환경에서 주변 환경을 탐색하는 것이 유아(infant)들에게 중요한 과업임을 강조하는 대상관계를 연구하는 학자들에 의하면 이 미래의 회피적 성격장애 환자들은 어린 시절부터 과도한 불안이 부끄러움, 두려움 같은 억제된 행동들을 낳았고 그로인해 새로운 관계를 만들 수 없게 되어버렸다고 말한다. 결국 새로운 상황을 피하게 되었고 특히 자기 행동의 부정적 결과에 예민해서 행동을 억제한 것이 새로운 자기주장과 행동을 배우는 것을 차단시켜 버린 것이다.

발달지연이 동료들로부터 놀림감이 되거나 열등감을 심어주게 되었고 작은 결함이나 실수에 불안과 실망이 쌓인 것으로 본다. 어린이가 성숙하면서 부모로부터 반복해서 들은 수치심이 결함 감각이나 무능력 감각을 심어준 것이다. 부모의 자녀에 대한 실망(disappointment)이 암암리에 자녀에게 심어진 것이다. "너는 내 자식이 되기에는 충분하지 못하다. 내가 기대하고 원했던 수준에서 너무 멀리 떨어져 있다." 자녀들은 부모가 자신에 대해서 가지고 있는 자아 이미지를 그대로 내면화한 것이다. 부끄러움은 내면의 수치심, 자아 의심을 말해 주고 있다.

4) 이론근거

자신에 대한 부정적 감정이 자신을 위축(shriveling)시키고 다른 사람의 비난, 거부(rejection)를 두려워해서 자신을 노출(exposure)시키지 않으려고 한다. 상대방의 얼굴 표정을 읽고 거부나 비평으로 생각해서 반응(reaction)을 억제한 것이다. 다른 사람이 자신의 수치심을 탐색하지 않을까 두려워한다. 대인관계를 강압받으면 불안이 급증하므로 가능한 다른 사람과의 직접대면을 피하려 하는데 실망과 상실로부터 자신을 보호하려는 방어에서 나온 행동들이다. 자기 자신의 주장이 없고 다른 사람의 의지에 잘 따라다니는 것도 수치심이나 모욕을 감소하기 위해 자기 의지를 내면으로 철수시켜버리기 때문이다. 친밀하게 가까워지면 고통을 주지만 거리감을 두면 안전해진다고 생각한다.

회피적 성격장애자들은 고립(isolation)이라는 보호막을 사용함으로써 대인관계 경험에 제한을 받으므로 새로운 활동을 할 수 있는 방법을 배우지 못한다. 외부에서 주어지는 위험은 최소화시키지만 결국은 자신이 쳐 놓은 그물에 자신이 결려들어 자아 경멸만 남는다. 양육자들은 어린이들에게 '우리 가족은 너의 단점을 이해해 주지만 다른 사람들은 이해해 주지 않는다'를 강조한다. 회피적 성격장애자가 될 사람들은 자아감각이 빈곤해지고 단점을 숨기려고 하며, 실수의 가능성에 과도하게 반응한다. 또 다른 사람의 부정적 평가를 두려워한다. 발달 과정에서 반복된 수치심과 낮은 자긍심의 경험 때문에 대인관계의 회피를 만들어낸 것이다.

9. 의존적 성격장애(dependent personality disorder)

1) 현재상황

대상으로 삼는 그 사람이 있는 한 모든 것은 걱정이 없다고 생각하는 특징을 가진 의존적 성격장애자들은 표면적으로 보면 따뜻하고 애정적으로 보인다. 그러나 내면에는 절망적이고 스스로 무엇인가 하는 것을 두려워한다. 조언 없이는 작은 결정조차 내릴 수 없고 다른 사람의 컨트롤에 자신을 내맡기고는 그 사람에게 매달려 그를 질식(suffocation)시킬 정도로 힘들게 한다. 결국엔 스스로를 버림받기 알맞은 상태로 내몰아 간다는 것을 모르고 있다. 이런 사실을 알고 이 취약점에서 벗어나기 위해서 상대방에게 자기 스스로 복종적이 되는데 자립심을 기르는 것을 피해 왔기 때문에 관계가 끊어졌을 경우에 자긍심은 극도로 황폐화되고 만다. 즉, 지원되던 감정이 박탈당하면 감정을 곧 철수시켜버리게 된다.

의존적 성격장애자들은 자아주체성을 개발하지 못하고 스스로를 돌보는 것을 배우지 못한 사람들이기 때문에 스스로 어떤 것을 시도하는 것은 불가능하다. 신체적으로는 성장을 했지만 심리적으로는 아직 어린아이 상태로 남아 있어서 다른 사람의 욕구와 의견에 복종함으로써 안전함을 찾는다. 다른 사람이 자신에게 화를 낼까 봐 자기

주장을 하기 어려울 뿐만 아니라 오히려 다른 사람으로 하여금 자신의 삶을 책임지도록 만든다. 그만큼 삶에 있어서 자신감이 없다.

2) 진단기준

① 일상생활의 일에 결정을 내리기 어렵고 조그만 일상의 일에도 다른 사람의 지시나 안내를 받아야 한다.
② 자신의 생활에 책임을 져 줄 사람이 필요하다.
③ 자신이 싫어해도 다른 사람에게 No라고 말하기 어렵다.
④ 다른 사람이 자신보다 훨씬 더 잘한다는 믿음 때문에 다른 사람이 일을 시작해 주기를 바라기에 어떤 일을 주도적으로 하기 어렵다.
⑤ 다른 사람의 지원을 받기 위해서 과도한 에너지를 동원하며 복종적이 된다.
⑥ 자신을 컨트롤할 수 없다는 과장된 두려움 때문에 혼자 있으면 절망적이 되고 불편해진다.
⑦ 다른 사람의 도움이 없이는 자아가 기능을 할 수가 없다.

3) 성장배경

의존성 성격장애 환자들은 아이가 스스로 하도록 자립심을 허용해주지 않고 자신들에게 의존하기를 원하는 부모 밑에서 자란 경우가 많다. 그들의 부모는 자녀의 모든 욕구를 다 들어주고 돌보아 준다. 보호와 도움이 필요한 어린시절에는 보살핌을 받는 것이 당연하지만 그런 상태가 그대로 유지되면 발달이 지연되면서 오히려 발달에 장애가 된다. 아기 때 엄마가 아기의 신발 끈을 매어주는 것은 적절하지만 초등학교 1학년 때까지 엄마가 자녀의 구두끈을 매어준다면 이 때부터는 자녀를 컨트롤하는 것이 되며 6학년이 된 자녀의 구두끈을 엄마가 매어준다면 자녀에게는 모욕이 된다. 무모한 보호의 결과는 복종적 자녀를 만들게 되는 것이다.

의존적 성격장애자는 자신이 무능력하다고 느낀다. 자신이 다른 어떤 것들을 돌볼 수 있는 능력이 없으므로 다른 사람에게 의존하려고 하고 그런 무능력 때문에 동료들로부터 조롱을 당하게 된다. 의존적 성격장애자들의 자아 개념은 '나는 할 수 없다(I can't do it)'이다. 즉, 내 자신이 스스로 할 수 있는 것이 하나도 없고 자기주장도 없다.

자신을 좌지우지하는 엄마를 존경하면서도 두려워한다. 어린 시절 부모의 컨트롤이 과도하여 복종 이외에는 어떠한 선택권도 없었기에 의존적 성격장애자들은 오히려 복종을 미덕으로 생각한다. 그들에게는 절망, 부적당함, 무능력만이 존재할 뿐이다.

4) 이론근거

의존적 성격장애를 구순기 성격(oral character)라고 부른다. 아직도 젖을 떼지 못한 어른들로서 상징적인 의미로써 엄마의 젖가슴을 갈망하며 다른 사람이 자신의 욕구를 충족시켜 주기를 원하고 있다. 어린이처럼 되고 싶어하는 욕구 때문에 어른으로써의 성숙함을 개발하지 못했다. 상대방의 힘, 존재, 능력(ability) 등을 자신의 것으로 대신 빌려 쓰며 상대방을 이상화한다. 부모의 과잉보호, 과잉 간섭이 자녀의 자립심을 개발하지 못하게 막아버리고 타인에게 의존적으로 자라게 한다.

분리와 개인화가 시작되면서 스스로 하겠다는 자립심이 개발되기 시작하는데 이 시기에 부모가 의존, 보호를 강압하게 되면 의존적 성격장애자가 되기 쉽다. 부모에 의해 호기심(curiosity)과 주변 환경이 제한되고 자립심은 비난과 처벌의 대상이 되면서 복종만이 강요되는 것이다.

의존적 성격장애자들은 자기 자신을 무능력하고 연약하며 아주 못마땅하게 생각한다. 여기에서 오는 불안감, 두려움을 줄이기 위해서 다른 사람에게 의존적인 돌봄을 원하는 자아가 만들어진다. 의존적 성격장애자들의 핵심적 믿음은 "나는 무능력하기 때문에 능력이 있는 사람들 옆에 가까이 있어야 한다" 또는 "그 사람을 화내게 하지 말고 가능한 친밀관계를 유지해야 한다"이다.

다른 사람에게 그들은 순진하고 어린이처럼 보이지만 다른 사람에게 의존함으로써 스스로 능력을 개발하거나 혼자서 자신을 돌보는 것에 게을러진 것이다. 의존이 자립심의 개발을 막아버리고 자신을 절망적으로 보기 때문에 자신을 보호해줄 보호자를 찾는 것이다. 성장기에 부모에 의해 투사된 극단적인 두려움이 내면화되어 자신을 믿거나 자신의 의지대로 하면 재난이 온다고 생각하게 되어 다른 사람으로부터 보호를 받아야 한다고 인지하게 되었다.

어린이들이 추상적인 능력을 개발하기 시작하면서 세상은 단순하지 않고 고도로 복잡하다는 것을 알게 되고 다양한 각도에서 배우게 되는 시기에 의존적 성격장애자들은 그런 것들이 너무 복잡하게 사물을 보는 것을 배우게 된다. 또 성공과 실패, 손해와 이익의 계산, 다른 사람의 기대, 장점과 단점 등을 고려하여 세상의 일을 판단하고 결정하는 것을 골치 아픈 것으로 보게 되면서 나름대로 이러한 복잡함에 대응해 나가는 법을 배운 것이다.

어린 시절부터 어른들이 한 가지에서 열까지 일을 다 해주었기 때문에 자립심을 개발할 필요가 없었으며 골치 아픈 복잡한 생각 또한 할 필요가 없었기 때문에 일시적으로는 편안함을 느끼게 되고 성인이 된 뒤에도 지속적으로 그 편안한 길을 택하고 있는 것이다. 그래서 의존적 성격장애자들의 사고방식은 복잡한 것을 싫어하며 단순한 것이 특징이다.

10. 편집증의 성격장애에 대한 역사적 조망

1) 편집성의 특징

편집증 성격장애의 본질적인 특징은 다른 사람들에 대한 불신과 의심으로 가득찬 것이며, 이로 인해 다른 사람들의 동기를 악의적으로 해석하는 것이다. 이러한 패턴은 성인 초기에 시작되고, 여러 상황에 걸쳐 나타난다.

이들은 의심이 많고 남을 경계하고 적대적이며, 다른 사람들의 행동이 자신을 속이거나 배반하려 하는 것이라고 생각하고 화를 잘 낸다. 또한 다른 사람들이 어떤 속임수나 나쁜 동기를 숨겨놓고 있으리라고 확신하고 늘 그것을 찾아내는 데 몰두해서 다른 사람들과 좋은 관계를 맺지 못할 뿐 아니라, 상대방을 화나게 만들곤 한다. 그래서 상대방이 화를 내면 자신의 예상이 적중했다는 생각에 의심과 경계를 더욱 강화하게 된다.

Camernon에 의하면, 편집성 성격의 사람들은 자신을 괴롭히는 사람들의 조직체인 가상공동체(pseuddo-community)를 가정한다. 즉 자신을 괴롭히고 학대하는 사람들이 조직한 거대한 조직체를 상정하고 그것을 굳게 믿게 되는 것이다.

2) 편집증(paranoia)의 역사

미국정신의학회에서 발간한 정신장애 진단 및 통계편람 제4판(DSM-IV, 1994)에서 성격장애의 유형을 구분하고, 다시 세 개의 군으로 세분화하였다.

■ 1군(괴상하고 엉뚱해 보이는 유형)

편집성(paranoid), 분열성(schizoid), 분열형(schizotypal) 등의 성격자애가 있다.

■ 2군(대체로 극적이고 감정적이며 변덕스럽다)

반사회성(antisocial), 경계선(borderline), 히스테리성(histrionic: 연극성), 자기애성(narcissism) 등의 성격장애가 있다.

■ 3군(불안감과 두려워하는 경향이 큰 유형)

회피성(avoidant), 의존성(dependent), 강박성(obsessive compulsive) 등의 성격장애가 있다.

그리고 Paranoia이라는 용어는 역사가 깊다. 이 말이 문헌에 처음 등장한 것은 히포크라테스(hippocratic)의 글보다도 앞선 2,000년 전의 의학 문헌에서이다. 편집증을 뜻하는 영어 파라노이어(paranoia)는 원래 그리스어로 '제정신을 잃은'이라는 뜻이다. 고대 문헌에서는 일반적으로 심각한 정신장애를 통칭하는 용어로 사용하였는데, 2세기로 접어들면서 문헌상에서 사라졌다가 18세기에 들어서야 다시 등장을 하였다.

Kraepelin은 편집증의 의미를 매우 체계화되어 있고 잘 억제되며, 그 외의 다른 성격 이상이 없는 환자들의 망상으로 제한을 하였다. 크레펠린은 편집증 성격의 사람들은 주변에 대해 불확실감과 불신을 갖고 있어서 스스로 부당한 피해자라고 생각하며, 체계적인 망상과 정서적인 왜곡(distortion)이 생기고 화를 잘 내며 자의식이 강화되어 자신을 우월한 존재로 인식하고 실패의 원인을 오직 외부로만 돌린다. 또한 과도한 자신감을 갖고 망상을 통해 자긍심을 유지하는 특징을 가지고 있다고 하였다.

3) 근대적 관점

① Freud의 설명

Freud는 처음에는 편집증을 방어에 의한 정신병으로 보았다. 받아들일 수 없는 충동에 대한 억압방어의 효율성이 무너지게 되면 이로 인해 부인, 반동형성(reaction formation), 투사방어기제[2] 등을 대안적으로 사용하게 된다. 이런 조작들은 정신내적으로 일어나는 것이지만 망상을 통해 의식적인 형태로 나타나게 된다. Freud는 이러한 특정 정신내적 과정을 이용해 편집증이 제대로 억압되지 못한 동성애적 충동에서 나오는 과정을 설명하였다.

Freud는 피해망상,[3] 색정망상(eroticdelusion), 질투망상 등의 망상이 본질적으로 유사한 정신역동(psychodynamic) 과정과 변형을 통해 발전되는 것으로 보았다. 따라서 그는 가학-피학증(sado-masochism)과 편집성 행동들 간에 기본적인 연관성이 있을 수 있다는 암시를 주었다.

② Cameron의 설명

Cameron은 편집성 성격이 기본적인 신뢰감의 부족에서 기인한다고 하였다. 편집성의 사람들은 어릴 때 심하게 매를 맞거나 욕을 먹는 등의 학대를 받은 경우가 많다는 것이다. 이로 인해 이들은 자신과 타인에 대해 학대를 하는 태도를 내면화시킨다는 것이다. 편집성 사람들은 만성적이고 습관적으로 의심을 한다. 이들은 자신의 기대와 생각에서 조금만 벗어나는 경우에라도 의심을 하며, 그 의심을 쉽게 떨쳐버리지 못하고 계속적으로 집착을 한다.

그 결과 많은 사람들을 의심하게 되며 또한 자신이 위험한 사람들로 가정한 사람들이 음모로 가득 찬 단체인 가상공동체를 조직한 것으로 본다. 그 다음에 그 조직체의 존재는 자신의 적대적이고 공격적인 행동을 정당화시키는 근거가 되며, 자신의 불안에 대한 설명이 된다. 따라서 실제 사건은 왜곡되고 사소한 사건에 중요성이 부여된다.

이러한 카메론의 설명은 성격요인과 대인관계 경험, 촉발요인 등의 상호작용을 통

---

2) ・억압(repression): 받아들이거나 인정하기 힘든 내적 욕구나, 경험, 갈등을 무의식적으로 부인해서 의식하지 못하게 하는 방어기제.
　　・부인(denial): 외부의 위협이나 충격적인 사건, 내적 욕구의 존재를 부정하는 것.
　　・반동형성(reaction formation): 무의식적 욕구와 정반대로 표현하는 것.
　　・투사(projection): 자신의 경험이나 욕구를 다른 사람에게 전가시켜 그 사람이 그렇다고 하는 것.
3) 被害妄想: 남이 자기에게 해를 입힌다고 생각하는 일(조울병의 억울 상태에 있는 환자에게 자주 보임).

해 망상형성의 단계별 특성을 가정함으로써 상당한 설득력을 가진다.

4) 최근 연구동향

편집증 연구자의 권위자인 Winters, Neale, Butler 그리고 Braff는 편집증 및 망상에 대한 이론을 크게 동기이론과 결함이론으로 분류를 하였다. 동기이론은 망상을 가지게 된 심리적 이유를 강조하는 입장으로, 망상이 비정상적 경험에 대한 합리적 해석의 결과라는 Maher의 가설, 불편감이나 불안의 감소를 강조하는 정신역동이론이나, 학습이론(learning theory) 등이 이 범주에 속한다고 보았다.

반면, 결함이론은 인지주의 과정상의 결손을 강조하는 입장들을 포함하는데, 최근의 추세는 정보처리 편향이 더 강조가 되고 있는 상태이다. 이 두 요인 중 어느 한 요인만으로 편집증과 망상(delusion)을 완전하게 설명하기 쉽지 않다. 더구나 망상의 유형과 내용에 따라 이 두 요인의 상대적 기여도가 다를 수 있다.

그리고 정상인들이 보이는 편집 성향에 관심을 가진 Fenigstein은 편집증의 원인과 관련된 요인들을 생물학적 요인과 심리적 요인으로 구분을 하였다.

먼저 심리적 요인으로는 정신역동적 원인, 발달적 문제, 편집적 신념체계, 비정상적 지각, 스트레스, 정보처리 편향(propensity) 등으로 보고 있다.

정신역동적 원인은 Freud 이론을 중심으로 한 설명을 의미하며, 발달적 요인으로는 성격적 소인과 권위주의적이고 지배적인 가족 배경, 부적절한 사회화 등의 요인과 관련이 된다고 보아야 한다.

망상과 편집증을 심리적 측면에서 이해하기 위해서는 핵심적인 동기와 인지적 측면에 초점을 두는 것이 중요하다. 최근 동기적 설명보다는 인지적 측면이나 정보처리 편향이 강조되고 있는 추세이지만, 자기개념(self concept)이나 자존감 유지와 관련된 동기적 측면이 귀인과 정보처리 편향(propensity) 등 인지적 측면과 상호작용하여 망상(delusion)이나 편집증을 유발(induction)하고 유지 또는 강화시키는 것으로 가정하는 것이 설득력이 있을 것으로 본다.

II. 편집증 성격장애의 특성

1) 공통적 특성

편집성 성격의 사람들이 가지는 공통적인 증상 특성은 크게 불안의 일차 원천, 인지적 과정, 전형적인 기분과 행동의 세 영역으로 구분할 수 있다.

① 통제력과 자율성 상실

편집성 사람들은 대개 의존하는 것을 싫어한다. 그 이유는 그들이 어느 누구도 믿지 못하기 때문이기도 하지만, 그들에게는 그러한 행동이 약하고 열등하다는 것을 의미하기 때문으로 볼 수 있다. 다른 사람에게 의존하는 것은 배신당할 위험에 자신을 노출시키는 것이며, 도움이 가장 필요할 때 도망쳐버릴 사람에게 의지하는 것이 된다. 다른 사람들에게 믿음을 주는 것보다 자신의 통제권과 자율성을 지키는 것이 그들에게 더 큰 문제인 것이기 때문이다.

외부의 영향력에 대한 편집성(paranoica) 사람의 이러한 특징적인 저항(resistance)의 기저는 바로 애착불안이다. 애착의 결과 즉 누군가와 밀접한 정서적 유대를 형성하는 결과로 개인적인 통제력과 자율성을 잃을까봐 두려워하는 것이다. 정복당하는 것에 대한 두려움 때문에 그들은 아무도 자신의 의지를 잃지 못하도록 주의 깊게 경계를 하는 편이다.

따라서 그들의 내적 세계는 거절과 고뇌의 경험들을 완전히 보상하게 되고, 망상적 사고를 통해 실제보다 매력적인 자기 이미지를 재구성한다고 보면 될 것이다.

② 인지적 망상

편집성의 사람은 대체로 신뢰감이 부족하다. 그들의 지각과 사고, 기억들을 각색하는 편이다. 자신의 필요와 과거 경험들에 따라 선택적으로 사건들을 지각하고 추론을 한다. 그들은 이런 지각된 의심들에 몰두하고 자신의 예상을 확증하기 위해 다른 사람들의 말과 행동들을 적극적으로 집어내어 확대하고 왜곡시키는 경향이 있다. 망상은 편집성 성격 유형의 자연적인 산물이다. 그들은 독립성을 지키기 위해 자신을 고립시키고, 다른 사람들의 관점과 태도들을 공유하지 않는다. 또한 그들은 사적인 추측(surmise)과 가설(hypothesis)들을 고안하고 형성시킨다. 그렇게 되면 이것들을 판단할 자격이 있는 사람은 오직 그 자신뿐이기 때문에 그들의 신념은 타당한 것으로 확정된다.

편집성 사람들의 망상은 다른 병리적 유형들에서 보이는 것과 다르다. 이들은 자기강화와 독립적인 사고에 익숙하고 자신의 유능함과 우월성을 확신하기 때문에 신념을 형성하는데 기술적이며 자신이 옳다는 확신에 차 있다. 따라서 그들의 망상은 체계적이고 합리적이며 설득력을 갖는 경향이 있다.

③ 방어적 경계와 적대감

편집성 사람들의 표면에 나타나는 불신(disbelief)과 방어적 경계 아래에는 자신을 '그렇게 만든' 다른 사람들을 향한 깊은 적개심(enmity)이 있다. 편집성의 사람들은 자신의 잘못과 약점을 받아들일 수 없어서 그것들을 다른 사람들에게 귀인함으로써 자존감을 유지한다. 그들은 자신의 실패를 부정하고, 무엇이든 다른 사람의 탓으로 돌리는 경향이 있으며, 또한 아주 사소한 결점까지도 끄집어내는 경우가 많다. 그리고 타인들의 결점 등을 지적하고 과장하는 것을 재미있어 하는 경우도 있을 수 있다.

2) 행동과 태도

① 방어행동

편집성 사람들은 늘상 긴장되어 있고 경계하는 행동을 보인다. 눈동자는 고정되어 있고, 주의를 끄는 모든 것에 예리하게 초점을 취하고 있으며, 실제적 혹은 상상적 위협(menace)들에 대처할 태세를 갖추고서 위험을 만나든지 안 만나든지 속임수나 비하에 대해 예민하게 경계하며, 작은 공격(attack)에도 행동이 쉽게 나오며 이처럼 굳어진 통제상태는 줄어들 줄 모르며, 좀처럼 경계를 풀거나 긴장을 이완시키지 않는다.

② 대인관계에 기인한 분노

편집성 사람들은 과거에 관계를 맺은 사람들을 못마땅해 하고 용서하지 않을 뿐 아니라, 최근에 사회적으로 알게 된 사람들과도 잘 싸우고 까다롭게 굴며 논쟁을 잘 한다. 대인관계에서 볼 때 그들은 다른 사람들의 숨겨진 동기들을 찾는데 분노와 격분에 빠지게 된다. 이들에게 있어 확고한 불신(disbelief)과 방어적 경계는 자신을 '그렇게 만들어 놓은 사람들 때문이다'라고 생각을 하고 있다. 자신의 방어가 흔들리고 통제가 풀어지고 운명에 대한 환상(illusion)이 확산되면 기저의 두려움과 격노가 드러나 공격성을 보이고 욕설(imprecations)을 마구 퍼부으면서 엄청난 적대적 힘을 가진다. 이런 정신적 폭발은 보통 오래가지 않으며, 두려움과 적대감이 분출되고 나면 평정을 되찾아 자신의 행동을 합리화하고 방어(defense)를 재구성하며 공격성을 억제하려 한다. 그러나 그것은 정상적인 상태로 되는 것이 아니라 단지 그들의 이전 성격 유형으로 돌아가는 것일 뿐이다.

③ 의심하는 태도

편집성의 가장 특징적인 것은 만연해 있는 의심일 것이다. 친척이나 친구, 가까운 사람들을 포함한 다른 사람들의 동기에 대해 부당하게 회의적이고 냉소적이며 불신에 차 있으며, 전혀 악의가 없는 일들도 숨겨진 의도나 음모가 있는 것으로 해석을 한다. 심지어 호의적인 일에서도 숨겨진 의미를 찾고, 배우자나 친한 친구의 충실함과 정조에 관해서도 의심하며, 무관한 사소한 문제들을 이중성이나 배신의 증거로 확대시키는 경향이 있다.

그리고 지나치게 예민하여 어디에서든지 속임수와 기만의 신호를 찾는데 혈안이 되어 있으며, 적극적으로 미미한 단서들을 찾아내어 확대시키고 왜곡해서 자신의 최악의 예상들을 확증하고야 만다. 더욱 심각한 문제는, 다른 사람들의 화를 돋움으로써 자신이 예상했던 대로 다른 사람들이 행동할 수밖에 없는 분위기를 만든다는 것이다.

④ 불가침의 자기상

주변 사람들의 행동이 자신과 관련되어 있다고 생각하는 지속적인 자기관계적 사고와 자만심을 가지고 있다. 전혀 악의가 없는 행동이나 사건도 자신의 인격에 대한 공격으로 지각한다. 이렇게 편협한 태도는 자신의 정체감을 잃을 것에 대한 강한 두려움에서, 그리고 더 중요하게는 자기결정권에 대한 집착으로부터 나온다.

자기결정권을 확증하는 수단으로 편집성의 사람들은 아무도 자신을 정복할 수 없다는 태도와 자만심을 갖는다. 또한 자신이 비범한 능력을 가지고 있다고 스스로 확신함으로써 자신의 운명도 혼자 개척할 수 있다고 생각을 한다.

자신의 무기력감과 무능함을 자극하거나 다른 사람들의 힘에 복종하는 입장에 처하게 하는 상황에서 갑작스럽고 맹렬한 반격을 하게 된다. 의존성에 대한 위험을 느끼면서, 자신의 지위를 다시 얻고자 하고, 또 속임수와 배신(betrayal)을 두려워하면서, 그들은 공격적으로 나오고 다른 사람들이 자신을 해치려 한다고 비난한다. 다른 사람들이 그들의 생각과 느낌과 행동에 대해 정확히 비난하면, 강력하고 사악한 힘들이 악한 의도를 가지고 자신을 지배했다고 주장할 것이다.

⑤ 고착표상

Millon에 의하면, 대부분의 편집성 사람들은 어린 시절 중요한 사람들과의 관계에서 내재화된 표상이 제한되고 고정된 채로 굳어 있다고 지적을 하였으며, 이러한 정신내적 요소들은 현재에서 상호작용하는 다른 사람들의 태도들과 성향들에 관해 부당한 확정을 갖게 된다는 것이다.

편집성의 사람들은 자신이 다른 사람을 불신하고 그들의 배신(betrayal)과 가해적인 대우를 두려워하는 이유를 과거경험에서 찾는다. 그리고 자신감과 자만심은 단지 텅 빈 껍질을 감추는 것일 뿐, 그들의 거만한 자율적 태도는 내적으로는 매우 불안정하다. 작은 도전에도 상처를 받기 때문에 그들의 방어적 모습은 실제적이거나 상상적인 위협에 의해 항상 약해진다.

⑥ 투사와 환상

자신의 바람직하지 않은 개인적 특성들을 적극적으로 부인하고 마음대로 다른 사람의 탓으로 돌린다. 자신의 부정적인 행동과 특성은 보지 못하는 반면, 다른 사람들이 유사한 특징들을 약간만 보여도 매우 과민하게 반응을 한다. 자신의 비천한 특징들을 부인할 뿐만 아니라 그들의 실제 혹은 상상의 가해자에게 던져버린다. 투사기제를 통해 그들은 어리석고 악하고 침해하려는 것은 자신이 아니라 '그들'이라고 주장을 할 수 있다.

편집성의 경우에는 자신 안에 있는 결점과 약점(weak)을 받아들일 수 없기 때문에 자신의 단점을 다른 사람 탓으로 돌림으로써 자존감을 유지한다. 또한 그들은 다른 사람의 가장 취약점을 찾아내는 재주를 가지고 있어서, 직접적 혹은 간접적으로 자기가 경멸하는 사람들의 사소한 결함들을 찾아서 지적하고 과장을 한다. 이러한 질투심과 적대감은 좀처럼 가라앉지 않는 편이다.

⑦ 경직성

편집성의 정신세계 구조는 매우 통제되고 체계적으로 배열된 이미지들과 충동으로 구성되어 있다. 특히 방어적 대처 경로가 거의 없고 늘 똑같은 경로와 비융통성을 보인다는 것이다. 갈등매개(conflict intermediation) 과정과 욕구만족 과정도 고정되어 있고 잘 변화되지 않는다는 것이다. 이러한 비융통적인 구조는 예상치 못한 스트레스 상황을 바꾸기 위한 조절을 못하게 하며 폭발적인 화나 내적 심한 성격장애들과는 반대로, 일관성이 없는 데 있는 것이 아니라 지나치게 긴장하고 굳어져 있는 특성이 있다. 따라서 이들은 외적 폭발이나 내적 손상의 가능성을 막기 위해 일상생활에서 지속되는 사건들을 내적구조와 대상에 맞게 변형을 추구한다.

⑧ 기분과 기질

대체적으로 차갑고 심술궂으며 유머가 없는 기질이다. 학습된 것 혹은 생래적인 것의 편집성은 겉으로 보기에는 정서가 없으며 객관적인 것처럼 보인다. 다른 한편으로 전형적으로 날카롭고 질투심이 많으며, 개인적인 공격을 잘하고 사소한 일에도 화를 잘 낸다.

편집성 사람들에게 있어 적대감은 방어적이면서 회복기능을 한다. 그것은 위협(menace)에 맞서는 수단일 뿐 아니라 그들의 자기결정권과 자율성의 이미지를 회복하도록 해 준다. 현재의 분노는 과거의 원한에 의해 생긴 것으로, 이전에 받은 모욕(insult)에 대해 보복하려는 욕구가 표면으로 떠올라서 현재의 적대감으로 흘러들어온 것이다.

12. 편집증 성격장애(paranoid personality disorder)

1) 현재상황

편집증 성격장애는 믿음에 대한 기본 능력이 파괴되어 있는 상태로써 항상 진실함에 대해 의심의 눈으로 본다는 특징을 가진다. 편집증 환자(patient)는 자신 이외의 다른 사람을 적으로 보기 때문에 자신을 보호하기 위해서 내면에 벽을 쌓고 다른 사람을 몰아내 버린다. 외부의 공격으로부터 자신을 보호하기 위해서 자신이 의심하는 것에 대한 적당한 정보들을 찾아내려 하고 사람들의 진실한 목적과 동기를 악의적으로 대체시킨다.

자신에 대한 정보가 타인에 의해 자신을 이용하는데 사용될 것이라고 추측하여 자신에 대한 어떠한 정보도 밝히기를 거부한다. 편집증이 심하면 심할수록 자신의 등 뒤에서 다른 사람들이 자신의 실패의 부적당함을 이야기한다고 생각하는 것이 심하다. 또 편집증은 경직되고 강박증 특징을 가지고 있고 특히 완벽주의적 성향을 추구한다. 다른 사람이 자신을 공격하거나 비난할 것이라고 두려워하면서 다른 사람이 자신을 버리고 떠나거나 그렇지 않으면 자신이 복종을 해야 한다고 생각하므로 감정의 벽을 만들어서 철저하게 자아를 컨트롤하며 타인과 자신을 철저히 분리시켜 버린다. 위협 받게 되면 적대적 방법으로 공격을 한다.

2) 진단기준

지속적으로 다른 사람을 불신하거나 의심을 한다. 다른 사람의 동기를 악의적이라고 해석한다.

① 충분한 근거 없이 타인을 의심하고 다른 사람에게 착취당하고 속임을 당하고 있다고 의심을 하며 갑자기 언제든지 공격을 받을 수 있다고 믿는다.
② 친구들의 의리를 부당하게 의심하고 거기에 집착한다. 친구들이나 측근들이 자신을 배신하거나 음모를 꾸미고 있다고 증거도 없이 확신한다.
③ 다른 사람을 믿지 않으므로 자신의 개인 정보를 타인들이 악의적으로 사용할 것이라고 믿는다.
④ 호의적인 것에도 숨은 뜻이 있는지를 의심한다. 잘한 일을 칭찬하면 더욱 자신을 강압할 것이라고 의심하고 도움을 주려고 하면 자신이 충분하지 못해서 도움을 주려 한다고 비평으로 받아들인다.
⑤ 모욕을 용서하지 않는다.
⑥ 공격 받고 있다고 믿으면 즉각 반격을 한다.
⑦ 배우자나 파트너를 의심한다(의부증, 의처증). 조그만 기회가 주어지면 자신을 배신할 것이라고 믿고 있다.

3) 성장배경

이들의 성장배경에는 대부분 새디즘적이고 통제적인 부모들이 있었고 그런 부모들에 의해 학대 받고 자란 경험들을 가지고 있다. 그들의 부모는 잔인할 뿐더러 어린이는 본성이 악하므로 잔인한 처벌이 가해져야 한다고 믿고 있는 사람들이다. 또 가족들 간에는 의리를 지켜야 하며 외부에 나가서 다른 사람에게 가족 문제를 말하지 말라고 교육 받고 자란 결과 편집증 환자는 가까운 사람으로부터 학대와 공격이 가해져올 것이라고 짐작하게 되는 동시에 부모를 동일시하게 된다.

유아시기에 학대가 많이 일어났는데 부모는 유아(infant)를 작은 어른으로 간주하여 울음을 허용하지 않았다. 아기가 울면 다른 사람들이 부모인 자신들에 대해 나쁜 사람이라고 비난이 쏟아지게 되며 또 아기의 울음은 어떤 것을 해주어야 하는 명령으로 보았기에 아기의 울음에 대해 달래주거나 보살펴 주기보다는 처벌로써 대응을 하게 된다. 아기가 넘어져서 다치거나 울면 부모는 아기를 위로해 주기보다도 이에 대한 처벌로 아기를 때린다. 아기를 달래주는 위안은 절대로 없으며 오로지 처벌(punishment)만이 따라온 것이다. 그래서 아기들은 재빨리 울지 않는 것을 배우게 되고 병들고 부상당해도 도움을 요청하지 않는 어른으로 자란다. 이런 어린 시절의 경험은 편집증 성격장애자들에게 다른 사람을 믿지 못하는 극단적으로 독립적 성향을 길러주게 되어 상대방이 자신의 통제하에 있지 않으면 친밀관계를 피하게 만든다.

편집증 성격장애자는 자신의 부모에 의해서 부당하게 특권, 사랑, 인정을 받는 형제들에게서 모욕감을 느끼고 매우 예민한 반응을 보이며 분노한다. 부모에 대한 마음처럼 형제들에게도 쉽게 방어적 마음을 쌓는다. '이 세상에서 내 편은 없다. 모두 다 믿을 수가 없다', '세상은 약육강식만 존재하고 믿을 수 없다. 절대적으로 나에게 적대적이다'. 반면에 자기편을 드는 몇몇 사람들에게는 부적당한 의리임에도 불구하고 맹목적인 지지를 보인다. 환자의 분노와 고립감은 어린 시절부터 쌓여 온 것이며 늘 외롭고 미워하고 미움 받는 존재이다. 환자 본인도 잘 놀래지만 타인을 잘 놀라게도 하는 사람이다. 복수심을 제외하고는 자신의 감정을 항상 숨긴다. 새디즘적이고 컨트롤적인 부모는 편집증 환자에게 착취와 해로움에 대한 두려움을 갖게 만들었기에 자신을 노출시키는 것을 위험하다고 생각한다.

4) 이론근거

편집증(paranoia) 성격장애 환자의 어린 시절은 자신과 가장 가까운 사람이 자신을 다치게 했다는 경험이 많기 때문에 어떤 대상에 대해 컨트롤하든지 아니면 거리감을 두는 것이 안전한 것으로 배우게 된다. 자신의 열등감이 다른 사람에 의해서 관찰되고 있다고 믿고 있다. 자아의 결함이 있어서 만성적인 불안, 수치심, 모욕감을 만들어 내고 있어서 다른 사람의 존재(existence)에 대해 지극히 민감하다. 이 만성적인 불안감에 시달리기 때문에 모욕감이 대인관계의 산물임을 환자는 모르고 있다.

이런 열등감과 불안정감이 편집증 성격장애의 핵심이다. 모든 사람을 적으로 간주해서 외부의 영향으로부터 자신을 보호하려고 하고 자신의 결함에 대한 집착이 다른 사람의 조그만 것에도 예민하게 반응하게 만들었다. 그들은 유머 감각이 없으며, 분노, 노여움, 적대감이 편집증의 커뮤케이션에 가득차 있다.

다른 사람이 자신을 착취할지 모른다고 생각하며 감추어져 보이지 않는 위협에 대한 방어, 부드러운 감정에 대한 방어(defense)가 사용되고 애착 대신에 다른 사람을 컨트롤하는 것으로 대신한다. 그들에게 부드럽거나 사랑스러운 감정은 연약함을 의미하며 친밀감은 위협을 의미하고, 차갑고, 이성적이며 감정을 나누기를 싫어하는 편이다.

환자의 부모가 학대적이고 진실하지 못했기에 친밀함에 익숙하지 않아 놀란다. 전지전능함은 무기력, 무능력, 무가치함, 낮은 자긍심을 보상해 준다. 편집증 성격장애자는 good me와 bad me가 확실히 분리되어 있는데 여기서 bad me는 대상에게 투사(projecting)가 되어 자신을 괴롭히는 공격자(aggressive), 박해자가 된다. 실망(disappointment)과 양면 감정에 참을성이 없다. 그들의 문제가 외부 환경에서 오는 것이 아니고 내면의 심리적 환경에서 오는 것임을 모르고 있다.

13. 자아분열 성격장애(schizoid personality disorder)

1) 현재상황

"내 집 문을 노크할 수는 있으나 아무도 내 집 안으로 들어올 수는 없다"의 특징을 보이는 자아분열 성격장애자들은 매우 내성적이고 인간관계에서도 거리감을 두고 있기 때문에 아무도 이들의 마음 속에 들어갈 수가 없다. 가족이나 친구들도 그에게는 흥미의 대상이 아니며 섹스에도 흥미가 없다. 차라리 고립되어 있으면 대인관계(interpersonal relation)에서 오는 스트레스 걱정을 하지 않아도 되며 다른 사람들의 성가심은 또한 없어서 좋다고 생각한다. 비평이나 칭찬에도 반응이 없고 즐거움을 느끼거나 흥분을 느끼는데도 무기력하다. 분노하지도 않으며 감정 경험이나 표현이 없어서 다른 사람과의 애착관계를 피하고 자기 자신의 자아로부터도 애착을 회피하고 있다.

인간관계로부터 애착을 피하는 것이 자아분열 성격장애의 핵심이다. 대인관계로부터 오는 즐거움을 느끼지 못하기 때문에 자신의 행동을 변화시키려고 하지 않는다. 칭찬이나 비평에도 무관심하고 화를 내거나 혼란스러움을 느끼지 않는다. 감정 표현이 없다. 얼굴에도 '석고상' 같이 표정이 없고 말소리도 단조롭다. 친밀감이나 즐거움을 느낄 수가 없으며 로봇과 같은 기계적(mechanical)인 태도를 보인다. 자아분열 성격장애와 회피적 성격장애는 일직선상에서 서로 반대쪽에 위치해 있다고 본다. 전자는 수동적 애착기피를 보이고 후자는 능동적 애착기피를 보인다는 점이 다르다. 또한 후자는 대인관계를 내심으로 갈구하지만 거부당할 것을 두려워하여 사고를 억압하고 긴장시킨다. 하지만 전자는 대인관계에 흥미가 없고 무관심하여 사고가 빈약해진다. 자아분열 성격장애자는 대인관계가 거의 없고 다른 사람과 결속을 가지는 일 또한 거의 없다. 다른 사람의 감정에 무관심하며 자신의 내면의 생각과 느낌을 표현하는 일이 거의 없다. 동료들과의 관계에서 오는 즐거움, 친밀감을 느낄 수 없고 혼자 있기를 좋아하며 차갑고 애착이 없는 편이다.

2) 진단기준

① 친밀관계를 하고 싶은 욕구가 없다.

② 항상 고독한 행동만 선택한다.

③ 다른 사람과의 관계나 성관계도 흥미가 없으며 섹스는 나에게 중요하지 않다.

④ 즐거운 활동이 없다.

⑤ 친한 친구가 없다.

⑥ 다른 사람의 비평과 칭찬에도 무관심하다.

⑦ 애착을 거부하고 차갑다. 대인관계가 블랙홀(black hole)과 같다.

3) 성장배경

대부분의 환자들은 어린 시절에 양육자로부터 고립되어 자랐다는 특징을 가진다. 이들은 출생 초기부터 결함이 나타나는데 평범한 아기들은 출생 이후에 양육자에게 애착을 보이며 옹알거리고 방긋방긋 웃어서 양육자의 관심을 끈다. 하지만 미래의 자아분열 유아는 애착이 약하게 나타난다. 양육자의 무관심과 감정 철회가 유아에게 상실감을 심어주어 애도를 경험하게 한 것이다. 가정에서의 삶은 무감각 그대로였으며 차갑고 형식적이었다. 감정의 표현은 처벌을 받거나 강화를 받지 못했다. 사회에 나와서도 친구가 없고 동료들과 어울리지 못하고 혼자서 노는 경우가 대부분이다. 대인관계나 주변 세계에 대한 흥미 부족이 커뮤니케이션(communication) 결함을 낳은 것이다.

4) 이론근거

오래 전부터 정신분석학자들은 이 자아분열 성격장애를 자폐적 성격, 마음이 닫힌 성격, 쇠약 성격 등으로 표현해 왔다. Wisconsin 의과대학 교수인 Benjamin은 자아분열 성격장애를 '대인관계의 블랙홀'이라고 불렀는데 이는 어떠한 신호에도 반응이 없이 사라져버리기 때문이었다. 자아분열 성격장애자들에게는 커뮤니케이션 자체가 너무나 복잡한 것이다. 1911년, Blurer가 정신분열증 즉 schizophrenia라는 용어를 만들었는데 이는 정신분열증보다 병적인 정도는 약하고 일이나 대인관계에 무관심하고 말이 없고 좋은 일에도 나쁜 일에도 흥미가 없는 사람의 상태를 자아분열, 즉 schizoidness라고 한 말에서 유래한 것이다.

대인관계에서 일어나는 상호작용으로부터 자아가 개발되고 대인관계의 지속적인 경험의 결과로 자아주체성이 발달한다. 그러나 자아분열 성격장애는 자신의 내면세계를 정확히 모르며 대인관계가 빈약하고 목적의식이 없다. 심하면 다른 사람과 상호관계가 안 된다. 자아 영역 또한 없어 너와 나의 관계를 기피하기 때문에 내면세계의 구조가 인간관계를 빈약하게 만들게 된다.

인간 상호관계 기회가 부족했기 때문에 복잡한 대인관계를 통해서 다른 사람과 의미 깊은 관계를 맺는 경험에 결함이 생기면서 내면 속의 풍요로움을 개발할 수 없게 된다. 주체성의 빈곤(poverty)을 가져오고 목적의식이 없어 감정적으로 멀어진다. 발달 과정에서 나타나는 자연스러운 인간관계나 감정 발달이 강조되지 않아서 결함이 생기므로 실질적인 자아감각이 없고 자아주체성이 피상적이며 너와 나의 관계에서 오는 진실성을 경험하지 못하게 된다.

14. 자아분열 타입 성격장애(schizotypal personality disorder)

1) 현재상황

이들은 "나는 이상하고 괴상한 사람이라 내 옆에 오면 당신이 다친다"라고 스스로 생각하며 다른 사람들 또한 자신을 이상하게 볼 것이라 생각하기 때문에 본인 스스로 고립되어 분리된 세계에서 혼자 사는 경우가 많다. 오랜 기간 동안 자신의 내면세계에 흡수되어 살고 있어서 자신의 생각과 감정을 확실하게 표현하기 어려운 사람들이다. 그들은 자신이 미래(future)를 읽을 수 있고 다른 사람의 생각까지 알 수 있으며 남이 보지 못하고 듣지 못하는 것을 보고 들을 수 있다는 이상한 믿음을 가지고 있다.

자아분열 타입 성격장애는 '조금 덜 심한 정신분열증'으로 볼 수 있다. 둘 다 사고장애를 보인다는 공통점을 가지지만 이상한 커뮤니케이션, 의심과 편집증 사고, 대인관계 고립 등이 자아분열 환자의 특징이라면 자아분열 타입 성격장애 환자는 보드라인보다는 정신분열 쪽에 가깝다. 그러나 정신분열증보다는 자아감각에 있어 나은 반응을 보인다. 인지와 지각이 왜곡되어 있고 이상한 행동을 보인다. 즉 텔레파시(telepathy), 천리안 등 육감을 가지고 있다고 주장한다.

정신분열증의 사촌 쯤 되는 자아분열 타입을 어떤 학자는 '자폐적 성격장애'라고도 부른다. 또 어떤 학자는 '잠재적 정신분열증'이라 부르기도 한다. 심한 정신분열증으로 진전되지는 않지만 유사한 증세를 가지고 정상인처럼 살아간다고 해서 어떤 학자는 '걸어다니는 정신분열증'이라고 부르기도 한다.

2) 진단기준

대인관계의 결함을 지속적으로 보인다. 또한 인지 왜곡과 지각의 왜곡을 보인다.

① 자신이 특수한 힘을 가지고 있고 이 힘으로 자신과 다른 사람을 보호할 수 있다고 생각한다.

② 이상한 믿음과 마술적인 생각을 가지고 있다(천리안, 텔레파시, 육감 등).

③ 과도한 외부의 힘에 직면하게 되면 절망의 위협을 느낀다.

④ 이상한 생각과 이상한 말을 한다. 사물을 보는 방법이 다른 사람과 다르기 때문에 다른 사람과 커뮤니케이션을 할 수가 없다.

⑤ 의심, 편집증적인 생각, 반응을 철회하거나 마술적인 보호를 불러일으킨다.

⑥ 부적당한 감정 즉 환자의 이벤트에 대한 견해는 현실성에 근거를 두고 있다. 그러나 해석은 그렇지 않다. 대인관계에서 쌍방관계의 부족은 대인공포증의 결과에서 생긴 것이다.

⑦ 현실세계를 거부하고 오랫동안 감정 철회를 해 왔기 때문에 생긴 이상하고 괴상한 행동들은 사회 규범과 연결이 잘 안 된다. 상상 속에서 자신만의 룰이나 규범을 개발한 것이다.

⑧ 내가 별종이기 때문에 다른 사람이 나를 이해할 수가 없다. 그래서 다른 사람과의 커뮤니케이션이 원만하지 않고 아예 불가능하다고 믿고 있어 친한 친구가 없다.

⑨ 과도한 대인공포증으로 인해 새로운 대인관계에 직면하게 되면 극단적으로 불안해하고 불편해한다. 다른 사람들에게 자신이 이상하다는 즉 별종이라는 것을 보여주지 않기 위해서 대인관계를 피하고 혼자 있으려고 한다. 대인관계를 억지로 강압하면 환자는 혼란에 빠져 버린다.

3) 성장배경

이 환자들의 어린 시절에는 잘못에 대해 심하게 처벌하는 부모가 있었기 때문에 적당한 자립심을 개발할 수 없었다. 부모가 위협적으로 어린이에게 너무 심한 책임감(responsibility)을 짊어지워 버렸기 때문에 어린아이로서의 현실이 무시되어 버렸다. 부모의 학대(mistreatment)로부터 벗어나기 위해서 자신의 방에서 혼자서 보내는 날이 많아지고 차라리 혼자 있는 것이 안전하다는 인식이 심어지게 된다. 부모를 귀찮게 해서는 안 된다는 것을 일찍부터 배운 아이는 집안에만 틀어 박혀 있게 되고 이런 태도(attitude)가 대인관계에 영향을 미치게 된 것이다. 어린아이로서 놀이의 박탈은 마음의 벽을 쌓게 만들었고 상상 속에서 사는 방법을 촉진시켰다.

이 환자들은 대인관계가 점점 고립되는 것에 대한 대응으로 자신만의 상상력을 개발하여 상상 속에 살다보니 자신이 다른 사람들을 다치게도 할 수 있는 힘을 가지고 있고 다른 사람에게 영향력을 미칠 수 있는 텔레파시(telepathy), 천리안 등의 제6감각을 가지고 있다고 믿고 있다. 또 이 환자들은 일찍부터 부모의 생계까지도 책임을 져야했고 동시에 심리적·신체적·성적 학대의 표적이 되었다. 그래서 이 환자들은 어린 시절부터 또래 친구들과의 놀이를 통해서 얻어지는 정상적인 대인관계의 경험이 없다보니 대인관계의 기술을 배우지 못하게 된다. 피드백(feedback)을 박탈당했고 이상한 행동과 모습을 하게 되었다. 자아분열 타입 환자는 자신을 돌볼 수가 없기 때문에 공격자를 동일시(identify)하고 분노를 억제해야 했다. 편집증 성격장애 환자는 독립적으로 의심스러우면 대상에 대해 위협을 가하지만 자아분열 타입 환자는 대상에 대해 복종적이다.

4) 이론근거

자아분열 타입 환자는 성장 환경이 분열적이고 혼란한 커뮤니케이션(communication)이 있었기 때문에 ego의 영역이 개발되지 못한 상태이어서 대인관계가 어렵고 무관심하고 인지적으로 아주 빈곤하여 즐거움이라곤 없다. 스트레스가 없는 경우에는 기능을 유지할 수 있지만 스트레스에 대한 대응 노력이 실패하면 현실 접촉을 포기하고 정신증 장애로 퇴행한다. 심한 경우에는 현실과 상상을 구분하지 못하고 자아가 해체되어 버리는데 이 상태가 조금 약한 정신증 에피소드(episode), 망상장애(delusionaldisorder), 정신분열증 시작의 직전 상태에 해당된다. 다른 사람들과의 관계에서 즐거움이 없고 고통도 없는 자아분열 타입 환자는 강화를 느낄 능력조차 없다. 또한 삶에 대한 계획이 없고 어떤 일에 대한 지속적인 흥미가 없으며 성취감도 없다. 그러나 정신분열증 환자에 비해서는 약간의 감정은 느낄 수 있는 능력을 보유하고 있다. 이들은 이상스러운 행동 때문에 받게 되는 다른 사람의 반복된 지적을 피하기 위해서 고립을 선택하며 또한 스스로 자기 밖의 세계를 거부한 것이다.

🌿 15. 해리성격장애

1) 해리와 히스테리

해리장애(dissociative disorder)의 역사는 정신병리학의 역사와 같다. 19세기 말 유럽의 의학계는 원인을 찾을 수 없는 히스테리라는 병으로 대단하였다. 그 당시 히스테리 연구에서부터 해리라는 개념이 도입이 되었다. 정신분석을 제창한 것으로 유명한 Freud와 Janet이 히스테리 연구의 대표적인 인물이다. Janet은 최면술(hypnotism)로 유명한 Charcot에게 최면을 배우며 히스테리를 연구하였으며 Freud는 Breuer(Freud의 선배 의사)가 Freud에게 한 여자 환자의 사례, 즉 이것이 유명한 안나 case이다.

2) 신해리 이론

해리에 대한 엄격한 심리학적 입장은 억압(repression) 개념으로부터 분화되기 어렵다. 해리와 억압을 다르지 않다고 보는 견해도 있다. 그러나 전통적인 견해에서는 해리와는 달리 억압은 정보가 무의식 상태 속으로 동기화된 것이라고 보았다. Hilgard의 신해리 이론에서는 해리와 억압을 다음과 같이 구분하고 있다.

억압된 무의식은 본질적으로 비현실적이고 비논리적인 일차과정의 사고에 의해 통제가 된다. 그러나 해리에서 나타나는 체계적 사고는 기억상실 장벽에 의해 의식으로부터 단절되었지만 사고들 간의 현실적이고 논리적인 관계가 유지되고 있는 상태이다.

억압과 해리는 모두 방어기제이며, 모두 마음의 내용들이 의식적인 인식에서 밀려나게 된다. 이때 억압은 억압 장벽에 의해 수평분할이 생기고 내용들은 무의식으로 눌려 내려가게 된다. 해리에서는 수직분할이 생겨서 수평적인 의식 안에 있게 되는 것이다.

신해리 이론의 기억상실 장벽 개념에는 강한 의미와 약한 의미가 있다. 여기서 강한 의미는 최면(hypnosis)에 걸려 행동을 하려면 무의식적 기억상실(spontaneous amnesia)이 필요하다는 것이다. 무의식적 기억상실 상태에서는 의식 상태에서 정상적으로 떠올랐던 정보들을 상실하게 된다. 최면과 무의식적 기억상실은 매우 드물게 나타난다.

기억상실 장벽에 대한 약한 의미는, 의식에 떠오를 수도 있을 만한 어떤 정보들이 일시적으로 맞물려지는 상태를 뜻한다. 이러한 경우는 무의식적 기억상실이 아니라 주의를 집중하지 못한 상태에 더 가깝다. 우리 정신은 거대한 정보처리 능력을 가지고 있다. 반면에 의식은 제한된 용량의 정보를 단일하고 계열적으로 처리한다고 볼 수 있다.

3) 해리장애의 진단체계

국제질병분류(international classification of diseases, ICD-10)에서는 해리장애에 전환장애까지 포함시켜 해리(전환)장애라고 부른다. 여기에서는 해리성 기억상실(dissociative amnesia), 해리성 둔주(dissociative fugue), 해리성 혼미(dissociative stupor), 황홀경과 빙의장애(trance and possession disorder), 해리성 운동장애, 해리성 경련, 해리성 무감각 및 지각상실, 혼합성 해리(전환)장애, 기타 해리(전환)장애, 다중인격, 소아·청소년기 일시적 해리장애, 기타 특정 기능 그리고 불특정 해리(전환)장애(dissociative disorder not otherwise specified)가 포함이 된다.

또한 DSM-IV(diagnostic and statistical manual of mental disorders-IV)에서는 전환장애를 신체형 장애에 포함을 시키고 있다. 해리장애는 정상적인 해리장애로부터 다층으로 파편화된 해리성 정체성 장애(dissociative identity disorder)까지 하나의 스펙트럼(spectrum)을 이루고 있다.

그리고 해리장애는 외상에 근거하며, 외상적 기억을 습관적으로 해리한 결과 증상이 생긴다. 해리성 기억상실에서 외상에 대한 기억은 없지만, 우울과 마비를 경험할 수 있으며, 외상적 경험을 회상시키는 환경적인 자극 예를 들면 어떤 색깔이나 향기, 소리, 이미지에 스트레스를 받는 것 등이다.

4) 해리성 기억상실

해리성 기억상실(dissociative amnesia)은 심인성 기억상실(psychogenic amnesia)라고도 하던 장애로서 ICD-10(international classification of diseases-10)과 DSM-IV(diagnostic and statistical manual of mental disorders-IV)에서 심인성이 해리성으로 교체되었다. 이는 기억에 저장되어 있지만 개인에게 중요한 정보를 갑자기 회상하지 못하게 되는 장애이다. 단순한 건망증으로는 설명할 수 없는 상태이며, 뇌기능 장애로 인한 것도 아니다. 어떤 특정한 사건과 관련되어, 심적 자극을 준 부분을 선택적으로 혹은 사건 전체를 기억 못하는 경우도 있다. 때로는 과거생활을 포함한 전생애나 그중 일정 기간에 대한 기억상실을 보이기도 한다. 그러나 새로운 정보를 학습하는 능력은 남아 있다는 것이다.

해리성 기억상실은 여러 형태의 기억장애가 특징적인 증상이며 지남력 장애, 혼동 및 방황 등이 동반이 된다. 해리성 기억상실은 주로 개인의 생활사의 측면들에 대한 회상에 있어서의 단절을 보고하는 것으로 나타난다. 이러한 단절은 외상적 또는 극한 스트레스와 연관되어 있는 것으로 보고 있다. 그리고 국소적 기억상실(localized amnesia)은 주로 심각하게 손상적인 사건에 뒤이은 첫 몇 시간 동안을 기억하지 못하는 것을 의미한다. 즉, 한정된 시기 동안 발생되는 회상실패로 보고 있다. 선택적 기억 상실(selective amnesia)은 한정된 시기 동안의 사건 일부를 기억할 수 있는 경우이다.

다음의 세 유형은 그다지 흔하지는 않지만, 해리성 장애로 진단될 수 있는 것들이다. 전반적인 기억상실(generalized amnesia)은 개인의 전생애를 모두 기억하지 못하는 상태이며, 지속적 기억상실(continuous amnesia)은 현재를 포함해서 특정기간부터 이후 사건에 대해 순차적으로 회상이 불가능한 상태이다. 마지막으로 체계적 기억상실(systematized amnesia)은 특정한 정보에 대한 기억상실을 의미한다.

그 밖에 해리장애에서 나타날 수 있는 특징으로는 우울증상, 이인화(depersonalization), 황홀경(trance state), 통각상실(analgesia), 자발적인 자아억압(spontaneous ego repression), 성기능장애, 자해(self-injury), 공격적 충동, 자살충동과 자살시도 등이 함께 일어나기도 한다.

해리성 기억상실은 표면적으로 볼 때 이런 기억상실이 뇌손상(braininjury) 때문에 일어난 것이 아닌가 의심할 수 있다. 그러나 해리성 기억상실은 뇌손상과는 독립적으로 발생한다고 볼 수 있다. 즉 머리에 손상이 있어도 해리성 기억상실이 발생하지 않을 수 있다. 뇌손상과 같은 신체적 장애 때문에 기억상실이 생긴 경우를 기질적(organic) 기억상실이라고 하며, 신체적 원인이 없는데도 증상을 보이는 경우를 기능적(functional) 기억상실(amnesia)이라고 한다.

16. 성도착증(paraphilia)의 역사

성도착증의 진단기준은 지난 30년 동안 크게 변화하여 왔다. DSM-I(diagnostic and statistical manual of mental disorders-I)에서는 이 장애(disorder)는 사회병질적 성격장애(sociopathic personality disturbance)에 포함되었다.

DSM-II(diagnostic and statistical manual of mental disorders-II)에서는 성격장애의 한 유형으로 구분되었으며, 소아기호증(pedophilia), 물품음란증(fetishism)과 같은 하위유형들이 소개되었다. DSM-III에 와서 성적 변태(sexual deviation)는 성도착증(paraphilia)으로 개명되고 심리성적 장애(psychosexual disorder)라는 유형으로 분류가 되었다. 성도착증(paraphilia)이라는 용어는 과거의 명칭들보다 편견이 배제된 명칭이라고 볼 수 있다.

1) 성도착증의 유형과 특징

성도착증적인 상상은 상대방에게 해를 입히는 방식으로(성적 가학증과 소아기호증의 경우) 동의하지 않는 상대에게 행동화될 수 있다. 보고된 성범죄 행위의 상당 부분은 소아에 대한 성적인 가학증이 차지하고 있으며, 노출증, 소아기호증, 관음증(觀淫症, 변태 성욕의 하나. 다른 사람의 알몸이나 성행위를 훔쳐봄으로써 성적 쾌감을 느끼는 증세)이 체포된 성범죄의 대부분을 차지하고 있다.

어떤 상황에서는 성도착증적인 상상이 실현되어 자해(self-injury)가 행해질 수도 있다(성적 피학증의 경우). 만약 성적 파트너가 평범치 않은 성행위를 수치스러워하거나 강한 반발심을 느끼거나 동조하지 않는다면 사회적 성적인 관계가 고통스럽게 된다. 어떤 경우에는 노출행위나 여성 물건을 수집하는 것과 같은 비정상적인 행위가 그 사람의 주요한 성적 활동이 되기도 한다. 이러한 사람들은 스스로 치료를 원하는 경우는 거의 없고, 그들의 행동으로 인해 상대방이나 사회와 갈등이 초래될 경우에만 치료를 받게 되는 경향이 있다.

성도착증의 하위유형은 성도착증적 행위의 대상이나 행동 특성에 따라 구분이 된다. 성도착증(paraphilia)에는 노출증, 물품음란증(fetishism), 마찰도착증, 소아기호증(pedophilia), 성적 피학증, 성적 가학증, 복장도착증, 관음증(voyeurism) 등이 포함된다.

특정한 성도착증 내에서조차도 선호하는 자극은 개인마다 특이하다. 동의하는 상대방이 없는 경우에는 그들의 환상을 실현하기 위해 매춘부를 구하거나 원하지 않은 희생자에게 그들의 환상을 행동화할 수 있다.

성도착증을 측정하기 위한 몇 가지 방법이 있다. 음경혈량 측정법은 시각적, 청각적 자극에 반응하는 개인의 흥분 정도를 측정함으로써, 여러 가지의 성도착증을 평가하는데 사용되어 왔다. 그러나 임상적 평가에서는 음경혈량 측정법(mensuration)의 신뢰도와 타당도는 확실하게 밝혀지지 않았고, 임상적 경험에 의하면, 피검사자가 정신적 이미지를 조작함으로써 반응을 만들어 낼 수 있다고 알려져 있다.

한편 성도착증으로 인해 의학적인 문제를 야기하는 경우도 흔하다. 빈번한 무방비적인 성교(sexual intercourse)는 성적으로 전염되는 질환에 감염되거나 그러한 질환(disease)을 전염시키는 결과를 초래한다. 가학적이거나 피학적인 행위는 가벼운 정도로부터 생명을 위협하는 심각한 정도에 이르기까지 상해(injury)를 입히게 된다. 성도착증의 역학을 살펴보면, 남성 대 여성의 비가 20:1로 추정되는 성적 피학증을 제외하고는, 여성에게는 거의 진단되지 않는다. 성도착증은 대개 18세 이전에 발병하며, 세 가지 이상의 도착증을 동시에 보이는 것으로 보고 있다. 15~25세 사이에 발병이 가장 많고 이후에는 감소하는 것으로 보인다.

성도착증은 일반적인 임상 장면에서는 거의 진단되지 않지만 성도착증적인 외설물과 기구들을 거래하는 대규모의 상품 시장은 성도착증의 유병률이 높다는 점을 시사하고 있다. 성도착증(paraphilia)을 치료하는 임상 장면에서 가장 흔하게 나타나는 문제는 소아기호증(pedophilia),[4] 관음증,[5] 노출증이다. 성적 피학증과 가학증은 드물게 보인다. 임상에서 보이는 성도착증이 있는 개인들의 약 반수가 결혼한 사람들로 나타나 있다.

2) 성도착증과 다른 장애의 구분

성도착증이 없는 사람은 성적인 흥분을 위해 성적인 공상이나 행동 또는 대상을

---

4) 통상적으로 전사춘기 또는 사춘기 초기 연령의 어린이에 대한 성적 선호. 그들 중 일부는 소녀들에게만 매력을 느끼고, 다른 일부는 소년들에게만 그리고 경우에 따라서는 소년, 소녀 모두에게 흥미가 있다.

5) 옷 벗는 것과 같은 사적인 행동이나 성적인 행위를 하고 있는 사람들을 엿보는 반복적 혹은 지속적 경향을 의미한다. 이것은 보통 성적 흥분과 자위행위로 이어지게 되며 엿보임을 당하는 사람은 모르게 이루어진다.

병적이지 않은 방식으로 사용한다는 점에서 성도착증이 있는 사람과는 구별이 된다. 공상, 행위, 대상이 임상적으로 심각한 공통이나 장애(예: 강제적, 성기능 부전 초래, 동의하지 않은 상대의 참여 요구, 법적 문제 야기, 사회관례 혼란 등)를 일으키는 경우에만 성도착증으로 진단이 내려진다.

성도착증의 환자들은 그들이 선호하는 성도착증적 관심의 차이에 따라 구별되지만 개인의 성적 선호가 하나 이상의 진단기준을 충족시킨다면 모두 진단이 가능하다. 노출증은 공중방뇨와 구분되어야 하는데, 때로는 공중방뇨는 노출증(exhibitionist)을 해명하기 위해 이용되기도 한다. 물품음란증(fetishism)과 복장도착증적 물품음란증은 여성 의류와 관련이 있다. 물품음란증에서는 성적 호기심(curiosity)의 초점이 의류(속옷 등과 여성 착용의 각종류 포함) 자체인 반면에 복장도착증적 물품음란증은 성적 흥분이 옷을 바꿔 입는 행위에 의해 유발이 되는 것이다. 복장도착증적 물품음란증에서 나타나는 옷을 바꿔 입는 행위는 성적 피학증에서도 나타난다. 이때 성적 피학증에서는 의상 자체가 아니라 강요에 의해 옷을 바꿔 입는 행위에 대한 수치심이 성적 흥분을 자극시키는 것이다.[6]

3) 성도착증의 원인

인격발달(personality development) 과정 중 구강기나 항문기 수준에서 고착된 것으로 또는 Oedipus complex(아버지에 의한 거세에 대한 공포)와 관련시키는 역동적 설명이 있다. 어머니와 이별 또는 어릴 때 받은 성적폭행이 원인이 되기도 한다. 사회적 이론에서는 어렸을 때 성도착(sexual perversion) 환자에게 당했던 경험이나 대중매체의 영향 등이 원인적으로 작용한다고 한다. 학습이론(learningtheory)은 어릴 때 도착행동에 대한 환상이 성장과정 중 타인과의 관계를 통해 억제되지 못하고 계속 발전되었기 때문이라고 본다. 대뇌장애(뇌파 등 신경학적 연성 징후, 경련 등), 호르몬장애, 염색체장애 등과 관련된다는 주장도 있다. 이 밖에도 다른 정신장애와 정신지체가 성도착 행동에 관련되기도 한다는 것이다.

---

6) 임상곤(2004), 범죄심리학 원론, 백산출판사, pp. 263~264.

4) 성도착증의 치료

많은 성도착증 환자들은 치료를 원하지 않는다. 대부분은 법적 문제인 범죄와 관련되어 있을 때 강제로 정신과 의사에게 간다. 이 경우 치료에 대한 동기가 없어 적절한 치료가 이루어지기 어렵다는 것이다. 그러나 환자가 협조를 한다면, 정신분석적 정신치료 내지 통찰 정신치료 등과 효과(effect)가 있을 수 있다. 성도착증의 원인이 성기능 장애일 경우는 성치료도 보조치료로 사용될 수 있다. 그리고 치료제로는 세로토닌(serotonin)계 약물 등이 사용되고 있다.

5) 성도착증의 진단기준(DSM-V)

성도착증이라는 진단을 내리기 위해서는 다음과 같은 내용이 두 가지 이상 해당되어야 한다.

① 인간이 아닌 대상, 개인 자신이나 상대방의 고통이나 굴욕감, 소아나 동의하지 않는 사람들을 포함하는 반복적이고 강렬한 성적 환상, 성충동 및 성행동이 적어도 6개월 이상 지속되는 경우.

② 일부 개인들에 있어서는 성도착증적인 환상이나 자극이 성적 흥분을 일으키는 데 반드시 필요하며, 성행위를 할 때 항상 동반된다. 다른 경우, 성도착증이 간헐적으로만 나타나며(예: 스트레스 기간 동안), 성도착증적인 공상이나 자극 없이도 성적으로 기능할 수 있다.

③ 이러한 성적 행동이나 성충동, 환상이 임상적으로 심각한 고통이나 사회적, 직업적 또는 기타 중요한 영역에서 장애를 일으키는 경우이어야 한다.

🍃 17. 연극성 성격장애의 특성

1) 연극성 특성

연극성 성격장애자들의 행동 특성을 행동영역, 감정영역, 사고영역, 대인관계 영역으로 나누어 설명할 수가 있다.

먼저 행동영역에서는 마치 연기를 하는 것 같은 행동과 다른 사람의 관심을 끌려는 외모, 이성에 대한 유혹적인 행동과 성적인 의미 등이 강하게 나타나며, 이렇게 자기 행동의 의미를 잘 인정하지 못하는 것은 부인(denial) 방어기제(defense mechanism)를 많이 사용하기 때문인 것으로 설명할 수 있다. 즉 자신의 내면에 '상대방이 나를 좋아하게 만들겠다'는 의도가 있음을 무의식적인 수준에서 그냥 부인해버리는 경향이 전반적으로 이들을 사로잡고 있기 때문에 의식적으로는 이를 느끼지 못하는 것이다.

감정영역은 감정이 지나치게 풍부하다는 것, 감정의 기복이 심하고 깊이가 없다는 점과 마음 깊은 곳에 부정적인 감정이 내재해 있다는 점과 채워지지 않는 애정욕구, 어린이 같은 의존욕구, 반복적인 시기와 질투(jealousy), 지나치게 예민한 피해의식, 감정에 의한 충동적으로 행동하는 경우가 많다. 우울이나 분노에 휩싸이면 해야 할 일들도 쉽게 포기하고 상황에 맞지 않는 행동으로 감정을 폭발하여 주변의 상황을 당황하게 하기도 한다. 그리고 극단적인 억압(repression)과 충동적인 분출은 매우 불규칙하게 반복이 된다는 것이 감정영역의 특징이라 할 수 있다.

사고영역은 자기 나름대로의 독특한 방식과 이해의 틀을 가지고 있다. 즉 심리학에서는 도식(schema) 또는 개인 구성체계(personality construct)라고 한다. 이러한 도식의 내용과 구조가 조금씩 다르기 때문에 똑같은 상황에 처해서도 사람마다 상황을 이해한 결과가 다르고, 대처의 행동양식도 다르게 나타난다. 모호한 상황지각, 인지적 오류, 이분법적 사고, 정서적 추리(emotional reasoning), 부정적인 자기개념 등이 있다.

다음으로 대인관계 영역으로서는, 자기가치감의 원천으로서의 대인관계, 관계의 피상성, 과도한 친절과 배려, 상황에 맞지 않는 자기개방, 상대방의 행동에 대한 의심, 피해의식적인 해석과 분노 그리고 충동적, 수동공격적인 감정표현 등으로 다양하게 나타난다. 마지막으로 부인과 억압으로서는, 자신의 마음속에서 일어나는 생각과 감정의 흐름 그리고 그 진정한 의미에 대한 통찰력(penetration)이 별로 없다. 또한 자신의 행동이 다른 사람의 애정을 받기 위함이나 관심을 끌기 위한 동기에서 비롯된 것임을 전혀 인식하지 못하는 경우가 많다. 따라서 주변 사람들이 이러한 측면을 지적해 주거나, 심리치료에서 위와 같은 동기적 측면에 대한 해석을 들어도 이들은 이를 받아들이기 매우 어려워하는 특성을 가지고 있다.

그것은 연극성 성격인 사람들이 어릴 때부터 마음이 힘들거나 하면 그 힘든 상태를 인정하고 해결하려고 하기보다는 무의식적으로 부인해버리거나 힘든 상태를 애써 외면하려고 하는 방어기제를 학습해왔기 때문이다.

누구나 의식적으로든 무의식적으로든 도저히 감당할 수 없을 만큼 자신을 만들게 하고 불안하게 하는 생각이나 감정이 있다. 그래서 그러한 생각이나 감정이 자신을 힘들게 하지 못하도록 방어하는 나름대로의 생존전략을 개발시키게 된다. 그러한 전략을 방어기제(defense mechanism)라고 한다. 방어기제는 무의식적인 수준에서 작동하기 때문에 스스로는 잘 인식하지 못하는 경우가 대부분이며, 일시적으로 사용되면 유익할 수 있지만 경직되게 만성적으로 사용하면 자신으로 하여금 진실과 문제의 본질을 계속해서 회피하게 만든다.

연극성 성격장애자들의 방어기제는, 심적으로 힘들고 자신의 약점을 직면해야 하는 상황이 닥치면 그러한 생각이나 기억자체를 자신의 의식세계에서 저 깊은 무의식 속으로 밀어넣어 버린다. 왜냐하면 이들은 내적인 갈등과 어려움을 부인(denial)하고 억압하는 방어기제를 어린 시절부터 학습해왔기 때문이다. 마음이 혼란스럽고 자신의 약점이나 단점을 직면해야 할 때, 이들은 자신의 마음을 불편하게 할 수 있는 기억이나 감정을 밀봉해버리거나 억압하거나 의식에서 분리시켜버리는 것이다. 따라서 자기 행동의 무의식적 동기(motive)나 마음상태의 진정한 의미를 거의 인식(cognition)하지 못하고, 다른 사람에게 지적을 받아도 이를 인정하고 받아들이지 못하는 것이다.

이러한 방어기제를 작동시킬 경우 연극성 성격장애자들은 일시적으로는 긴장과 위협감을 덜고 마음이 편안할지 모르지만 자기 마음 안의 고통스러운 생각이나 감정을 스스로 되돌아보고 해결책을 생각해 보거나, 그러한 부정적인 모습도 자기의 일부로 수용하고 받아들이는 성숙한 작업을 할 기회를 아예 원천봉쇄해버리는 결과를 낳게 된다. 이러다 보니 연극성 성격장애자들은 인격적으로 성장할 기회를 얻지 못하고 계속 어린아이처럼 미성숙하게 남아 부적응적인 행동패턴을 반복하는 악순환을 거듭하게 되는 것이다. 그리고 〈표 13〉의 내용은 최근 국내의 심리학 연구에서 연극성 성격장애자들이 가장 전형적으로 보이는 특성 20가지를 순위별로 기술한 것이다.

〈표 13〉 연극성 성격장애자의 특성

순 위	전형적 특성
1	외모나 행동이 유혹적
2	감정이 지나치게 풍부
3	외모나 행동이 현란
4	행동이나 감정표현 과장
5	감정 기복이 심함
6	신체적 매력에 과도한 관심 표명
7	다른 사람의 말에 쉽게 동요되고 자기도 모르게 그대로 끌려가는 경향
8	대인관계가 강렬하면서도 불안정함
9	감정이 깊이가 없고 쉽게 변함
10	주목받지 못하면 기분이 상함
11	자기를 지나치게 잘났다고 생각함
12	주목받고 칭송받고 싶어함
13	시기심 과다
14	분노표현이 강렬하고 충동적임
15	다른 사람의 지지와 인정을 받고자 하는 욕구가 과도
16	일을 할 때 인내심이 부족
17	자신은 특별한 대접을 받아야 할 사람이라는 생각
18	다른 사람의 비판에 분노와 모욕감을 느낌
19	당장 욕구가 채워지지 않거나 어떤 일이 좌절되었을 때 잘 참아내지 못함
20	자존심이 위협받을 때 감정이 폭발함

※ 황순택, 1993.

2) 연극성 성격장애의 진단기준(DSM-IV)

광범위하고 지나친 감정표현 및 관심끌기의 행동양상이 성인기 초기에 시작하여 여러 상황에서 나타나며, 다음의 다섯 개(이상)의 항목을 충족시킨다.

① 자신이 관심의 초점이 되지 못하는 상황에서 불편해한다.
② 다른 사람과의 행동에서 흔히 상황에 어울리지 않게 성적으로 유혹적이거나 도발적인 행동이 특징적이다.
③ 빠른 감정의 변화 및 감정표현의 천박성(감정표현이 피상적임)을 보인다.
④ 타인의 관심을 끌기 위해서 항상 육체적 외모를 사용한다.
⑤ 지나치게 인상적으로 말하면서도 내용은 없는 대화양식을 가지고 있다.

⑥ 자기연극화, 연극조, 과장된 감정표현을 한다.

⑦ 피암시성이 높다(예: 타인 또는 환경에 의해 쉽게 영향을 받는다).

⑧ 대인관계를 실제보다 더 친밀한 것으로 생각한다.

18. 정신분열증과 정신병(schizophrenia and psychosis)

정신분열증(schizophrenia)은 흔히 '미쳤다'라고 표현을 하거나 정신병(psychosis)이라고 부르는 상태 중 가장 전형적이면서 가장 심각한 장애를 지칭하는 용어이다. 사람들이 보이는 이상행동을 크게 정신병, 신경증(neurosis, 독일 발음으로는 노이로제), 성격장애로 구분을 하기도 한다.

정신병이란 세상을 보고, 느끼고, 생각하고, 의식하는 정신기능(psycho-functional)이 변화되어 현실에 대해 이해할 수 없는 판단(judgement)을 하며, 자기 자신에 대해서도 비현실적인 생각을 하고 이를 실제인 것으로 믿는 경우이다. 피해망상적 행동과 생각들(누군가 나를 해치려 한다는 믿음, 내 귀에 도청장치가 되어 있다는 믿음과 그에 따르는 행동)이 그 대표적인 예이다. 따라서 신경증이나 성격장애와 구분짓는 가장 큰 특징은 현실감각(현실검증력)의 상실이다. 다시 말해 이들은 현실과의 연결이 단절되어 일, 공부, 대인관계를 비롯한 다양한 생활영역에서 정상적인 적응(adaptation)이 어려운 사람들이다. 이러한 정신병의 대표적인 것이 바로 정신분열증(schizophrenia)이다.

정신병(psychosis)의 범주에 속하는 장애에는 양극성 장애(조울증 기분장애), 뇌손상 등 기질적(organic) 원인에 의한 정신병 등이 있으나 우리의 관심을 끄는 것은 역시 정신분열증이다. 정신과에서 치료받는 환자의 약 70%가 정신분열증이라는 점에서도 정신분열증에 대한 이해는 중요하다.

1) 정신분열증의 기원

정신분열증이라는 용어는 '분열된', '분리된'을 뜻하는 그리스어 'schizo'와 '마음의', '정신의'라는 뜻의 그리스어 'phrenia'의 합성어이다. 결국 정신분열증이라는 용어는

'분열된 마음'을 뜻하는 것이다. 이 용어는 19세기말 스위스 정신과 의사인 Eugen Bleuler(1857~1939)가 처음으로 사용을 하였다. 그러나 오늘날 정신분열증이라고 불리는 이 특별한 행동 특징에 대한 기록은 이미 기원전 1400년경 힌두에서도 나타난다. 유사 이래로 정신분열증을 비롯한 정신병에 대한 입장은 크게 초자연적인 힘(악마, 귀신, 악령 등)에 의한 것과 자연적인 힘(뇌, 체질, 동양의 음양설 등)을 원인으로 가정하는 것으로 설명할 수 있다.

2) 초자연적인 힘의 견해

초자연적인 힘을 강조하는 입장은 고대사회에서 현대에 이르기까지 다양한 문화(culture)에서 존속되고 있다. 귀신을 쫓기 위해 굿을 하는 모습은 현재 우리나라에서도 어렵지 않게 찾아볼 수 있다. 고대사회에서는 귀신론이 성행한 것으로 보인다. 고대사회의 유물을 발굴하다가 고대인의 것으로 보이는 구멍난 두개골을 발굴하였다. 이에 대해 머릿속에 들어있다고 생각되는 귀신을 내쫓기 위해 살아 있는 사람의 두개골에 구멍을 낸 것이라는 주장이 유력하다.

이러한 귀신론은 16~17세기경 유럽과 미국에서 절정에 달했고, 혁명기를 지나 인간의 존엄성이 강조되면서 서서히 줄어들기 시작했다.

3) 자연적인 힘의 견해

프랑스 내과의사 Phillippe Pinel은 정신분열증을 비롯한 정신병이 귀신과는 관계없는 일종의 질병이라고 믿고 그들을 해방시킨 선구자(pioneer)로 볼 수 있다. 그의 노력에 힘입어 환자들에게 인도적인 처치가 행해졌고, 보다 상세한 기록들이 이루어지면서 정신장애를 분류하고 기술하기 시작했는데 기술정신의학의 아버지라고 불리는 Emil Kraepelin이 그 대표적인 인물이다.

4) 조발성 치매와 정신분열증

질병론적 입장의 현대적인 정신장애관을 가진 Emil Kraepelin은 오늘날의 정신분열증에 조발성 치매(dementia praecox)라는 이름을 붙여주었다. 그가 치매(dementia)라는 용어를 사용한 이유는 정신분열증이 회복될 수 없는 기질적 퇴화(retrogression)를 포함하는 것으로 보았기 때문이며, 정신분열증이 주로 청소년기(adolescence)에 발병하기 때문에 조발성(precocious)이라는 용어를 사용한 것이다. 다시 말해서 정신분열증에 대한 Kraepelin의 생각은 정신분열증이 치매(dementia)처럼 뇌의 기질적 퇴화에 의한 것이며 회복이 불가능하다는 것이었다. 그는 정신분열증이 기질적 장애이기 때문에 심리적 요소는 중요하지 않다고 생각했다.

5) 정신분열증의 증상

정신분열증은 다양한 형태의 증상을 나타낼 수 있는데 인지(사고기능), 정서, 동기, 운동, 사회기능 등에 장애나 결함을 보인다. 특히 사고기능의 장애와 주의장애가 가장 두드러지는 증상이다.

① 망상(delusion)

망상은 정신분열증의 증상 중 가장 주된 것이다. K. Jaspers 저서인 일반정신병리학 (general psychopathology)에서 언급을 한 이후로 많은 정신병리학자들이 이 견해를 받아들였다. 이 입장은 망상이 이해 불가능한 병적 현상이며 정상적인 사람들이 가지고 있는 신념체계와는 질적으로 다르다고 주장한다. 따라서 망상에는 내용이나 의미가 없다고 강력하게 주장하는 사람도 있다. 오늘날 전 세계적으로 널리 사용되는 정신장애 진단 및 분류체계인 DSM-IV(APA, 1994)에서도 이와 유사한 입장에서 망상을 정의하고 있다.

망상은 주제나 내용에 따라 여러 가지 유형으로 나타날 수 있다. 망상 중 가장 흔한 것은 피해망상(persecutory delusion)이다. 피해망상은 누군가 나를 괴롭히거나 내가 누군가에 의해 피해를 입고 있다는 강한 신념이며, 때로 누군가가 나를 죽이려 한다고 믿는다. 그 대상은 기관원, 간첩, 주변인물 등 다양하다. 그 다음으로 흔한 것은 과대망상(grandiose delusion)이다. 과대망상은 자신을 아주 위대하고 대단한 능력을 가진 사람이라고 믿는 증상을 말한다.

② 환청(auditory hallucination)

아무런 외부자극이 없는 상태에서 누군가의 목소리나 두 사람 이상이 대화하는 소리, 이상한 소리, 음악 등을 듣는 것을 말한다. 정신분열증에서는 두 사람 이상이 환자 자신에 대해 이야기하는 소리를 듣는 것이 가장 일반적인 환청의 형태이다. 환청은 환각의 일종이다. 환각(hallucination)은 감각자극이 없는 상태에서 감각경험을 하는 것으로, 실존하는 감각자극을 잘못 지각하는 상태인 착각(illusion)과는 다르다.

환각에는 청각과 관련된 환청(hallucination) 이외에도 헛것을 보는 환시(visual hallucination), 몸이 썩어들어가는 냄새를 느끼는 것과 같은 환후, 피부에 벌레가 기어가는 무언가가 피부에 박히는 느낌을 경험하는 것과 같은 환촉(haptichallucination) 등이 있다. 정신분열증에서는 환청이 일반적이며, 다른 환각은 드물다. 그리고 환청이 전혀 없는 환시만 나타나는 경우는 정신분열증이라기보다는 다른 뇌 장애일 가능성이 많다.

③ 주의집중의 문제

정신분열증에서 흔히 관찰될 수 있는 또 다른 문제는 주의집중의 장애이다. 정신분열증 환자와 접해본 경험이 있는 사람은 그들의 주의손상을 쉽게 느꼈을 것이다. 정신분열증 환자는 어떤 대상에 주의를 일정 기간 고정시키거나 초점을 맞추지 못한다. 또한 주변의 사소하거나 불필요한 자극에 쉽게 교란되는데 이는 불필요한 자극을 여과하는 주의의 여과 기능에 문제가 있기 때문이다. 이러한 주의장애는 지향 반응의 손상과 안구운동의 결함과 관련된 것으로 가정되기도 한다.

지향반응이란 우리의 뇌가 외부 환경으로부터 오는 자극을 받아들이기 위해 보이는 반응으로 정신분열증 환자의 경우(특히 감정이 둔화되고 의욕과 의지, 논리성이 상실된 음성 증상 위주의 정신분열증 환자) 손상이 나타난다. 안구운동의 결함은 두 가지 종류로 나타난다. 하나는 시계추처럼 서서히 움직이는 표적을 추적할 때 눈동자가 원활하게 움직임을 쫓아가지 못하는 원활추시운동(smooth-pursuit movements)의 결함이고, 다른 하나는 고정된 대상에 시선의 초점을 유지하지 못하는 것이다.

지향반응과 안구운동에서의 이러한 결함은 정신분열증의 주의장애가 생리적 측면에서 이해될 수 있음을 시사하는 하나의 증거이기도 하다. 그러나 이것이 곧 원인이 신체적이거나 기질적임을 입증하는 것은 아니다. 사람들은 불안이나 공포, 긴장이 심하면 주의력에 손상을 보일 수 있으며, 이 경우 상당 부분은 심리적인 원인에 기인한다고 볼 수 있다. 여기서 중요한 것은 주의장애가 정신분열증의 핵심 증상에 속한다는 것이다.

④ 자세와 동작성

정신분열증 환자들의 행동을 관찰해 보면 보는 사람에게는 이상하게 느껴지지만 나름대로의 의미가 있어 보이는 행동을 하는 경우가 있다. 그들은 복도의 가장자리로만 걸어서 양쪽 복도 끝을 계속 왔다갔다 한다든가, 열 발짝 간 후에 한 번씩 되돌아본다든가, 이상한 자세를 취하곤 한다. 때로는 어떤 종교의식을 행하는 듯한 행동을 보이기도 한다. 또한 정신분열증 환자들은 흔히 외모나 위생에 신경을 쓰지 않아 지저분하고, 킥킥거리거나 바보스런 행동을 보이기도 한다. 물론 환자마다 보이는 행동이 다르므로 일반화시킬 수는 없다.

긴장형(catatonic)이라고 부르는 정신분열증의 한 유형에서는 전혀 움직임이 없이 굳어 있거나 반대로 극단적인 흥분과 요동을 하는 근육운동장애가 두드러진다. 가장 극단적인 무운동 상태인 납굴증(waxy flexibility)은 팔, 다리 등이 외적인 힘에 의해 만들어진 자세대로 오래 유지한다. 마치 최면상태에서 최면술사가 조종하는 대로만 움직이는 사람처럼 보이는 경우가 있다.

반면에 초조성 긴장상태에서는 극단적인 흥분과 계속적으로 고함을 지르는 등의 행동을 하기도 한다. 또한 납굴증 상태는 의식도 없고 거의 식물인간처럼 느껴질 수도 있으나 환자의 의식은 깨어 있고 주변 자극과 사람들을 인식한다. 따라서 대부분은 자신이 그렇게 행동할 수밖에 없었던 이유를 말할 수 있는데, 물론 그 이유도 환자마다 다르다고 볼 수 있다.

⑤ 인간관계의 단절

정신분열증 환자들은 흔히 방에 혼자 틀어박혀 나오지 않거나 사람들이 별로 없는 장소에 있기를 좋아한다. 그들은 사람들과 어울리기를 싫어하거나 두려워한다. 이들이 혼자 지내는 이유는 사람들과 사귀고 관계를 유지하는데 필요한 사회기술이 부족하기 때문이거나 가족들이나 사람들이 자신을 이해해주지 못한다고 여기기 때문이다.

때로는 피해망상(남이 자기에게 해를 입힌다고 생각하는 일. 조울병의 억울 상태에 있는 환자에게 자주 보임)으로 인해 '가해자'들을 피하는 수단으로 혼자 있는 것을 택하기도 한다. 그리고 환자에 따라서는 나름대로의 망상세계를 찾아 떠나거나 자신만의 상상의 세계 속에서 즐기기도 한다. 정신분열증 환자들 중에서 자폐적 생각뿐 아니라 자폐적(autistic) 행동도 나타나는 경우도 많다.

6) 정신분열증의 종류와 유형

① 진단분류상의 구분

정신분열증을 조발성치매라고 불렀던 Kraepelin은 그 하위유형을 긴장형(catatonic), 파과형(hebephrenic), 망상형(paranoid)으로 분류하였다. 이러한 분류는 ICD-10에 그 대로 반영되어 사용되고 있으며 DSM-IV에서도 파과형을 혼란형(disorganized)이라고 이름을 바꾸었을 뿐 기본 분류는 동일하다.

혼란형 정신분열증이란 다양하고 기괴한 망상과 환각(다른 정신분열증과 마찬가지로 환청이 많으나 다른 유형에 비해서는 환시가 많음), 조리에 맞지 않는 말, 어린이 같은 행동을 보인다. 외모나 위생에 무관심하고, 바보스런 행동을 보이는 등 심하게 와해된 행동을 보인다.

긴장형 정신분열증은 근육운동의 장애를 주 증상으로 보이며 움직임이 전혀 없이 굳어 있거나 반대로 극심한 흥분과 요동을 보인다. 움직임이 없는 상태의 가장 극단적 형태인 납굴증(waxy flexibility)으로부터 극심한 정신운동 흥분에 이르기까지 극단적인 행동양상을 보인다. 흥분상태에서는 계속적으로 고함을 지르거나 벽이나 바닥에 몸을 부딪치기도 한다.

망상형(또는 편집형) 정신분열증은 정신과 입원환자 중 가장 많은 수를 차지하는 유형으로 일차적으로 망상과 지속적이고 편집적인 의심 등 인지 기능의 장애를 보인다. 심하면 연상이 이완되어 사고장애를 보이고 정서반응도 경직되거나 둔화되지만 지적능력이 망상에 의해 손상되지 않는다면 상황에 따라 잘 적응하기도 한다. 이들이 가장 많이 보이는 망상은 피해망상과 과대망상(자기의 현재 상태를 턱없이 과장해서 사실인 것처럼 믿는 생각)이다. 이러한 망상에 휩싸여 있을 때는 두려움과 초조, 혼란에 빠지기도 하고 때로 '가상적 공격자'나 '자존심 침해자'에게 공격적인 행동을 하기도 한다.

전형적인 망상형 정신분열증 환자의 경우는 망상(delusion) 자체도 단편화되어 있고 논리성이 떨어지며 생활적응에 장애가 심하다. 그러나 때로 잘 체계화되고 나름대로의 논리가 있으며, 망상과 관련된 영역 이외에서는 잘 기능하는 사람들이 있는데 이들에게는 편집성 장애(paranoid disorder) 또는 망상장애(delusional disorder)라는 진단이 내려진다.

이 세 하위유형 중 어느 하나로 분류하기 애매한 경우는 미분류형으로 진단하며, 핵심 증상은 없어졌지만 감정둔화나 사회적 고립이 지속되는 경우 잔여형(residual type)으로 분류한다. 그러나 위의 세 하위유형 중 어느 하나에 명백히 속하는 환자는 흔치 않으며 대부분의 환자들이 복합적인 양상을 보인다.

② 유형 I, 유형 II, 정신분열증

정신분열증을 크레펠린이나 DSM-IV, ICD-10에서처럼 하위유형으로 구분하지 않고 주 증상의 유형에 따라 유형 I, 유형 II로 구분하기도 하는데, 이러한 구분은 정신분열증(schizophrenia)의 원인과 치료 연구에 유용한 것으로 밝혀지고 있다.

유형 I 정신분열증은 망상, 환각, 사고장애(dyslogia), 기이한 행동 등 양성증상(positive symptom)을 위주로 한 정신분열증이다. 양성(positive)이라는 말은 일반인에게 없는 것이 있거나 일반인이 가진 특성을 일반인보다 많이(대부분 비정상적으로 많이) 보인다는 의미에서 붙여진 말이다. 반면 유형 II 정신분열증(schizophrenia)은 언어적 빈곤, 둔화된 감정반응(emotionalresponse), 은둔과 사회적 고립, 부정적이고 거부적인 행동, 이상한 자세, 의욕과 의지 상실, 즐거움이나 쾌락을 느끼지 못하는 등의 음성증상으로 구성된다. 음성이란 의미는 일반인들에게는 있는 것이 없거나 정상적인 수준보다 지나치게 부족하다는 의미이다.

유형 I은 급성적으로 발병하는 경우가 많고, 항정신병 약물(antipsychotic)에 효과를 보이는 반면, 유형 II는 약물을 써도 효과가 별로 없고 만성화되는 경우가 많다. 또한 유형 I보다 유형 II에서 지적 손상이 동반되는 경우가 많다.

한편 유형 I은 뇌에서의 생화학적 측면, 즉 도파민(dopamine)[7] 같은 신경전달물질(neurotransmitter) 수준의 변이에 기인하는 것으로 보며, 유형 II는 뇌실확장(ventricular enlargement), 측두엽(temporallobe) 구조상의 세포 상실 등 뇌의 구조적 이상과 관련되는 것으로 알려져 있다.

---

7) dopamine: 도파민(부신에서 만들어지는 뇌에 필요한 호르몬).

이 두 유형은 한 장애의 두 가지 측면이기보다는 서로 독립적인 별개의 과정을 밟는다고 알려져 있다. 그러나 유형 I에서 유형 II로 발전해가는지 아니면 애초부터 유형 II로만 발전되는지, 이 두 유형이 완전히 별개의 과정인지에 대해서는 논란이 계속되고 있다.

③ 정신분열증의 예측요인

최근 정신병리 연구의 방향은 정신장애의 치료보다는 예방으로 향해 있으며 장래의 환자를 미리 확인해서 예방적 개입을 하는 것이 목표이다. 이런 측면에서 가장 중요한 것은 특정 정신장애의 전조와 예측요인(또는 위험지표)을 밝혀내는 일이다. 즉, 어린 시절 장래의 정신분열증 환자가 보이는 독특한 특성들을 확인해 미래의 위험에 대비하고 발병 가능성을 줄일 수 있도록 개인적·환경적 처치를 가하는 것이 매우 중요하다. 이러한 연구는 현재 다양한 측면에서 진행 중이다.

아직 그 구체적 사실과 요인들이 명확히 밝혀진 것은 아니지만 정신분열증의 전조로 고려해 볼 수 있는 요인들로는 다음과 같은 것들이 있다.

(a) 출생 당시의 문제: 체중부족, 난산 등
(b) 가족관계의 문제: 출생 후 3세까지 동안 어머니와의 밀접한 관계부족 등
(c) 운동기능: 영아기 동안 운동협응 부족
(d) 지적 결함: 아동기 때 지능검사 점수가 낮음(특히 언어성 지능)
(e) 인지적 결함: 산만성과 주의집중 및 초점 맞추기의 문제
(f) 사회적 결함: 부모–자녀 의사소통에서 혼란과 적대감

유아기 또는 아동기에 위와 같은 문제들을 복합적으로 나타낸다면 후에 정신분열증에 걸릴 위험이 높다고 볼 수 있다. 따라서 이런 아동들에게는 잘 설계된 예방 프로그램(prevention program)을 실시함으로써 장차 정신분열증으로 진행될 가능성을 줄여주는 것이 중요하다.

이런 유형의 연구는 정신분열증(schizophrenia)의 원인과 예방 연구에 중요한 공헌을 했다. 그렇지만 아직 이런 위험지표 연구에는 문제가 많다. 위에 제시된 문제 중 어느 한두 가지를 가졌다고 정신분열증 환자로서의 잠재력을 가졌다고 볼 수는 없다. 한두 가지 문제를 가진 아동은 수없이 많지만 그들이 모두 정신분열증이 되는 것은

아니기 때문이다. 그러나 이 문제들 중 많은 문제를 동시에 가지는 아동의 경우 그 위험성에 대해 심각하게 고려해야 하는 것만은 분명하다.

19. 정상적 우울과 병적 우울

1) 정상적 우울과 병적 우울의 구분

우리는 누구나 생활 속에서 크고 작은 실패와 상실을 경험하게 되며 그 결과 일시적으로 우울한 기분에 젖게 된다. 대부분은 잠시 시간이 지나면 우울한 기분에서 벗어나 다시 정상적인 삶을 회복하게 된다. 이처럼 좌절경험(frustration experience) 후에 일시적으로 경미한 우울기분을 느끼는 것은 매우 정상적이며 또한 자연스런 일이기도 하다. 그러나 항상 우울한 상태에서 쉽게 회복되는 것은 아니며 때로는 점차 악화되어 전문적인 치료를 받아야 하는 병적인 우울상태로 발전하기도 한다.

우울함은 기본적으로 실패와 상실에 대한 심리적 반응(counteraction)이라고 할 수 있다. 그렇다면 정상적인 우울상태와 병적인 우울상태는 어떻게 다르며 어떻게 구분할 수 있는가, 정상적 우울과 병적인 우울은 다음과 같이 몇 가지 점에서 구분을 할 수 있다.

① 우울한 상태의 강도 또는 심각도

우리의 삶 속에는 크든 작든 누구나 좌절(frustration)과 실패를 경험하게 되고 우울한 기분을 느끼게 된다. 병적인 우울은 정상적 우울에 비해서 우울증상이 현저하게 강력하고 광범위하게 나타난다. 즉 병적인 우울에서는 우울한 기분의 강도가 강하고 다양한 우울증상이 나타난다. 자신은 무능하고, 열등하며, 무가치하다는 생각이 확고하며, 일상생활에 대한 흥미, 의욕, 활력도 현저하게 감소된다. 아울러 식욕감퇴나 불면증(insomnia)이 심하게 나타나고 자살(suicide)에 대한 생각뿐만 아니라 실제로 자살시도를 한다.

② 우울한 상태가 지속되는 기간

누구나 실패(failure)나 좌절을 경험하면 일시적으로 우울한 기분을 경험하지만, 일정한 기간이 지나면 이런 상태에서 벗어나 정상적인 기분으로 회복되는 것이 일반적이다. 그러나 어떤 사람은 이러한 우울상태(depressedstate)에서 벗어나지 못하고 오랜 기간 동안 침체되는 경우가 있다. 이처럼 병적인 우울은 정상적 우울(hypochondria)에 비해 지속 기간이 길며, 보통 6개월 이상 지속된다.

③ 우울상태로 인해 파생되는 부정적 문제

우울한 상태에 빠져들게 되면 의욕이나 활력이 감소하기 때문에 학업, 직업, 가정일, 대인관계 등을 소홀하기 쉽다. 그러나 대부분의 사람들은 우울한 상태라 하더라도 최소한의 일상적인 업무를 수행하는 것이 일반적이다. 병적인 우울상태에서는 이러한 최소한의 일상적 업무마저 포기하여 심각한 결과를 초래하는 경우가 많다. 따라서 병적인 우울은 각 분야에 걸쳐서 부적응 상태를 초래하여 나타난다.

④ 좌절요인과 우울증상

친구나 가족과의 사소한 다툼이나 좌절에서도 슬픔에 빠져들어 자학을 하고 자살까지 생각하는 사람이 있다. 부진의 징조가 나타나면 자신은 무능하고 열등하다는 심한 자책감에 빠져 의욕(volition)을 상실하고 무기력증에서 벗어나지 못하는 사람도 있다. 이처럼 좌절요인의 강도에 비해 지나치게 확대되고 과장된 우울반응은 병적인 우울이라고 볼 수 있다.

2) 우울증의 진단기준

일반적으로 정신건강 전문가들은 특정한 정신장애를 진단할 때 구체적인 진단기준에 의거한다. 현재 세계적으로 가장 널리 사용되고 있는 정신장애의 진단체계는 1994년에 미국정신의학회에서 발행한 '정신장애 진단 및 통계편람, 제4판(DSM-IV: diagnostic and statistical manual of mental disorders, 4th ed)'이다. DSM-IV에 의하면 9개 항의 증상이 우울증을 진단하는 중요한 기준이 된다. 이러한 9개 항의 증상 중에서 가장 기본적인 것은 우울한 기분, 흥미나 즐거움의 상실이다. 우울증을 지닌 사람들은 대부분 이 두 가지 증상을 지니고 있으며 아울러 다른 증상들 중에서 몇 가지를 함께 나타내는 것이 일반적이다.

동시에 이러한 증상이 상당한 기간 동안 지속적으로 나타나야 한다. 우울증의 하위유형에 따라서 지속 기간에는 차이가 있으며, 이렇게 지속되는 우울증상으로 인하여 심각한 학업적, 직업적, 사회적 부적응과 고통을 초래하는 경우에 우울증이라고 진단할 수 있다.

물론 우울증과 유사한 증상이 나타난다 하더라도 그 원인이 약물복용이나 신체적 질병상태(예: 갑상선 기능저하증)의 직접적·생리적 효과에 의한 것일 때는 우울증이라고 보지 않는다.

■ 우울증의 진단기준(DSM-IV)

① 하루의 대부분, 그리고 거의 매일 우울한 기분이 지속된다. 이러한 우울한 기분은 주관적인 보고(슬프거나 공허하다고 느낀다)나 객관적인 관찰(울 것처럼 보인다)에서 드러난다. 다만, 소아와 청소년의 경우는 과민한 기분으로 나타나기도 한다.

② 모든 또는 거의 일상생활에서 흥미나 즐거움이 현저하게 저하되어 있다. 이러한 흥미와 즐거움의 저하는 하루의 대부분 또는 거의 매일 나타나며, 주관적인 설명이나 타인에 의한 관찰에서 드러난다.

③ 의도적으로 체중조절을 하고 있지 않은 상태에서 현저한 체중감소 또는 체중증가(예: 1개월 동안 5% 이상의 체중변화)가 나타난다. 또는 식욕의 현저한 감소나 증가가 거의 매일 나타난다.

④ 거의 매일 불면이나 과다수면이 나타난다.

⑤ 거의 매일 나타나는 정신운동성 초조나 지체를 나타낸다. 이는 주관적인 좌불안석감이나 타인에 의해서 처진 느낌이 관찰될 수 있다.

⑥ 거의 매일 피로감이나 활력의 상실이 나타난다.

⑦ 거의 매일 무가치감 또는 과도하고 부적절한 죄책감을 느낀다. 이는 망상적일 수도 있으며, 단순히 병이 있다는 것에 대한 자책이나 죄책감이 아니어야 한다.

⑧ 거의 매일 사고력이나 집중력의 감소, 또는 우유부단함이 주관적인 호소나 관찰에서 나타난다.

⑨ 반복되는 죽음에 대한 생각(단지 죽음에 대한 두려움뿐만 아니라), 특정한 계획 없이 반복되는 자살에 대한 생각, 또는 자살기도나 자살수행에 대한 특정한 계획을 지니고 있다.

3) 우울증의 증상과 유형

(1) 우울증의 주요 증상

우울증은 심리장애로서 여러 가지 증상의 복합체이며, 사람에 따라 매우 다양한 심리적 영역에서 증상이 나타난다. 우울증의 주요 증상을 정서적, 인지적, 행동적, 신체생리적 영역으로 나누어 볼 수 있다.

① 정서적 증상

우울증은 일차적으로 기분의 장애이다. 기분(mood)은 지속적인 정서상태를 뜻하며, 일시적인 감정상태와는 구별된다. 즉 우울증은 우울한 기분이 지속되는 상태를 뜻한다. 구체적으로 우울증에서 기분은 슬픔을 비롯하여 좌절감, 불행감, 죄책감, 공허감, 고독감, 무가치감, 허무감, 절망감 등 불쾌하고 고통스러운 정서상태를 말한다.

우울증의 핵심 정서는 슬픔이다. 슬픔(sadness)은 자신의 중요한 일부를 상실했을 때 느끼는 정서이다. 우울상태에서는 슬픔과 상실감으로 인해 서럽고 침체된 기분이 지속되며 눈물을 흘리며 울기도 한다. 아울러 실패와 좌절감으로 괴로워하며, 때로는 자신의 잘못에 대한 죄책감과 자책감에 시달릴 수도 있다. 자신이 무가치하고 인생이 허무하다는 느낌과 더불어 암담한 미래에 대한 절망감이 밀려들게 된다. 또 의지할 사람이 아무도 없이 홀로 떨어져 있는 듯한 고독감과 외로움도 느끼게 된다.

우울한 기분이 극도로 심한 경우에는 무표정하고 무감각한 정서(emotion)상태로 나타날 수도 있다. 또한 아동이나 청소년의 경우에는 분노(indignation) 감정이나 불안정하고 과민한 기분 상태가 동반되어 우울증상이 나타나기도 한다.

② 인지적 증상

우울증 상태에서는 부정적이고 비관적인 생각이 증폭된다. 우선 자신이 무능하고 열등(inferiority)하며 무가치한 존재로 여겨지는 자기비하적인 생각을 떨치기 어렵다. 아울러 인지적(recognition) 기능에도 여러 가지 변화가 나타난다. 평소와 달리 주의집중(attention)이 잘 되지 않고 기억력이 저하되고, 판단에도 어려움을 겪게 되어 어떤 일에 결정을 내리지 못하고 우유부단한 모습을 보이게 된다. 이러한 사고력의 저하로 인해 자신의 능력을 발휘하지 못하고 학업이나 직업활동에 어려움을 겪게 된다.

③ 행동적 증상

우울증 상태에서는 행동상에 여러 가지 변화가 일어난다. 우울한 사람들은 수면(slumber)에 어려움을 겪는데, 흔히 불면증(insomnia)이 나타나서 거의 매일 잠을 이루지 못하거나 수면중에 자주 깨어난다. 때로는 반대로 과다수면증이 나타나 평소보다 많은 시간을 자거나 졸음을 자주 느끼고 아침에 일어나지 못하는 경우도 있다. 행동과 사고도 느려지고 활기가 감소하여 행동거지가 둔하고 처지게 된다. 따라서 일을 신속하게 처리하지 못하고 지연시키며 활동량이 현저하게 감소한다. 때로는 초조(fretfulness)하고 좌불안석하고 불안정한 행동을 나타내기도 한다. 심한 경우에는 자학적인 행동이나 자살을 시도하는 경우도 있을 수 있다.

④ 신체생리적 증상

우울증 상태에서는 신체생리적 변화가 여러 가지로 나타난다. 식욕과 체중에 변화가 먼저 나타날 수 있다. 흔히 폭식증 혹은 거식증 등이 있을 수 있으며, 이로 인해 면역력이 저하되어 질환(disease)에 약하고, 한번 병에 걸리면 오래가는 경향이 있다.

(2) 우울증의 하위유형

① 주요우울 장애와 기분부전 장애

DSM-IV(diagnostic and statistical manual of mental disorders-IV)에서는 우울증을 크게 주요우울 장애와 기분부전 장애로 구분을 하고 있다. 이러한 구분은 증상의 광범위성과 지속 기간에 의한 분류라고 할 수 있다. 주요우울 장애(major depressive disorder)는 심각한 우울증상이 다양하게 나타나는 경우이다. 이러한 우울증상은 최소한 2주 이상 또는 반복적으로 나타날 수 있다. 기분부전 장애(dysthymic disorder)는 경미한 우울증상이 만성적으로 나타나는 것으로, 이 경우 우울한 기분과 더불어 소수의 우울증상이 2년 이상 장기간 지속적으로 나타난다.

이 밖에도 DSM-IV에는 미분류형 우울장애(depressive disorder not otherwise specified)라는 하위범주가 있는데, 주요우울과 기분부전 장애의 진단기준에 미치지 못하는 가벼운 우울장애(depressivedisorder), 단기우울장애(short term depressivedisorder), 월경전기(premenstrualperiod)의 우울장애 등이 여기에 포함이 된다.

② 단극성 우울증과 양극성 우울증(unipolar depression and bipolar depression)

우울증은 단극성 우울증과 양극성 우울증으로 구분하는 것이 일반적이다. 우울증은 반대되는 정서상태인 조증(mania)과 함께 나타나는 경우가 있다. 조증은 우울증과 반대로 기분이 지나치게 좋은 상태로서, 자존감이 현격하게 고양되고 흥미와 의욕이 증대되어 과잉행동이 나타나는 비정상적인 상태를 의미한다. 이러한 조증상태에는 실현 불가능한 비현실적인 목표를 향한 과도한 활동이 나타나게 되는데, 대부분의 경우 목표를 달성하지 못하고 실패와 좌절(frustration)로 끝나게 된다.

이처럼 현재는 우울증 상태에 있지만 과거에 조증상태를 경험한 적이 있는 경우를 양극성 우울증(bipolar depression)이라고 한다. 반면에 과거에 전혀 조증상태를 경험한 적이 없이 우울상태가 나타나는 경우를 단극성 우울증(unipolar depression)이라고 한다. 유사한 우울증세가 나타나는 경우에도 과거에 조증경력이 있는지의 여부에 따라 구분되는 단극성 우울증과 양극성 우울증은 그 원인적 요인, 증상패턴, 예후 등에서 차이가 나타난다는 연구결과가 있다.

③ 외인성 우울증과 내인성 우울증(bipolar and endogenous depression)

우울증은 증상을 유발한 외부적 촉발사건이 있는지의 여부에 따라서 외인성 우울증(exogenous depression)과 내인성 우울증(endogenous depression)으로 구분하기도 한다. 외인성 우울증은 가족의 불화나 사별, 실연, 실직, 중요한 시험에서의 실패, 가족의 불화(disagreement)나 질병(disease) 등과 같이 비교적 분명한 환경적 스트레스(stress, 〈표 14〉 참조)가 계기가 되어 우울증상이 나타나는 경우로 반응성 우울증

〈표 14〉 스트레스원에 대한 반응

생리적 반응	두통, 피로감, 두근거림, 빠른호흡, 각종질병, 수면패턴 변화, 떠는 행동, 어지럼증, 소화불량, 구토, 잦은 소변, 입과 목이 마름, 식욕변화
정서적 반응	공포감, 불안감, 분노감, 좌절감, 초조감, 과도한 흥분, 우울감과 슬픈 감정, 울거나 뛰쳐나가거나 숨고 싶은 욕구, 감정의 부인, 지루함
인지적 반응	주의집중력 부족, 부정적 사고, 경직된 사고, 창의성 부족, 무계획적 행동, 과거 혹은 미래에 관심 집중
행동적 반응	말더듬, 신경질적인 행동, 흡연의 증가, 알코올 증가, 참을성 부족, 유연성 부족, 타인 회피하기, 폭언하기, 과식 또는 소식

(reactive depression)이라고 하기도 한다. 반면, 내인성 우울증은 이러한 환경적 사건이 확인되지 않으며, 흔히 유전적 요인 또는 호르몬분비(releasing hormone)나 생리적 리듬 등과 같은 내부적인 생리적 요인에 의해서 우울증상이 나타나는 경우를 의미한다.

④ 신경증적 우울증과 정신증적 우울증(neurotic and psychotic depression)

우울증상의 심각성에 따라 신경증적 우울증과 정신증적 우울증으로 구분을 한다. 신경증적 우울증(neurotic depression)은 현실 판단력(judgment)에 손상이 없는 상태에서, 다만 우울한 기분과 의욕상실을 나타내며 자신에 대한 부정적 생각에 몰두하지만 이러한 생각이 망상(fancy) 수준에 도달하지는 않으며, 무기력하고 침울하지만 현실 판단능력의 장애는 보이지 않는다. 주위에서 무슨 일이 일어나고 있는지 정확히 이해하고 있으며 대화 내용이 조리에 맞고, 최소한의 일상생활에는 지장이 없다.

반면에 정신증적 우울증(psychotic depression)은 매우 심각한 우울증상을 나타냄과 동시에 현실 판단력이 손상되어 망상 수준의 부정적 생각이나 죄의식을 지니게 된다. 정신증적 우울증에서는 환각과 망상이 나타나며 현실세계로부터 극단적으로 철수하는 경향을 보인다.

이 밖에도 우울증으로 주로 행동과 사고가 느려지고 침체되는 지체성 우울증(retarded depression)과 걱정과 불안을 동반하며 흥분된 모습을 나타내는 초조성 우울증(agitated depression)으로 나누어지기도 한다. 한편 우울증은 다른 정신장애나 신체질환과 관련되어 나타날 수 있는데, 우울증이 주된 증상이며 시간적으로 먼저 나타나는 경우를 일차적 우울증(primary depression)이라 하고, 다른 정신장애나 신체질환에 부수적으로 나타나는 경우를 이차적 우울증(secondary depression)이라고 구분하기도 한다.

여성의 경우 출산 후 4주 이내에 우울증상이 나타날 수 있는데, 이를 산후우울증(post-partum depression)이라 하고, 특정 계절에 우울증이 나타나는 계절성 우울증(seasonal depression) 그리고 위장우울증(masked depression) 등이 있다.

그리고 우울증은 정신장애 중에서 가장 많은 사람들이 고통 받는 장애이며, 주요우울 장애의 경우 지역사회 표본에서 평생 유병률이 여자 10~25%, 남자 5~12%로 보고되고 있다.

4) 우울증의 신체적 원인

생물학적 이론은 우울증이 신체적 원인에 의해서 생긴다는 가정에 기초하여 주로 정신의학자에 의해서 발전되었다. 우울증을 유발하는 신체적 원인으로는 유전적 요인, 뇌의 신경화학적 이상, 뇌구조의 기능적 손상, 내분비계통(endocrine system)의 이상, 생체리듬(바이오리듬, biorhythm)의 이상 등에 많은 연구를 하고 있다.

(1) 유전적 요인

우울증의 유전적 요인을 밝히려는 노력은 주로 가계 연구와 쌍생아 연구를 통해 이루어졌다. 우울증 환자의 가계(family line)에 대한 연구는 양극성 우울증과 단극성 우울증에 있어서 다른 결과를 보이고 있는데, 양극성 우울증(bipolar depression)이 단극성 우울증(unipolar depression)보다 유전적 소인이 더 큰 것으로 나타나고 있다. 단극성 우울증도 직계 가족에서 우울증이 발생할 확률은 일반인보다 1.5~3배가 높다는 연구가 나왔다. 그러나 가족은 유전적 요인도 공유하지만, 유사한 심리사회적 환경에서 생활하기 때문에 가계연구결과를 유전적 결과로만 해석할 수는 없다.

이런 문제점을 개선한 것이 일란성 쌍생아(identical twins)와 이란성 쌍생아에서 우울증의 일치율을 비교하는 쌍생아 연구이다.

우울증의 유전적 소인을 알아볼 수 있는 또 다른 방법으로 입양아 연구가 있다. 입양아가 단극성 우울증을 나타낼 경우, 그의 친부모와 양부모의 우울증 유병률(有病率, 일정한 시일에 임의의 지역에서 발생한 병자 수를 그 지역 인구에 대해 나타낸 비율)을 조사하여 비교한 결과 차이가 없었다는 연구보고가 있다. 그러나 양극성 우울증을 보인 입양아의 경우, 친부모의 우울증 유병률이 28%인데 비해 양부모는 12%의 유병률을 나타냄으로써 유전적 영향을 뒷받침하는 연구결과가 보고되고 있다.

(2) 뇌의 신경화학적 요인

우울증은 뇌의 신경화학적 기능 이상으로 생겨날 수 있다는 가정 하에 많은 연구가 이루어졌다. 특히 뇌세포 간의 신경정보의 전달을 담당하는 신경전달물질(neurotrans-mitter)의 이상을 밝히려는 연구가 계속되고 있다.

우울증을 뇌신경화학적인 요인으로 설명하려는 대표적인 이론이 카테콜라민(catecholamine) 가설(catecholamine hypothesis)이다. Catecholamine(카테콜아민, 신경전달 작용을 하는 호르몬)은 신경전달물질인 노르에피네프린(norepinephrine), 에피네프린 (epinephrine) 그리고 도파민을 포함하는 호르몬(hormone)을 말한다. 이러한 catechol- amine이 결핍되면, 우울증이 생기고, 반대로 catecholamine이 과다하면 조증(답답하 여 마음이 편하지 않은 증세)이 생긴다는 것이다. 특히 catecholamine 중에서 에피네 프린이나 도파민(dopamine)보다는 노르에피네프린이 기분장애에 중요한 역할을 하 는 것으로 알려져 있다. 이 가설에 따르면, 기분장애는 뇌의 신경화학적 활동 변화에 의해 생기며, 우울증은 특정한 신경전달물질(neurotransmitter), 즉 catecholamine이 문 제를 일으켜 생겨나는 것이다.

상위의 가설을 뒷받침하는 근거로 다음 세 가지를 들 수 있다.

① 여러 동물 연구에서 간접적으로 뒷받침되고 있다. 실험적으로 쥐의 노르에피네 프린 수준을 낮추었을 때 쥐는 우울증 환자처럼 위축되고 무반응적 행동을 나 타냈다는 연구가 있다.

② 약물치료 과정에서 우연히 발견된 사실들이 이 가설을 뒷받침하고 있다. 고혈 압 환자의 혈압강하제로 사용되는 리설핀(reserpine)[8]을 복용한 환자 중에 때때 로 우울증상을 호소하는 것이 보고되었다.

마지막으로, 우울증 약물이 개발되면서 catecholamine 가설이 본격적으로 지지되었 다. 삼환계 항우울제(tricyclic anidepressants)와 모노아민옥시다제 억제제(MAO, mon- oamine oxidase inhibitor)가 우울증상을 완화시키는 중요한 치료약물로 사용되어 왔 다. 이러한 약물들이 우울증상을 감소시키는 뇌에 노르에피네프린이나 세로토닌의 활 동 수준을 증가시키기 때문인 것으로 밝혀져 우울증에 대한 catecholamine hypothesis (카테콜라민 가설)을 강력히 지지하는 결과로 여겨졌다.

그러나 후속 연구에서 뇌의 노르에피네프린 증가가 곧바로 우울증상을 완화시키는 것은 아니라는 연구결과가 나타났다. 지금까지의 연구결과를 볼 때 노르에피네프린 과 같은 신경전달물질이 우울증과 관련되는 것은 확실하지만 이러한 물질이 우울증 을 유발하는 정확한 기제는 아직 충분히 밝혀지지 않고 있다고 볼 수 있다.

---

8) Reserpine은 뇌에 catecholamine 계열의 신경전달물질(neurotransmitter)의 공급을 감소시키 는 효과가 있다고 함.

(3) 신경생리적 요인

우울증에 대한 많은 생물학적 연구를 통해 우울증의 유발에 영향을 미치는 여러 가지 신경생리적 요인이 주장되고 있다.

그중의 하나가 우울증이 시상하부(hypothalamus)[9]의 기능장애 때문에 생긴다는 주장이다. 이러한 주장의 증거로, 시상하부가 기분을 조절하는 기능을 지니고 있을 뿐만 아니라 우울증에서 보이는 식욕(appetite)이나 성적 기능의 장애에도 영향을 준다는 점을 강조한다. 또한 우울증 환자들은 뇌하수체 호르몬(pituitary hormone)이나 부신선(renal gland) 또는 갑상선(thyroid gland) 등의 기능장애를 보이는데 이런 호르몬(hormone)이 모두 시상하부의 영향을 받고 있다는 점을 지적하고 있다.

두 번째 주장은 내분비(internal secretion) 장애가 우울증과 관련되어 있다는 주장이다. 이러한 주장은 내분비 계통의 질병이 종종 우울증상을 동반한다는 임상적 관찰에 근거를 하고 있다. 우울증과 관련하여 내분비(internal secretion) 호르몬(hormone)이 코티졸(cortisol)이다. 우울증 환자들은 많은 경우 혈장의 코티졸 수준이 높다.

텍사메사손(dexamethasone, 염증치료제)은 cortisol과 비슷한 약물로, 정상인에게서 24시간 동안 코티졸 분비를 억제한다. 그러나 우울증 환자의 30~70%는 dexamethasone 억제검사(dexamethasone suppression test)에서 코티졸 억제를 보이지 않았다. 이러한 결과는 코티졸의 기능 이상(과잉분비)이 우울증과 관련되어 있다는 것을 뒷받침하며, dexamethasone 억제검사는 우울증을 진단하는 검사로 사용되기도 했다. 그러나 코티졸(cortisol) 억제 실패가 알코올(alcohol), 약물사용, 체중감소, 노령 등 여러 요인에 의해서도 나타낼 수 있으므로 우울증에 대한 진단적diagnostic 기준으로는 불충분한 것으로 여겨지고 있다.

또한 우울증을 나타내는 사람들은 생체리듬에 이상이 있다는 주장이 있다. 특히 수면각성주기 및 체온변화의 주기를 조절하는 생물학적 시계기제(biological clock system)에 이상이 있다는 주장이 제기되었다. 24시간 주기의 경우 우울증 환자는 수면각성주기와 체온조절주기가 4~6시간 정도 빠르다는 연구결과가 이러한 주장을 뒷

---

9) 시상하부(hypothalamus), 간뇌(間腦)의 일부로서, 제3뇌실(腦室)의 바깥벽 하부와 밑바닥을 둘러싸고 있는 부분. 물질대사, 수면, 생식, 체온 조절 등에 관여하는 자율신경작용의 중추를 이룸.

받침하고 있다.

또한 우울한 사람들은 쉽게 잠들지 못하거나 자주 잠에서 깨어나고 아침에 일찍 깨어나는 등의 수면장애를 보이는데, 이들의 REM(눈동자를 빨리 움직이는 수면상태)은 정상인과 다른 패턴을 보인다. 정상인은 처음으로 REM(rapid eye movement) 수면에 들어가기까지 약 90분이 걸리는데 비해, 우울증 환자들은 이 기간이 현저하게 줄어든다.

또 특정한 계절에 주기적으로 우울증을 나타내는 계절성 우울증(seasonal depression)이 있다. 예를 들어 가을과 겨울에 우울증을 보이고 봄과 여름에는 정상적으로 기능하는 계절성 우울증 환자의 경우 이들에게 1년 주기의 생체리듬에 이상이 있을 가능성이 제기되고 있다.

일반적으로 생물학적 리듬(biological rhythm)은 일상적인 생활 과제의 진행에 맞춰지는데, 만일 여러 가지 생활사건(예: 대인관계의 손상, 업무의 과중, 생활패턴의 변화)으로 정규적인 사회적 리듬(rhythm)이 깨어지게 되면 생물학적 리듬이 불안정해지게 되고 그 결과 취약한 사람들에게 우울증이 유발될 수도 있다고 볼 수 있다.

5) 우울증의 치료법

우울증은 심리적 문제이며 때로는 시간과 상황이 변함에 따라 자발적으로 회복되는 경우도 있을 수 있다. 그러나 우울증은 의욕상실과 사회적 위축 등으로 인해 인생의 중요한 시기에 업무수행이나 대인관계를 소홀히 하게하여 평생 동안 부정적인 영향을 미칠 수도 있다. 뿐만 아니라 우울증이 심한 경우에는 자살(suicide)과 같은 치명적인 결과를 낳을 수도 있다. 따라서 가능한 한 빨리 도움을 받아 치료를 하여야 하겠다.

우울증의 치료법(therapy)은 크게 심리학적 치료법(psychological therapy)과 물리적 치료법(physical therapy)으로 접근이 가능하다. 심리적 치료법으로는 최근에 우울증의 치료법으로 각광을 받고 있는 인지치료(cognitive therapy)를 비롯하여 정신역동적 치료, 행동치료(behavior therapy), 인본주의적 치료 등이 있다. 물리적 치료법으로는 가장 일반적으로 상용되고 있는 약물치료(drug therapy)가 있으며 전기충격치료(ECT: electroconvulsive therapy), 광성치료(light therapy) 등이 사용되고 있다.

(1) 인지치료(cognitive therapy)

우울증을 치료하는 가장 대표적인 심리치료법인 인지치료는 우울증의 인지이론 (cognitive theory)에 근거하여 Beck이 개발한 심리치료법이다. 우울증의 인지이론에 따르면, 우울증은 부정적인 자동적 사고, 인지적 오류, 역기능적 신념 등의 인지적 요인에 의해서 생겨나고 유지된다. 인지치료는 우울증을 유발하는 이러한 인지적 요인을 찾아내 변화시킴으로써 우울증을 치료하는 방법이다.

인지치료의 기본 원리는 내담자와 치료자의 협력적인 동반자 관계 속에서 내담자를 우울하게 만드는 부정적 사고와 역기능적 신념을 함께 찾아내어, 그러한 사고의 정당성을 평가하고 보다 현실적이고 합리적인 사고로 대체하는 것이다. 치료과정을 자세히 설명하면 다음과 같다.

첫 번째 단계는, 치료 초기에는 내담자를 우울하게 만드는 환경적 생활사건과 부정적인 자동적 사고를 함께 탐색하고 조사한다. 이러한 탐색을 통해 내담자가 현재 생활 속에서 경험하는 사건들의 의미를 어떻게 어떤 내용으로 해석하여 파악하고 있는지를 구체적으로 살펴보게 된다. 아울러 이러한 해석내용이 내담자의 우울증상과 어떻게 관련되어 있는지를 논의한다.

두 번째 단계에서는, 환경적 생활사건에 대한 내담자의 해석내용, 즉 부정적인 자동적 사고의 현실적 타당성을 함께 따져본다. 생활사건의 사실적 자료에 근거하여 부정적인 사고 내용의 객관성, 논리성, 유용성 등을 다양한 각도에서 살펴본다. 아울러 인지적 오류의 개입 가능성을 논의한다.

세 번째 단계에서는, 생활사건에 대한 보다 객관적이고 타당한 대안적 해석을 탐색해 보고, 이러한 적응적 사고 내용으로 대체하게 하여, 그 결과로 우울증상이 완화되고 변화되는 과정을 살펴보게 된다. 아울러 과거의 습관화된 부정적 사고 패턴이 환경적 자극에 직면하여 나타날 때마다 보다 더 적응적인 대안적 사고 내용으로 대체하는 작업을 꾸준히 계속하도록 격려한다.

마지막 단계에서는, 우울증의 보다 근원적인 인지적 원인인 역기능적 신념을 탐색하여 그것의 현실성, 합리성, 유용성에 대하여 논의한다. 보다 현실적이고 합리적인 대안적 신념을 탐색하여 대체하도록 유도한다.

이러한 치료과정을 통해서 인지치료는 내담자로 하여금 자신의 내면적 사고를 관찰하고 조절하는 능력을 향상시킨다. 그들은 자신을 우울하게 만드는 현실 왜곡적인 부정적 사고를 자각하여 보다 합리적인 사고(thinking)로 대체함으로써 현실에 효과적으로 적응하는 능력(ability)을 키우게 된다. 또한 자신과 세상에 대한 잘못된 믿음과 비현실적 기대로 구성되어 있는 역기능적 신념을 깨닫게 되고 이를 보다 유연하고 현실적인 신념으로 대체하게 된다.

인지치료는 이처럼 근본적으로 내담자가 자기 자신과 삶에 대해서 보다 더 현실적이고 유연한 태도를 갖도록 유도하여 인생의 좌절(frustration)을 유연하게 극복하고 현실에 효과적으로 적응할 수 있는 지혜롭고 현명한 사람이 되도록 돕는 것을 목표로 하고 있는 것이다.

인지치료는 우울증을 비교적 단기간에 치료하는 적극적인 치료법으로, 내담자를 우울하게 만드는 부정적인 자동적 사고와 역기능적 신념을 찾아내고 변화시키기 위해 A-B-C 기법, 소라테스식 대화법, 일일기록지 방법, 설문지 검사, 일기쓰기, 행동실험법 등 다양한 구체적인 기법을 사용하고 있다.

인지의 변화뿐만 아니라 내담자의 부적응적 행동을 변화시키기 위한 여러 가지 행동치료기법이 적용되기도 한다. 우울증에 적용되는 행동치료기법에는 자기생활 관찰표 작성하기, 시간계획표 만들어 생활하기, 점진적인 과제수행표를 만들어 실행하기, 긍정적 경험을 체험하고 평가하기, 대처기술 훈련, 사회적 기술훈련, 의사소통기술훈련, 문제해결 훈련, 자기주장 훈련 등이 있다. 이렇게 인지의 변화뿐만 아니라 행동의 변화를 유도하기 위해 행동치료기법을 함께 사용하기 때문에 인지치료를 인지행동치료(cognitive behavior therapy)라고 부르기도 한다.

인지치료는 우울증을 단기간에 치료할 뿐만 아니라 치료효과도 우수한 것으로 확인되었다. 우울증에 대한 대표적인 물리적 치료법인 약물치료와 비교했을 때 인지치료는 반응성 우울증의 경우 치료효과가 동등하거나 더 우수하다는 것이 여러 연구에서 입증되었다. 특히 인지치료는 약물치료와 달리 부작용이 없으며 치료효과가 지속적이어서 재발률이 낮다는 장점이 있다.

(2) 정신 역동적 심리치료

정신 역동적 심리치료는 Freud의 정신분석을 위시해서 무의식적인 심리적 역동을 중시하는 다양한 치료법들을 포함하고 있다. 정신 역동적 심리치료는, 우울증과 같이 특정한 장애에 초점을 맞추어 치료기법을 발전시키기보다는, 일반적으로 자존감을 향상시키거나 초자아를 조정하거나 자아를 강화하고 확장함으로써 우울증을 치료하고자 한다. 이를 위해서 정신 역동적 심리치료자는 우울한 내담자가 나타내는 대인관계(interpersonalrelation) 패턴(pattern)을 잘 탐색하고 그 무의식적 의미를 파악하여 내담자에게 직면시켜 이를 극복할 수 있도록 돕는다.

이렇게 치료관계를 형성하고 내담자 문제를 탐색하는 과정에서 전이(transference)가 나타나게 되고 치료자는 해석 등의 적극적인 개입을 하게 된다. 따라서 치료자는 이러한 무의식적 갈등을 파악하여 내담자에게 적절한 방법으로 직면시키고 해석해 준다. 이를 통해 내담자는 자신의 무의식적 좌절과 대인관계방식을 이해하게 될 뿐만 아니라, 중요한 타인에 대해 억압하고 있었던 분노 감정을 자각하게 된다. 치료자(psychotherapist)는 이러한 분노 감정을 공감적으로 잘 수용하여 해소하도록 도와주어야 한다. 그리고 내담자가 지닌 비현실적인 이상적 소망을 현실적인 것으로 변화시키고 이러한 소망(desire)을 성취하기 위한 새로운 생활방식과 대인관계방식을 찾도록 도와준다. 내담자가 이러한 새로운 생활방식을 실제 생활 속에서 적용하도록 노력하는 과정을 중요하게 보고 있다.

(3) 행동치료

우울증에 대한 행동치료는 내담자의 생활 속에서 긍정적 강화의 비율을 증가시키는 것을 주요 목표로 한다. 이를 위하여 우울한 내담자들이 어떻게 일상생활 속에서 즐거움과 긍정적 경험을 잃어버리게 되었는지를 정밀하게 분석하고, 이러한 분석에 기초하여 내담자가 생활 속에서 즐거움을 재경험할 수 있는 구체적인 행동목록을 구성하여 내담자가 실행하도록 돕는다. 긍정적 강화를 증가시키기 위한 구체적인 행동목록은 다음과 같이 다양하다.

① 자기생활 관찰기법(self-monitoring)

내담자가 자신의 생활을 구체적으로 점검해 보도록 하루하루 시간대별로 어떤 일을 하며 어떤 기분을 느끼는지를 정리해 보게 하는 방법이다. 이를 통해 어떤 요일의 어떤 시간대에 주로 어떤 상황에서 우울 감정 또는 유쾌 감정을 느끼는지 자각할 수 있다.

② 계획적 활동기법(scheduling activities)

매일 시간대별로 해야 할 일에 대한 계획을 세워 생활하도록 유도함으로써, 무계획하게 생활하여 과중한 심리적 부담과 좌절을 경험하는 내담자의 행동을 변화시킬 수 있다.

③ 점진적 과제기법(graded task assignment)

내담자가 성취 불가능한 것으로 생각하여 포기하는 과제를 성취 가능한 여러 하위 과제로 나누어 점진적으로 실행하도록 유도하는 방법이다.

④ 긍정체험 평가기법(mastery and pleasure techniques)

생활 속의 긍정적 체험에 주의를 기울여 기분의 변화를 가져올 수 있도록 매일 자신의 경험을 기록하고 그때마다 느낀 성취감과 즐거움을 평가하도록 하는 방법이다.

우울한 내담자에 대한 주요한 행동치료적 기법은 사회적 기술훈련(social skill training)이다. 사회적 기술훈련은 대인관계 상황에서 내담자가 다른 사람으로부터 무시나 거부를 당하는 행동을 변화시켜 다른 사람에게 호감을 주고 긍정적 강화를 받을 수 있는 구체적인 대인기술을 학습시키는 것으로 구성된다.

이 밖에도 자신의 요구와 권리를 분명하게 주장할 뿐만 아니라 타인의 무리한 요구를 적절하게 거절하거나 타인의 불쾌한 행동을 효과적으로 방지하는 자기주장 훈련(assertive training), 생활 속의 다양한 상황에서 부딪치는 문제를 체계적으로 접근하여 효과적으로 해결하는 문제해결 훈련(problem solving training), 갈등 상황에서 적응적으로 대처할 수 있는 다양한 방법을 학습하는 대처훈련(coping skill training) 등을 통해 우울한 내담자의 부적응적 행동을 변화시키게 된다.

이러한 행동치료적 기법들은 내담자를 우울하게 만드는 행동적 측면의 변화를 통해 우울증을 극복하도록 돕는 방법이다. 행동치료적 기법의 효과는 여러 연구에서 보고되고 있으나 치료효과(curativeeffect)가 지속적이지 못하다는 연구결과도 있다. 근래에는 인지행동치료(cognitive behavior therapy)라는 이름으로 인지치료기법과 병행하여 실시되는 것이 일반적인 추세이다.

(4) 인본주의적 치료

인본주의적 심리치료에서는 우울증에 대한 특별한 치료방법을 제시하기보다는 내담자 개인이 지니고 있는 문제에 대해서 일반적인 치료적 기법(technique)이 적용된다. 인본주의적 치료에서는 우울한 내담자가 자신과 세상에 대해서 지니고 있는 생각이 왜곡된 것이라 하더라도 그것을 내담자의 주관적 진실로써 존중한다.

인본주의적 치료에서는 인간은 누구나 긍정적으로 성장하려는 자아실현 경향을 지니고 있으며, 성장촉진적인 분위기가 조정되면 스스로 발전적인 변화를 모색하게 된다고 본다. 여기에서 성장촉진적인 분위기란 내담자의 경험이 평가적으로 판단되기보다는 존중적이고 수용적이며 공감적인 치료자의 태도(attitude)를 뜻한다. 이러한 분위기 속에서 내담자는 과거에 평가와 판단이 두려워 솔직하게 직면하지 못했던 체험을 두려움 없이 탐색하게 되고, 자신이 원하는 삶이 실현될 수 있는 좀 더 현실적인 방법을 모색하게 된다.

인본주의적 치료자는 이러한 과정에서 자신의 가치관을 개입시키거나 어떤 특정한 방향으로 내담자의 변화를 유도하지 않는다. 다만, 내담자의 우울한 체험에 대해서 수용적이고 존중적이며 공감적인 태도를 취하는 것이 최선의 치료라고 볼 수 있겠다.

(5) 약물치료와 물리적 치료

① 약물치료(drug therapy)

우울증에 대한 가장 대표적인 물리적 치료법이라고 할 수 있다. 약물치료는 우울증의 뇌신경화학적 이론에 근거하여 뇌의 신경전달물질에 영향을 주는 화학적 물질, 즉 약물을 통해 우울증을 치료하는 방법이다. 우울증의 약물치료에서는, 삼환계 항우울제,[10] MAO 억제제,[11] 제2세대 항우울제[12] 그리고 부프로피온(bupropion)과 플루옥세틴(florentine) 같은 약물은 양극성 우울증 환자들이 나타내는 정신운동 지체에 효과적이며 조증증상의 촉발 가능성이 적은 것으로 알려지고 있다. 우울증 치료에 효과적인 약물로 각광을 받고 있는 프로작(prozac)도 이 계열에 속한다.

약물치료는 우울증의 치료에 효과적이지만 몇 가지 한계가 있는 것으로 보인다.

---

10) Tricyclic antidepressants: 단극성 우울증 특히 심한 주요우울증에 효과가 있는 것으로 보고되고 있다. 양극성, 단극성 우울증 환자의 일부는 이 약물에 대한 반응으로 조증삽화(hypomanic-episode)를 보이기도 한다.

11) Monoamine oxidase inhibitor: 비전향적인 양상을 보이는 단극성 우울증에 효과적인 것으로 알려져 있다. 이 약물을 사용할 때는 엄격한 식이요법(dietetic treatment)을 해야 하므로 다른 항우울제가 효과가 없을 경우에 사용한다.

12) The second generation heterocyclic antidepressants: 이미 치료효과가 알려진 삼환계 항우울제의 수정판이다. 이 약물을 투약하면 치료효과가 빨리 나타나고 부작용이 적다.

첫째로, 우울증을 겪고 있는 사람 중에서는 약물치료(drugtreatment)를 거부하는 사람들이 많다. 이들은 치료효과가 있다 하더라도 약물을 통해 자신의 심리적 문제가 치료되는 것을 원치 않는다.

둘째로, 대부분의 약물(drugs)은 여러 가지 부작용을 지니고 있다. 삼환계 항우울제(antidepressant)의 경우, 장기간 다량을 복용할 경우 심근경색(cardiacinfarction)[13]을 가져올 수 있다는 보고도 있다. 최근에 이러한 부작용(usually adverse)을 최소화하려는 시도가 있지만 어떤 사람들은 약물치료의 부작용에 취약해서 잘 견뎌내지 못한다.

셋째는, 일반적으로 약물치료가 효과적이기는 하지만 항우울제(antidepressant)에 치료효과가 나타나지 않는 사람들도 있다.

넷째는, 항우울제는 우울증의 증상을 완화시키는 효과를 지닐 뿐 우울증의 근본적인 치료방법이라고 할 수는 없다.

따라서 약물치료는 증상이 지속되는 한 장기간 약물을 복용해야 하는 경우가 있다. 또한 약물치료는 우울증의 재발을 예방하지 못한다. 이런 점에서 약물치료는 단독으로 지속적인 치료 성과를 거두는 데에 한계가 있다.

② 전기충격 치료(ECT: electroconvulsive therapy)

ECT는 머리에 일정한 전압(voltage, 전압, 접압량, 볼트 수. 略, V)의 전류(electric current)를 연결하여 의도적인 경련(convulsions)을 일으키는 방법으로, 특정한 종류의 우울증에 효과적이라는 것이 밝혀져 1950년대와 1960년대에 널리 사용되었다. 그러나 이 방법은 기억상실증(amnestic)과 같은 심리적 부작용과 부정맥(arrhythmia), 고혈압(hypertension) 등의 신체적 부작용(usually adverse)이 나타나기도 한다. 뿐만 아니라 이 치료법에 두려움을 가진 환자들이 많기 때문에 현재는 항우울제(antidepressant)의 약물치료(drugtreatment)가 효과를 나타내지 않거나 망상이 있는 우울증일 경우에 한하여 ECT(electroconvulsive therapy)가 사용되는 것이 일반적이라 할 수 있다.

③ 광선치료(light therapy)

눈에 아주 적은 양의 자외선(ultraviolet rays)을 포함한 빛을 노출시키는 방법으로,

---

13) 心筋梗塞症: 관상 동맥이나 그 가지에 혈전(血栓, blood clot), 전색(栓塞, 막힘) 등이 생겨 갑작스럽게 혈액순환 장애가 일어나 심근 전체가 괴사(壞死)하는 질환.

주로 계절성 우울증에 적용을 한다. 빛의 강도는 2,500럭스(lux, 조명도의 국제 단위, 略, lx) 정도의 밝은 빛으로 할 때 400럭스 이하의 어두운 빛에 노출시킬 때보다 효과적이다. 그러나 적절한 노출시간에 대한 합의는 아직 없는 편이다. 한편 광선치료는 계절성 우울증에 주로 적용하지만 비계절성 우울증에도 효과가 있다는 증거가 있다. 부작용으로 치료기간 동안 불면증(insomnia), 두통(headache), 눈의 피로, 과민성(hyperergia) 등이 나타나기도 한다. 광선치료(light therapy)가 우울증상을 완화시키는 원리(principles)는 아직 잘 알려져 있지 않지만, 밝은 빛이 신체생리적 리듬에 영향을 주기 때문이라는 가설(hypothesis)이 있다.

20. 성격장애의 심리치료

1) 현재상황

성격장애의 심리치료는 신경증 치료나 우울증 치료보다 시간이 많이 걸리고 치료하기 한층 더 어렵다. 나이가 어릴 때 치료를 받을수록 치료의 시간과 비용이 절약된다. 치료에 걸리는 시간은 정신분석적 치료에서는 보통 신경증 환자들이 최소한 1년 이상 최고 4년 정도 걸리지만 성격장애는 최하가 3년 정도 걸리고 최고 8년 내지 9년이 걸린다. 여기에서 말하는 치료(treatment)란 증세(symptoms)가 없어졌다든지, 상태가 호전되었다는 것을 말하는 것이 아니고 성격을 개조하여 앞으로 유사한 문제 상황(situation)들에 부딪히게 되었을 때 혼자서도 문제를 해결해 나갈 수 있게 하는 것을 말하며 심층에 내재해 있는 문제의 뿌리를 찾고 그 뿌리를 뽑아내어 해결(solution)하는 과정(process)을 말한다.

2) 치료범위

심리치료는 단순히 문제행동 하나만을 다루는 치료가 아니라 그 사람 전체를 다룬다고 볼 수 있다. 그 사람이 세상을 살아가는데 문제가 되는 모든 분야 즉 가족관계, 친구관계, 직장에서의 동료관계, 상사나 부하들과의 관계 등을 다루고 나와 내 자아와의 관계를 분석하여 새롭고 건강한 관계를 정립하고, 미래의 비전(vision), 내 사고

방식, 행동방식, 내 자긍심을 높이기, 나의 신체적 스트레스를 알고 다루기, 내 욕구를 개발하며 자기주장을 할 수 있도록 하고 시간을 어떻게 유용하게 사용하는가? 등을 다루므로 실제로 인간 전체(totality)를 개조한다고 보면 된다.

그래서 치료 시간이 장기간 소요되는 것이다. 단순히 문제행동(problembehavior) 하나만을 치료하여 그 문제행동이 개선된다고 해서 문제에서 벗어나는 것은 아니다. 이후에 스트레스가 겹치면 문제는 또 재발하기 마련이다. 심리 문제는 앞에서 나열한 모든 요소들이 서로 뒤엉켜 있어서 그 중 어느 하나에라도 문제가 생기면 모든 요소들이 다같이 움직이게 되어 있다. 그래서 심리치료는 복잡하고 어려울 수밖에 없다.

3) 심리치료의 장애물

심리치료는 환자가 치료를 받아서 꼭 회복하겠다는 의지에 달려 있다. 대부분의 환자들이 혼자서 문제를 해결해 보겠다고 관련 서적을 보거나, 각종 상식적인 방법을 시도해 보곤 한다. 그러나 그러한 방법들은 오히려 문제를 악화시킨다. 비록 전문 서적을 보고 자기 자신의 문제를 이해한다고 해도 전문적인 치료는 되지 않는다. 근본적인 문제를 이해하고 자아 결함을 수정해 나가는 것이 치료이다. 문제가 발생한 직후에 즉각 전문가의 도움을 받아서 해결하도록 하는 것이 시간과 비용을 절약하는 길이다. 괜찮겠지 또는 시간이 지나면 회복되겠지 하는 식의 생각은 금물이다. 왜냐하면 그러한 생각은 오히려 문제를 악화시키는 요인이 되는 것이다. 문제에 대한 이해는 치료의 한 단계이지 목적이 아니다.

성격장애 중에서도 가장 치료하기가 힘든 장애들은 나르시즘 성격장애, 반사회적 성격장애, 편집증 성격장애, 자아분열 성격장애, 자아분열타입 성격장애들이다. 이들 환자들의 대부분이 스스로 치료를 받겠다는 의지보다는 가족들의 강압, 이혼(divorce) 의 위협, 법원에서의 강제 상담치료 명령, 이상 증세에 대한 치료를 받지 않으면 해고 하겠다는 직장으로부터의 위협 등 주변의 강요 때문에 할 수 없이 치료를 받는 경우가 많아 치료를 받다가 중도 포기하거나 형식적으로 치료를 받게 되기 십상이다. 그래서 치료효과가 미약하게 나타날 수밖에 없다는 것이 심리치료 전문가들의 공통된 견해이다.

4) 심리치료의 과정

그 사람 전체의 복잡하게 얽혀 있는 문제를 다루다 보니 특정한 이론에 근거한 한 가지 치료법만을 고집하지 않고 환자의 상태에 따라 도움이 될 수 있는 다양한 치료기법(treatment technique)들을 모두 동원하여 치료한다. 그러나 핵심 치료기법으로는 정신분석 치료기법 중에서도 미국에서 최근에 인기를 끌고 있는 대상관계 치료, 대인관계 치료, 자아 치료, 심리역동 치료, 감정표현 치료 등을 주로 사용하고 아울러 행동분석 치료, 행동수정치료(behavioral modification treatment), 인지치료, 긴장이완 치료 등을 많이 사용한다고 볼 수 있다.

치료의 일차적 단계는 치료 동맹을 형성하는 일이다. 치료자를 믿고 따르고 신뢰감을 형성하는 데는 상당한 시간이 걸린다. 치료자는 모든 것을 수용하고 인정해 주면서 환자의 문제가 어디에서 잘못되었는지를 분석해 나간다.

신경증과 정신증의 치료의 차이점으로는 신경증은 현실 검정능력 즉 현실과 상상을 구분할 수 있고 직장이나 가족생활이 가능하여 통원치료가 가능한 반면에 정신증은 현실 검정능력이 없어 현실과 상상을 구분할 수 없기에 직장 생활이나 가족생활이 불가능하므로 병원에 입원해서 치료를 받아야 한다는 점이다. 또 신경증은 심리치료만으로도 치료가 가능하지만 정신증은 약물치료(drugtreatment)와 심리치료를 같이 병행해야만 한다.

정신증은 정신분열증, 심한 우울증과 조울증, 편집증 등이 대표적이고 1943년에 케너(Kanner)에 의해서 보고된 자폐증은 DSM-IV에 의해서 발달 장애에 속해 있지만 치료 가능성 면에서는 정신증(psychosis)으로 본다. 정신분열증은 과거 고대, 중세에는 나타나지 않았던 것으로 보아 성격 자체가 분열되는 이런 증상들은 현대사회의 부산물 중에 하나로 보인다. 정신분열증은 1897년에 독일의 정신과 의사인 크레펠린(Kraepelin)에 의해서 dementia precox 즉, 조발성 치매(schizophrenia)로 분류되었다. 젊은이들이 노인들처럼 치매(dementia) 현상을 보인다고 해서 붙인 이름이었으나 1911년에 오스트리아(Austria)의 정신과 의사인 유진 불루러(Eugen Bleuer)에 의해서 이런 증상이 치매가 아니라는 것이 밝혀졌고 그에 의해 schizophrenia라는 이름이 붙혀졌다. schizo라는 말은 그리스어(Greece語)로 '쪼개다', '분열되다'의 뜻이고 phren이라는 말은 '마음', '정신' 의미하며 'i'는 라틴어(Latin語, 인도, 게르만 어족에 속하는 말. 옛 로마에서 쓰이고, 로마 제국 전성기에는 유럽 전토에 퍼져 오늘날의 이탈리아, 프랑스어 등의 근원이 됨)의 '병'이라는 말에서 인용한 것으로 그 의미들을 합쳐져서 정신이 분열되는 병 즉 정신분열증이라는 용어가 생겨났다.

정신분열증은 주로 사춘기와 성인 초기인 13세에서 29세 사이에 발병한다 하여 '사춘기 질병(adolescence disease)'이라 부르기도 한다. 유진 불루러는 정신분열증의 특징을 간단하게 4개의 머리글자인 A 글자의 약자를 따서 4 A로 표현하였다.

① 첫 번째가 연상(association) 즉 연결의 분열이다

생각과 생각이 연결되지 않고 끊어진다는 것에서 붙인 이름이다. 정신분열증[14]을 사고장애(dyslogia)라고 부르는 이유도 이것 때문이다.

② 두 번째가 감정의 분열(affect)이다

분위기와 표정이 일치되지 않는다. 얼굴 표정으로 커뮤니케이션을 하는 표정어와 말로서 표현되는 구두어의 분열이다. 초상집에 조문을 가서 웃는다거나 분위기와는 상반된 표정을 짓는다든지 속마음과 겉으로 나타나는 얼굴 표정이 일치하지 않는 경우가 여기에 속한다. 속으로는 화가 나는데 겉으로는 웃는 표정을 지어 감정과 표정이 서로 일치하지 않기 때문에 표정이 이상하거나 불일치를 보인다.

③ 세 번째가 양면 감정의 분열(ambivelance)이다

서로 반대가 되는 감정들이 분열되어 있다는 뜻이다. Good 감정과 bad 감정이 분열되어 통합이 되지 않는다. 즉, 좋은 때는 100% 좋고 나쁠 때는 100%가 나쁘게 느껴진다. 사랑과 미움 또한 분열되어 있다. 사랑에는 미움이 없어야 하고 미움에는 사랑이 존재하지 못한다. 정상적이고 건강한 사람은 사랑하면서도 미워하고 미워하면서도 사랑한다. 부모님을 사랑하면서도 미워하는 마음이 하나도 없을 수 없다. 그러나 정신분열증 환자는 이러한 양면 감정이 통합되지 못하고 분열되어 있다.

④ 네 번째가 내면 속으로 철수(autism)해 버린다

현실의 고통을 방어하기 위해서 내면 속에서 산다. 자신이 만들어낸 상상의 세계

---

14) 精神分裂症: 주로 청년기에 특별한 외부적 원인 없이 일어나는 정신병의 하나(사고(思考)의 장애, 감정, 의지, 충동의 이상을 주된 증상으로 하며, 끝내는 인격적 변조(變調)에 이름).

속에서 산다. 그 결과 상상이 현실인지 현실이 상상인지 구분이 안 된다. 꿈을 현실로 생각하거나 현실을 꿈으로 생각하게 된다. 상상이 심해지면 망상이 되고 망상이 심해지면 환각(hallucination)이 되어 버린다.

정신분열증의 가장 뚜렷한 특징 중에 하나가 환청(auditory hallucination)과 환각현상이다. 마음속의 생각이 다른 사람에게 투사되어 자신의 귀에 그 사람이 말하는 것처럼 소리가 들리는 것이 환청인데 주로 자신을 비난하거나 비판하거나 비하하는 말들 즉 '바보 같은 X'이라는 말이나 '밥 벌레'와 같은 말이나 불경스러운 욕설, 성적 수치심이 들어있는 말 즉, '개X', '개불알' 등 다른 사람의 귀에는 들리지 않는데 자신의 귀에만 소리가 들리는 현상이다.

환청은 자신의 마음속에 있는 열등 감정이 다른 사람에게로 투사되어져서 다른 사람이 자신에게 욕이나 비하 발언을 하는 것처럼 들리는 것으로 본인은 그런 사실을 모르고 있다는 것이 문제이다. 예를 들어서, 한 30대 중반의 정신분열증 환자는 자신의 귀에 '죽어라'는 목소리가 들려서 그것이 정말인줄 알고 바닷가에 가서 빠져죽으려고 했다는 것이다. 분석 결과 그 환자는 평소에 죽고 싶다는 생각을 늘 하고 있었다고 한다. 또 한 여대생 환자는 자신의 귀에 불경스러운 성적 수치심이 들어있는 말들 즉, '개X, 개불알' 등의 말들이 들려서 귀를 막거나 지나가는 사람들에게 왜 욕를 하느냐며 시비를 걸었다고 했다. 분석 과정에서 이 환자는 평소에 자신의 마음속에 성적인 불경스러운 말들이 마음속에 가득 차 있었다고 했다. 그녀는 남자들의 성기가 자꾸 눈에 들어와서 피해 다니다가 결국엔 학교를 휴학한 상태에 있었다. 정신분열증 환자의 70%가 환청 증세로 시달리는 환자들이다.

환각현상은 심한 정신분열증 환자의 경우에 나타나는 현상으로 다른 사람의 눈에는 보이지 않지만 환자의 눈에는 직접 현실처럼 나타나는 것을 말한다. 우리가 보는 사물들은 5감각을 통해서 느껴지고 이 감각이 지각으로 바뀌면서 다시 해석을 통해 생각으로 나타나는 것인데 정신분열증 환자들은 이런 과정이 거꾸로 되어 마음속에 늘 생각하고 있던 것들이 지각으로 바뀌고 다시 감각으로 바뀌면서 이것이 5감각으로 느껴지고 시각적 현상으로 나타나 실제로 환자의 눈에 보이게 된다는 것을 환자 본인은 모르고 있는 것이다.

또 정신분열증 환자에게 나타나는 현상으로는 과장된 생각에 집착하는 과대망상(자기의 현재상태를 턱없이 과장해서 사실인 것처럼 믿는 생각)이 있다. 즉 자신이 예수 그리스도라고 믿거나 성모 마리아(Virgin Mary, Maria)라고 믿고 실제로 그런 인물을 흉내내는 행동을 한다. 예를 들어 자신이 내일 아침 9시에 휴거를 한다고 믿고 이것을 동네 사람들에게 알려야 한다고 생각하며 동네 사람들에게 떠들고 다니는 등의 현상을 과대망상이라고 부른다. 자신이 유명 인사이기 때문에 자신을 해코지하기 위해서 FBI나 CIA 요원들이 미행하거나 벽에 도청장치를 설치하여 어디서든지 자신이 하는 말을 전부 도청을 한다고 믿는 현상을 박해망상, 피해망상(남이 자기에게 해를 입힌다고 생각하는 일. 조울병의 억울상태에 있는 환자에게 자주 보임)이라고 부른다. 대통령이 자신의 남편이라고 믿거나 TV에 나오는 배우가 자신의 부인이라고 믿거나 자신의 연인이라고 믿는 것을 에로틱(erotic) 망상이라 하며 자신이 세상을 깜짝 놀라게 할 발명을 했다고 자랑하는 과대망상 등도 있다.

조울증은 무드(mood) 장애에 속하는 장애로써 조증과 우울증을 함께 보이는 장애이다. 정신분석학에서는 우울증은 인간의 기원과 같이 한다고 보고 있다. 심한 우울증 즉 멜랑꼴리아는 그리스 시대부터 있었다. 우울증은 정신 의학에서는 '약방의 감초' 혹은 '정신장애에 감기'라고 부를 정도로 모든 장애에 꼭 붙어 다니는 현상이다. 즉, 다른 장애의 결과로 우울해지는 것을 2차 우울증이라고 부르며 여기에서 다루는 우울증은 1차 우울증으로 우울증이 장애의 주된 핵심인 경우를 말한다.

정신분석에서는 조증을 우울증에 대한 방어로써 생긴 것으로 보며 ego와 초자아가 합쳐져서 나타난 현상으로 본다. 즉, 이상과 현실이 하나가 되어 평소에 이상으로 생각했던 것들이 현실로 나타나는 것이다. 즐거움이 극치에 달하여 그 속에서 산다. 그러나 그 즐거움에는 고통이 따르기 때문에 현실성이 없으므로 건강한 즐거움과 구분이 된다. 조증 환자는 '이 세상에서 자신이 최고이다'라고 믿는다. 그래서 안되는 일이 없고 못하는 일이 없다고 생각하는데 일종의 망상(delusion) 속에 빠진다.

아무런 이유도 없으면서 갑자기 사업을 확장한다든지 물건을 구입한다든지 하는 것도 여기에 속한다. 현실성이 없고 전혀 근거가 없는 데도 자신이 최고가 된 것처럼 행동하여 가족들이나 남들이 볼 때 정상적인 상태로 보이지 않는다. 우울증 환자에게 세상은 살 가치가 없는 존재이거나 매사에 자신감이 없는데 비해 조증 환자는 정반대 무드에 빠져 산다.

조증과 우울증이 주기적으로 반복되는 현상이 조울증이다. 몇 개월 동안은 기분이 극치에 달하였다가 그 후 몇 개월 동안에는 최저가 되어 헤매는 경우가 바로 조울증이다. 조증일 때는 에너지가 넘쳐나다가 우울증[15]일 때는 에너지가 고갈된다. 조증이 최고조 상태에 있을 동안에는 건강한 청년 몇 명이 조증 환자를 하나를 감당하지 못할 정도로 힘이 솟아난다. 그 이유는 아직도 밝혀지지 않고 있다. 또 조증[16] 환자는 잠을 거의 자지 않아도 피곤해 하거나 이상 반응을 보이지 않는다. 하루에 2~3시간 정도만 잠을 자도 그 다음 날에 이상 반응을 전혀 보이지 않는 등 상식적으로는 생각할 수 없는 행동들을 보인다.

만약에 어떤 사람이 친구에게 새벽 1시나 3시에 전화를 하는 행동은 정상적으로 보이지는 않는다. 그러나 조증 환자는 그것이 이상한 행동이 아니다. 지극히 정상적인 행동으로 본다는 것이다. 자신이 그런 행동을 하면서도 전혀 이상한 행동인줄을 모르는 망상장애(delusional disorder)를 가지게 되고 현실과 상상을 구분할 수 없기 때문에 정신분열증과 조울증은 구분이 쉽지 않다. 정신과 의사들에 의하면, 조울증 환자에게는 리디움(lithium)[17]이라는 약물이 잘 듣는 반면에 정신분열증 환자에게는 리디움이 잘 듣지 않기 때문에 그것으로 조울증과 정신분열증을 구분한다고 한다.

편집증에는 주로 의처증[18]이나 의부증 그리고 요즘 유행어로 사용되고 있는 스토커 등의 환자가 속하며 대체적으로 이들은 자신이 생각하고 있는 한 가지에 집착해서 그 생각에서 빠져나올 줄을 모르고 자신의 생각이 잘못된 것조차 모른다. 스토커(stalker)[19]는 법률용어로 사용하는 말이고 전문용어로는 편집증에 속한다. 이들은 자신이 상대방을 사랑하는 것만큼 상대방도 자신을 사랑한다고 믿고 상대가 싫어하든지 좋아하든지에 상관없이 자신이 상대를 좋아하면 당연히 상대로 자신을 좋아한다고 믿고 일방적으로 행동한다.

한 가지 생각에 집착해서 빠져나오지 못한다는 것만 가지고 있는 경우에는 언뜻 보아서는 정상과 구분이 쉽지 않다. 또 자신들은 전혀 이상하다고 생각하지 않고 자신의 생각을 고집하기 때문에 치료를 받으러 오는 경우가 매우 드물다. 건강한 사람

---

15) 憂鬱症: 근심이나 걱정이 있어서 명랑하지 못한 현상.
16) 躁症: 조급하게 구는 성질이나 버릇.
17) lithium: 리튬(가장 가벼운 금속 원소; 기호 Li; 번호3); 리튬염(조울병(躁鬱病)약).
18) 의처증(疑妻症): a morbid suspicion of one's wife's chastity; a groundless doubt of one's wife's faithfulness.
19) 스토커(비행을 목적으로 하는 미행자) a stalker; a criminal who follows 'a woman' over a period of time 'in order to…'.

은 다른 사람의 이야기를 들어보고 자신의 생각이 잘못되었다는 것을 알고 피드백이 일어나면서 자신의 생각에 수정이 일어난다. 경험을 통해 잘잘못을 배우고 고치게 된다. 그러나 편집증(paranoia) 환자는 다른 사람의 생각이 자신의 생각에 동화되어 생각에 변화가 일어나지 않는 사람들이다. 경험을 통해 무언가를 느껴서 수정이 일어 나지 못하기 때문에 늘 자신의 생각 속에 집착해 있고 자신의 생각이 잘못되었다는 것을 모른 채 오히려 다른 사람의 생각을 자신의 생각에 맞게 바꿔버린다. 자신의 생각이 다른 사람의 생각과 불일치하면 편집증 환자들은 불안해지고 그 불안을 감소 시키기 위해서 다른 사람의 생각을 자신의 생각에 알맞게 바꾸어버리는 것이다.

프로이드는 편집증을 호모섹스에 대한 방어로 보았다. 의처증(a morbid suspicion of one's wife's chastity; a groundless doubt of one's wife's faithfulness)이나 의부증은 연인이나 배우자가 이성에 눈길을 주거나 쳐다만 보아도 의심을 하는 증상인데 동성 관계는 별로 문제 삼지 않지만 이성관계는 일단 의심을 하기 때문에 자신의 호모섹스 를 위장하기 위한 방어 행동으로 나타나는 것으로 보았다.

자폐증(autism)은 1943년 정신분석학자인 케너 박사가 11명의 어린이의 이상 행동 에 대한 연구결과를 학계에 보고함으로써 처음으로 알려지게 되었다. 11명의 어린이 들의 행동 특징은 눈길주기, 눈맞추기를 거부한다는 것이다. 일반적으로 유아들이 가 장 좋아하는 것은 눈맞추기이며 눈길주기를 통해서 "엄마의 얼굴에 비친 아기 자신의 모습을 보고 아기는 자신의 자아를 만들어간다"고 영국의 정신분석학자인 위니코트 (Winnicott)는 말하고 있다. 그런 행동을 통해 엄마는 아기의 욕구를 알고 아기가 원 하고 있는 것을 아기에게 다시 반사시켜 되돌려줌으로써 아기의 욕구를 충족시켜주 게 된다는 것이다. 이것을 정신분석에서는 '마음의 거울반사(mirroring)' 혹은 '공감적 조율(empathy attunement)', '감정의 공명(resorance)' 등으로 부른다. 출생 직후 아기는 말을 할 수가 없고 오로지 울음으로써 자신의 욕구를 표현하므로 엄마는 아기의 울음 소리를 듣고 아기가 배변을 보았는지, 배가 고픈지, 불안한지, 안기고 싶어 하는지, 업히고 싶어 하는지를 구분할 수 있어야 하며 아기의 욕구에 민감하고 예민하게 주의 를 기울여야 한다고 정신분석학자들과 발달 심리학자들은 공통적으로 강조하고 있다.

아기는 스트레스를 해소할 능력이 없기 때문에 엄마는 아기의 스트레스를 빨리 빨 리 흡수하고 소화를 해서 아기에게 편안함을 되돌려주어야 한다. 이것을 영국의 정신 분석학자인 비용(Bion)은 '충격흡수' 즉 '컨테이너(container) 기능'이라고 불렀다. 새나 동물들의 어미가 먹이를 먹어서 반쯤 소화시켜서 새끼들이 먹을 수 있도록 토해내어서 되돌려주는 것이 그 예라고 할 수 있다.

출생 직후의 신생아들이 자꾸 사람의 얼굴 쪽으로 향한다는 사실이 실험 결과 밝혀졌다. 출생 직후 한 달쯤 된 아기들에게 세모, 네모, 마름모, 둥근 원형으로 만든 모형을 보여주었더니 둥근 원형 쪽을 많이 쳐다보았는데 이것 또한 얼굴 모습을 가장 좋아한다는 것을 보여 주는 행동이다. 사람의 얼굴 중에서 코, 눈, 입, 귀의 모양을 마분지로 만들어 보여주었더니 특히, 입과 눈에 가장 많은 반응을 보이며 쳐다보았다. 출생 직후 유아는 사람의 얼굴 모양으로 향할 뿐만 아니라 출생 후 3개월 정도가 되면 아기들은 미소까지 띠우며 방긋방긋 웃을 줄도 알게 된다. 이 때 낯선 사람의 얼굴과 엄마의 얼굴을 구분하지 않고 사람의 얼굴 모습을 가장 많이 쳐다보았다. 사람이 아닌 마분지로 된 얼굴 모습에는 피하는 반응을 보였다. 즉 신생아들도 사람의 얼굴 모습을 구분할 수 있었고 특히 웃는 얼굴을 가장 좋아한다는 것이 실험을 통해 입증되었다.

그러나 자폐증 아기들은 정반대의 반응을 보였는데 첫 번째는 눈길주기, 눈맞추기를 거부하며 사람의 얼굴 모습을 보는 것을 싫어한다는 것과 두 번째는 신체 접촉을 거부한다는 특징을 보였다. 정상적인 아기들은 신체 접촉을 좋아한다. 안기고 업히고 매달림으로써 말로는 표현 못하는 사랑을 몸을 통해서 느낀다. 또 아기는 엄마 품에 안기기를 좋아하며 특히, 엄마 젖을 빨 때 엄마 품에 안기어서 피부 접촉을 통한 사랑을 받고 있음을 느낀다. 엄마 품은 아기의 안식처이고 엄마 등에 업혀 아기는 집처럼 편안함을 느끼며 엄마의 손은 아기에게 약손이 된다. 엄마가 쓰다듬어주는 손길은 아기에게 편안함을 제공해주고 마음을 안정되게 해준다. 이 때 불안과 스트레스로 인한 근육(muscle)의 긴장이 풀리고 소화(digestion) 또한 잘 된다. 그래서 엄마 손은 약손이라고 부른다.

자폐증(autism) 어린이들은 내면의 세계 속으로 철수해서 마음이 장님(blind person)인 상태이다. 마음을 훔쳐가 버려서 마음의 눈이 먼 사람이라고 부른다. 말은 엄마와 상호작용관계 즉 쌍방관계를 통해서 배우게 되는데 자폐증 어린이들을 그대로 두게 되면 말을 배우지 못한다. 즉 엄마에게 안기고 매달리고 업히려고 하는 애착이 없고 하루 종일 혼자 있어도 불안하지 않고 한 가지 장난감만 가지고 있다. 사람들과의 접촉을 싫어하고 자기만의 세계에 살다보니 언어를 배우지 못하는 것이다.

통계학적으로 보면 1만 명에 한 명꼴로 자폐증이 발병하는데 남자 어린이가 여자 어린이보다 3~4배가 많은 것으로 나타난다. 아직까지 자폐증의 원인은 확실히 밝혀지지 않고 있다. 주로 아이가 3~4세 때 부모님들이 어린이의 행동이 이상함을 느끼게 되면서 병원에 찾아오게 되고 그때서야 비로소 아이가 자폐증임을 알게 된다.

최근에 미국에서는 1990년 이후 10년 만에 자폐증 어린이들이 무려 56%나 증가되는 추세를 보이고 있으며 특히, 캘리포니아(California, 미국 태평양 연안의 주; 주도는 Sacramento; 略; Calif., Cal.) 주에서는 3개월 만에 15%가 증가하는 현상을 보였다. 이제 500명당 한 명꼴로 자폐증 발생 비율이 급격이 높아지고 있다. 마치 산불과도 같이 급속하게 자폐증이 번지고 있어 국민 건강을 위협하고 있다고 전문가들은 입을 모으고 있다. 주목할 것은 자폐증이 정신박약아[20]나 소아마비 등의 장애보다 더 많아졌다는 점이다.

정신박약아들은 애착(attachment)의 감정을 보이지만 지적인 능력이 떨어진다. 지능이 50~60 정도밖에 되지 않는다. 그러나 자폐아들은 지적 능력은 떨어지지 않지만 애착의 감정을 보이지 않아서 정신분석학에서는 감각장애(sensorydisturbance)로 생긴 애착 결함으로 본다.

자폐증이 1943년 이전에는 존재하지 않다가 왜 하필 1943년에 등장하게 되었는가의 연구에서 보면 1941년 12월 8일 당시 미국은 일본의 진주만(Pearl Harbor) 습격으로 제2차 세계대전(世界大戰, 20세기 전반기에 있었던 두 차례의 큰 전쟁. 1차는 1914~1918년, 2차는 1939~1945년)에 참전하게 되고 많은 남자들이 전쟁에 징집되어가면서 직장 내의 빈자리를 남아있던 여자들이 채우게 되면서 여성의 사회진출이 본격화되었는데 이 때 아기가 있는 여성들은 아기의 양육을 가정부, 유모, 친지들에게 맡길 수밖에 없어 아기의 양육이 엄마의 손을 떠나게 된 것을 자폐증 발병의 원인으로 보고 있으며 최근에 자폐증 어린이들이 급증하는 이유도 미국 내 대학 졸업 여성들의 취업 비율이 80%를 넘어서고 있다는 것과 매우 깊은 상관관계가 있는 것으로 보고 있다. 유아방, 놀이방, 유모, 아기를 전문적으로 돌보아주는 베이비시터들이 엄마의 육아를 대신으로 담당하게 된 것이다.

---

20) 정신박약아(精神薄弱兒): 선천적, 후천적인 원인으로 지능의 발달이 늦어 정상적인 아동과 같이 사회생활을 할 능력이 없는 아동의 총칭. (준말)정박아.

자폐증의 원인에 대한 연구는 다양한 분야에서 다각도로 연구가 진행되고 있다. 아직 확실한 원인은 밝혀지지 않고 있지만 출생 직후 엄마의 양육 결함으로 아기의 신체 접촉과 눈길주기 등의 신체 감각자극에 분열이 생긴 것으로 즉 감각자극에 결함이 생기게 된 것이라는 정신분석학적인 이론이 가장 지지를 얻고 있다. 또 케너 박사의 연구에서 11명 어린이들의 부모들의 공통점을 조사한 결과 부모들의 지적 수준은 높았으나 감정이 없는 기계적 양육(bringing)이 가장 큰 문제점으로 나타났다. 감정이 없는 엄마, 아기의 욕구에 예민하지 못한 엄마, 아기에게 먹는 것과 대, 소변에만 신경을 썼지 정작 중요한 감정 교류나 안아주기, 쓰다듬어주기, 피부접촉이나 신체접촉, 눈길주기, 눈맞추기 등의 부족으로 감각에 결함이 생긴 것으로 본다.

정신분석학에서 보는 자폐증의 원인에 대해서 좀 더 구체적으로 알아보자. 아기는 자궁(womb) 속에서 늘 듣는 엄마의 심장박동(cardiacimpulse) 소리, 숨소리(sound of breathing), 엄마의 목소리에 익숙하게 된다. 태아(embryos)가 자궁(uterus) 속에서 엄마의 목소리를 들을 수 있다는 것이 최근에 밝혀져 부모들이 태교[21])의 중요성을 강조한 것이 학문적으로 입증(demonstration)되고 있다. 임신 7개월부터 엄마가 동화책을 읽어주는 것을 녹음해서 매일 같이 3개월 동안 들려준 후에 출산 직후에 엄마의 목소리의 녹음과 다른 사람의 목소리의 녹음을 들려준 결과 엄마의 목소리에 울던 울음을 멈추고 엄마의 목소리에 심장박동이 낮아졌다는 연구보고가 있다.

아기는 엄마 품에 안기고 등에 업히고 엄마가 손으로 쓰다듬어주는 것에서 안정과 안전을 경험한다. 특히, 출생 직후 몇 개월 만에 이러한 감각 경험(experience)에 의해 좌우되는 신체 감각(sense) 경험이 우세하게 나타날 때 아기의 신체적 자아가 형성된다. 엄마가 신체 감각과 아기의 심리적 공감(sympathy)에는 소홀(indifference)하고 아기에게 우유 먹이는 일과 대소변에만 신경을 쓴 경우에는 감각 운동 경험을 통합하는 신체적 자아가 나타나지 않게 된다. 자폐증 어린이들은 감각을 감정으로 통합하는데 실패하게 되고 그 결과 감각이 고루 발달하지 않고 어떤 특정한 부분만 우세를 보이는 현상이 나타나고 있다. 예를 들어 자폐아를 다룬 영화 '레인 맨'에서 그 주인공은 무엇이든 암기하는데 천재성을 보였으며 또 다른 영화인 '포레스트 검프'에서의 주인

---

21) 태교: Antenatal training; prenatal care of an unborn child through the attention of a pregnant woman to her own mental health; fetal education.

공은 달리기에 천재성을 보인 것처럼 특정 능력에 우세를 보인다.

엄마의 신체 접촉의 거부는 신체적 자아가 없는 신생아(neonate)들에게 피부 감각을 느끼지 못하게 한다. 자신을 둘러싸고 떠받쳐줄 형체 감각이 없으며 피부 껍질 감각이 형성되지 않는다. 외부와 내부의 구분이 없게 되어 자폐증 어린이들은 미궁의 세계로 빨려 들어가는 느낌, 형체가 없는 세계로 떨어지는 느낌, 절벽에서 추락하는 느낌, 낭떠러지에 매달려 있는 느낌, 대변, 소변(excrements, urine)과 혈액이 새어나가는 느낌 속에 살게 된다.

눈길주기를 거부하는 것은 다른 사람의 마음을 읽을 수가 없기 때문이다. 표정어로 하는 1차 커뮤니케이션(communication)이 안 된다. 즉 보통의 아기들은 엄마의 얼굴 표정(expression)을 보고 아기는 엄마가 자신을 사랑하고 있음을 감지하며 엄마의 목소리 톤(tone), 제스처(gesture) 즉 안아주기와 쓰다듬어주기 등으로 무언의 메시지를 읽을 수 있는데 반해서 자폐아들은 이것을 읽을 수가 없다. 엄마의 눈빛을 읽을 수 없어 마음이 장님이 되기 때문에 커뮤니케이션이 실패로 이어진다. 감정 전달이 안 되고 의미 또한 전달이 안 된다. 1차적으로 표정어를 통해 커뮤니케이션이 이루어지고 2차 커뮤니케이션인 구두어를 배우면서 언어를 습득하게 되는데 표정어를 통한 커뮤니케이션의 실패로 구두어를 배우지 못한다. 감정이나 인지(recognition)가 없어 대화가 이루어질 수 없다.

자폐아들이 TV 속의 광고 문구를 따라하는 것은 그냥 앵무새(鸚鵡, 앵무새과의 대형의 새. 열대산으로 부리가 굵고 두꺼우며 끝이 굽어 있음. 발가락이 전후 각각 둘씩인 것이 특징임. 나무 구멍, 바위틈에 산란함)처럼 사람이나 다른 동물의 소리를 잘 흉내 내는 것처럼 따라서 흉내만 낼 뿐이지 그 의미를 알고 하는 것이 아니다. 그저 의미 없는 행동만 되풀이 할 뿐이다. 하루 종일 한 개의 장난감만 가지고 놀고 빼앗으면 울고불고 난리를 피우는 경우, 흔들의자에서 하루 종일 몸을 흔들고, 또 허공만 계속 쳐다보고 있다든지, 특정 물건에 집착을 보이는 등의 반복적 행동들은 자신을 안정적이고 안전한 상태로 유지하려는 자아 규제 행동 때문에 나타나는 것으로 본다. 즉, 내면의 세계가 없기 때문에 외부적인 행동으로 자신의 안정을 얻으려고 하는 행동으로 본다. 이런 행동들은 자아 최초 형성 단계에서 얻어지는 신체적 자아 즉 피부감각 자아가 없어 이로부터 얻어지는 마음까지도 없어지기 때문에 나타난다. 그들은 내면세계를 상실한 것이다.

건강한 아기는 부모와 상호작용관계 즉 쌍방관계를 통해서 외부 세계가 내면 속에 새겨지고 외부의 충격(impact)을 내면세계로 완화시켜 나간다. 그러나 자폐증 어린이들은 이러한 과정이 없으므로 외부 세계의 충격을 마음으로 완화시키지 못하고 어떤 특정행동이나 특정물건에 집착하는 것으로 마음의 안정을 얻으려고 한다.

지금까지 자폐증에 대한 치료는 거의 없었다고 볼 수 있다. 그러나 최근에 미국 George Washington 의과대학의 정신과 교수이자 정신분석학자인 그린스팬(Greenspan)에 의해서 4~5년 동안의 치료 기간을 통해서 최고 78%에서 최하 58%의 치료 비율을 보이는 치료기법이 보고되었다. 그린스팬은 자폐아의 원인을 감각경험의 통합실패에 있다고 보고 자폐증(autism) 어린이와 함께 뒹굴고 안아주고 쓰다듬어주는 등의 신체접촉, 피부 접촉을 통해서 감각 훈련을 경험하게 하여 신체적 자아를 만들어가는 과정을 치료에 도입하였는데 이것이 그린스팬의 치료기법의 특징이다.

한국에서는 아직도 전문가가 의학적으로 자폐증(autism)을 치료했다는 보고는 없지만 자폐증 자녀를 가진 아버지가 직장에 사표까지 내고 10년 동안이나 자녀에게 매달려 감각 훈련을 시킨 결과 어느 정도 학교생활을 할 수 있는 치료 성과를 얻었다는 사례나 엄마가 10년 동안 자폐아에게 매달려 신체접촉을 통한 감각 훈련을 한 결과 대학에 입학을 하게 되었다는 사례가 TV나 신문에 가끔 소개되고 있다.

그리고 프로이드(Freud, 1856~1939)는 성격이라는 말보다는 마음을 대표하는 대리인으로써 자아 즉 ego라는 말을 사용하였다. Ego(자아)는 우리의 마음을 대표하는 기능을 맡은 대리인으로써 나의 행동과 생각을 컨트롤한다. 생리학(physiology) 계통인 신경정신과(neuropsychiatry) 의사들은 성격이라는 말을 주로 사용하는데 최근 들어 심리학자들과 정신분석학자들은 ego보다는 자아(self)라는 말을 많이 사용하고 있다. Ego는 마음의 기능을 대표하는 용어로 주로 사용하고 있고 '너(object)'와 대조되는 '나(subject)'는 자아, 즉 self를 사용하고 있다. 이후에 심리학자들이 주로 자신의 경험을 컨트롤(control)하고 자신을 대리하는 대리인으로서 너와 대조되는 나를 자아(self)라는 말로 사용하고 있다.

자아(self)라는 용어를 정신분석에서 사용한 대표적인 학자가 코호트(Kohut)인데 그는 나르시즘 환자의 치료기법을 고안해 낸 것으로 유명하다. 시카고 의과대학 정신과 교수이자 정신분석학자이며 시카코 정신분석 학교에서 교수로 있던 코호트는 나르시즘 성격장애 치료기법을 고안하는 과정에서 성격장애를 자아장애라는 말로 통합해서 부르기 시작했다. 이를 바탕으로 코호트의 제자들이 자아 심리학(self psychology)이라는 학문을 새로 만들어 냈다. 정신분석학파의 한 계통으로서의 자아 심리학이 등장하게 된 것이다. 최근에는 성격장애를 치료하는 정신분석 치료자들이나 심리치료자들은 성격장애를 자아장애로 통합해서 부르는 경우가 많아졌다.

자아장애 중 특수한 어떤 한 부분이 눈에 띄게 나타나는 경우 그 부분만 가지고 분류된 성격장애 즉, 각종 성격장애로 세분화된다. 그러나 실제 치료 과정에서는 성격장애를 가진 사람들이 한 가지 성격장애만을 가진 경우가 드물고 또 눈에 띄게 세분화된 한 부분의 성격장애만을 보이기보다는 다양한 성격장애가 혼합된 형태로 나타나기 때문에 대부분의 치료자들이 자아장애로 통칭해서 부르게 된 것이다.

프로이드는 마음의 삼두마차 즉 마음은 세 종류의 구조로 되어 있다고 가설화했다. 그러나 1960년대 이후부터 신경생리학(neurophysiology), 발달심리학(development psychology), 학습심리학(learning psychology) 등의 실험(experiment)에서 나온 연구결과들이 정신분석학과 통합되어지면서 마음은 단순히 세 종류의 자아 즉 원초자아, 자아(ego), 초자아(superego, 상위 자아를 감시하는 무의식적 양심)로만 되어 있는 것이 아니라 여러 종류의 수많은 자아들이 서로 응집력 있게 연결되어 있다는 이론들이 나오게 되었다. 출생 이후부터 지금까지의 경험의 총체가 내 자아가 되고 이러한 경험들이 서로 강하게 연결되어 있는 것이 자아의 핵심, 즉 자아주체성이라고 본다.

이러한 주장들은 뇌의 연구에서 나온 결과들과 정신분석학(psychoanalysis)과 발달심리학에서의 내용과 일치한다고 볼 수 있다. 경험이 재가동되는 것이 의식인데 이 의식 안에는 수많은 경험들이 거미줄처럼 연결되어 있다. 이렇게 서로 연결이 잘 되어 있는 것이 자아응집력이고 응집력이 강하면 기억이 잘 된다고 본다. 뇌 속에 경험들은 서로 가장 가까운 것들끼리 분류되어 저장되어지며 같은 부류에 속하는 경험들은 다른 경험들보다 서로 더 잘 연결되는 특징을 보인다. 이것을 자아응집력이라고 부른다. 즉 섹스 자아는 섹스에 대한 경험과 지식들이 서로 잘 연결되어 응집력이 높아진 것이므로 섹스에 대한 이야기를 하게 될 때면 섹스에 대한 경험들이 서로 연결되어진다는 것이다. 신경생리학이나 발달심리학(發達心理學, 정신 발달을 대상(對象)으로 하여, 그 일반적 경향이나 법칙 등을 연구하는 심리학의 한 분야)에서는 자아를 신체적 자아, 사회적 자아, 목적적 자아, 의도적 자아, 자동자서전적 자아로 구분하고 사회학(사회관계의 여러 현상 및 사회 조직의 원리, 법칙, 역사 따위를 대상으로 하는 학문)에서는 자아를 개인적 자아, 관계 자아, 가족적 자아, 그룹 자아 등으로 구분하기도 한다. 또 어떤 정신분석학자들은 구순기 자아, 항문기 자아, 오디팔 자아, 잠재기 자아, 사춘기 자아, 성인기 자아로 분류하기도 하고 또 다른 정신분석학자들은 유아기적 자아, 어린이(child) 자아, 사춘기(adolescence) 자아, 청년기 자아, 성인기 자아, 중년기 자아, 노년기 자아로 구분하기도 한다. 이렇듯 자아에 대한 학자들의 주장이 매우 다양하지만 공통적인 것은 자아가 세 가지보다는 여러 가지로 구성되어 있다는 점이다.

사람은 어떻게 배우게 되는가? 라는 물음은 고대 그리스(Greece) 시대부터 제기되어온 문제이다. 이 문제에 도전해서 실험을 통해 증명한 사람이 바로 러시아(Russia)의 생리학자 Pavlov이다. 그는 1904년에 배움에 대한 이론으로 노벨상[22]을 받았다. Pavlov는 개의 입과 위에 구멍을 뚫어서 개가 흘리는 침의 양을 측정하였다. 개가 고기를 보면 침을 흘리는 것을 볼 수 있는데 이것은 본능적으로 음식을 보면 소화액(消化液, 음식물을 소화시키기 위해 소화샘에서 분비되는 액체. 침, 위액, 이자액, 담즙, 장액 따위)인 침이 나오게 되어 있기 때문이다. Pavlov(Ivan Petrovich, 러시아의 생리학자, 1849~1936)는 입과 위에 고무호스를 연결해서 침이 나오는 양을 측정하였다. 그리고 음식을 보면 침을 흘리는 현상에서 음식은 자극(stimulus)으로 침은 반응(response)으로 보고 이것을 자극을 주면 반응을 보인다는 뜻으로 S-R로 표시하였다. 이후에 음식을 주기 직전에 종소리나 벨소리를 들려주는 훈련을 반복하는 실험을 통해 개가 종소리나 벨소리가 나오면 음식이 나온다는 것을 배우게 되고 나중에는 음식이 나오지 않아도 벨소리가 나면 반사적으로 침이 나오는 것을 알게 되었다.

이것은 종소리, 벨소리가 침으로 연결된 것이다. 개에게 종소리, 벨소리가 음식과 짝이 되어 침으로 연결이 된 것이다. 즉 종소리, 벨소리가 침으로 새로 연결이 일어난 것이다. 배움이 일어난 것이다. 이러한 연결(connection)을 association 즉 연상이라고 부르는데 이것을 조건화 자극이라고 불렀다. 음식과 종소리, 벨소리가 조건화로 서로 짝이 되어 이것이 반응인 침으로 다시 연결이 된 것으로 조건화 자극(conditioned stimulus)을 조건화된 반응(conditioned response)으로 부른다. 즉 CS〉CR이 된 것이다.

---

22) Nobel賞: 1896년 스웨덴 사람 노벨의 유언에 따라 '인류 복지에 가장 구체적으로 공헌한 사람'에게 수여하도록 설정된 상(물리학, 화학, 생리학 및 의학, 문학, 경제학, 평화상의 6부문이 있음).

Pavlov는 이러한 실험을 수없이 계속해서 종소리와 벨소리가 0.5초 때 가장 침을 많이 흘린다는 것과 종소리 후에 음식을 주지 않으면 배운 것이 소멸한다는 것 또 종소리, 벨소리 대신에 빛과 같은 다른 자극으로도 가능하다는 것을 밝혀냈다. 이것을 자극 일반화라고 부른다. 이러한 배움을 '고전적 조건화 학습(classical conditioning)'이라고 부른다. Pavlov가 실험실에서 한 배움에 대한 연구는 미국으로 건너가 실험심리학[23]의 바탕이 되었고 20세기 초반 미국을 휩쓸었다. 이것을 S-R 심리학이라고 부른다. 실험 심리학에서는 관찰하고 측정하고 데이터 할 수 없는 것을 심리학에서 제외시켰다. 실험 심리학인 학습 심리학, 배움 심리학을 학습심리학(learning psychology)이라고 부른다.

이러한 배움 심리학, 학습심리학은 학교에서 교육 심리학으로 응용되어 발전하는데 유치원 어린이와 초등학교 1학년 어린이들이 처음 공부를 시작할 때 주로 줄긋기, 서로 연결하기 등의 반복 훈련도 바로 이런 맥락이라 할 수 있다. 소방차라는 글자와 그림으로 그린 불자동차를 서로 연결시킴으로써, 공이라는 글자와 그림으로 그린 공을 서로 연결시키는 것 등이 바로 배움의 시작 때 서로 연결(connection) 즉 연상(association)으로 배운다는 것이다. 배움은 서로 연결되어지는 부분이 강하면 강할수록 기억에서 오래간다는 것이 응집력을 말해준다. 열번 반복 학습한 것과 100번 반복 학습한 것이 후자가 기억이 잘되고 오래간다는 것은 바로 서로 연결이 강하게 되어 있다는 것 즉 응집력이 강한 것을 말해준다. 응집력이 약하면 쉽게 잊어버린다는 것이 밝혀지면서 자아 이론도 한층 더 힘을 얻게 된 것이다.

자아는 작은 수많은 경험의 집합으로 되어 있고 작은 수많은 경험들이 큰 경험 속에 집합으로 연결되어 있는 것이 자아이고 이 자아가 서로 응집력으로 연결되어 전체적으로 통합되어 있는 것이 자아주체성이 된다.

건강한 사람은 이러한 경험들이 서로 잘 연결이 되어 있어서 기억이 잘 되고 어린 시절 경험들 회상(recollection)이 잘 된다. 즉 자아응집력이 높다. 자아응집력이 높으면 자신감이 높아진다. 이것은 과거의 경험으로부터 배울 수 있기 때문에 선택하고 판단하고 결정을 내리는데 과거의 경험이 잘 활용이 되고 있다는 뜻이다.

그러나 상처를 받거나 상실을 경험한 사람들은 고통스러운 기억을 하지 않으려고

---

23) 實驗心理學: 실험적 방법을 통하여 정신 현상 및 행동을 연구하는 심리학.

한다. 즉 자신이 보고 싶지 않는 것을, 자신이 알고 싶어 하지 않는 것을 보지 못하게 된다. 기억 속에서 지워버리게 된다. 고통스러운 것은 잊어버리려고 하는 것과 같다. 그 결과 그 기억은 마음속에 억압이 된다. 무의식(unconsciousness) 속에 집어넣어버리게 되는 것이다. 그래서 고통이나 상처를 받은 경험들은 기억으로부터 연결이 끊어진다.

프로이드는 이것을 억압(repression)이라고 부른다. 억압되어진 기억은 기억으로부터 사라진 것은 아니다. 무의식 속에 숨어있는 것이다. 이러한 무의식 속에 묻혀있는 경험(experience)들은 자신도 모르게 그 사람의 행동에 영향을 미치게 된다. 환자는 이것을 모른다. 기억이 나지 않기 때문이다. 서로 기억을 연결시키는 것, 즉 연상으로 서로 끊어진 부분을 연결시켜서 과거의 상처 기억을 회복하는 과정이 자유연상(어떤 말이 주어질 때, 거기서 마음에 떠오르는 생각을 자유롭게 연상해가는 일)기법이다. 과거에 경험되어진 것은 상처와 상실 때문에 생긴 고통을 피하려고 기억의 연결을 끊어버린 것이다.

프로이드가 최면술에 실망해서 최면술(hypnotism)에서 과거의 기억을 되살리는 방법을 버리고 자유롭게 끊어진 기억을 연결시켜서 기억을 회복하는 방법을 고안해낸 것이 바로 자유연상법이다. 반면에 프랑스(France)의 심리학자인 피에르 쟈넷(Pierre Janet)은 이것을 프로이드와 다르게 설명한다.

즉 기억의 연결을 끊어버리는 것을 해리(disassociation)라고 불렀다. Dis는 끊어 버린다와 association은 연상으로 이것을 합성하여 dissociation이라고 불렀다. 즉 해체되어 분리된 기억으로 해리라고 부른다. 억압은 수평분열이고 해리는 수직분열이다. 해리된 기억은 서로 연결이 끊어져버리기 때문에 기억이 되지 않는다. 이것을 자아와 연결해보면, 유아기 자아, 어린 시절의 자아, 사춘기 자아, 청년기 자아, 성인기 자아 등으로 자아가 분류되어지는데, 이 자아들이 서로 응집력으로 연결되어 있는 것이 건강한 사람의 자아주체성이다. 고로 건강한 사람은 어린 시절의 경험들과 사춘기(adolescence)의 경험들이 서로 잘 연결되어 기억회상(memory recollection)이 잘 된다. 그러나 어린 시절에 심각한 상처를 받은 사람이 심하게 고통스러운 경험일 때는 어린 시절의 자아와 다른 자아들과의 연결을 끊어버리게 된다. 그런 경우에 본인도 모르게 어떤 때는 어린 시절의 자아가 다른 자아들과 단절되어 어린 시절의 자아만 나타나게 되고, 어른이 갑자기 어린이 목소리를 내고 자신이 다른 사람인 것처럼 행동을 보인다. 어린 시절에 상처 자극과 유사한 자극에 놀라서 다른 자아들과의 연결이 끊어지면서 어린 시절의 자아가 나타나는 경우가 된 셈이다. 또 어떤 때는 어린 시절의 자아는 숨어 버리고 어른 시절의 자아가 나타나는 경우가 있다. 그래서 어떤 때는 늘 보아오던 그 사람의 자아가 아닌 어린이 자아가 나타났다가 또 어떤 때는 어른의 자아가 나타나는 경우를 해리장애(dissociative disorder)라고 부른다.

해리장애(dissociativedisorder)를 경험하는 사람은 자신도 모르게 다른 자아가 나타나기 때문에 본인은 그것을 모른다. 치료과정에서는 서로 분리된 자아들을 본인이 알게 하고 통합하는 과정을 거친다. 연결이 끊어진 자아들이 서로를 알도록 만들어서 의식적으로 통합할 수 있게 만들어준다. 끊어진 어린 시절의 상처 기억을 받아들이고 해체시켜서 분리된 자아를 자신이 싫어하는 자아를 받아들이게 하는 것이다. 해리장애를 가진 사람들의 공통된 특징이 박해(persecution), 상처, 근친상간, 성폭행(sexual violence) 등의 피해자(불법 행위 또는 범죄에 의하여 권리의 침해나 손해를 본 사람)였음이 밝혀졌다. 극심한 고통 속에서 살아남기 위해서 자신의 고통을 피하기 위해서 자아를 쪼개고 단절시켜 분리시켜버린 것이 밝혀졌다. 해리장애는 1994년 제4차 DSM 개정 때 다중성격장애(multiplex personality disorder)가 해리장애로 이름을 바꾸었다. 해리장애에는 내가 아닌 것처럼 느껴지는 장애 즉 이인증(depersonalization)과 늘 보던 익숙한 것들이 갑자기 낯설게 느껴지는 현상 즉 현실이 아닌 것처럼 느껴지는 derealization(현실감 상실)과 어떤 부분의 기억이 전혀 나지 않는 기억 상실증과 주체성 해리장애인 다중성격(multiple character)이 있다.

몇 년 전에 인기를 모았던 연속극 '왕꽃 선녀님'에서 주인공인 초원이가 갑자기 다른 사람의 목소리를 내고 다른 사람인 것처럼 행동하는 것이 바로 해리장애에 속한다. 주인공인 초원이는 어린 시절에 버림받았음이 드러났다. 친모 역시 어린 시절에 초원이와 비슷한 상처 기억을 가지고 있었고, 그 상처를 피하려고 한 것이 자신의 자녀가 태어나자 자신이 받았던 상처 기억 때문에 자신의 자식을 버리게 된 것이었다. 즉 초원이는 이중의 상처를 받았다. 엄마 자신의 버림받음과 초원이 자신이 버림받음이 이중으로 겹쳐진 것이다. 초원이는 버림받음을 의식하고 기억하지는 못해도 자신의 무의식(unconscious) 속에서 버림받음의 감각적 기억은 가지고 있었다. 왜 하필 초원이의 이러한 해리장애가 대학생이 되어 성인이 된 시기에 나타난 것일까, 그 이전에는 왜 이런 현상이 나타나지 않았는가, 이유는 초원이는 양부모의 사랑을 듬뿍 받고 행복하게 양육되었으나 자신의 좋아하는 남자 친구를 만나게 되었고, 부모가 그 남자와 사귀는 것을 반대하였고 자신이 좋아하지 않는 다른 남자에게 결혼을 강압 받으면서 생긴 심리적 고통과 갈등 때문에 심리적 혼란 속에 빠지게 된다. 이 심리적 혼란이 무의식 속에 숨어있는 과거의 버림받음의 감각적 기억에 연결이 되었고 과거 의 상처가 힘을 얻게 되어 자아가 약해진 틈을 타서 표면에 노출이 된 것이다. 초원 이는 가족 간의 갈등이나 남자 친구와의 갈등문제를 병으로써 해결하려고 무의식적 인 시도를 한 것이다. 원하는 남자와 결혼이 이루어지면서 이러한 이상한 행동은 잠 잠해진다. 그러나 이후에 또 다른 갈등이 생길 때마다 해리행동으로 문제를 해결하려 는 모습들을 볼 수 있었다. 친모가 문제해결을 한 것과 초원이가 문제해결을 시도하 는 것이 유사함을 볼 수 있다. 위기 때마다 친모 역시 이러한 해리행동으로 문제를 해결해나간 것이 초원이가 갈등이나 위기 때 문제를 해결해 나가는 방법과 닮아있다 는 것을 유심히 연결해서 보면 이해할 수 있을 것이다. 이러한 것을 모르는 일반 사 람들이 지금까지 정상적이던 사람이 다른 사람의 목소리를 내고 행동이 달라지는 것 을 보면 귀신이 그 사람의 마음속에 들어간 것으로 보는 것은 당연하다. 귀신이나 악령(evil spirit)이 그 사람의 마음속에 침범해서 이런 문제를 일으키는 것이 아니고 극심한 고통을 피하기 위해서, 고통으로부터 살아남기 위한 고육지책으로 무의식적 이 만들어낸 해리 현상 때문임을 규명해낸 사람이 바로 피에르 쟈넷이다.

피에르 쟈넷은 가르코트 밑에서 최면술(hypnotism)을 공부한 의사로서 프로이드와 동시대에 살면서 해리장애(dissociativedisorder)를 연구해서 발표했지만 프로이드의 명성에 묻혀서 빛을 보지 못하고 있다가 최근에 와서야 100년 전 그가 쓴 논문(thesis) 들이 빛을 보게 되면서 해리장애(dissociative disorder)의 대가로 재조명을 받게 된 것 이다.

1960년대에 정신분석학자인 Kohut가 자아 이론으로 고전적 정신분석으로부터 독 립해 나오면서 자아 심리학이라는 새로운 정신분석 학문이 탄생하게 되었다. 그는 프로이드의 억압이론과는 다른 이론을 주장하였는데 성격장애 환자를 치료하는 과정 에서 환자들은 고통이나 상처 경험으로부터 벗어나기 위해서 상실과 상처 경험을 마 음속에서 쪼개 버리거나 또는 연결을 끊어서 분열시켜 버린다는 것을 발견하고 이론 으로 정립하였다.

따로 떼어놓아 버린 고통스러운 경험은 따로 저장이 되어진다. 즉 전체경험(totality

experience)에서 분리되어 있다. 이러한 이론은 뇌의 연구에서 나온 이론과 맥을 같이 하고 있으며, 또한 뇌 연구(brain research)를 바탕으로 깔고 있다. 연결의 끊어짐이 많을수록, 칸막이 자아가 많을수록, 쪼개진 자아가 많을수록 사람은 그 빈 공간 때문에 공허해지고 무가치함을 느끼게 된다. 이렇게 자아들이 서로 연결이 끊어진 것을 자아분열이라고 부른다. 자아들 사이에 경험들 간에 서로 연결이 안 되는 것이다. 과거의 경험으로부터 배움이 일어나지 않아 끝없이 과거를 되풀이하게 되는 것이다.

지금 현재가 재창조되지 못하고 과거만을 되풀이하고 있음을 본인은 모르고 있다. 연결이 끊어진 자아는 죽은 자아가 되는 것이며, 식물이나 나뭇가지들을 보면 죽은 가지들이 많이 있는데 삭정이는 바로 죽은 가지이고 인간으로 말하면 죽은 자아가 많을 수록 자아소멸을 느끼게 된다. 죽은 자아가 많을수록 빈자리가 많아진다. 이 빈 자리에서 공허감, 외로움, 무가치함, 무감각을 느끼게 되는 것이 자아 분열을 가진 사람들의 특징이다. 과거의 상처가 많은 환자들은 과거의 기억회상이 적으며 어린 시절의 기억이 별로 없는 것이 공통점이다. 이유는 과거가 고통스럽기 때문에 과거의 연결을 끊어버린 것이다. 자아 분열을 가진 사람들의 특징이 자해, 자상을 자주 시도한다. 자신의 몸을 담뱃불로 지지거나 면도날로 자신의 손목을 긋는 자해행동(self-injury)을 많이 보인다. 자신의 신체에 고통을 가하는 것을 자해, 자상이라고 부른다. 자신의 몸을 자해할 때 그들은 고통을 느끼지 못한다고 하는 사실이 최근에 밝혀졌다. 자해 후에 나오는 혈흔이나 고통을 통해서 자신이 살아 있음을 확인한다는 것이다. 자아의 존재가치를 다시 확인하는 것이다.

이러한 것은 우리가 갑자기 어떤 믿어지지 않는 일을 당하거나 복권에 당첨되었을 때 꿈이냐 생시냐를 확인하기 위해서 우리의 몸을 꼬집어보거나 뺨을 때리는 것에서도 볼 수 있다. 자아분열 환자들은 자신이 느끼는 자아 소멸에서 탈출하기 위해서 자신의 몸을 면도날로 긋는 것이다. 그 순간에는 고통을 느끼지 않으며 피가 나오는 것을 보면 오히려 마음이 안정되고 편안함을 느낀다는 것이 밝혀졌다. 그 때 몸 안에서는 8mg의 엔돌핀(endorphin)[24]이 방출된다는 것이 실험으로 입증되었다. 즉 인체가 고통을 받을 때 우리 몸은 자연 마취제인 엔돌핀을 방출한다는 것이다. 엔돌핀은 내분비(internal secretion)의 글자인 엔도르(endor와 몰핀의 합성어이다. 피가 흘러내

---

24) Endorphin: 엔돌핀(내인성(內因性)의 모르핀 같은 펩티드; 진통 작용이 있음).

리는 순간에 자신의 자아감각을 느끼게 되고 위안, 위로, 편안함을 얻게 되는 자아 규제 행동이 바로 자해, 자상임이 밝혀진 것이다.

자아분열에 대한 이론들은 프랑스의 실존주의자들이 이미 내놓은 철학적 이론을 바탕으로 하여 이것이 이후에 다양한 학문들을 거치면서 실험으로 입증되고 정신분석학에서 도입해서 자아 분열로 이어진 것이다. 프랑스의 작가이자 실존철학자인 사르트르는 그의 작품 '구토'에서 자신의 존재를 잃어버린 주인공이 공허해지고 늘 가던 카페가 갑자기 낯설게 느껴지고 현기증(dizziness)이 나고 구토(vomiting)를 느끼게 된다. 자아 해체, 조각난 자아를 구토 증세라는 상징으로 표현(expression)하고 있다. 그는 혼자라고 말한다. 완전히 혼자라고 말한다. 행복한 목소리를 듣고 있을 때라도 혼자 있음을 느낀다. 여기에서 사르트르가 혼자라고 말하는 것은 주변에 사람이 없는 것을 말하는 것이 아니고 비록 여러 사람들과 함께 있다고 해도 너와 내가 하나된 관계 경험이 없는 것을 말한다. 즉, 사르트르는 내면 자아의 해체경험을 기술하고 있다. 갑자기 몸뚱이와 움직임이 불합리하게 느껴지고 감각 지각의 상실, 근육의 움직임에서 상실이 느껴진다. 조각난 자아들이 외부 세계로 투사(projecting)되어 생긴 현상이다. 자아가 방향 감각을 상실하게 되면서 주인공은 자아가 마비됨을 느낀다. 스스로를 표현할 수가 없으며 공허감을 느낀다. 더 이상 명쾌하게 이야기를 할 수가 없으며 세상이 더 이상 의미가 없다. 자아의 영역이 상실되어 시작도 끝도 없이 이야기 속에 빠져들어가고 지속성이 없으며 확실함이 없다. 서로 모순(inconsistency)되지 않고 동의도 없고 자아응집력이 상실되어 조각난 자아 때문에 자신의 자아 이해는 파괴되는 것이다.

자아분열(자의식의 과잉으로 일어나는 분열감)은 정신분열증(주로 청년기에 특별한 외부적 원인 없이 일어나는 정신병의 하나. 사고(思考)의 장애, 감정, 의지, 충동의 이상을 주된 증상으로 하며, 끝내는 인격적 변조(變調)에 이름)과는 다르다. 정신분열증은 성격이 분열된 경우를 말한다. 성격은 그 사람을 나타내는 지속적이고 변함이 없는 그 사람의 독특한 됨됨이를 말한다. 즉 자아이론에서는 통합된 자아주체성을 말한다. 자아주체성이 분열되기 때문에 정신분열증 환자는 너와 나를 구분하지 못하고 현실과 상상을 구분하지 못한다. 너의 자아 이미지인지 나의 자아 이미지인지 너의 대상 이미지(image)인지 나의 대상 이미지인지를 구분하지 못한다.

너가 내가 되고 내가 너가 된다. 꿈이 현실인지 현실이 꿈인지를 구분하기 어렵다.

그러나 자아분열은 내면의 대상 이미지가 분열되어 있는 것을 말한다. 자아 분열의 극단적인 경우가 정신분열의 시작이다. 수많은 경험들이 모여 자아가 되고 이 자아들이 모여 통합되면서 자아주체성이 된다. 즉 경험의 축적이 자아이다. 이 자아 속에 있는 작은 경험들이 서로 연결이 끊어져 있거나 응집력이 약화되어 있는 것을 말한다. 경험들 사이가 아교풀처럼 연결이 잘 되어 있는 것이 아니고 서로 연결이 희미하거나 끊어져 있다.

자아분열은 자아주체성은 온전하다고 볼 수 있다. 고로 너와 나를 구분할 수 있고 현실 검증 능력 즉 현실 감각은 있다. 현실과 상상(imagination)을 구분할 수 있는 것으로 보인다. 그러나 어린 시절에 박탈(deprivation)이나 상처, 근친상간, 성폭행(sexual violence) 등으로 가까운 친밀관계 대상으로부터 혼란과 상처를 받았기 때문에 고통에서 벗어나기 위해서 대상과 거리감을 두고 대상을 멀리하고 대상을 동일시하는 것을 피해온 것이다. 이유는 대상의 말과 행동이 모순되고 고통을 안겨주기 때문이다. 고로 살아남기 위해서는 고통에서 벗어나기 위해서는 외부 대상을 믿지 않게 되고 외부 대상을 동일시하는 것을 피해온 것이다.

건강한 사람은 부모님, 선생님, 전문가 등으로부터 항상 새로운 정보(information, intelligence)를 받아들임으로써 끊임없이 외부 환경과 피드백이 일어나서 내 자아 경험이 풍부해지고 자아 수정(amendment)이 끊임없이 일어난다. 전체의 자아주체성은 별로 변함이 없지만 간접적으로 수많은 경험들을 통해서 내 자아는 항상 변한다. 자아 경험이 풍부하게 된다. 그러나 자아분열을 가진 사람은 외부 대상으로부터 피드백을 위험으로 경험했기 때문에 외부 대상으로부터 정보를 받아들이기를 꺼린다. 고로 내면의 세계가 빈곤해지게 된다. 끊임없는 피드백(feedback)을 통한 외부 대상으로부터의 경험의 입력이 없기 때문에 어린 시절의 원시적인 내면세계 이외에는 별로 경험에의 변화가 없다. 어린 시절에 형성된 내면(internal)의 자아 이미지(image)와 대상 이미지의 세계는 똘똘 뭉쳐져서 응집력이 있다. 대신에 외부 대상 세계와는 단절되어 있어서 자아의 형태 변화가 별로 없다는 점이다. 어린 시절의 원시적인 자아 형태를 그대로 유지하고 있기 때문에 나이에 비해서 항상 미성숙(immaturity)한 면을 보인다.

외부 환경과 피드백(feedback)에 의한 경험의 축적이 빈약하게 된 것이다. 외부 대상으로부터 경험은 차단되어 버린다. 혼자 있기를 좋아하는데 혼자 있는 것이 편안함을 주기 때문이다. 친밀감으로 가까워지면 자아소멸(extinction)의 위기(crisis)를 느낀다. 그래서 거리감을 두려고 한다. 그 결과 내면의 자아는 빈곤하게 되고 공허하게 된다. 세상을 살아가면서 얻는 경험들이 내면 자아에 연결이 끊어져 있기 때문에 경험으로부터 배우지 못하기 때문에 실패(failure)를 끊임없이 반복하게 된다.

자아분열은 다른 사람들과 어울리지 않기 때문에 고립감, 공허감으로 가득 차 있어서 외톨이가 된다. 대상에 의존하려고 하지만 애착이 자아 상실을 위협하기 때문에 자아 분열을 가진 사람을 놀라게 한다. 개인은 감정철회, 감정적 고립으로써 자아의 불안정한 면을 보호하려고 한다. 감정적으로 의미 깊은 관계를 할 수 없기 때문에 삶이 무의미(meaningless)하고 목적의식이 없음을 느낀다. 친구가 없으며, 수줍어하고 괴팍하다.

이런 성격이 사회활동을 위축시킨다. 사회성이 있는 것 같이 보이고 관계를 맺고 있는 것 같이 역할을 하고 있지만 사실은 충분한 관계를 하고 있지 않다. 피상적인 관계를 하고 있는 것이다. 무의식적으로 이 역할을 싫어한다. 이것을 위니코트는 거짓 자아라고 부른다. 불평불만이 많고 대상과 긴밀한 접촉으로부터 연약한 내면적 자치심과 개인화를 방어하기 위해서 보호적인 방어(defense)를 취한다. 주관성과 활동력을 잃지 않으려고 거짓 자아가 참 자아를 보호한다. 피상적인 관계로 진실한 따뜻함이 없는 관계이며 감정이 억제적이다. 외부 대상과의 관계에서 오는 갈등 때문에 내면생활에 집착해서 외부 세계로부터 철수해 버린다. 외롭고 공허감에서 벗어날 수 없으니 자연히 삶에 즐거움이 없고 지루하고 똑같은 생활의 반복이며 다른 사람과 친밀관계를 지속할 수 없다. 이러한 공허감, 우울함, 무기력함을 채우기 위해서 난잡한 섹스행동에 빠지거나 마약(narcotic), 음주(drinking) 등으로 일시적인 충족감을 채우려고 한다.

2004년에 노벨상(Nobel賞, 1896년에 스웨덴의 화학자 노벨의 유언에 따라 인류 복지에 가장 구체적으로 공헌한 사람이나 단체에 주는 상. 노벨의 유산을 기금으로 하여 1901년부터 상을 수여하였다. 해마다 물리학, 화학, 생리학 및 의학·문학, 평화의 다섯 부문의 수상자에게 금메달, 상장, 상금을 수여하는데, 1969년부터는 경제학상을 신설하였다. 수상식은 노벨이 죽은 날인 12월 10일에 열린다)을 받은 오스트리아의 작가 엘프리데 엘리네크의 작품 '피아노를 치는 여자'에서 주인공 코후트는 자아분열을 가진 자아장애 환자로 잘 묘사되어 있다. 그녀는 섹스와 사랑이 분열되어 사랑을 할 수 없는 여자가 되어 버린다. 어린 시절의 엄마로부터 참견과 간섭이 심해 자아가 분열되어 버린 것이었다. 그녀의 섹스는 사랑이 통합되어지지 않은 변태성욕자가 되었다. 관음증,[25] sadism, masochism 등의 섹스장애를 보인다.

　　정신분석학자들은 변태성욕(정상이 아닌 성행위. 넓은 의미로는 성욕 본능의 이상(異常), 좁은 의미로는 성행위의 이상을 말함. 이상 성욕)을 섹스신경이라고 부른다. 작품의 초반부, 중반부, 후반부에 자해하는 장면들이 묘사되어 있다. 자신의 몸을 칼로 자해하면서도 감각을 느끼지 못하고 피가 흐르는 것에서 편안함, 안정된 마음을 느낀다. 자신에게 피아노(piano)를 배우는 자신보다 10살이나 나이가 적은 제자를 유혹해서 사랑을 시도하지만 사랑을 느끼지 못하고 변태적 섹스 행동으로 사랑의 빈 공간을 채우려고 한다. 코후트의 자아 중에 죽은 자아가 너무 많아서 마음의 죽음, 존재의 상실을 느낀다. 마음의 지속성 유연성이 없다. 똑같은 행동만 되풀이한다. 과거의 반복이다. 일상이 너무 지루하도록 똑같다. 삶의 의미가 없다. 마음이 불안으로 가득 차 있다. 행동이 경직되어 유연성이 없다. 어머니의 침투와 간섭을 싫어하면서도 익숙해져 있어서 빠져나올 수가 없다. 고립(isolation)과 거리감으로 자아가 텅 비어있음을 느낀다. 코후트의 어린 시절은 상처(injury)의 연속이었다. 엄마의 섹스의 대상이 되어 근친상간의 상처, 학대, 박해, 과잉보호 속에서 일관성 있는 사랑의 감정을 받지 못했다. 엄마의 잔인(cruelty)하리만치 냉혹한 주입식 가르침과 처벌은 자아를 쪼개지 않을 수 없게 만들어 버린다. 공부에 매진하게 하기 위해서, 어린 시절부터 철저하게 동료들과의 관계 단절을 당하게 되면서 대인관계를 차단시켜 버린다. 마지막 장면은 인상적이다. 연인과 관계를 연결하기 위해서 연인이 있는 대학에 찾아갔지만 연인이 다른 여성들과 행복하게 장난을 치며 즐거워하는 모습에 놀라서 자신의 어깨에 칼을 꽂고는 다시 어머니가 사는 집으로 돌아가 과거가 반복되는 일상으로 되돌아가는 주인공의 모습에서 삶의 의미를 잃어버린 주인공의 모습을 느낄 수 있다. 작품 피아노를 치는 여자는 20세기 후반의 방황하는 현대인의 모습, 방향 감각을 상실한 현대인의 모습을 잘 묘사하고 있다. 친밀관계를 하지 못하고 사랑을 하지 못하고 지루한 과거의 일상을 반복하는 자아장애자의 모습을 그린 현대인의 자화상이 아닌가.

---

25) 觀淫症: 변태 성욕의 하나. 다른 사람의 알몸이나 성행위를 훔쳐봄으로써 성적 쾌감을 느끼는 증세.

위에서 설명한 자아장애의 모습이 극단의 모습을 보여주는 경우에는 성격장애로 분류된다. 이러한 성격장애가 자아분열 성격장애가 된다. 자아분열 성격장애 중에서도 정신분열증[26]의 요소가 있는 자아분열을 자아분열 타입 성격장애로 분류된다. 후자는 정신분열증에서 분리되어 나온 자아분열을 따로 모아둔 것이다. 고로 '걸어다니는 정신분열증', '잠재적 정신분열증'이라고도 부른다.

자아장애자의 감정 철회는 대인관계의 방어로 본다. 관계를 가지는데서 오는 고통을 피하기 위해서 만든 자아 규제의 결과로 본다. 자아장애자의 극단적인 딜레마(dilemma)는 다른 사람과 가까운 관계가 자아의 지속적인 존재(existence)의 소멸을 위협하기 때문에 감정을 철회하거나 대인관계를 피하게 된다. 그 결과 현실과의 애착 결여로 자아는 빈곤으로 공허해지고 자아의 죽음을 느끼게 된다. 대인관계에서 오는 불쾌감과 불편함을 줄이기 위해서 거리감을 두려고 한다.

자아분열을 가진 사람은 살아남기 위해서 또는 고통을 피하기 위해서 관계를 의도적으로 피하게 된다. 관계를 피하면 일시적인 편안함은 가질 수 있다. 그러나 결과적으로 오히려 자아를 왜소하게 만들어서 자아가 빈약해지고 삶에서 즐거움이 없고 공허하게 되는 모순 속에서 살게 되는 것이다. 자아장애자들이 가지고 있는 공통점 중의 하나가 대인기피, 대인공포(anthropophobia)이다.

자아장애자들은 다른 사람들과의 관계에서 이야기를 많이 하는 것처럼 보이지만 진실된 관계에서 오는 따뜻함이 없다. 관계가 피상적으로 느껴진다. 커뮤니케이션은 두 가지 요소로 구성되어 있다. 말로써 상대에게 전달되는 구두어와 그 속에 포함된 표정어 즉 비구두어로 되어 있다. 이 두 요소가 일치할 때 커뮤니케이션을 하는 화자(이야기를 하는 사람)와 청자(이야기를 듣는 사람)는 일치됨을 느끼는데 이는 communication 속에 실려 있는 감정이 전달되기 때문이다. 대화를 할 때 우리는 전달되는 말을 들음과 동시에 상대의 얼굴 표정을 보면서 이야기를 한다. 이야기를 하는 사람의 얼굴 표정에서 반사되는 감정을 이야기를 듣는 사람이 느끼면서 상대의 얼굴 표정에 실려 있는 진실된 감정을 전달받는다.

자아장애자들은 이야기를 많이 하지만 커뮤니케이션 속에 감정이 빠져있음을 모른

---

26) 精神分裂症: 주로 청년기에 특별한 외부적 원인 없이 일어나는 정신병의 하나(사고(思考)의 장애, 감정, 의지, 충동의 이상을 주된 증상으로 하며, 끝내는 인격적 변조).

다. 그러므로 말은 많이 하고 대화를 하지만 느끼는 감정이 없다. 공감(sympathy)이 느껴지지 않는 피상적인 대화(conversation)가 되어 버린다. 또 늘 일상적인 이야기가 대부분이다. 이야기 속에 진실된 감정이 없어 이야기를 많이 하지만 겉도는 느낌, 알맹이가 없는 빈 공허감이 가득 차게 된다. 자아장애자들은 진실된 애착관계를 피하고 있기 때문에 얼굴에 표정이 없는 빈껍데기 대화를 하고 있을 뿐이다. 이것은 친밀관계를 두려워하고 있기 때문으로 볼 수 있다.

상대와의 깊은 내면적인 관계가 불안(anxiety)을 가져오기 때문에 관계를 대인관계(interpersonal relation)를 피하려고 하는 방어에서 온 것이다. 자연히 자아장애자들과 이야기를 나누는 상대는 껄끄러움을 느낀다. 빨리 대화를 피하고 싶은 감정을 느낀다. 이것은 자아장애자들이 상대에게 깊은 진실된 감정을 나누고 싶지 않다는 것을 무의식적으로 전달하고 있기 때문이다. 즉 대인관계에 대한 회피가 나타나는 것이며 대인관계의 공포(fear)에서 나오는 무의식적인 커뮤니케이션이다. 감정이 실린 진실된 커뮤니케이션은 두 참가자를 끌어들인다. 서로 마음이 통하게 되고 가까워짐을 느끼게 된다. 진실된 감정 관계는 대상을 가까이하게 하고 대상을 찾게 만들어준다. 반대로 피상적인 감정 관계는 대상을 멀리하게 만들어 버리고 대상과 관계를 끊어버리게 만든다.

자아분열을 가진 사람들의 공통점이 대인관계를 피하는 대인기피가 특징이다. 사람들과의 진실된 감정 교류를 두려워한다. 사람에 따라서 특정 부류의 사람들을 피하는 공포적인 면을 보인다. 어떤 자아장애자는 나이가 많은 어른들과 관계를 피하는 사람들도 있고 어떤 자아장애자들은 자신과 나이가 비슷한 동료들과의 관계를 피하는 사람들도 있고 또 어떤 자아장애자들은 후배나 선배를 피하는 사람들도 있다. 이런 현상은 어린 시절에 부모와 관계, 형제들과의 관계에서 경험했던 껄끄러운 성장과정에서 습관화되었기 때문이다.

출생 후에 유아는 엄마의 공감(sympathy)을 통해서 엄마와 쌍방적 감정 교류를 가진다는 것이 최근의 발달심리학[27]의 실험 연구에서 밝혀졌다. 출생 후 한 살이 되기 전 유아는 말을 사용할 수 없기 때문에 말로는 의사 표현이 되지는 않는다. 그러나 신체

---

27) 發達心理學∷ 정신 발달을 대상(對象)으로 하여, 그 일반적 경향이나 법칙 등을 연구하는 심리학의 한 분야.

접촉과 얼굴 표정을 통해서 유아는 엄마와 커뮤니케이션을 한다. 엄마의 얼굴 표정에서 아기는 자신을 사랑하고 있음을 전달받는다. 아기는 엄마의 손짓, 몸짓, 눈길주기 등에서 엄마의 마음을 읽을 수 있다. 이것을 비 구두어 커뮤니케이션(communication) 이라고 부른다. 표정어 즉 얼굴 표정, 목소리의 톤, 음색, 고저, 강약, 눈길주기, 눈맞추기, 제스처, 쓰다듬어주기 등을 통해서 아기는 엄마가 자신에게 전달하는 마음을 읽을 수 있다.

영국의 정신분석학자인 위니코트(Winnicott)는 '아기는 엄마의 얼굴에 비친 아기 자신의 모습을 보고 아기 자신의 자아를 만들어간다'고 했다. 또 '엄마의 공감 실패는 아기의 자아를 산산조각을 내어 버린다', '부모가 외부 환경으로부터 받는 아기의 충격과 스트레스를 흡수해주지 못하면 아기는 자신의 자아를 보호하기 위해서 전지전능한 상상이나 마술적 생각에서 빠져나오지 못하게 된다'고 경고하고 있다. 영국의 정신분석학자인 비욘(Bion)은 엄마는 아기의 충격과 스트레스를 흡수하고 그것을 다시 소화해서 아기가 다룰 수 있도록 하여 다시 아기에게 되돌려주어야 함을 강조하고 있다.

0~1세까지는 주로 비 구두어로써 아기는 엄마와 커뮤니케이션을 한다. 즉, 표정어로 의사소통을 한다. 아기는 자신이 사랑을 받고 있는지 미움을 받고 있는지 태어나서 환영을 받고 있는지 태어나지 말았어야 할 사람인지를 감지하고 있다. 단지 말로써 표현을 하지 못하고 있는 것뿐이다. 발달심리학자들이 생후 3개월된 아기를 두 개의 책상을 마주하여 공간에 절벽이 생기게 하고 그 위에 유리로 덮었다. 아기를 그 유리판 위에 올려놓고 아기가 절벽 위를 기어갈 수 있는지를 실험해 보았다. 생후 3개월이 되면 두 눈의 초점이 한곳에 모이기 때문에 물체(physical solid)의 입체(solid)를 볼 수 있고 물체를 정확하게 볼 수 있다. 이것은 3개월 때 아기들이 미소를 띠는 것에서 볼 수 있다. 한국에서 100일이 되면 돌잔치를 크게 하고 백일 사진을 찍어두는 것에서 볼 수 있다. 3개월이 되면 아기는 사람을 정확하게 인지할 수 있고 아는 사람의 얼굴을 구분할 수 있기 때문에 방긋방긋 웃는 등 사람에게 애착(attachment)을 보이게 된다.

아기는 절벽을 인지할 수 있기에 깊이 지각이 생기고 절벽이 나타나면 떨어질 수 있음을 두려워하게 된다. 하지만 아기가 절벽에 가까이 갔을 때 절벽 반대쪽에서 엄마가 웃으면서 건너오라는 신호 즉 눈길주기, 눈맞추기를 통해서 안정된 얼굴 표정으로 오라고 손짓을 하면 아기는 엄마의 얼굴 표정을 보고 절벽을 건너갈 수 있었다. 반대로 엄마가 위험 신호를 보내면서 건너오지 말라는 표정어에 아기는 위험을 감지(perception)하고 건너오지 않았다. 이 실험을 통해서 아기는 엄마의 얼굴 표정을 보고 엄마의 속마음을 읽을 수 있다는 것이 입증되었다. 엄마와 아기는 얼굴 표정을 통해서 서로 커뮤니케이션을 한다.

이것을 1차 커뮤니케이션이라고 부른다. 이 1차 커뮤니케이션(communication)은 감각적인 기억 속에 저장이 된다. 어른이 되어서 1차 커뮤니케이션은 기억 회상을 하지 못해도 무의식 속에서 남아있어서 그 사람의 행동에 영향을 미친다는 것이 밝혀졌다. 말로써 커뮤니케이션(communication)을 하는 것은 한 살 이후가 되어 말을 배우기 시작하면서 언어(language)로 의사소통을 배우는 것이 2차 커뮤니케이션이라고 부른다. 언어를 배우게 되면서 아기는 주변 환경(environment)을 가지고 노는 것이 즐겁고 이 세상은 흥미와 호기심(curiosity)으로 가득 차 있음을 느끼고 즐겁게 환경을 마스터해나가는 것을 배운다. 엄마의 공감(sympathy) 실패로 아기는 세상은 위험하고 두렵고 불안한 곳으로 느끼게 되고 스스로 자아를 보호하는 방편으로 살아남기 위해서 전지전능한 상상, 마술적인 생각에 빠져들게 된다.

0~1세 사이에 아기와 엄마의 쌍방관계의 질이 아기의 대인관계의 기초를 만든다는 것이 애착이론가들의 실험에 의해 밝혀졌다. 애착이론은 영국의 정신분석학자인 존 볼비(John Bowlby)와 미국의 발달심리학자인 버지니아 대학의 심리학 교수인 Mary Ainsworth에 의해서 연구되고 개발되어져 널리 알려지게 되었다.

Mary Ainsworth는 한 살 된 아기들에게 20분 동안 엄마와 아기가 장난감이 풍부한 실험실에서 같이 있게 하면서 아기의 행동을 관찰(observation)하고, 이 후에 3분 동안 낯선 사람이 들어와서 함께 있을 때에 아기의 반응행동 그리고 3분 동안 엄마가 슬그머니 실험실에서 나가고 난 후에 낯선 사람과 함께 있을 때의 아기의 행동을 관찰하고, 3분 후에 다시 엄마와 재결합(recombination)했을 때의 아기의 행동을 일일이 빠짐없이 기록하였다. 아기와 엄마와 낯선 사람이 함께 있는 실험실 방은 일면이 거울로 되어 있어서 실험실의 옆방에서 아기의 행동과 말을 그대로 실험 관찰자가 볼 수 있도록 실험장치가 되어 있다. 이 실험에서 아기들이 네 가지의 행동 패턴으로 분류되었다. 안정된 애착을 가진 어린이와 불안한 애착을 가진 어린이로 분류되고 불안한 애착의 어린이들은, 다시 애착회피, 애착애매, 애착혼란으로 구분화하였다.

Mary Ainsworth는 볼티모어 프로젝트(Baltimore project)라는 이 실험을 통해서 애착에는 세 가지 스타일이 있다는 것을 밝혀냈다. 다양한 양육 환경과 다양한 국가 즉 아프리카(Africa)와 같은 오지 등에서도 실험을 했고 일반 가정과 같은 양육 환경에서도 수백 번 되풀이해서 실험했고 또 실험실을 만들어서 그 안에서도 수백 번 되풀이해서 실험을 한 결과 애착의 세 가지 스타일을 밝혀낸 것이다.

이후에 Mary Ainsworth의 제자로서 대학원 학생이었다가 지금은 California 주립대학 버클리 대학 발달심리학 교수가 된 Mary Main이 애착해체 혹은 애착혼란(devotion confusion)이라는 이론을 한 가지 더 첨가해서 네 가지의 애착 스타일을 구분해냈다. 대인관계를 피하거나 대인공포(anthropophobia)를 보이는 어린이들은 엄마가 방을 나갔을 때 엄마를 찾거나 울지 않았다. 낯선 사람이 있어도 혼자서 장난감을 가지고 잘 놀았다. 엄마가 다시 들어와서 아기와 재결합(recombination)을 할 때에 엄마에게 반갑게 달려가지 않았다. 울면서 엄마에게 안기거나 엄마를 원망하지 않았으며 오히려 엄마보다 장난감에 더 많은 관심을 보였다.

한 살 된 아기의 애착회피는 이미 0세에서 1세 때까지 엄마와 아기의 쌍방관계에서 형성된 것이 밝혀졌다. 엄마가 아기의 욕구에 예민하게 반응하지 못하고 애착을 거부했기 때문에 아기는 애착에서 오는 고통을 피하기 위해서 스스로 방어막을 만든 것이었다. 애착회피를 보이는 아기들의 엄마들을 분석해 본 결과 이 엄마들은 아기의 욕구보다 자신들의 요구를 우선시하는 경향이 많았고 엄마 자신이 애착회피를 가지고 있었다. 아기에게 어떻게 관계를 해야 할지를 몰랐기에 세상의 위험, 두려움, 불안으로부터 아기를 안전하게 지켜주지 못했다. 즉, 아기에게 안전, 즉 안정과 안전을 제공해주지 못했다. 아기가 보채는 행동에 엄마는 경직되어 강박적이 되었고 아기의 충동적 행동에 분노하여 참을성이 없었고 아기에게 처벌(punishment)과 화풀이를 했다. 모든 동물들의 어미가 새끼를 낳았을 때 그 새끼를 주변의 위험으로부터 보호해주려고 하는 것이 본능이다. 집에서 수년간 키운 개도 새끼를 낳은 직후에 주인이 접근하면 예민해져서 주인을 무는 수가 있다. 이것은 자신의 새끼의 안전과 안정을 위한 본능적 행동이다.

애착회피를 보이는 아기들은 이미 엄마로부터 받은 애착 거부 때문에 상처를 입었고 애착이 결국은 고통을 가져온다는 것을 알고 한 살 때 이미 방어 행동을 하고 있다는 것이다. 사랑의 감정에 상처를 받아서 아기는 무의식적으로 감정을 억압해 버린 것이었다. 애착관계에서 감성을 철회해 버린 것이었다. 이것이 이후에 어른이 되어서 대인기피, 애착회피, 대인공포(anthropophobia)로 확대되어갔다. 한 살 때의 애착 스타일은 20세 때의 애착 스타일과 별로 변함이 없었다.

애착회피를 보이는 어린이들은 애착 최소화의 방어 전략(strategy)을 사용하고 있었다. 애착(attachment)을 피함으로써 다른 사람에게 감정을 의존하는 것을 두려워하게 되었다. 관계를 하지만 감정에 거리감을 둠으로써 피상적이 되고 다시는 상처를 받지 않겠다는 무의식적인 의도가 깔려 있었다. 상대방에게 감정을 보여주지 않고 억압해 버린다. 차갑고 공손함을 보이지만 내면의 세계는 불안, 두려움, 불확실(uncertainty)로 가득 차 있었다. 엄마의 감정 조율의 실패로 어린이는 애착의 상처를 가지고 있었다. 아기가 0세부터 1세까지 받은 감정적 고통, 감정적 상처 때문에 다시는 상처를 받지 않겠다고 감정을 억압해서 대인관계에서 친밀감을 차단시킨 것이 대인기피, 대인공포로 나타났다.

애착회피를 보이는 아기 부모들의 특징을 분석해본 결과 어린 시절에 대한 특별한 기억이 없었다. 대인관계가 부족하고, 친밀감이 부족했다. 이 세상에는 믿을 사람이 없고 나 혼자 살아가야 한다고 생각하고 있었다. 내 부모를 내가 믿을 수 없는데 누구를 믿는단 말인가, 자녀를 방치, 방기, 무시해서 사랑을 박탈해 버린 것이었다. 관계의 좌절(frustration)이 관계의 단절로 이어지고 이것이 애착회피로 이어진 것이었다.

애착회피를 보이는 어린이들이 성장하여 어른이 된 후 심한 경우에는 대인관계 기피, 대인공포증으로 나타났다. 자아장애자들이 특히 대인관계를 회피하는 것이 두드러진 경우에는 성격장애로 분류되는데 이 경우에 회피적 성격장애가 된다. 대인공포증[28]과 회피적 성격장애는 구분이 다르다. 대인공포증은 불안장애에 속하는 장애로서 DSM의 축 I에 속해 있는데 반해, 회피적 성격장애는 축 II의 성격장애 속에 소속되어 있다. 실제 치료에서는 구분이 뚜렷하지가 않다. 대인공포증(anthropophobia)은 불안이 핵심이나 사람들과의 접촉에서 불안이 증폭되어 관계를 피하는 것이 특징이고 회피적 성격장애는 이러한 현상이 장기화되면서 습관화되어 직업의 선택이나 관계의 선택 시에 대인관계를 피하는 것이 특징이다.

대부분의 자아장애자들이 단 한 가지 장애 요소를 가지는 경우는 거의 없다고 심리

---

28) 恐怖症: 강박 관념의 하나. 항상 공포, 불안을 느끼면서 자기 통제를 하지 못하는 병적 증상.

치료 전문가들은 입을 모은다. 자아장애자들이 자아 분열적인 요소나 보드라인적인 요소나 narcissism적인 요소, 대인기피, 대인공포적인 요소, 반사회적인 요소, 식이장애적 요소, 알코올(alcohol)과 마약남용(narcoticabuse), 그리고 상처 후 스트레스 등의 요소들을 일부 가지고 있거나, 아니면 조금씩 다양하게 가지고 있거나, 아니면 어느 한 요소가 다른 요소보다 많거나 다른 요소가 한 요소보다 적거나 등의 현상을 보인다.

어떤 요소들을 눈에 띄게 많이 가지고 있느냐에 따라서 그 진단 이름이 붙게 된다는 점이다. 특히 자아장애를 가지고 있는 사람들이 다른 요소들은 눈에 띄지 않는다고 해도 공통적으로 가지고 있는 것이 불안증과 우울증이다. 이러한 결과는 최근의 연구결과에서 밝혀지고 있는데 하버드 의과대학 정신과 교수이자 정신분석학자인 Gunderson이 자아장애 환자들의 복합적 장애 요소를 밝힌 것에 의하면 자아장애 환자들의 거의 대부분이 불안증에 해당되었고 자아장애 환자들의 50%가 심한 우울증으로 진단되었으며 가벼운 우울증으로 진단된 사람들이 70%였다.

불안증과 우울증이 먼저 시작되어서 자아장애로 확대되었는지 혹은 자아장애가 불안증, 우울증을 가지게 되었는지는 확실하지 않다. 그러나 자아장애를 치료하는 대부분의 심리치료 전문가들은 불안증이나 우울증이 1차가 아니고 다른 증세와 장애 때문에 생긴 2차 증세로 본다. 이것은 치료 전문가들이 자아장애를 치료할 때 불안증이나 우울증을 치료 목표로 치료를 하는 것이 아니고 자아장애 요소들을 치료하는데 1차 목표를 둔다는 뜻이다.

예외적인 것은 심한 우울증의 경우에는 우울증을 먼저 다루지 않으면 치료효과가 반감되거나 치료 동기가 감소한다는 것이다. 그래서 우울증을 먼저 다룬다. 그렇지 않은 경우에는 불안증이나 우울증은 자아의 장애 요소들이 감소되면서 저절로 감소된다는 점에서 2차로 본다는 것이다. 그러나 자아장애에서 불안증과 우울증을 따로 떼어서 보기는 어렵다.

최근에 미국에서는 불안증이나 우울증을 10분 정도로 간단한 시간에 측정할 수 있는 간편한 심리검사들이 많이 등장하고 있다. 그 중에서도 가장 인기가 있는 심리검사는 스탠포드 의과대학 정신과 교수인 David Burn 교수가 고안한 것으로 미국 전역에서 사용되고 있는 심리검사이다. 이 외에도 7가지의 검사들 즉, 친밀감 검사, 대인관계 검사, 낙관성 검사 등의 심리검사는 아직도 한국에서는 개발되어 있지 않다.

그리고 정신분석학은 프로이드에 의해서 히스테리아 연구에서 불안증 연구로 확대되어갔다. 정신분석 치료의 핵심이 불안증 치료에 있다면 신경증은 주로 불안증을 말하는 것이다. 프로이드가 강박증의 연구에서 시작해서 공포증(恐怖症, 대수롭지 않은 일을 늘 크게 생각하여 두려워하고 고민하며 불안을 느끼고 자기 통제를 하지 못하는 병적 증상)으로 그리고 우울증으로 연구 범위를 넓혀가면서 정신분석으로 치료를 하는 기법을 고안하게 되는데 그 핵심이 불안증이다. 불안증은 불안장애 혹은 불안신경증(anxietyneurosis)으로 불리운다. 불안장애(anxiety disorders) 속에는 9가지 장애들이 포함되어 있다.

이 9가지 장애들의 공통점이 불안이라는 점이기 때문에 불안증에 분류되어 있다. 불안증 환자들은 자신의 증세가 비합리적이라는 것을 알고 있다. 여기에서는 불안증 치료가 핵심이 아니기 때문에 간단하게 특징이 되는 증세만 소개하고자 한다.

(1) 공황장애

현기증(dizziness), 숨이 멈출 것 같은 호흡 곤란, 빠른 맥박(pulsation), 손이 부들부들 떨리고 메스꺼움과 구토(vomiting), 어지러움 등을 느낀다. 심장이 멈출 것 같아 식은땀(cold sweating)이 난다. 컨트롤(control)을 할 수가 없을 것 같다. 쓰러져서 죽을까봐 두렵고 팔과 다리에 무감각을 느낀다. 이런 증세가 생기는 이유는 아직 밝혀지지 않았다. 한 사람이 위의 모든 증세를 다 가지는 것은 아니지만 이 증세 중에서 한두 가지나 몇 개의 증세를 가지는 것이 대부분이다.

(2) 광장공포증

극장이나 붐비는 시장 등에 가면 혹시 불이 나서 통로가 막히는 것이 아닌가 두렵다. 넓고 확 트인 곳에 가면 현기증이 나고 쓰러져 죽을지도 모른다는 두려움을 가지고 있다. 왜 그런지 이유는 모르지만 이러한 증세가 비합리적이라는 것은 알고 있다. 공황장애와 광장공포증을 함께 가진 장애—좁은 공간이나 넓은 확 트인 곳에 가면, 공황장애를 일으켜서 죽을지도 모른다고 두려워해서 밖에 나가지 않고 집에만 지내는 경우가 많다. 밖에 나갈 때는 다른 보호자를 동반하지 않으면 밖을 나갈 수가 없다. 그래서 사회생활(social life)이 위축되고 제한을 받는다.

(3) 강박증

자신의 의지에 반해서 계속 그 행동을 하면 불안이 감소된다. 손 씻기 등의 청결, 가스레인지, 문 잠그기 등의 체크를 반복하지 않으면 불안해서 견딜 수가 없다.

(4) 대인공포증

다른 사람들과 관계를 가지면 불안해서 관계를 피한다. 관계를 하면 불편함을 느낀다. 불편함과 불안을 피하다가 보니 대인관계가 안 되고 외톨이가 된다.

(5) 일반화된 불안 장애

갑자기 가족 구성원이 사고를 당하지 않을까, 불이 나지 않을까, 직장에서 해고되지 않을까 등의 일상생활에서 근심걱정을 지고 사는 사람들에 해당된다. 하루도 염려 걱정이 떠날 날이 없다.

(6) 공포증

뱀 공포증, 고공 공포증, 패쇄 공포증, 피 공포증 등 사람에 따라서 다 다르다.

(7) 급성 스트레스 장애

어떤 사건 현장을 목격했다든지 혹은 사고 현장을 보았다든지, 죽음을 위협하는 상처, 부상 등에 노출되어 절망, 공포, 두려움을 집중적으로 느낀다. 그 결과 무감각, 절망, 애착회피(fondness avoidance)를 보이거나, 늘 보는 것이 낯설게 느껴지거나, 내가 아닌 것처럼 느껴지거나 해리적 기억 상실을 보인다.

(8) 상처 후 스트레스 장애

성폭행(sexual violence)이나 학대(mistreatment), 상처를 받은 후에 자아 소멸, 해리 장애, 악몽(night-mare), 기억 상실, 자아 해체 등을 느낀다. 불면증(insomnia)과 악몽에서 벗어날 수 없다, 과거의 상처를 그대로 재경험을 하는 플래시백(flashback) 현상을 가끔 경험한다.

① 우울증

우울증은 DSM-IV에서 무드 장애(mood disorders)로 명명되어 있다. 그러나 보통 우울증으로 통용이 된다. 여기에서는 간단하게 분류된 것과 특징만 소개하고자 한다. 무드 장애는 크게 우울증 장애와 양극성 장애의 두 가지로 분류된다. 우울증 장애에는 심한 우울증과 가벼운 우울증이 있다. 양극성 장애에는 양극성 장애 I 과 양극성 장애 II로 나누어지고 양극성 장애 I 에는 가벼운 조증, 조증이 있고 양극성 장애 II에는 조울증, 감정순환 장애가 있다.

ⓐ 심한 우울증 장애

2차 우울증이 아닌 1차 우울증으로 다른 장애를 가지고 있지 않은 단일의 우울증이다. 주로 생리적인 원인에서 생기는 우울증이다. 약물에 잘 반응한다.

ⓑ 가벼운 우울증 장애

주로 심리적 원인에서 생기는 우울증이다. 우울한 무드로 입맛 상실, 과도한 식욕, 불면증, 에너지 소진, 피로감, 낮은 자신감, 정신집중이 안 됨, 절망감을 느낌. 적어도 위의 증세들이 2년 정도 되었을 때 가벼운 우울증으로 진단한다. 만성적인 정신증에서 오는 것은 아니다. 또 약물에 잘 반응하지 않는다.

ⓒ 가벼운 조증 에피소드

단일의 가벼운 조증만 존재, 다른 충격이나 장애로 생긴 것은 아니다. 무드 증세가 직장, 학교, 사회생활에 지장을 준다.

ⓓ 조증 에피소드

심한 조증으로 조증 한 가지만 존재, 사회생활에 심하게 지장을 초래한다.

ⓔ 조울증

조증과 우울증이 교대로 나타난다.

ⓕ 감정순환 장애

적어도 2년 동안 가벼운 조증과 우울증이 교대로 나타난다. 알코올이나 마약 같은 다른 약물 때문에 나타나는 것은 아니다.

② 히스테리

프랑스의 히스테리아의 황제로 불리우던 프로이드의 스승인 가르코트(Charcot)와 프로이드가 히스테리아의 연구에서 히스테리아의 원인은 어린 시절에 성폭행, 근친상간, 학대에서 생긴 심리적인 상처 때문임을 밝혀냈다.

프로이드는 이것을 유혹이론으로 설명을 했다. 그러나 어른 히스테리 환자의 어린 시절의 기억(memory)을 입증할 증거가 없었다. 그리고 그 당시에 섹스에 대한 사회적 관념이 우리나라의 조선시대만큼 엄격하고 섹스라는 말조차 금기시했던 빅토리아 시대에다 상류층 자녀들이 히스테리 환자가 많았음에 비추어서 부모나 친척들의 섹스 학대를 거론한다는 것은 귀족들인 부모들을 파렴치한으로 몰고가서 사회적 문제를 일으킬 수 있다는 것 때문에 섹스의 상처를 이론화하기가 어려웠음을 직감한 프로이드는 자신의 유혹이론에서 한발 물러나 어린이의 상상에 의한 지각의 왜곡 쪽으로 방향을 돌려버렸다. 심리적 실제 상처가 베일 속에 묻히게 된 것이다.

이것이 100년 후에 다시 되살아나게 되는데 Freud의 제자였고 헝가리의 정신분석학회 회장으로 있던 Sandor Frenczi에 의해서 프로이드의 유혹이론 명맥이 이어지게 된다. 또 이 이론은 제1차 세계대전과 제2차 세계대전을 거치면서 미국의 정신과 의사로 프로이드 밑에서 1년간 정신분석학을 공부하고 군의관이 된 Abram Kardiner에 의해 그 당시에 주로 전쟁 신경증 혹은 전투 공포증, 포탄 쇼크(shock) 등으로 심약한 군인들이 주로 걸리게 된다고 믿어오던 군인들의 심리적인 문제를 연구하는데 기초가 된다. Abram Kardiner는 1941년에 출판한 '전쟁으로 인한 상처 신경증(The traumatic neurosis of war)'에서 전쟁으로 인한 심리적인 실제 상처가 신경증의 원인으로 작동한다는 이론을 주장하였는데 이 상처이론은 베트남(Vietnam)전쟁을 거치면서 건강한 군인들도 오랜 전투에 시달리면 히스테리(hysteria)와 유사한 전쟁 신경증을 앓게 된다는 것이 입증되면서 가속화되었다. 여기에다 1970년대부터 불기 시작한 여성해방 운동이 상처이론을 더욱 발전시켰다.

1960년대 말에 페미니스트(feminist)들의 대부(代父)인 Betty Friedan 여사에 의해서 시작된 '여성 자각운동'이 바람을 타기 시작한다. 여성들이 어린 시절에 받은 성폭행, 근친상간, 신체적 학대, 방기 등과 결혼 후에 남편으로부터 받는 각종 폭력의 문제들을 그대로 덮어두어서는 해결이 되지 않는다는 것을 스스로 자각하고, 이 문제를 사회적인 문제로 공론화를 시작한 것이다. 1970년대부터 가정폭력(domestic violence)이라는 말이 등장하면서 여성 자각 운동이 뿌리를 내리기 시작한다. 그 이전에는 가정 폭력이라는 말이 없었지만 이때부터 여성들이 어린 시절에 부모나 친인척으로부터 받은 섹스폭력, 신체폭력, 감정폭력, 언어폭력 등을 고발하기 시작한 것이다. 뉴욕을 중심으로 시작된 폭로 운동이 미국 전역으로 확대되기 시작한다.

1970년에 미국 여성 동맹이 조직이 되었으며 강간이 강제로 섹스를 하는 것이 아니고 섹스폭력 즉 성폭력[29]임을 입안한 법안이 뉴욕 주를 통과하면서 10년 안에 미국의 50개 주를 통과하게 된다. 1971년에 여성 운동가이던 사라(Sara Haley)가 베트남의 참전 용사로서 전쟁 신경증 환자가 된 아버지로부터 근친상간을 당했다는 사실을 폭로하면서 이를 시발점으로 해서 폭로 운동이 확대되기 시작한 것이다. 특히, 1974년에 보스톤 시립병원의 정신과 간호사로 있던 Ann Burgess와 사회학자인 Lynda Holmstrom이 '강간의 심리 상처 증후군'이라는 논문을 발표하면서 한층 가속화된다. 강간(rape)을 당한 후에 불면증, 기억상실(amnesia), 무감각, 구역질, 메스꺼움, 악몽, 놀램, 플래시백 등이 해리장애(dissociative disorder)를 일으키고, 히스테리(hysteria) 증세와 유사하다는 것이 밝혀졌다.

1975년에 미국 국립 정신건강 연구소에 섹스폭력 연구 분과가 설립되었고, 1976년 브랏셀에 여성에 대한 국제 범죄 조사국이 설립되었다. 심리학자인 Lenore Walker가 가정 폭력의 심리적 연구를 통해서 심리적 상처가 각종 장애의 원인임을 밝혀냈다. 워크에 의해서 '매 맞는 여성 증후군(syndrome, 몇몇의 증후가 늘 함께 인정이 되나 그 원인이 불명할 때 또는 단일이 아닐 때에 병명에 준하는 명칭)', '매 맞는 어린이 증후군'이라는 신조어가 등장했다.

미국 전국에 학대받는 여성들의 일시적 안식처로서 Shelt, 즉 우리말로 쉼터가 등장하게 된 것이다. 1980년에 사회학자이자 인권 운동가인 Diana Russell에 의해서 건강한 미국 성인 여성 900명을 설문 조사한 연구보고서가 전 미국인들을 경악하게 하였다. 4명의 성인 여성 중에 1명이 성폭행(sexual violence)을 당했고 3명의 건강한 여성 중에 1명이 성추행(sexual infamies)을 당했다는 것이 밝혀진 것이다. 가정은 안식처이기도 하지만 창살 없는 감옥이 될 수도 있다는 것이 입증된 것이다. 하버드 의과대학의 정신과 교수이자 정신분석학자인 Judith Herman은 '19세기 말에 등장한 히스테리

---

29) 性暴力: 성적인 행위로 남에게 육체적, 정신적 손상을 주는 물리적 강제력.

아가 20세기 중반에는 전투 신경증으로 변했고 20세기 말에는 섹스 전쟁의 전투 신경증이 된 것이다'라고 말하고 있다. 마음의 상처이론은 이제 1980년에 새로운 이름으로 미국 정신의학회에서 10년마다 개정판으로 발간하는 정신장애에 대한 통계와 진단분류 지침서인 DSM-III(제3차 개정판)에 상처 후 스트레스 장애(post-traumatic stress disorder)로 이름이 올려지게 된 것이다.

③ 스트레스 장애

상처 후 스트레스 장애에 대한 최근의 연구들은 어린 시절에 심한 상처를 받았거나 가벼운 상처를 받은 경우에도 이후에 상처 후 스트레스 장애를 일으킬 수 있다는 것이 밝혀지고 있다. 자동차 사고 현장을 직접 목격하거나 삼풍백화점 사고, 대구 지하철 사고처럼 사고 현장에서 그 사고를 직접 목격하거나, 직접 성폭행을 당한 사람들은 심한 심리적인 상처를 받은 경우에 해당된다. 이런 경우에는 상처의 고통에서 벗어나기 위해서 기억을 지워버리는 기억상실증(memory acalculia)을 보이거나 상처를 받은 이후에 그 상처와 유사한 상처 경험을 재경험하는 플래시백 현상으로 고통 속에서 살게 된다.

불면증(insomnia), 기억상실증, 메스꺼움, 특정 소리나 빛에 민감하게 반응하거나, 악몽에 시달리게 되는 것이 상처 후 스트레스 장애의 특징이다. 가벼운 상처를 받은 경우에도 그 당시에는 아무런 이상이 없는 것 같으나, 이후에 그와 유사한 상처에 대응해나갈 수 있는 대응기재에 취약점을 안겨주게 되어 이후에 유사한 상처나 과도한 자극에 쉽게 노출되어 상처 후 스트레스 장애로 연결된다는 것이다.

상처 후 스트레스 장애가 심한 경우에는 주로 해리장애로 연결된다는 것이 최근에 밝혀졌다. 상처 후 스트레스 장애는 불안장애에 소속되어 있으나 해리장애는 별도로 분류되어 있다. 해리장애(dissociative disorder)에 소속되어 있는 것이 기억상실증으로 어떤 사건만 기억이 나지 않는 부분적 기억상실증이 있고, 과거의 기억을 몽땅 잊어버려서 자신의 이름이나 주소를 기억하지 못하는 뒤쪽 기억상실증도 있고, 과거의 기억은 온전하지만 사건 이후의 시점에서 그 이후의 기억이 입력이 되지 않고 금방 했던 것을 기억하지 못하는 앞쪽 기억상실증 등이 있다. 또 평소에 변함이 없던 내 자아가 아니고 다른 사람의 자아처럼 일시적으로 느껴지는 현상(depersonalization)과, 평소에 익숙해져 있던 것들이 낯설게 일시적으로 느껴지는 현상(derealization)과, 그리고 가장 심한 해리현상(dissociative phenomenon)이 과거에 다중성격(multiple character)이라고 불렀던 주체성 해리장애이다. 한 사람 안에 여러 명의 사람들이 살고 있는 것처럼 어떤 시점에서는 평소에 자신의 자아가 아닌 다른 사람의 자아가 나타나거나, 또 다른 시점에서는 전혀 다른 사람의 자아가 나타나는 장애로써 연속극인 '왕꽃 선녀님'의 주인공 초원이와 같이 심한 스트레스 시에는 자신의 목소리가 아닌 이상한 타인의 목소리와 자기답지 않은 이상한 행동을 하게 된다. 이것을 옛날에 우리 조상들은 빙의 현상, 혹은 귀신들림으로 표현하였다(〈표 15〉 참조).

〈표 15〉 스트레스 척도

관련내용	스트레스 척도	관련내용	스트레스 척도
자녀 및 배우자 사망	100	부서이동	29
이혼	73	가출	29
별거	65	친척문제	29
구속	63	개인성취	28
가족사망	63	내조자 이직	26
개인질병 혹은 부상	53	입학 혹은 졸업	26
결혼	50	생활변화	25
직장 해고	47	개인습관 변화	24
혼인상의 화해	45	상사와 싸움	23
은퇴	45	거주지 변화	20
가족의 건강	44	전학	20
임신	40	취미 변화	19
성문제	39	개인활동 변화	19
새로운 가족	39	사회생활 변화	18
사업변화	39	수면습관 변화	16
경제사정 변화	38	식사습관 변화	15
친구 죽음	37	휴가	13
이직	36	공휴일	12
권리상실	30	법의 위반	11

④ 스트레스 장애 진단

DSM-IV에서 상처 후 스트레스 장애에 대한 진단 항목을 살펴보면 다음과 같다.

A. 아래의 두 개의 사건 후 상처에 노출된 사람들에 해당된다.

① 실제 죽음이나 위협적인 죽음이나 심한 상처나 자아나 다른 사람의 신체적 통합에 위협이 되는 사건을 직접 목격했거나 직면해서 그것을 경험한 사람이 해당된다.

② 이 사람의 반응이 집중적인 두려움, 절망, 공포와 관련된 반응을 보인다. 어린이의 경우는 해체된 행동이나 소동적인 행동으로 표현될 수도 있다.

B. 사건 이후 상처가 지속적으로 다음과 같은 방법으로 재경험된다.

① 그 사건의 경험 시 느꼈던 불쾌감이 간간히 지속적으로 침투되어 재경험된다. 이 불쾌한 경험은 이미지, 사고, 지각으로 나타나기도 한다. 어린이의 경우에는 놀이에서 반복적으로 상처 테마가 표현되는 것을 볼 수 있다.

② 그 이벤트가 꿈으로 재경험된다. 어린이의 경우는 꿈의 내용을 기억하지 못하고 악몽으로 나타날 수 있다.

③ 상처를 주었던 사건들이 지금 현재 나타나고 있는 것처럼 행동하거나 느껴진다. 착각, 환각, 해리된 플래시백 에피소드를 보인다.

④ 상처 이벤트와 유사하거나 상처 이벤트를 상징하는 내면적 실마리나 외면적 실마리에 노출되면 집중적 심리적 불쾌감을 동반하며 생리적 반응을 동반한다.

C. 그 상처 이벤트에 연결되는 자극을 지속적으로 피하려고 한다. 그 자극에의 노출은 집중적인 무감각을 동반한다. 아래의 항목 중에서 적어도 3개 이상에 해당한다.

① 그 상처 이벤트와 관련된 생각, 느낌, 대화를 피하려고 노력한다.

② 그 상처 이벤트를 회상하는 장소, 사람, 활동을 피하려고 노력한다.

③ 그 상처 이벤트의 중요한 부분을 회상할 수 없다.

④ 늘 일상으로 해 오던 활동에 참가하지 않거나 흥미의 상실을 보인다.

⑤ 다른 사람으로부터 고립되거나 애착회피를 느낀다.

⑥ 감정의 범위가 제한된다(사랑하는 감정을 가질 수 없다).

⑦ 미래가 근시안적이 된다(결혼, 전문직, 자녀, 정상적인 생활을 포기하거나 기대하지 않는다).

D. 다음과 같은 생리적 긴장이 지속되는 증세를 보인다.

① 쉽게 잠을 자지 못하거나 잠을 자다가 깨면 쉽게 잠들지 못한다.

② 짜증이나 분노의 폭발을 보인다.

③ 정신집중이 안 된다.

④ 과도하게 경계심을 보인다.

⑤ 과장되게 놀람을 보인다.

E. 위의 기준 B, C, D 증세들의 지속 기간이 1개월 이상 된다. 위 증세의 지속 기간이 3개월 이하는 급성으로, 3개월 이상은 만성으로 진단한다.

F. 이런 혼란함이 학업, 직업, 사회생활에 중대한 영향을 미친다.

애착혼란이나 애착해체가 심리적 상처에 취약점을 만들어내 이후에 상처 후 스트레스 장애나 심한 경우에 해리장애를 만들어낸다는 것이 학자들에 의해서 밝혀졌는데 이 이론이 애착이론이다. 1958년에 국제 정신분석학회지에 소개된 영국의 정신분석학자인 존 볼비(John Bowlby)의 논문인 '애착이론'은 이후에 수많은 학자들에 의해 실험되어지고 연구되어져서 출생 직후인 0~1세 사이에 엄마와 아기와의 관계의 질이 애착의 질을 결정하고 이 애착의 질이 성인이 되어서 대인관계와 각종 정신장애에 취약점을 만들어낸다는 이론으로 발전하였다. 출생 직후 아기는 스트레스를 소화할 능력이 없다. 엄마는 아기에게 안전, 안정을 제공해주어서 아기가 편안함을 얻을 수 있는 안전한 기지를 엄마가 제공해주어야 한다. 엄마가 아기의 스트레스(stress)나 불안을 흡수해서 소화해서 아기가 소화할 수 있도록 되돌려주어야 한다는 것을 강조하고 있다. 엄마가 이러한 역할을 하지 못하게 되면 아기는 불안한 애착을 형성하게 된다. 불안한 애착 중에 가장 심각한 것이 애착해체 혹은 애착혼란이다. 미국의 발달심리학자인 Mary Ainsworth는 한 살 때 아기가 엄마로부터 분리되었을 때 심한 불안을 경험하게 되고 엄마와 재결합에서 아기는 자신의 분리 불안을 어떻게 해소할 것인지를 이미 알고 있다는 것을 실험으로 입증해보였다.

애착해체를 보이는 아기들은 엄마와 분리되어 불안을 경험한 후 엄마와 재결합을 했을 때 엄마로부터 마음의 안정, 안전을 얻는 것이 아니고, 오히려 엄마가 두려움, 공포의 대상이었다. 엄마 앞에서 꽁꽁 얼어붙어 버리거나, 엄마 앞에서 최면에 걸린 것처럼 멍하게 하늘만 쳐다보거나, 어떤 때는 반가운 태도를 보이다가도 어떤 때는 엄마를 무시하고 엄마에 흥미, 관심을 보이지 않는 혼란한 태도를 보였다. 눈길주기나 눈맞추기를 피하고 해체된 행동을 보였다. 엄마에게 갔으나 엄마에게 등을 돌리고 무시했다. 아기를 위험으로부터 보호해주어야 할 엄마가 오히려 아기에게 두려움, 공포, 위협이 되었다. 아기는 도망갈 수도 없고 싸울 수도 없는 접근과 회피 사이에 고착이 되어 버렸다.

그 순간에 자아가 마비되거나, 해체, 분열, 해리상태를 보였으며 또한 갈등을 해결할 능력이 없었고, 대인관계에서 상호작용관계가 망가졌다. 애착이론가인 Mary Main은 아기들의 애착 형성에 관련시켜서 부모들의 애착 스타일을 대화의 기법을 사용해서 분석해 보았다.

이것을 어른들의 애착 스타일분석 즉 AAI(adult attachment inventory)라고 부른다. AAI에서 애착해체를 보이는 아기들의 엄마들을 분석해본 결과 엄마들은 아기를 자신의 자아 확대로 보고 있었다. 아기를 자신의 소유물로 아기의 욕구가 우선되지 않고 엄마 자신의 욕구대로 아기를 대했다. 부모가 아기를 자신의 욕구 충족의 대리물로 사용하였다. 엄마가 과거의 상처에서 벗어나지 못하고 자신의 문제에 매달려 있었다. 엄마가 우울해서 아기의 욕구를 예민하게 충족시켜주지 못하고 기분 내키는 대로 대했다. 아기에게 해결할 수 없는 딜레마(dilemma)를 제공해주었다. 안전한 기지, 보호막을 제공해주지 못하고 있었다. 엄마가 스트레스에 놀라서 아기를 놀라게 했고, 아기에게 부모가 두려움의 원천이고 두려움의 진원지였으며, 안식처가 놀람과 공포를 제공해주고 있었다. 부모가 과거의 상실, 상처에 집착하여 아기의 애착을 무시하고 처벌했다. 엄마가 과거의 상처에 갇혀 있었다. 애착해체 혹은 애착혼란을 보이는 아기 부모들은 다음과 같은 애착 스타일을 보였다. 부모가 과거에 해결되지 않은 문제, 상처에 빠져있어 자신의 문제에 빠져 아기를 돌볼 여유가 없었으며 자녀를 학대(mistreatment), 박해했다. 부모의 혼란한 마음에 아기가 감정을 조율하고 있었다. 엄마 아빠가 자신들의 부모로부터 받은 배신감에서 빠져나올 수가 없었고 마음이 죽은 상태이다 보니 상처와 상실에 직면하여 부모가 혼란에 빠졌다. 즉 아기의 부모 자신이 애착해체를 보여주고 있었다.

어린 시절에 받은 상처가 어떻게 이후에 자아장애 더 심한 경우에는 상처 후 stress disorder로 극심한 경우에는 해리장애로 연결되는지 상세하게 알아보자. 뉴욕 의과대학 정신과 교수이자 정신분석학자인 Neonard Shengold는 어린 시절에 상처를 받은 사람들이 어른이 되어서 자아의 파괴로 자아장애로 이어지는 것을 한 마디로 요약해서 '영혼의 살인'이라고 불렀다. 마음 밖에 있는 외부의 세계에서 마음에 상처가 부과된 것으로 보았다. 양육의 과정에서 부모에 의해서 상처를 받은 사람들이 이후에 어른이 되어서 사랑할 수 있는 능력이 박탈당하고 삶에서 즐거움을 가질 수 있는 능력(ability)을 박탈당하는 것을 비유적으로 표현해서 영혼의 살인이라고 불렀다. 영혼(spirit)을 살해당한 사람들이 바로 자아장애자들이다. 어린 시절에 어린이에게 너무 많은 자극(stimulus)이 가해져서 너무 많은 짐을 어린이가 지게 되거나, 어린이에게 제공해야할 욕구들을 부모가 무시하거나 박탈해서 어린이가 자극에 너무 적게 노출된 경우를 모두 합쳐서 상처라고 부른다. 너무 많거나 너무 적은 것은 적당한 성숙(mature)을 억제하기 때문이다. 어린이 학대에서 가장 많은 것이 섹스 학대와 섹스자극에 과도하게 노출된 경우라고 전문가들은 입을 모으고 있다. 어른 섹스의 압도적인 영향력이 상대적으로 발달되지 않은 미성숙한 몸과 마음의 기능에 영향을 미쳐서 과도한 자극과 고통을 생산한 것이다.

심리적으로 유혹은 강간(rape)과 똑같은 효과를 생산할 수 있다고 정신분석에서는 보고 있다. 과도한 자극(stimulus)에 놀람은 불가피하게 분노로 이어진다. 공격적 느낌과 섹스 느낌이 혼합되어 압도되어 버린다. 이것이 어른이 되어서 변태 성욕(abnormal sexuality)으로 연결된다. 공격과 섹스 느낌을 구분할 수 없게 된다. 학대받은 어린이의 경험이 얻어맞고 고문을 당한 경험이 많으면 참을 수 없는 혼란 감정으로 가학기피증(sado-masochism)으로 나타난다고 정신분석학자들은 보고하고 있다. 어린 시절에 부모로부터 학대받은 어린이 피해자들은 가해자를 동일시하게 된다. 이유는 자신이 약했기 때문에 당했다고 생각하고 자신이 강해져야 한다고 믿게 된다.

어른이 되어서 자신이 상대보다 약하면 당할 것이라는 집착(attachment) 때문에 상대보다 강자가 되려고 행동한다. 결국 대인관계가 이기느냐 지느냐의 게임(game)이 되어 버린다. 상대와 대면할 때 눈싸움, 기싸움을 하게 된다. 자신이 이겨야 상대로부터 무시당하지 않고 존경(respect)과 인정을 받는다고 잘못 생각하고 있는 것이다. 대인관계는 누가 이기고 지는 게임이 아니다. 이러한 잘못된 대인관계(interpersonal relation)가 결국은 상대와 결별을 예고하고 있는 것임을 본인은 모른다. 대인관계는 마음을 열고 자신의 감정을 열어서 상대와 따뜻하게 공감(sympathy)하고 진심으로 마음을 나누는 관계이지 게임관계가 아니다.

결국 어린 시절 학대의 피해자는 학대의 가해자를 동일시해서 대인관계에서 강자가 되거나 약자가 되는 양쪽을 선택하게 된다. 강자가 되려면 상대의 기를 제압하고 상대를 초반기에 꺾어 놓아야 된다고 믿고 있기 때문에 강자가 되면 약자에게 기고만 장하게 되어 한없이 강하고 착취적인 사람이 되고 약자가 되면 강자에게 한없이 약하게 복종하는 이중적인 모습을 가지게 된다. 강자(strong man)가 되어서 상대를 처벌(punishment)하고 제압하고 상대에게 모욕(insult)과 수치심을 안겨주는 것이 바로 정신분석에서 말하는 sadist가 되는 것이다. 약자(weak person)가 되면 상대의 비위를 맞추고 상대의 눈치를 보며 상대에게 복종(obedience)하는 어린 시절의 피해자의 역할을 반복하고 있는 masochism 태도가 된다. 그래서 정신분석학자(psychoanalyst)들은 어린 시절의 피해자는 어른이 되어서 가해자를 동일시하여 가학피학증(sado-masochism)인 사람이 되어 버린다고 말하고 있는 것이다.

어린 시절에 학대(mistreatment)의 피해자들은 어른이 되어서 자신의 어린 시절에 학대받은 관계를 배우자나 연인들과의 관계에서 재연하고 있음을 본인을 모르고 있다. 어린 시절에 학대받은 어린이들은 가해자인 부모로부터 자신의 사랑을 충족하려고 하고 있고 부모에게 부족한 사랑을 채워 넣으려고 하는 모순을 보인다.

자신을 학대하고 처벌한 사람에게 오히려 사랑을 구걸하고 있는 이유는 어린이가 살아남기 위해서이다. 어린 시절에 부모 사랑을 받지 못하고 자랐기 때문에 어른이 되어서 사랑에 굶주려 있고 사랑에 목말라 있어 이 사랑을 배우자나 연인으로부터 채워 넣으려고 한다. 이 과정에서 학대의 피해자는 자신도 모르게 대상으로부터 사랑을 받고 있는지를 확인하기 위해서 무의식적으로 대상으로부터 처벌을 도발한다. 즉 잘못된 행동을 도발함으로써 스스로 처벌을 받는 masochism이 되어 버린다. 그 이유는 대상으로부터 처벌(punishment)이나 비난(criticism)을 받는 경우에도 자신이 원하는 사랑을 받을 수 있는지를 확실하게 확인하려고 하기 때문이다. 이는 자신의 어린 시절의 고통을 치유하려는 반복적 시도이며 그 결과는 어린 시절에 부모와의 학대관계를 반복하고 있는 것임을 모르고 있다. 부모로부터 이번에는 부모가 사랑을 줄 것이다, 이번에는 틀림없이 자신에게 원하는 사랑을 줄 것이라는 기대 때문에 학대의 피해자인 어린이는 부모의 학대, 처벌을 스스로 받으면서도 부모가 주는 미움의 행동에서 사랑의 흔적을 찾고 있는 것과 같은 맥락임을 모르고 있다. 어린 시절에 학대(mistreatment)받은 어린이는 부모를 신처럼 100% 좋은 부모로 만들어 버린다. 부모가 학대의 가해자라고 생각하면 고통에 견딜 수가 없고 사랑을 받을 것이라는 희망이 사라지기 때문이다. 부모가 나쁜 것이 아니고 어린이 자신이 나쁘기 때문으로 만드는 쪼갬 방어(defense)를 사용한다. 그래야 부모로부터 언젠가는 원하는 사랑을 받을 수 있을 것이라고 믿을 수 있기 때문이다.

정신분석학자인 Sandor Frenczi은 이것을 ego의 수직 쪼갬 방어로 설명한다.

이것을 분열 방어(splitting) 혹은 조각남 혹은 마음속에서 칸막이를 만드는 방어(defense)로 설명하고 있다. 환자가 성폭행(sexual violence)을 당하고 나면 환자는 그 이후에 그 순간의 감정을 따로 떼어서 느끼지 못하게 무감각을 느끼게 된다. 이것을 대규모 감정 고립(massive emotional isolation)이라고 부른다. 이것이 우리가 말하는 기억상실이다. 학대받은 어린이의 파괴적 효과는 어린이의 감정생활을 왜곡시키고 억제해 버린다는 것이다. 영혼(spirit)의 살해자들은 어린이의 즐거움의 능력을 파괴시켜 버린다. 사랑할 수 있는 능력과 돌보아줄 수 있는 능력을 억제시켜 버린다.

이 억제에는 자아 사랑도 포함되나 특별히 사랑할 수 있는 능력에 피해를 준다. 사랑을 할 수 있는 능력이 있어야 narcissism을 초월하고 다른 사람을 돌볼 수 있기 때문이다. 부모나 부모의 대리인에 의해서 섹스 학대를 당한 어린이의 경우에는 항상 사랑이 필요하고 이 사랑이 학대로 간 것이다. 그 결과 모순적으로 사랑이 많은 불안을 생산한다. 어린이는 사랑을 피하려고 하는 현상과 다양한 방법으로 모든 감정에 거리감을 두려고 한다. 학대당하고 자란 남성들에게 마돈나(Madonna)-매춘부(prostitution) complex가 적용된다. 즉 모든 여성은 섹스가 없는 성자이거나 아니면 비천한 매춘부가 되는 둘 중에 하나가 되는 것이다. 학대를 당하고 자란 여성들에게 남성들은 모두가 개가 되는 것이다. 결국에는 약탈(plunder)과 착취(extracting)라는 자신의 본 모습을 대변하는 개(dog)나 늑대(wolf)와 같은 모습으로 나타나게 된다고 믿게 되는 것이다.

⑤ 우울증

우울증은 일명 '마음의 감기'라고 불리며 전체 성인의 10~20%가 경험할 수 있는 흔한 정신질환(mental illness)으로 볼 수 있다. 우리는 종종 우울감 또는 슬픈 감정들은 일상생활에서 흔히 느낄 수 있는데, 이는 주로 일상생활에서의 실망(disappointment), 가까운 친지의 죽음(death), 별거(separation) 등과 같은 상실과 관련되어 있다. 그러나 병적인 우울증은 슬프거나 울적한 느낌이 기분상의 문제를 넘어서 신체와 생각의 여러 부분에까지 영향을 미쳐서 개인이나 사회생활에 영향을 주는 상태를 말한다. 우울증은 자신의 나약함으로 인한 것이 아니기 때문에 자신의 의지만으로 벗어나기는 어렵고, 적절한 상담(counselor)과 치료(treatment)를 통하여 극복할 수 있다.

⑥ 증상과 진단

우울증의 기본증상은 우울한 기분과 흥미 혹은 즐거움의 상실이다. 진단은 정신과 의사의 면담과 신체적 질환검사, 심리검사 등을 통해 이루어진다. 우선 신체적 질병이나 약물(drugs)에 의한 것인지를 구분하여 진단하여야 하고 우울증은 심각한 정도에 따라 경도, 중등도, 중증으로 나뉘며 그 치료법도 다양하다. 그러므로 정확하게 진단을 한 후, 면담을 통한 원인 규명과 치료전략을 수립하는 것이 매우 중요한 것으로 본다.

우울증 환자의 경우 먼저 그들의 건강상태 및 신체질병의 유무를 정확히 감별진단하는 것이 중요하며, 아래의 9가지 증상들 중에서 5가지(혹은 그 이상) 증상이 2주 이상 지속되며 직업적 또는 사회적 기능이 심각하게 지장을 받을 경우에 우울증을 진단할 수 있다.

(a) 거의 매일 지속되는 우울한 기분
(b) 흥미나 즐거움의 저하
(c) 식욕부진이나 체중감소 혹은 식욕증가나 체중증가
(d) 불면이나 수면과다
(e) 정신운동성 초조나 지체
(f) 피로감이나 기력상실
(g) 가치감 상실이나 지나친 죄책감
(h) 사고력 집중력 저하, 우유부단함
(i) 반복되는 죽음에 대한 생각, 자살사고, 자살기도

⑦ 원인

우울증은 여러 가지 요인에 의해 유발될 수 있다. 생물학적 유전적 요인, 심리사회적 요인, 만성 신체질환, 대인관계 생활사건과 환경적 스트레스가 원인이 될 수 있으며, 생물학적 요인으로는 중추신경계에서 세로토닌(serotonin), 또는 노르에피네프린

(ethylnorepinephrine, 일명 노르아드레날린) 등의 생화학(biochemistry) 물질의 감소로 우울증이 생긴다. 신경호르몬(neurohormonal)의 조절이상으로 생길 수도 있고, 수면 리듬(sleep rhythm)의 이상이나 계절의 변화로 우울증이 나타날 수 있다.

우울증 환자를 조사해 보면 발병 전 상당기간 동안 생활사건으로 인한 스트레스가 있다. 특히 11세 이전에 부모를 잃는다든지, 배우자 상실, 죽음, 이별, 실패, 실망, 불화 등의 생활사건으로 인해 우울증이 생기는 경우가 많다.

정신분석적으로 볼 때 우울증은 분노(anger)가 자신에게로 향할 때 나타나는 현상이다. 예를 들면, 가까운 사람과 사별을 하였을 때 우울증 환자들은 보통사람들의 슬픔과 달리 죽은 사람에 대한 죄책감을 갖고 심한 자기 멸시감을 갖는다. 그들은 사랑하는 사람을 잃었을 때 슬픔(sadness)과 함께 분노가 생기며 자신이 잘못했기에 죽었다고 생각하여 그 생각에서 벗어나지 못하는 경우가 많다.

어떤 우울증 환자는 매사를 부정적으로 본다. 이런 시각이 반복되면 자신은 결함이 많고 가치가 없는 사람이라는 생각에 빠지게 된다. 많은 경우 어렸을 때 겪은 부정적인 경험이 남아있어 자신에게 해당하는 모든 일을 부정적으로 해석할 수 있다. 그러다 보면 결국 부정적인 결과가 생기고 더욱 더 자신감이 상실된다.

⑧ 경과 및 예후

(a) 발병연령과 경과

주요 우울증의 평균 발병연령은 20대 중반이지만 어떤 나이에서도 시작될 수 있다. 최근 자료에 의하면 점차 우울증의 발병연령이 낮아지는 추세임을 보여주고 있다.

(b) 우울증의 예후

우울증은 약 2/3에서 앞으로 우울증상이 완전히 없어지지만 약 1/3에서는 부분적으로 없어지거나 계속해서 증상(symptoms)이 남아 있다. 부분적으로 회복된 사람들은 부가적으로 다시 우울증이 생길 수 있고, 분명한 우울증 증상이 있는 기간들 사이에 증상이 회복되지 않고 남아 있을 수 있다.

많은 사람들이 우울증을 경험하기 전에 우울증의 증상보다는 덜 심하지만 만성적인 우울증을 가지고 있다. 이 경우 우울증 발생이 높고 우울증에서의 회복이 적은 것으로 알려져 있다.

⑨ 우울증과 동반되기 쉬운 신체적인 상태 및 후유증

급격한 불안 및 두려움 등 공황장애(panic disorder)의 증상이 동반되거나, 소아의 경우는 분리불안(separation anxiety disorder)이 나타나기도 한다. 또한 강박장애(obsessive-compulsive disorder), 거식증(먹는 것을 거부하거나 두려워하는 병적 증상), 폭식증, 경계성 인격장애(amoral personality) 등 다른 정신장애가 나타나거나 일부 환자들은 친밀한 관계를 잘 맺지 못하고 사회적 상호관계가 만족스럽지 못하며 발기부전(勃起不全. 과로, 성적(性的) 신경 쇠약, 뇌척수 질환, 내분비 이상 등의 원인으로 음경(陰莖)의 발기가 불충분한 병적 상태)이나 불감증(insensibility) 등 성기능 장애를 호소하기도 한다. 이혼(divorce)이나 직업 상실, 무단결석이나 학업 실패 등 학업 문제를 유발할 수도 있고 알코올(alcohol)이나 다른 약물남용(drugabuse)을 하기도 한다.

특히 우울증에서 주의할 것은 자살(suicide) 시도인데 심한 우울증이 있는 사람은 15% 정도가 자살에 의해 사망하며, 55세 이상인 우울증 환자에서는 사망률이 일반인에 비해 4배 이상 높다. 특히 만성적인 신체질환이 있는 경우 자살의 위험은 더 높아진다.

신체적 질환 특히 심장질환(heartdisease), 당뇨병, 고혈압(hypertension), 신장질환, 기타 만성적인 신체질환의 경우에 우울증이 동반되기 쉬우며 이런 경우에 병의 증상이 심해지고 사망률도 높아지며 치료비용도 많아지므로 동반되는 우울증을 조기에 진단하여 초기에 치료하는 것이 중요하다.

⑩ 우울증의 치료

우울증은 치료를 받지 않으면 증상(symptoms)은 몇 달 혹은 몇 년간 지속될 수 있다. 그러나 적절한 치료(treatment)를 받으면 우울증 환자의 70~80%는 호전될 수 있으며, 증상의 지속 기간도 3개월 이내로 짧아진다. 우울증의 발생이 생물학적(신체적), 심리적, 사회환경적 원인들이 복합적으로 작용하여 일어나는 것처럼 치료에 있어서도 생물학적인 원인을 치료하기 위해서는 항우울제(antidepressant)가 필요하며 심리적인 문제를 해결하기 위해서는 다양한 정신치료를 받아야 하고 환경적인 스트레스를 줄이기 위해서는 가족이나 친구, 직장 동료들의 도움이 필요하다. 이 세 가지의 치료적 접근이 잘 이루어져야 치료가 잘 되고 재발이 줄어들며, 특히 약물치료(drug-treatment)를 받을 경우에는 반드시 의사의 처방(prescription)을 받아 복용하여야 한다.

(a) 약물치료

항우울제(antidepressant)는 합성된 신경전달물질(neurotransmitter)을 투여하는 것이 아니라 이미 몸에서 생성된 신경전달물질의 균형(equilibrium)을 맞추어서 뇌 기능의 조화를 찾아주는 것이므로 안전하다. 이들 약물을 복용할 때는 여러 부작용이 있을 수 있으나 의사와의 상담을 통해 적절히 조절하며 효과가 나타날 때까지 약물을 복용하는 것이 중요하다. 이 때 약물의 효과는 2주가 넘어야 나타나며 충분한 효과를 보려면 적어도 3주 이상 약을 사용해야 한다. 또한 우울한 기분이 좋아진 후에도 충분한 치료를 하여야 재발의 위험이 줄어들게 된다.

항우울제(antidepressant)는 습관성이나 중독성이 전혀 없으며 최근 개발된 항우울제는 부작용도 적고 치료효과(curativeeffect)도 좋아 우울증 치료에 아주 효과적이다. 초기 급성기에는 증상과 기능을 정상수준으로 회복시키는 기간으로 6~12주가 걸리며, 다음 지속기(continuous)로서 증상이 재발되는 것을 방지하는 기간으로서 약물의 용량을 변경하지 않는 상태로 4~9개월간 지속된다. 세 번째 기간은 상태에 따라 약물 용량을 조정하여 약 1년간 유지하는 기간이 필요하며 이 기간 동안 병이 재발하지 않으면 약물을 중단할 수도 있다. 그러나 어떤 환자에서는 적은 용량의 항우울제를 장기간 복용할 경우도 있다. 이런 경우도 약에 중독된 것이 아니며 단지 필요할 뿐이며 또한 이런 경우 건강에 더 좋다는 연구결과가 발표되고 있다.

(b) 정신치료

우울증의 치료에는 약물치료(drugtreatment)가 우선이지만, 우울증이 내적 갈등이나 성격에서 비롯된다는 사실을 생각하여 보면 정신치료도 도움이 될 수 있다고 할 수 있다. 자신이 우울증을 앓고 있다는 것을 깨닫게 되고 우울증을 유발한 스트레스 요인을 밝혀내어 그것을 다루게 된다. 정신치료는 정신과 의사와 대화를 통하여 문제를 해결하는데 도움을 준다. 그 외에도 행동치료, 인지치료, 대인관계치료 등 여러 가지 정신치료법이 있다.

⑪ 특정한 대상을 가지고 있지 않은 두려운 감정

자기에게 닥칠 위험이 모습을 드러내지 않고 있지만 미래의 가능성으로서 존재하고 있어 자기 안전이 깨어질 것이라는 두려운 감정을 뜻한다. 불안해지면 심장의 고동이 세고 가슴이 죄는 듯하며, 머리가 무겁고, 식은땀이 난다. 두려움이나 공포감정과 비슷하지만 다음과 같은 점에서 다르다.

ⓐ 두려움에는 두려움을 일으키는 위험물이 목전에 있지만 불안에는 그런 것이 없다. 그러므로 불안은 상상된 위험물에 대한 반응이고 주관적인 것이다. 이런 의미에서 불안의 대상은 무(無)라고 한다.

ⓑ 두려울 때는 위험물에서 도망치려고 하거나, 위험물을 극복하려고 하는 충동을 느끼지만 불안할 때는 무력감밖에 없다.

　ⓐ 현실불안: 정상인이 일상생활에서 겪는 불안(시험 직전의 불안 등)이다.

　ⓑ 신경증적 불안: 신경증 환자가 겪는 불안이다.

　ⓒ 부동(浮動)하는 불안: 특정한 대상이나 상황과 결부되지 않은 불안이다.

　ⓓ 공포증: 특정한 대상이나 상황과 결부된 불안이지만, 실제의 위험물보다 과장되고 비현실적인 불안(광장을 걷기가 두려운 광장공포증, 차 안의 손잡이에 손대기가 두려운 불결공포증 등)이 있다. 불안발작은 불안이 발작적으로 갑자기 일어나는 것으로, 앞에서 말한 신체 증세가 현저하게 나타난다.

보통 갈등이지만 그렇다고 모든 불안이 갈등에서만 일어난다고 할 수는 없다. 갈등에는 접근-접근갈등(바람직하지만 양립할 수 없는 두 목표를 추구할 때, 예를 들면 A회사와 B회사에서 채용통지가 왔을 때), 접근, 회피갈등(목표 접근과 회피를 동시에 바랄 때, 예를 들면 불륜의 사랑, 즉 성적 욕구를 채우고 싶으나 도덕에 어긋난다), 회피갈등(바람직하지 않은 두 목표나 행동을 선택하지 않으면 안 될 때, 예를 들면 전장에서의 병사는 전진하면 탄환에 맞을 것이고 도망치면 군법회의에 회부되어 총살된다)의 세 가지가 있으며 불안을 일으키는 것은 회피(avoidance)를 포함한 갈등뿐이다. 특히 회피갈등을 느낄 때 불안은 더욱 심하다.

프로이드는 불안이 성적(性的)인 원인에서 일어난다고 생각했는데 그것은 성적 욕구가 지속적인 욕구로 간단하게 단념할 수 없는 반면에, 도덕이나 사회의 관습에 저촉되어 갈등의 원인이 되기 쉽기 때문이다. 또한, Kierkegaard는 인간은 무한과 유한, 시간과 영원, 자유와 필연이라는 질적인 모순을 내포하고 있기 때문에 불안하다고 하였다.

불안을 감소시키는 방법으로, 첫째는 불안을 합리적인 두려움으로 바꾸는 일이다. 공포증이 바로 그것이다.

둘째는 어떤 일에 몰두하거나 바쁘게 움직이면서 불안을 잊는 일이고,

셋째는 알코올 등으로 불안을 마비시키는 일이다.

넷째는 억압(repression), 투사(投射, projecting), 퇴행(regression), 전환(신체적 증세로 바꿔 버린다), 반동형성(反動形成, reactionformation) 등의 방위기제(防衛機制) 등에 의존하는 일이다. 신경증적 불안(anxiety)을 제거하기 위해서는 원인이 되는 갈등(conflict)을 제거하지 않으면 안 된다. 이런 경우에는 여러 가지의 심리요법과 항불안제(antianxiety drug)가 사용된다.

⑫ 갈등(conflict)

갈등은 개인의 정서(情緖)나 동기(動機)가 다른 정서나 동기와 모순되어 그 표현이 저지되는 현상을 말하는 심리학 용어로 이는 인간의 정신생활을 혼란하게 하고 내적 조화를 파괴한다. 갈등상태는 두 개 이상의 상반되는 경향이 거의 동시에 존재하여 어떤 행동을 할지 결정을 못하는 것을 말한다.

문명생활은 정서(emotion)의 표현을 제한하고 충동의 만족을 제약(制約)한다. 가령 생활의 원시단계에서는 격분 끝에 또는 두려운 나머지 적을 죽이는 일은 극히 당연하게 여겼다. 그러나 오늘날에는 그렇게 마음대로 행동할 수 없다. 근대생활에서는 여러 가지 목적이나 이상이 서로 모순된다. 삶이란 바로 항쟁 그것이다.

S. Freud는 리비도(libido), 곧 넓은 의미의 성욕(性慾, sexual desire)은 사회의 풍습과 충돌하고 모순되므로 그 만족이 억압되어 무의식의 세계로 밀려나는 일이 많아 여러 가지 방위기제(防衛機制)나 신경쇠약(neurasthenia)이 발생한다고 주장하였다. 그러나 오늘날에는 오히려 K. 레빈의 심리학적 차원에서 고찰하는 것이 보통이다.

레빈에 따르면 갈등(conflict)은 다음의 세 가지 경우에 일어난다.

ⓐ 두 개의 플러스의 유의성(誘意性, significance: 끌어당기는 힘)이 거의 같은 세기로 동시에 반대방향으로 작용하는 경우, 즉 다같이 매력 있는 목표가 있는데 어느 쪽을 택하면 좋을지 결정하지 못하는 경우를 말한다. 도시(圖示)하면 '+←사람→+'이다. 예컨대, 여성이 결혼과 직장 사이에서 진퇴양난이 되어 있는 경우이다.

ⓑ 두 개의 마이너스(minus)의 유의성이 거의 같은 세기로 동시에 작용하는 경우, 즉 '⟶ 사람 ⟵'이다. 앞은 낭떠러지요, 뒤에는 호랑이라는 경우이며, 어느 쪽

으로 나아가도 화를 면할 수는 없다.

ⓒ 플러스의 유의성이 동시에 마이너스의 유의성을 수반하는 경우이며, '± ⟷ 사람'으로 나타낼 수 있다. 가령 시험에는 합격하고 싶은데 공부는 하기 싫다는 등의 경우이다. 이상은 유의성(significance)이 둘인 경우인데 셋일 때도 있다.

⑬ 관음증(觀淫症, inspectionism, voyeurism)

다른 사람의 성교 장면이나 성기를 몰래 반복적으로 보면서 성적인 만족을 느끼는 성도착증을 의미한다. 도시증, 절시증, 암소공포증(scotophobia)이라고도 한다. 이 증세의 환자는 그 대상자와 성관계는 하지 않으면서 다른 사람의 나체나 성교장면을 몰래 보면서 자위행위를 통하여 성욕(sexual desire)을 해소하거나 후에 그 장면을 회상하면서 자위행위(masturbation)를 한다. 이 증세가 6개월 이상 지속되었을 때 관음증 환자로 진단한다. 이러한 공상, 성적 충동으로 인하여 임상적으로 심각한 고통을 받거나 사회, 직업적 또는 기타 중요한 기능 영역에서 장애를 초래한다. 또 강간이나 가학피학증(sado-masochism)으로 발전할 수 있다. 일반적으로 남자에게 많이 나타나고, 15세 이전에 발병하며 만성화하는 경향이 있다.

원인은 어린 시절에 우연히 성적인 흥분(excitement)을 불러일으켰던 장면을 반복적으로 보려는 충동에 의한 것이다. 성인이 되었을 때 수동적으로 경험하였던 것을 능동적으로 극복하려는 시도이다. 또 다른 원인은 스릴(thrill)과 흥분이 있는 불안한 상황에서만 성적인 쾌감을 느낀다는 것이다. 정신분석학적으로 그 원인을 살펴보면 아동들은 성장과정에서 이성의 부모에게 사랑을 받고자 하는 욕구를 느끼게 되는데, 남자아이는 이러한 욕구에 대한 처벌(punishment)로 자신의 성기가 거세되지 않을까 하는 거세불안을 느끼게 된다. 거세불안을 느끼게 되면 정상적으로 성기 접촉을 통한 성행위와 성적인 절정이 억제된다. 기질적인 원인은 성호르몬 장애나 대뇌(cerebrum)의 장애에 있다.

치료방법은 다음과 같다.

ⓐ 통찰정신치료: 과거의 경험을 교정해 나가도록 통찰적 접근을 하는 치료방법이다.

ⓑ 행동치료: 이 증세가 과거의 잘못된 학습의 결과라는 인식을 하고 그 행동에 대한 처벌, 강화의 제거, 대안적 행동을 제시함으로써 새로운 행동이 습관(habit)되도록 하는 방법이다.

ⓒ 약물치료: 성욕 감퇴제, 세로토닌(serotonin, 포유동물의 혈청, 혈소판, 뇌 따위에 있는 혈관 수축 물질) 재흡수 억제제 등을 투여한다.

⑭ 성적 도착증(sexual perversion)

성적(性的) 행동에 있어서의 변태적인 이상습성을 의미한다. 성적 도착(性的倒錯, 이상 성욕증, 성행위 및 그 대상이 정상이 아닌 것. 동성애, 사디즘, 마조히즘 따위), 이상성욕, 변태성욕(정상이 아닌 성행위. 넓은 의미로는 성욕 본능의 이상(異常), 좁은 의미로는 성행위의 이상을 말함. 이상성욕), 성적이상, 색정도착증30)이라고도 한다. 성애(性愛)의 대상에 관한 도착과, 사정(射精) 또는 유사한 생리적 현상을 동반하는 성적쾌감(오르가즘)을 얻기 위한 성행위에 관한 이상이 있다. 성애의 대상에 관한 도착에는 성애의 대상으로 성적으로 성숙한 이성을 고르지 못하고 동성자를 성애의 대상으로 구하는 동성애, 어린이를 대상으로 하는 소아애(페도필리아), 늙은 여자를 대상으로 하는 노인애, 동물을 대상으로 하는 동물애, 시체를 대상으로 하는 사체애(死體愛: necrophilia) 등이 있다.

성행위(intercourse)에 관한 이상으로는 Sadism, Masochism을 비롯하여 노출증, 절시증(竊視症: 몰래 들여다보는 이상성격), 트랜스베스티즘(이성의 의상을 걸쳐 입고 성적 만족을 얻는 것) 등 여러 가지이다. 이성이 몸에 걸치거나 입었던 것을 애무하며 만족하는 것은 페티시즘(fetishism)이라고 하고, 남성 또는 여성 중 성적 욕구가 이상항진되어 있는 것(음란증, fetishism)은 각각 사티리어시스 및 님포마니아라고도 한다. 성적 도착31)은 정상적인 성의 대상을 얻지 못하는 경우에 볼 수 있는 것과 같이 일시적, 환경적인 것이 있는가 하면, 항구적인 것도 있다. 정신병자, 신경증자에서 볼 수 있으나 이것은 성적 도착, 즉 정신장애가 아니다. 정신분석학에서는 성애의 발달과정에 있어서의 정체 또는 고착(fixed)으로서 성적 도착으로 설명하고 있다.

⑮ 노출증(exhibitionism)

이상성욕(異常性欲)인 성적 도착증(性的倒錯症)을 말한다. 음부(genital organs)를 노출하여 타인에게 보임으로써 성적 쾌감을 느끼거나 그 후에 자위행위(masturbation)

---

30) 色情倒錯症: 비정상적 자극으로만 색정이 동하는 일(학대음란증, 동성애증 따위).
31) 性的倒錯: 이상 성욕증, 성행위 및 그 대상이 정상이 아닌 것(동성애, 사디즘, 마조히즘 따위).

를 함으로써 만족을 얻는 증세를 말한다. 남성에게 많은데 정신질환자나 정신지체자, 긴장병(緊張病),[32] 전간성 몽롱상태(癲癎性朦朧狀態)에서 흔히 볼 수 있다. 여성의 경우에는 성기(性器)보다 전신을 노출시키는 증세가 많다. 옛날의 사회풍속에서 볼 수 있는 남근숭배(男根崇拜)[33]도 노출증적인 충동(instigation)의 일환이라고 보는 견해도 있다. 어린이에게도 음부노출을 좋아하는 시기가 있는데, 정신분석학에서는 그러한 현상을 성욕의 자기애적(自己愛的) 단계에 있어서의 고정(固定, fixation), 즉 성욕이 아직 성숙하지 못한 고정상태라고 설명한다.

⑯ 동성애(homosexuality)

성애(性愛, sexual love)의 대상으로 동성(同性)을 택하는 연애를 말한다.

동성연애 또는 성 대상 이상(性對象異常)이라고도 한다. 이성에 대한 성적 관심은 거의 없거나 매우 희박하며 때로는 혐오감을 갖는 사람도 있다. 남성의 3~16%, 여성의 1~3%가 해당된다고 한다.

원인은 유전(heredity) 또는 호르몬(hormone)의 부조화 등 생물학적 요인에 기인한다는 이론이 있으나 프로이드는 성 심리의 발달과정에서 일어난 갈등의 결과로 보기도 하였다. 이밖에 학습이론(learning theory), 즉 동성과의 만족스러웠던 경험 또는 이성과의 불만족스러웠던 경험이 동성애를 강화한다는 이론도 있지만 정설은 없다.

현상(現象)으로서 동성애 자체는 여러 근본형태가 있을 수 있다. 남성의 동성애는 우라니즘(uranism) 또는 게이, 여성의 경우는 동성애에 빠졌던 그리스의 여성시인 사포의 이름을 따서 사피즘(sapphism), 또는 사포가 태어난 레스보스섬의 이름을 딴 레즈비언(lesbian, 여성간의 동성애)이라고도 한다.

동성애가 널리 일반인들에게 알려지게 된 계기는 후천성면역결핍증(AIDS)이 주로 동성애자들 사이에서 전염되는 것으로 사회적 지탄을 받게 되면서부터이다.

한국에서는 동성애자가 일반적이지 않다는 뜻에서 이반(二般 또는 異般)이라고도 부른다. 스스로 동성애자임을 밝히는 것을 커밍아웃이라고 한다. 흔히 트랜스젠더와

---

32) 緊張病: 정신 분열의 하나. 혼미기(昏迷期)에는 거절 증상, 의사 발동의 감소, 무표정, 근(筋)긴장, 흥분기에는 다변(多辯), 무목적 행동의 되풀이, 활발한 환각 등의 이상 증상이 있음.
33) 男根崇拜: 자연히 또는 인공으로 남근같이 만들어진 것을 생산의 신이나 개운(開運)의 신으로 숭배하는 원시 신앙의 하나.

혼동되기도 하는데 트랜스젠더는 자신의 육체적 성이 정신적 성과 반대라고 생각하는 성전환증(transsexualism)에 가까운 경우로써 동성애와 구별된다. 성행위의 양태로 볼 때 비역, 계간(鷄姦), 남색(男色)을 뜻하는 소도미(sodomy)나 페더래스티(pederasty)가 있고, 서로 외성기(外性器)를 마찰하여 성감을 만족시키는 트리바디즘(tribadism) 등이 있다.

19세기 말부터 시작된 동성애자(homosexual)의 권리운동이 정치적 쟁점으로까지 떠오른 것은 20세기 후반부터이다. 미국 정신의학협회는 동성애를 정신질환의 일종으로 간주하다가 1973년 정신질환(mental illness)의 목록에서 삭제하였다. 또 1993년 미국 국립암연구소는 X염색체에서 개인의 성적 취향을 결정짓는 데 영향을 주는 유전자를 찾아냈다. 이와 같은 일련의 일들로 인하여 동성애는 생물학적 다양성의 하나로 용인받게 되어 네덜란드(Holland), 벨기에(Belgium) 등 몇몇 국가에서는 동성 간의 결혼이 합법화되었다. 미국의 경우, Massachusetts 주에서 동성결혼을 합법화하고 10여 개의 주에서 동성애자 차별금지법이 제정되는 등 세계적으로 동성애에 관한 사회적 인식이 변화하고 있다.

⑰ Masochism

이성으로부터 육체적 또는 정신적으로 학대를 받고 고통을 받음으로써 성적 만족을 느끼는 병적인 심리상태를 의미한다. Sadism에 대응하는 뜻을 지녔다.

오스트리아(Austria)의 작가 L. R. Von 자허마조흐가 이와 같은 변태적 성격의 소유자로서 이런 경향의 테마(thema)로 작품을 쓴 데서 유래한다.

흔히 남녀간의 성적 행위에서 서로가 가벼운 고통을 주고받거나 함으로써, 성적 흥분을 높이는 일이 적지 않으나 masochism, sadism의 경우는 정도가 심한 상태를 말한다.

따라서 변태성욕(變態性慾, 정상이 아닌 성행위. 넓은 의미로는 성욕 본능의 이상(異常), 좁은 의미로는 성행위의 이상을 말함. 이상성욕)을 가리키는 말이다. 대체로 성행위에서 남성이 사디즘의 경향을 나타내고, 여성이 masochism의 경향을 보이는 경우가 많으며 심한 경우는 매질 또는 흉기나 부젓가락에 의한 폭행(violence), 상해(injury)를 주고받거나, 그 밖에도 상대방에게 노예적으로 굴종(屈從, submission)함으로써 성적 쾌감을 느끼게 된다.

⑱ 비역(sodomy)

비역은 남녀 사이에 육체적 교섭을 하듯이 남성 간에 그와 같은 행위를 하는 일을 말한다. 계간(鷄姦), 남색(男色)이라고도 하며, 변태성욕의 한 가지이다.

남성에게만 흥미를 가진 남성의 순수한 남색뿐만 아니라, 자기 가까이에 여성이 없기 때문에 있을 수 있는 남성끼리의 성관계, 청소년에 많은 과도기적인 양성경향(兩性傾向) 중 동성(homosexuality)끼리의 관계도 넓은 의미로 보아 남색(pederasty)이라 할 수 있다.

또한 남성이 남성 그대로의 자태로 남성을 즐기는 남색과 남성의 한쪽이 여장을 하여 서로 즐기는 남색(sodomy)의 두 경향을 들 수가 있다. 유럽의 남색 동호가들은 전자의 경우 자신들이 이상성욕자라고 불리는 것은 달가워하면서 후자를 변태(남성이 여성으로 변태한다는 뜻)라 부르고 멸시하며 자신들과 구별하고 있다.

역사적으로 가장 먼저 알려진 남색은 고대 이집트(Egypt)의 군대 내에서 상호단결과 질서를 문란하게 하는 여성을 배제한다는 사상에서 비롯되었다고 하며 그후 유럽의 노르만인(人) 등 전투적 부족에 이와 같은 남색 경향을 볼 수 있었다.

한국을 비롯하여 영국, 미국 등 많은 나라에서 동성애 중 남색을 법률로 금하고 있었으나 최근에는 이에 대한 평가가 많이 달라지고 있는 것이 세계적인 추세이다.

⑲ Sadism

성적 대상에게 고통을 줌으로써 성적인 쾌감을 얻는 이상 성행위를 말한다. 가학증 또는 학대음란증이라고 한다. 프랑스의 문학가 M. de 사드[34]에서 유래된 명칭이

---

34) 사드(Marquis de Sade, 1740. 6. 2~1814. 12. 2): 프랑스의 소설가. 원어명 Donatien Alphonse Franois de Sade. 별칭 마르키 드 사드(프랑스, 문학), 주요저서는 쥐스틴, 또는 미덕의 불행(1791), 알린과 발쿠르(1795) 등이 있다. 통칭 마르키 드 사드(Marquis de Sade)라 불린 이색적인 작가로, 아버지는 백작이며 외교관이었다. 페트라르카의 애인이었던 라우라의 가계(家系)를 가진 사드가는 프로방스 지방의 명가로서 순수한 귀족이었다. 사드는 처음에 군인이 되어 7년전쟁에 참전하였으며, 후에 사법관의 딸과 결혼을 하였으나, 아르퀴에유의 거지여자 구타사건(1768)과 마르세유의 봉봉사건(1772) 등의 스캔들(scandal)을 일으켜 투옥된 것을 시작으로 생애의 1/3 이상을 옥중에서 보냈다. 그러나 옥중에서도 정력적으로 집필 활동을 하였으며, 프랑스혁명으로 석방된 후로는 자작 연극을 상연하기도 하고, 정치운동에 열중하기도 하였으나, 공포정치 시대에 반혁명(counterrevolution)의 혐의(suspicion)를 받고 재차 투옥되었다. 그리고 나폴레옹 체제하에서는 필화(筆禍)로 인하여 죽을 때까지 샤랑통 정신병원에 감금되었다. 작품에는 두 자매의 운명을 대조적으로 묘사한 일종의 교양소설이라고 할 수 있는 쥐스틴, 또는

며 '양성의 algolagnia(동통음란, algolagnia)'라고 부를 때도 있다. 고통을 받음으로써 성적 쾌감을 얻게 되는 masochism과 대응된다. 심층심리학의 시조인 S. 프로이드는 모든 생리적 기능에는 새디즘이 숨어 있으며 masochism은 자기 자신에게 향하는 sadism(가학성(加虐性), 변태성욕; 일반적 병적인 잔혹성)이라고 말했다. 때로는 성목표에만 한정시키지 않고 공격적(aggressive)이며 고통을 주는 것에 쾌감을 느끼는 경향을 가리킬 때도 있다.

Sadism이라고 최초로 명명한 사람은 R. Von 크라프트에빙인데, 새드 이전에도 문학이나 미술 속에서 sadism의 표현을 볼 수 있다.

플라톤(Plato, 427~347 B.C.)의 공화국에 사형당한 사람의 시체를 보고 싶은 욕망에 사로잡혀 참을 수 없었던 사나이의 에피소드(episode, 일화)가 있고, 루크레티우스가 저술한 만상론(萬象論)에는 '죽음과 싸우고 있는 불행한 뱃사람의 조난을 언덕 위에서 구경하는 것은 유쾌한 일이다'라는 글이 있다. 그리스도의 수난이라든지 성자의 순교나 지옥의 형벌을 그림으로 나타낸 중세의 회화에도 화가의 무의식적인 sadism이 역력히 나타나 있다.

한편 사드를 낭만주의[35)의 원류라고 간주했던 문학사가(文學史家) M. 브라츠는 M. G. 루이스의 몽크, C. R. 매튜린의 방랑자 멜모스, C. P. 보들레르, G. 플로베르, H. 스윈번, O. 미르보의 처형의 뜰 등으로 이어지는 sadism 문학의 계보를 만들었다. 보들레르는 '잔학성과 향락은 동일한 감각이다'라고 말하였고, 단눈치오는 '양성간의 극

미덕의 불행(1791), 쥘리에트 이야기 또는 악덕의 번영(1797), 철학소설의 일종인 서간체 작품 알린과 발쿠르(1795), 신랄한 대화체의 작품 규방철학(閨房哲學, 1795) 등이 있고, 20세기에 들어와 처음으로 발견된 성도착(性倒錯)의 총목록이라고도 할 수 있는 소돔 120일(1904) 등이 있다. 그의 작품은 도착성욕(contra sexuality)을 묘사한 것이라고 하여, 외설과 부도덕의 이유로 모든 검열을 받아야 했던 관계로 오랫동안 묵살되어 왔다. 따라서 그의 문학적 가치가 드러난 것은 19세기 말엽부터이며, 독일의 의학자와 20세기의 초현실주의 문학자와 실존주의자의 노력에 의하여 복권, 사회와 창조자에 대한 대담한 반항자로서 높이 평가받게 되었다. 그는 성본능에 대한 날카로운 관찰(observation)을 시도하여 인간의 자유와 악(惡)의 문제를 철저하게 추구하였다. 그러므로 사드의 문학(literature)은 현재와 같은 소외(疎外, estrangement)의 시대에 다시 돌아보게 되는 필연성을 지닌 것이라 할 수 있다. 특히 아폴리네르가 '이전에 존재하였던 가장 자유로운 정신'이라고 극찬하면서부터, 더욱 그 사상적, 문학적 가치가 재인식되었다. Sadism(가학성, 加虐性)이란 말은 그의 이름에서 유래된 것이다.

35) 浪漫主義: 19세기 초에 유럽을 휩쓴 예술상의 사조 및 그 운동(고전주의와 합리주의에 반대하고 개성과 감정을 중시함). 로맨티시즘(romanticism).

단적인 증오야말로 사랑의 기반이다'라고 말하였다. 사르트르의 실존적인 이론의 바탕에도, 초현실주의의(surrealism) '블랙유머'의 기반에도 sadism과 masochism이 중요한 구실을 하고 있다.

⑳ 수간(獸姦, sodomy)

인간과 동물 사이에서 행하여지는 성교를 의미한다.

일군(群)의 이상성욕을 말하는 성욕도착(性欲倒錯, parasexuality)은 오스트리아의 정신의학자 R. 크라프트에빙(1840~1902)에 의하여 상세히 연구되었는데 수간은 그 성적 대상의 이상유형(異常類型) 중 하나이다. 청춘기에 더러 행하여진다고 하며 성인의 상습자 중에는 성격 이상자가 많다. 남성은 주로 양, 돼지, 개, 송아지 등의 암컷을 대상으로 하고 여성은 개의 수컷을 대상으로 하는 경우가 많다. 일부에서는 성병(venereal disease)을 고치는 데 효험이 있다고 하는 미신(superstition)에 빠져 행하여지는 일이 있다. 나라에 따라서는 수간(sodomy, bestiality)을 규제하는 형법이 있어 때로는 수간자나 상대한 짐승이 법의학(medical jurisprudence)적 검사의 대상이 되는 수도 있다.

💬 포르노그래피(pornography)

인간의 성적 행위의 사실적 묘사를 주로 한 문학, 영화, 사진, 회화 등을 포르노라고 약칭하기도 한다. 전통적인 호색문학(好色文學)에 대하여 근현대적, 서양적인 것을 말할 때가 많다. 어원은 그리스어의 pornographos로 '창녀(pornē, prostitute)에 관하여 쓰여진 것(graphos)'을 뜻하는데, 영어에서 말하는 'obscence', 즉 외설적인 문학(literature)을 지칭하게 되었다.

Obscence의 원의(原義)는 'scene(무대) 밖의 것', 곧 무대에서는 보일 수 없는 것을 뜻한다. 표출시킬 수 있는 것에 대하여 표출시킬 수 없는 이면의 것을 포르노그래피라고 하는데, 전자와 후자를 구분할 수 있는 절대적 규준은 없고 다만 당국의 검열에 의하여 구분되지만 이 검열의 규준 또한 시대와 사회에 따라 변동되기 마련이다.

그러므로 포르노그래피(pornography)의 여부는 시대가 정하는 검열의 경계와 독자층과의 관계에서 결정될 수밖에 없다. 포르노그래피(pornography, 성적 행위를 대상으로 한 문학, 회화, 사진, 영화 따위의 총칭. 외설. 외설물. 도색물(桃色物). [준말]포르노)를 검열과 독자층이라는 면에서 볼 때, 그 역사는 19세기 이전과 이후로 크게 나눌 수 있다.

18세기는 과도기로서 '포르노그래피의 황금시대'라고 일컬어질 정도로 쾌락주의가 유행하였으며 사드(Marquis de Sade:1740~1814), 카사노바(Giacomo Casanova de Seingalt:1725~98) 등의 문인들은 성의 유토피아(Utopia)를 추구하였다. J. 클레란드의 퍼니힐(1749), 사드의 쥐스틴, 또는 미덕(morals)의 불행(unhappiness)에 대항하여 쓴 레티프 드 라 브르통(1734~1806)의 앙티 쥐스틴 등의 포르노그래피의 걸작은 이 시대의 것이다. 그러나 이와 같은 포르노그래피(pornography)는 19세기에 이르면서 사회문제(social problem)로 대두하기 시작하였다. 그 이유는 18세기까지 일부 귀족과 대(大)부르주아의 전유물이던 포르노그래피가 19세기에 접어들면서 중산계급의 상층부에서 책을 읽을 능력과 경제력을 가지게 되자 그 검열에 문제가 생겼기 때문이다. 예컨대 퍼니힐은 출판 당시에는 규제받지 않았으나 1820년 미국에서는 이 책을 팔던 서점이 처벌받았다.

뉴욕주에서 이 책의 판금이 풀린 것은 1963년의 일인데 아이러니컬하게도 영국에서는 1964년 이 책에 대하여 몰수폐기의 판결이 내려졌다. 여기에서 알 수 있듯이 검열에 관하여는 19~20세기의 1960년대까지 연속해서 이와 같은 견해가 계속되었다.

19세기에는 복제기술의 발달과 시장의 확대로 대량의 포르노그래피가 쏟아져 나왔으며 사진의 발명도 급속도로 이용되어 19세기 중엽에는 포르노사진이 나돌기 시작하였다. 빅토리아왕조의 영국 중산계급 사이에서 특히 포르노그래피가 번창한 것은, 이 시대가 '표리(表裏)'를 엄하게 구분하였기 때문이다.

빅토리아왕조의 사람들은 표출될 수 있는 성적인 것은 결코 존재하지 않는 것처럼 행동하였다. 특히 여자와 아이들은 성적인 것에 접촉되지 않도록 규제되어 있었다. 일반 여성은 성적인 일에 무지했으며 또한 사람들은 여성이 성적인 면에서 아이들처럼 순진하기를 바랐다. 가정에서는 성적인 말의 사용을 금하여 '다리(leg)'라는 말조차도 무례하다고 하였다. '표리'를 구분하는 지표의 하나로서 음모(陰毛, pubes)가 있었다.

빅토리아왕조의 예술전에 출품된 수많은 누드(nude)에는 매우 에로틱(erotic)한 작품도 있었으나 음모(pubes)를 묘사하지 않음으로써 포르노그래피와 구별하였다. 현대에 있어서도 음모가 보이느냐 또는 그렇지 않느냐가 외설(obscenity)의 규준이 되고 있는 것은 아직도 빅토리아왕조 이래의 성적 도덕(morals)의 배경에 묻혀 있음을 시사해준다. 있는 것을 없는 것처럼 하여 표면으로부터 숨어든 빅토리아왕조의 위선적 도덕은 모든 것을 이면에 억지로 수용했기 때문에 이면의 세계가 거대하게 팽창해버렸다. 겉으로 성실한 빅토리아왕조의 신사는 이면에서 창녀(street-girl)와 포르노그래피(pornography)를 즐겼다.

I. 블로호의 영국의 성생활(1912)에 의하면 포르노그래피는 특히 1820~1840년, 1860~1880년에 많이 출판되었으며 그 수요가 대단하여 파리, 브뤼셀 등지에서 대량 인쇄, 수입되었다. 단행본으로는 벼룩의 자전(自傳, 1887), 인도의 비너스(1889), 잡지로는 파르(1879~1882), 부도어(1883) 등이 유명하며, 빅토리아왕조의 시대상을 잘 나타낸 자전적 포르노그래피의 대표적인 것에는 내 비밀의 생애(1885년경, 익명)와 F. 해리스의 나의 생애와 연인들(1925~1929) 등이 있다.

1928년 D. H. 로렌스의 채털리 부인의 사랑이 이탈리아에서는 출판되었으나 영국에서는 국내 판매를 금지했듯이 20세기에 와서도 빅토리아왕조적인 검열은 부분적으로는 여전히 남아 있었다.

포르노산업은 20세기에 들어와 점차 확대일로에 있으며, 현대에서의 하나의 특징은 그것이 '표리'의 경계를 의식적으로 이용하여 포르노그래픽한 상상력을 자극, 소비하도록 하는 점이다.

W. 앨런은 외설성이 미학적 개념인 데 대하여 포르노그래피는 도덕적 개념이라고 하였다. 이처럼 포르노그래피는 위선과 고상한 체하는 감정의 내면을 폭로한 것에 불과하다. 미국의 P. C. 크롬하우젠 부부는 포르노그래피의 현대적 의미와 관련하여 유혹, 파과(破瓜), 근친상간, 성행동을 방임, 장려하는 부모, 독성행위(瀆聖行爲), 음란한 말, 정력절륜형(精力絶倫型) 남자, 색정광형(色精狂型) 여자, 채찍질 등 12개 항목의 특징을 들고 있다.

포르노그래피[36)]는 부도덕한 영향을 끼칠 수 있는 강렬한 에로틱(erotic) 장면의 연속으로 구성되어 있기 때문에 에로틱한 기분을 흐트러뜨리는 부분은 없다. 하드코어(hardcore)[37)] 포르노그래피는 성교를 노골적으로 묘사하며 소프트코어 포르노그래피

---

36) Pornography: 성적 행위를 대상으로 한 문학, 회화, 사진, 영화 따위의 총칭. 외설. 외설물. 도색물(桃色物). (준말)포르노.

37) hardcore: ① 기간(基幹)의, 핵심적인. ② 고집 센. ③ (포르노 영화 등에서) 성묘사가 노골적인. ④ 치료 불능의.

는 성교장면을 위장하고, 프렌지(frenzy) 포르노그래피는 이상성애(異常性愛)를 다루는 것으로 분류된다.

포르노그래피의 목적은 인간생활의 기본적 현실을 묘사하기보다는 독자를 성적으로 흥분시키기 위하여 에로틱한 심상(心像)을 야기함으로써 심리적 최음제(催淫劑, aphrodisiac)의 역할을 하려는 데 있다. 1960년대에는 포르노그래피를 단속하기 위해서는 그것이 반사회적 행동을 유발하므로 유해하다는 것을 증명하여야 한다는 여론이 비등하였다. 그리하여 미국에서는 19명의 권위자, 20명의 스태프로 '외설과 포르노그래피에 관한 위원회'를 조직, 1968년부터 2년간 실증적 연구를 하였다. 위원회는 보고서에서 '성에 대한 흥미는 극히 당연한 것으로 건강에도 이롭다. 그리고 포르노그래피 문제의 대부분은 사람들이 성에 대하여 보다 솔직하고 대범한 태도를 취하지 않은 데 그 원인이 있다'고 기술하고, 성인에 대한 포르노그래피의 판매, 진열, 배포의 금지(prohibition)에 관한 법률을 모두 폐기할 것을 건의하였다.

덴마크(Denmark), 스웨덴(Sweden), 이스라엘(Israel), 영국(England) 등에서는 연구결과 미국과 같은 결론을 얻고 이미 1960~1970년대에 포르노그래피의 규제를 풀었다. 최근 포르노그래피(pornography)의 심리적 영향을 과학적으로 조사한 바에 의하면 포르노그래피를 보는 사람 모두가 흥분하는 것은 아니며, 연구자에 따라 수치는 다르지만, 남자의 23~77%, 여자의 8~66%만이 성적 흥분을 나타냈다.

그리고 그 자극도 단시간밖에는 지속되지 않으며 그 반응 또한 억제할 수 있다. 성영화의 성적 자극효과는 48시간 이내에 급속히 약해지며 성생활에 영향을 주지 않는다. 포르노그래피를 매일 보여주면, 흥미는 점차 떨어져 1주일 후에는 '싫증'이 나고 3주일 후에는 '이제 더 이상 보고 싶지 않다'라는 포화현상을 나타낸다. 러닝, 할례(割禮), 포르노그래피(성교)의 각 화면을 보여주고 혐오감을 갖는지의 반응을 조사한 결과 쾌적한 기분을 느끼게 한 것도 성교장면이 가장 많았고 불쾌감을 느끼게 한 것은 성교장면이 가장 적었다.

Denmark에서는 포르노그래피가 널리 퍼지면서 성범죄(sex(ual) offense, crime)가 줄어들기 시작하여 해금 후에는 3분의 1로 줄었다.

미국의 성범죄자는 10대 때 포르노그래피에 접할 기회가 없었던 사람이 많다고 한다. 강간하는 사람은 대개 성을 금기시하는 가정에서 자랐으며, 그 중 18%는 에로틱(erotic)한 물건을 소지하여 부모의 꾸지람을 들은 경험이 있는 사람들이었다고 한다.

성적 기록(표현)을 포르노그래피라고 생각하는 경향은 성행동에 대하여 죄악감을 갖는 사람일수록 강하며 구미(歐美)의 포르노그래피에는 성교장면을 악마가 엿보는 모습을 그려 죄악감을 나타내는 경우가 많다.

💬 성교(性交, coitus)

남성과 여성과의 생리적, 육체적 관계를 의미한다.

인류에서는 애정의 최상의 표현, 성욕의 충족이라는 것이 상당히 큰 의의를 가지고 있으나 본래 성교의 궁극적 의의는 생식(reproduction)에 있는 것이다. 이 점에서는 교미, 접합 등과 다를 것이 없다. 즉, 정자(sperm)와 난자(ovum)의 결합을 꾀하기 위해 음경(phallus)을 질(vagina)에 삽입하고, 양자의 마찰에 의해 육체적, 정신적으로 성감을 북돋워 반사적으로 사정하는 일이 필요하다. 이 성행위(intercourse)를 완전히 다하기 위해서는 남성측에서는 성욕(sexual desire), 발기(erection), 삽입(interposition), 사정(ejaculation), 오르가즘 등의 모든 조건이 구비되어야 한다. 이것이 구비되지 못할 때에는 성적 불능증이라고 한다.

이와 같이 남성에게는 많은 조건이 필요하나 여성에게는 반드시 모든 조건이 구비되지 않더라도 성교에 응할 수가 있다. 따라서 남성과 여성은 성적 흥분이 일치되기 어려우므로 전희(前戱, foreplay)가 필요하게 된다. 또 성교시의 성적 흥분의 추이곡선에도 차이가 있으므로 때로는 후무(後撫)의 필요도 있다. 즉 남성의 성감은 급격하게 높아졌다가 사정을 절정으로 급격하게 쇠퇴하나 여성의 경우는 남성에 비해 훨씬 완만한 속도로 성감(sexual feeling)이 높아지고 사라질 때도 역시 서서히 여운을 남기듯이 가라앉기 때문에 전희와 후무에 의해 성감이 일치되게, 또한 충족할 수 있게 협력하는 것이 좋다.

그러나 전희, 후무의 방법에 있어서는 성감대(性感帶)의 애무(caress)나 그 자리의 분위기(무드라는 표현을 쓴다)를 엮어내는 등 구체적인 수단이나 요령을 필요로 하는 단계에 이르면 아무래도 개인차가 있으므로 경험의 반복에 의해 섬세한 기교를 체득하는 일이 바람직하다. 다시 말해서 결혼이라는 남녀의 결합이 가져다 준 애정의 표현 중 최상의 것임을 알고 그와 같은 부부일치성을 위해 부부가 함께 체득할 수 있도록 적극성을 가져야 한다.

성교는 생식행위의 성격을 가지는 한편, 인류에 있어서는 성교가 남녀의 인간관계에 커다란 영향(influence)을 미친다는 것을 무시할 수 없으므로 이른바 '성교육'의 중요한 포인트의 하나가 된다.

즉, 성교는 수태조절(여러 가지 방법을 써서 피임을 꾀하는 일), 전희(foreplay), 후무 등을 포함한 성행위의 지식만으로는 완전히 이해했다고는 볼 수 없다. 아기를 갖고 싶다거나 갖고 싶지 않다는 것만으로써 성교를 생각하거나, 성감의 극치인 오르가즘을 추구하고 기대하는 것만으로써 성교를 반복한다는 것은 성교를 이해하는 데 있어서는 충분하다고 할 수 없다. 성교는 생리적, 육체적인 면뿐만 아니라 그 이상으로 심리적 변화를 가져다준다. 따라서 불안정한 심리상태에 놓이는 일이 있더라도 자연적, 본능적 이치 가운데 가장 우선되는 섭리의 하나인 성교(sexual intercourse)는 어느 한쪽의 일방적, 지배적 행위로 끝나는 일이 아니므로 남녀(부부)의 심신일체가 여기에서 비롯되어야 할 것이다. 그리고 성교를 통해 감염되는 이른바 성병(venereal disease)도 잊어서는 안 된다. 이것은 개인적, 가족적, 사회적으로 중대한 문제이다.

💬 카사노바(Casanova, Giovanni Giacomo, 1725. 4. 2~1798. 6. 4)

에스파냐계의 이탈리아 문학가로서 모험가 또는 엽색가로 알려져 있다. 별칭은 생갈트의 기사이고, 활동분야는 문학, 모험이다. 그리고 출생지는 이탈리아 베네치아이며 주요저서는 회상록(Histoire de ma vie, 1826~1838)이 있다.

'생갈트의 기사(Chevalier de Seingalt)'라는 이름은 그가 자칭한 것이다. 처음에는 성직자, 군인, 바이올리니스트 등으로 입신하려 하였으나, 추문(醜聞, scandal)으로 투옥되었다. 1756년 탈옥한 이후부터 생애의 3분의 2를 여행으로 유럽 전토를 편력하였다. 재치와 폭넓은 교양을 구사하여 외교관, 재무관, 스파이(spy) 등 여러 직업을 갖기도 하고 감옥에 투옥당하는 등 그의 삶은 변화무쌍하였다. 그동안 여러 계층의 사람들(君侯, 귀족, 문학가, 과학자, 예술가, 희극배우, 귀부인, 천민, 사기꾼, 방탕아)과 두루 사귀었고 계몽주의 사상에도 접하며 파란만장한 생애를 보냈다.

그는 보헤미아(Bohemia) 둑스의 성에서 발트슈타인 백작의 사서(司書)로 쓸쓸히 죽었으나 그의 저술가로서의 명성은 이 성에서 지루한 나날을 달래기 위해 쓴 회상록(Histoire de ma vie, 12권, 1826~1838) 때문이다.

이것은 18세기 유럽의 사회와 풍속을 아는 데 귀중한 기록이 되었다. 또한 5부로 된 공상소설 20일 이야기(Icosameron, 1888)는 쥘 베른의 지저(地底) 여행의 선구적 작품이라 일컬어진다.

💬 쾌락주의(快樂主義, hedonism)

쾌락을 가장 가치 있는 인생의 목적이라 생각하고 모든 행동과 의무의 기준으로 보는 윤리학의 입장. 행복주의의 한 형태로 키레네 학파(Kyrene學派, 고대 그리스의 소소크라테스 학파의 하나. 아리스티포스를 시조로 한 쾌락주의 학파), 고대 그리스의 소크라테스(그리스의 철학자, Socrates, 470~399 B.C.) 학파, 아리스티포스를 시조로 한 쾌락주의 학파, 특히 아리스티포스는 순간적 쾌락만이 선(善)이라 하고 가능한 한 많은 쾌락을 취하는 데 행복이 있다고 말하였다. 이에 반해 에피쿠로스(Epikuros, 개인적, 감성적 쾌락의 추구를 인생 최대의 목적으로 하는 주의. 에피큐리어니즘)는 그러한 감각적, 순간적 쾌락을 부정하고 지고선(至高善)인 쾌락은 지속적이고 정신적인 것이어야 한다면서 아타락시아(ataraxia)를 역설하고 쾌락의 질적 구별을 인정하였다.

금욕적인 생활을 한 에피쿠로스에 대한 세상 사람들의 오해는 쾌락주의에 대한 편견의 전형이라 할 수 있다. 따라서 고대의 이 두 학파는 쾌락주의의 두 전형이며 근대에 와서 벤담은 여기에 사회적 관점을 도입하였다.

그는 공리주의[38]의 입장에서 쾌락의 양적(量的) 차(差)에 바탕을 둔 쾌락계산(快樂計算)을 제창하여 최대 다수의 최대 행복을 주장하였다.

또한 물질적(physical) 쾌락의 추구는 많은 어려움에 부닥치게 되고 더 많은 고통을 가져다준다. 그래서 쾌락(pleasure)을 버리는 일이야말로 쾌락으로 가는 지름길이라는 생각이 나오게 되는데 이런 생각을 쾌락주의적(hedonism) 역설(assertion)이라고 한다. 또한 미학(美學) 영역에서는 미적(esthetic) 쾌락을 미의 본질적 요소(element)라고 하는 설을 미적 쾌락주의라고 한다.

---

38) 功利主義: 1. 쾌락주의의 하나(쾌락이나 행복, 이익 따위를 행위의 목적과 선악 판단의 기준으로 삼는 주의). 2. 예술이 한 사회나 인생의 공리(功利)를 위한 것이어야만 된다는 예술론.

💬 망각(忘却, forgetting)

전에 경험하였거나 학습한 것의 파악이 일시적 또는 영속적으로 감퇴(decline) 및 상실되는 일을 말한다.

[그림 1] 에빙하우스의 보유곡선(1885)

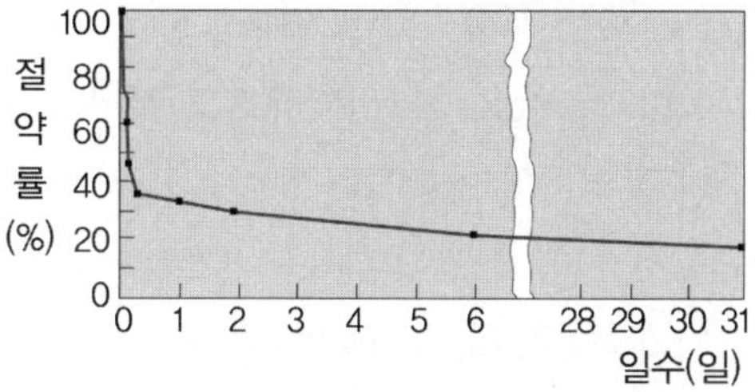

[그림 2] 망각곡선(1935, 1951, 1963)

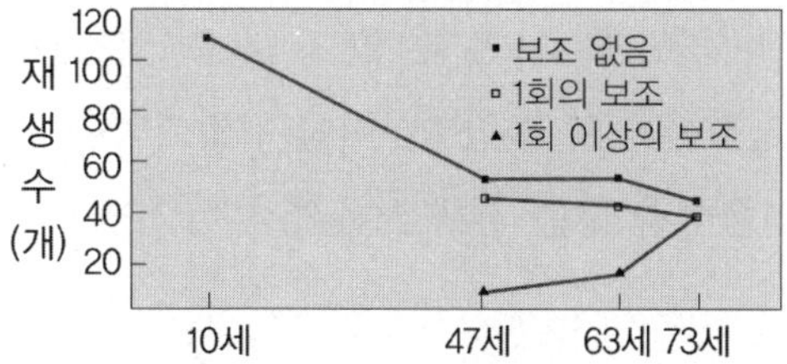

과거에 경험한 것이 어떤 형태로든 보존되는 과정은 보전유지라는 관점 혹은 망각이라는 관점에서 연구되어 왔는데, 양자를 통합하는 관점에서 '망각이란 부분적 보전유지이다'라고 볼 수 있다.

■ 망각의 조건

망각현상은 경험내용인 여러 가지 재료가 어떠한 시간적, 공간적 조건 아래서 기명(記銘)되고 재생되었는가, 그리고 기명에서 재생까지 학습자가 어떠한 생리, 심리, 사회적 조건하에 놓여 있었는가에 따라 달라진다.

기억재료를 예로 들면 재료가 학습자에게 의미를 지닌 경우는 그렇지 않은 경우보다 기억되기 쉽고 망각하기 어려우며, 또한 연상가(聯想價)나 숙지도(熟知度)가 크고 발음하기가 쉬운 경우는 그렇지 않은 경우보다 기억되기 쉽고 망각하기 어렵다.

동일한 기억재료라도 학습자가 자기에게 가급적 의미 있는 형태로 인지하면 역시 쉽게 망각하지 않게 된다. 또한 학습자의 자세, 태도(attitude) 혹은 무의식적인 동기가 망각에 영향을 미치는 경우도 있다.

각성(覺醒, awakening)하고 있을 때에는 잠자고 있을 때보다도 망각이 빨리 진행되며, 물리적 쇼크(shock)나 약물의 주입이 망각의 원인이 되는 경우도 있다. 재생법의 차이는 망각의 정도에 외견상의 차이를 만들어낸다. 일반적으로 재생법(reclaiming process) 쪽이 재구성법보다 상기(想起)가 쉽다.

일단 학습된 기억재료가 그 뒤의 시간경과에 따라 보존되는 정도를 나타내는 곡선을 H. 에빙하우스(1850~1909)는 보유곡선(保有曲線, retention curve)이라고 불렀는데, 그 뒤 이 곡선은 망각곡선(forgetting curve)이라고도 부르게 되었다.

에빙하우스는 특정수의 무의미철(無意味綴) 계열을 실험재료로, 망각률을 끌어내기 위하여 '원학습(元學習)에 소요된 시간'으로부터 '재학습(再學習)에 소요된 시간'을 뺀 것을 '원학습에 소요된 시간'으로 나누어 '100'을 곱한 공식으로 절약률(節約率, saving %)을 내어 망각곡선을 그렸다.

이 그림으로는 무의미철의 경우 19분 후에는 41.8%, 63분째에는 55.8%, 그리고 31일째는 78.9%의 망각이 생겼음을 알 수 있다. 아동기에 기억한 107개의 교리문답(敎理問答)을, 그 뒤 특별히 연습하지 않은 경우 73세까지 어느 정도 잊었는지 나타나 있다.

💬 공포증(恐怖症, phobia)

공포의 감정이 강박적으로 특정대상에 결부되어 행동을 저해하는 이상반응이다.

불안은 특정대상과 결부되지 않는 두려움을 가리키지만 이것이 특정대상에 결부되었을 때의 두려운 감정은 공포이다. 어느 것이나 정상인에서도 찾아볼 수 있다. 일종의 강박관념(의식 속에 떠오른 어떤 관념을 없애려 해도 없앨 수 없는 정신상태)이나 신경질환의 증세로서 나타나며 때로는 혈관(blood vessel), 운동신경[39] 및 내장의 장애를 가져오기도 한다.

사람을 만나면 얼굴이 붉어져서 만나기를 꺼리는 적면공포증(赤面恐怖症),[40] 끝이 뾰족한 것에 대한 선단공포증(先端恐怖症), 매독(syphilis)에 걸리지 않았나 하는 매독

---

39) 운동신경(運動神經): 1. 뇌나 척수와 같은 중추에서 근육과 같은 말초에 자극을 전달, 운동을 일으키는 신경의 총칭. 2. 어떤 일에 반사적으로 몸을 움직이거나, 각종 운동을 솜씨 있게 하는 능력.
40) 赤面恐怖症: 남의 앞에 나서면 얼굴이 붉어져, 남 앞에 나서기를 꺼리는 강박성 신경증.

공포증, 고소공포증(高所恐怖症, acrophobia),[41] 이성공포증(異性恐怖症), 밀실공포증(密室恐怖症), 특정동물에 대한 동물공포증(zoophobia) 등 그 대상에 따라 헤아릴 수 없을 정도로 많다.

공포증은 근거가 없다는 것을 잘 알고 있으면서 두려움에서 벗어나지 못하고 발증(發症) 동기에 대해서도 의식하지 않고 있다.

그러나 거의 대부분의 공포증 환자는 그 대상 또는 대상으로 상징되는 사물과 관련하여 과거에 자기가 위험에 처하게 되었거나 자기 원망의 좌절(frustration) 등 불쾌한 체험을 가지고 있으며 다만 이를 억압함으로써 망각하고 있는 것이다.

정신분석요법에서는 병의 원인이 된 체험(experience)의 의식화에 의하여 치료효과(curative effect)를 얻으려고 한다. 대인공포(anthropophobia)나 시선공포(視線恐怖)를 나타내는 예에서는 신경증성(神經症性)인 경우 외에 정신분열성(schizoid)도 있어 거의 분간하기 어려울 때가 있다. 중증일 때에는 전기쇼크요법 등을 이용하기도 한다.

💬 강압신경증(强壓神經症, compulsion neurosis)

불합리하다는 것을 분명히 자각하면서도 어떤 생각, 행위를 억제하지 못하는 신경증을 말한다. 강박신경증(强迫神經症, 강박상태를 헤어나지 못하여 생기는 정신이상증)이라고도 한다. 이러한 강박증세는 강박관념(의식 속에 떠오른 어떤 관념을 없애려 해도 없앨 수 없는 정신상태)과 강박행위(anancastia)로 나눌 수 있다.

불합리하며 우스꽝스러운 일이라고 스스로 판단하면서도 그러한 관념이 자기의식을 압도적인 힘으로 점유해 버리기 때문에 그것을 극복하지 못하는 강박관념, 그리고 대개는 그러한 강박관념에서 헤어나지 못하고, 불합리한 짓인 줄을 알면서도 우스꽝스러운 행동을 취하지 않을 수 없는 강박행위와 같은 것이 주요증세를 이룬다. 양자는 서로 함께 나타나는 경우가 많다. 그것이 단독으로 나타나는 경우라면 흔히 뇌장애의 증세일 때가 있다.

강박관념 중에서 가장 일반적인 것이 의혹증(疑惑症)인데, 이에는 자기행위 중에 무슨 실수가 없었는가 하고 항상 걱정하는 것을 주증(主症)으로 하는 것이 많다. 침실문

---

41) 高所恐怖症: 높은 곳에 올라가면 떨어질 것처럼 느껴져 높은 곳을 병적으로 두려워하는 증상.

이 잘 닫혔는가를 밤중에 몇 번이고 살펴보는 등의 행동이 그런 예이다. 그 밖에도 사물의 원인(cause)을 따져보지 않고서는 마음이 놓이지 않는 천착증(穿鑿症), 눈에 보이는 것이라면 모조리 계산을 해 보아야만 속이 시원해지는 계산증(計算症), 또 타인과의 대화에서 어떤 실언(slip)이나 하지 않았는가 하는 등의 두려움에서 유발되는 공포증이 있다.

공포증에는 대인공포(anthropophobia), 선단공포(先端恐怖), 적면공포(赤面恐怖), 수줍음 공포, 폐실공포(claustrophobia), 광장공포(agoraphobia), 질환공포(疾患恐怖) 등이 있다. 강박관념의 성인설(成因說)로는 일정한 기초성격(基礎性格)을 인정하는 설과 정신분석학적 설 등이 있으나 모두가 완전한 것은 되지 못한다.

■ 고소공포증(高所恐怖症, acrophobia)

높은 곳에 올라가면 불안, 공포를 느끼며 추락할 것 같은 두려움과 함께 자기도 모르게 뛰어내릴 것 같은 불안이 공포에까지 이르는 상태를 의미한다.

■ 신경증(노이로제, neurosis)의 한 병형(病型)이다

이 증세 이외의 다른 노이로제 증세는 없으며 높은 곳을 피하기만 하면 사회생활에서 다른 지장은 없다. 따라서 다른 노이로제(neurosis)에 비하면 이것은 단순한 개인적인 버릇이나 성격의 하나로 여겨지는 경우가 많다.

■ 대인공포(對人恐怖, anthropophobia)

대인관계에 대한 두려움을 의미한다. 스스로 무의미하다고 생각하면서 남과 얼굴을 마주하거나 접촉하는 데 대해 심한 불안감이나 긴장감을 느끼는 것을 말한다. 아동기에는 드물며 청년기, 특히 중, 고교시기에 많이 볼 수 있는 신경증으로 적면공포(赤面恐怖)나 정시공포(正視恐怖)도 여기에 포함된다.

이것들은 자아발달과 관계가 깊으며, 사람을 대할 때 긴장하기 때문에 생긴다. 이러한 현상은 열등감이나 강박의식에 기인하는 일이 많으므로 신경증을 완화시키고 자연스럽게 사람을 대할 수 있도록 전문적인 조언이나 지도가 필요하다.

■ 적면공포증(赤面恐怖症, erythrophobia)

자기 가족 이외의 사람들 혹은 많은 사람 앞에 나갈 때 때로는 특정한 인물과 만나거나 할 때 안색이 붉어지는 것을 고민하는 신경증이다.

단순히 얼굴이 붉어지지나 않나 하는 예기적인 두려움(fear)일 경우도 적지 않다. 적면공포의 계기가 되는 인물은 이성 또는 연장자라는 점을 강조하는 학자도 있다. 이와 같은 상황에서 일어나는 적면은 정상인에게도 있는 생리적인 현상이지만 적면공포증의 환자는 자기의 신경질적인 성격 때문에 이것에 사로잡혀서 적면을 더욱 유발시키는 악순환(vicious circle)을 만든다.

■ 폐소(폐쇄)공포증(閉所恐怖症, claustrophobia)

꼭 닫힌 곳에 있으면 공포에 빠지는 강박신경증으로서, 라틴어(Latin語, 인도, 게르만 어족에 속하는 말. 옛 로마에서 쓰이고, 로마 제국 전성기에는 유럽 전토에 퍼져 오늘날의 이탈리아어, 프랑스어 등의 근원이 됨. 라틴)로 claustrum은 좁은 곳 또는 밀폐된 곳을 의미하고 그리스어 phobos는 공포증을 의미하는데, 이것을 합친 개념이다. 즉 좁은 엘리베이터(elevator), 좁은 방 등에 들어가면 견디지 못하고 비명을 지르는 수도 있으며 무의식적으로 도피하려는 현상이 생긴다. 안절부절 못하기도 하고 심기(心氣)가 항진하며 때로는 공황(panic)에 빠지기도 한다.

이것은, DSM-III에서는 불안장애증(anxiety disorder) 중에서 공포장애증(phobic disorder)의 한 범주(category)에 속한다. 공포의 대상은 좁은 곳 이외에도 광장, 붉은색, 높은 곳, 고양이 등 다양한 대상에 대하여 공포증을 호소하기도 한다.

정신분석학적으로 보면 환자의 심층심리에는 권위체, 또는 성적인 상처 등이 있어서 이것이 무의식에 억압되어 있다가 나중에 변형되어 특정 상황이나 대상을 두려워하는 형태로 나타나게 된다.

💬 자기애성 성격장애의 특성

자기애성 성격의 소유자는 여러 가지 독특한 심리적 특성을 지니고 있다. 자기애성 성격장애의 특성을 행동적, 정서적, 인지적 측면에서 살펴보면 다음과 같다.

(1) 행동적 특성

① 거만하고 자신감에 찬 태도(attitude)

자기애적 성격장애자가 나타내는 가장 주된 행동적 특징은 지나칠 만큼 자신감에 차 있다는 점이다. 이들은 확신에 찬 모습으로 거침없이 말하고 행동을 한다. 자신이 잘 모르는 사실이거나 뚜렷한 증거가 없는 일이라고 하더라도 이들은 매우 자신 있고 당당하게 말하고 주장(insistence)하며 행동을 한다(이기적, 낙천적으로 보임).

② 지나친 자기과시

자기애적 성격장애자들은 자기가 이루어낸 어떤 성취나 스스로의 재능에 대해 자랑을 늘어놓는다. 그러면서도 별로 쑥스러워하는 법이 없다. 이러한 자랑과 과시는 때로 사실보다 과장되어 있는 경우가 많다.

③ 특별대우에 관한 요구

자기애적 성격장애자들은 자기가 다른 사람들과는 달리 매우 특별한 존재라고 생각하기 때문에 사회 구성원이라면 누구나 지켜야 하는 공통의 규칙이나 의무가 마치 자신에게 해당되지 않는 것처럼 생각하고 행동을 하기도 한다.

(2) 정서적 특성

① 태평하고 즐거운 기분 : 평소기분은 대체로 태평스럽고 즐거운 편이다. 그들은 스스로를 과대평가하고 자신감에 차 있고 무엇이든 할 수 있다는 생각을 가지고 있으므로 별로 불안하거나 우울할 일이 없다. 반면에 실패나 비난에 직면해도 겉으로는 전혀 동요하지 않고 태연한 듯 무관심한 듯 보이려고 하는 경우가 많다.

② 강한 분노와 적대감

③ 시기와 질투

④ 우울과 불안

⑤ 지루함과 공허감

⑥ 칭찬과 인정에 대한 강한 욕구

자기애성 성격장애의 특성

① 자기상(self-image)이 과장되어 있다.

② 자신은 특별대우를 받아야 하는 존재라고 생각한다.

③ 주목받고 칭송받고 싶어 한다.

④ 최고의 권력, 아름다움, 성공, 사랑 등을 상상한다.

⑤ 실제로 평가받는 정도보다 자신이 더 유능하다고 믿는다.

⑥ 주목을 받지 못하면 기분이 상한다.

⑦ 비판에 대해 분노와 모욕감을 느낀다.

⑧ 지지와 인정을 받고자 하는 욕구가 지나치다.

⑨ 태도와 행동이 오만하다.

⑩ 자기중심이기 때문에 타인의 입장을 고려하지 않는다.

⑪ 자존심이 위협받을 때 감정이 폭발한다.

⑫ 비난이나 거절에 쉽게 낙심을 한다.

⑬ 특별한 사람만이 자신을 이해할 수 있다고 믿는다.

⑭ 쉽게 모욕감을 느껴 분노를 보이고 반격을 한다.

⑮ 대인관계가 강렬하면서 불안정하다.

⑯ 비판이나 거절에 과민하다.

⑰ 감정기복이 심하다.

⑱ 생각과 행동이 이기적이다.

⑲ 외모나 행동이 유혹적이다.

⑳ 신체적 매력에 과도한 관심을 보인다.

⑦ 권력에 대한 욕구 및 성취동기 : 이들은 권력, 높은 지위, 리더십 등 지배적 (dominant)인 위치에 대한 욕구가 강한 편이며 어떤 업적을 이루고 사회적 (social)으로 성공하고자 하는 성취동기(achievements) 및 포부(ambition) 수준 이 높다. 다른 사람의 간섭을 받지 않고 무슨 일이든 자율적으로 하고자 하는 독립성에 대한 욕구도 상당히 강한 편이다.

⑧ 불안정하고 상황에 맞지 않는 감정표현방식

(3) 인지적 특성

① 자기 자신에 대한 과대평가

② 특권의식

③ 최고가 되는 공상

④ 성공과 실패에 대한 귀인양식

⑤ 다른 사람에 대한 과도한 이상화 혹은 평가절하

⑥ 자기개념 및 자존감

■ 자기애성 성격에 대한 심리학적 연구

모르프(Morf)와 로드왈트(Rhodewalt) 등의 미국 심리학자(psychologist)는 1993년에 자기애적 성격 성향이 있는 대학생들을 대상으로 흥미로운 연구를 했다. 미국의 대학에서는 심리학과 관련 강의(lecture)를 수강하면서 심리학 실험에 한두 번 정도의 의무적으로 참여해야 한다. Morf와 Rhodewalt는 피험자들에게 얼마나 발표(announce-ment)를 잘하는가를 알아보려는 실험(experimentation)이라고 말해준 뒤, 또 다른 피험자와 파트너가 되어 발표문을 읽어보도록 시켰다. 파트너와 경쟁을 하도록 만든 것이지만 사실 그 경쟁자는 피험자가 아닌 공모자였다. 발표가 모두 끝난 뒤 그들은 한참 채점하는 시늉을 하고 나서, 누가 더 얼마나 잘했는지에 상관없이 파트너(partner)보다 더 못했다고 피험자에게 알려주었다. 그리고 나서 이 채점체계가 얼마나 신뢰하는지, 채점자가 얼마나 유능하다고 생각하는지, 채점을 한 사람에게 어느 정도 호감(impression)이 가는지, 파트너였던 사람의 첫인상이나 성격이 어떤 것인지, 그리고 지금 기분은 어떤지 등을 묻는 질문지를 마지막으로 작성하도록 하였다.

질문지에 응답한 것을 분석한 결과, 자기애적인 성격이 있는 대학생들이 그렇지 않은 대학생에 비해서 채점체계가 덜 신뢰된다고 평가한 것은 아니지만 채점을 한 사람에 대한 호감도가 덜하였고 자신의 경쟁자였던 파트너의 첫인상(first impression)과 성격을 더 나쁘게 평가한 것으로 나타났다. 그런데 예상과는 달리 기분에 대한 대답에서 더 화가 난다거나 하지는 않았다. 이러한 결과는 이들이 자존심 때문에 화가 났다는 것을 인정하지 않으므로 질문지에 스스로 체크하는 방식으로는 이를 알 수 없었기 때문으로 풀이된다.

이러한 결과를 보면 자기애적인 사람은 그렇지 않은 사람에 비해서 과제 수행을 더 못했다는 사실을 자기 혹은 자존심(self-esteem)에 대한 위협으로 받아들이고 이를 무마하고자 하는 방어의 일환으로 '네가 더 못했다'라고 말해 준 사람을 나쁘게 평가하거나 자신을 이긴 파트너를 나쁘게 평가했음을 알 수 있다.

(4) 대인관계의 특성

① 외향적이고 사교적인 태도
② 진정한 공감 능력과 배려하는 능력의 부족
③ 강렬하고 불안정한 대인관계

💬 자기애성 성격의 유형

자기애성(narcissistic) 성격의 소유자들은 공통된 심리적 특성을 지니는 한편, 개인마다 다소 독특한 방식으로 자기애적인 속성을 나타낸다. 여러 학자들은 자기애적 성격(narcissistic personality)의 하위 유형을 구분을 하고 있다. 일반적인 구분인 외현적 자기애(overt narcissism)와 내현적 자기애(covert narcissism), 그리고 Millon이 제안한 네 가지 하위유형에 대해 살펴보자.

(1) 외현적 자기애와 내현적 자기애(overt, covert narcissism)

자기애적 성격은 일반적으로 외현적(overt) 자기애와 내현적(covert) 자기애(narcissism)로 구별한다. 외현적 자기애는 제3자가 객관적으로 관찰할 수 있는 만큼 자기애적인 속성이 외적으로 드러나는 경우로서 DSM-IV(diagnostic and statistical manual of mental disorders-IV)에 제시된 자기애성의 진단기준에 잘 부합된다. 내현적 자기애는 겉으로는 소위 자기애적인 잘난 척한다거나 거만하게 군다거나 하는 모습이 잘 나타나지 않지만 내면의 깊은 곳에 자기애적인 성격적 역동과 기제를 지니고 있는 경우를 의미한다. DSM-IV에서는 내현적 자기애의 개념을 아직 진단분류에 포함시키지 않았지만, 정신분석을 위시한 심리치료자들과 성격심리 연구자들 사이에서는 중요하게 다루어지고 있으며 DSM 체계를 개정할 때에는 내현적 자기애의 특성을 갖는 사람들은 다른 사람의 반응에 민감하고 수줍음을 많이 타며, 지나치게 감정을 억제하고 자신이 사람들 눈에 띄거나 자신에게 관심이 집중되는 것을 매우 불편해 한다.

실제 생활에서 자기애적으로 보이는 많은 사람들은 이 두 유형의 특징이 복합되어 있다고도 한다. 한 극단을 외현적 자기애, 다른쪽 극단을 내현적 자기애라고 한다면, 이 연속선상의 극단적인 부분에 속하는 사람들은 사회에서 적응(adaptation)을 잘하고 대인관계에서도 오히려 매력적으로 보이기도 한다.

여러 연구자들이 외현적, 내현적 구분과 유사한 구분을 시도했다. Rosenfeld는 자기애성 성격이 안하무인으로 나타나는 후피적 자기애자(thick-skinned narcissist)와 좀 더 조심스럽게 이러한 특성을 나타내는 박피적 자기애자(thin-skinned narcissist)로 구분을 하였다. Gabbard도 타인을 고려하지 않는다는 의미에서의 부주의형 자기애자(oblivious narcissist)와 타인의 눈치를 지나치게 본다는 의미를 내포하는 과잉경계형 자기애자(hypervigilant narcissist)로 구분을 하였다.

(2) Millon의 분류에 따른 유형

성격장애에 대한 세계적인 권위자인 심리학자 밀론은 겉으로 드러나는 자기애적 양상이 어떤 방향으로 치우치는가 내면의 자기애적 역동이 어떠한가에 따라 자기애성 성격장애자를 엘리트형 자기애자(elitist narcissist), 보상형 자기애자(compensatory narcissist), 무절제형 자기애자, 호색형 자기애자로 구분을 하고 있다.

① 엘리트형 자기애(elitist narcissist)

자신이 특별히 우월한 존재(existence)라는 특권의식에 사로잡혀 있어 거만하게 행동하며, 남보다 뛰어나려는 일등주의를 강렬하게 추구(pursuit)하고 사회적 인정과 찬사에 매우 집착하는 경향이 두드러지게 나타나는 유형이다. 이들은 자신이 대단한 존재라는 신념이 확고하여 타인의 비판이나 좌절(frustration)에 영향을 받지 않으며, 비교적 안정된 감정상태를 유지한다. 대부분 스스로가 우수하다는 것을 인정받기 위해 열정적으로 일하고 사회적으로 높은 지위를 추구하며, 자신의 성취를 다른 사람에게 적극적으로 홍보하여 사회적으로 유명해지기 위해 노력하기도 한다.

② 보상형 자기애(compensatory narcissist)

보상형 자기애자는 내면적으로 자기 자신이 뭔가 부족하고 열등한 것 같다는 깊은 부적절감과 결핍감을 지닌 사람들로서 이러한 자신의 모습을 보상하기 위하여 웅대한 자기상에 집착(attachment)하고 외현적으로 자신을 지나치게 과시하며 거만하게 행동을 한다. 이들은 어린 시절에 주변 사람들로부터 인정받지 못한 깊은 상처를 지니고 있으며, 자신을 인정해 줄 사람들을 필사적으로 찾으려 한다. 또한 주변 사람들의 평가나 비난에 매우 민감하여 쉽게 상처를 받고 수치심과 모욕감을 잘 느끼는 경향이 있으며 피해의식을 느끼기 쉽다.

③ 무절제형 자기애(unprincipled narcissist)

다른 사람의 입장이나 권익 등에 무관심(indifference)하며 매우 자기중심적이고 심지어 착취적으로까지 행동하는 유형이다. 주변 사람들에게 자신을 특별대우해 줄 것을 무리하게 요구하기도 하고, 자신의 이익과 성공을 위해서는 다른 사람을 속이고 이용하거나 심지어 위협을 가하기도 한다. 그러면서도 이러한 행위에 대해서 책임감이나 죄책감을 전혀 느끼지 않는 등 사회적 양심(conscience)이 결여되어 있는 경우가 많다. 이러한 유형의 자기애자는 반사회적 성격특성을 함께 지니고 있으며 흔히 약물중독자(medicinal poisoning), 비행청소년(juvenile delinquency), 범죄자(criminal) 중에서 발견되는 경향이 있다고 한다.

④ 호색형 자기애(amorous narcissist)

자존감과 자기가치감을 높이기 위해 이성을 성적으로 유혹(temptation)하고 정복하려는 이기적인 성적 취향을 지닌 사람들이다. 이들은 자신에 대한 뿌리 깊은 열등감(inferiority)을 극복하기 위해 이성관계 속에서 성적인 능력과 우월함을 입증하고자 한다. 이들은 대체로 진실성이 부족하고 거짓말을 잘하며 노출증적으로 자신을 과시하는 경향이 강하다. 흔히 애정욕구가 강한 순진한 사람들을 유인하고 현혹하여 자신의 뜻대로 이용하고 착취하는 데 능란한 기술을 지니고 있으며 문란한 성행위(sexual), 병적인 거짓말(fabrication), 사기행각(fraudulence)을 벌이는 경우도 있다.

(3) 행동의 문제와 행동의 변화

심리사회이론가들이 인간관계의 본질에 초점을 맞춘다는 것을 가정할 때, 그들이 관계의 어려움을 문제로 보는 것은 당연하다. 이러한 접근법이 행동문제에 어떻게 적용되는가에 대한 내용으로서 다음과 같은 예로 설명을 하고 있다.

① 성격장애로서의 자기애

심리사회적 관점은 장애로서의 자기애(narcissism)에 특별히 초점을 맞춘다. 실제로 자기애성의 장애는 코헛의 자기에 관한 연구(research)의 출발점이었다. 병적 자기애는 모든 사람과 모든 사물이 자기의 확장된 부분이거니와 자기에게 봉사하기 위해 존재한다는 느낌을 의미한다. 자기의 중요성에 대한 과장된 느낌과 끊임없이 주목받고자 하는 욕구가 있다. 자기도취자들은 다른 사람들의 아첨(flattery)을 받을 만한 가치가 있다는 자격감(sense of entitlement)을 드러낸다. 그 결과로 타인을 착취하게 된다. 자기도취자들은 처음에는 상냥하게 보일 수도 있지만 그들이 한동안 주위에 있으면 그들에 대한 의견은 더 나빠진다. 그들은 자기고양의 기회에 대해서는 대단히 반응적이다. 그들은 성공(success)의 공적을 취하기를 좋아하지만 실패나 비판(criticism)에는 분노(anger)로 응답을 한다. 실제로 자기도취자들은 욕망이 좌절될 때 극도의 분노를 표출할 수 있고 그들이 다른 사람들에게 부과하는 유아적 요구로 분열을 일으킬 수 있다.

코헛이 모든 사람은 발달과정에서 조절되어야만 하는 과장된 자기애를 가지고 생을 시작한다고 말한 것을 기억하면 된다. 그러나 어떤 사람들은 그것으로부터 절대 탈출하지 않는다. 코헛에 의하면 이것은 부모의 부적절한 미러링에 기인한다. 이것은 자기애적 욕구를 좌절시키고 적절한 자기구조의 형성을 방해한다. 이와 유사하게, Kernberg는 자기애가 부모의 거절 때문에 생긴다고 말했다. 아동은 신뢰할 수 있는 유일한 사람은 자기 자신뿐이라고 믿게 된다. 이러한 설명에 부합되게, 자기도취자들은 친밀감을 제공하는 사람들에게 감탄할 것 같은 연애상대를 선호한다. 그들은 더 나은 누군가를 기다리고 있기 때문에 관계에 덜 헌신적인 것으로 보인다. 이러한 자기애가 만족되지 않은 사람은 자기애적 욕구에 봉사하기 위하여 여러 가지 방법으로 현실을 왜곡할 수도 있다. 예를 들면, 자기애적인 사람들은 덜 자기애적인 사람들보다 다양한 생활무대에서 자기들의 수행에 대한 평가(appraisal)를 더 과장하는 경향이 있다. 만일 다른 누군가가 자신들을 능가한다는 말을 들음으로써 위협받는다면 그들은 다른 사람들을 더 많이 깎아 내리는 경향이 있다.

② 신경증적 욕구

행동문제를 보는 또 다른 사고방식은 기본 불안에 관한 Karen Horney의 이론에서 나온다. Horney는 기본 불안과 싸우기 위해 사람들이 사용하는 전략이 지나치게 많이 사용되면 성격의 고정된 일부가 될 수 있다고 믿었다. Horney는 문제되는 관계를 다루는 시도를 함으로써 얻어질 수 있는 열 가지 연구목록을 만들었다. 그것은 개인의 문제에 대한 효과적인 해결책이 아니기 때문에 그녀는 그것을 신경증적 욕구(neurotic needs)라고 칭하였다.

그 욕구(needs)가 당신을 타인에게 향하게(toward) 하는지 타인으로부터 멀어지게(away) 하는지 또는 타인에게 대항하게(against) 하는지에 따라 신경증적 욕구(psycho-neurotic depression desire)는 세 가지 양식을 나타낸다고 주장을 하였다. 사랑과 인정의 욕구와 같은 신경증적 욕구는 타인을 향하도록 하지만 밀착성 의존(dependence)의 형태이다(양가적 유형에서처럼). 독립과 자기만족의 신경증적 욕구는 당신으로 하여금 타인들에게서 멀어지게 한다(회피적 애착 유형처럼). 권력과 착취의 욕구는 당신이 다른 사람들에게 대항하도록 한다. 모든 방어기제[42]들처럼, 각 양식은 유용하지만 지나치게 사용되면 문제를 일으킨다. 사실상 이 양식들의 극단은 성격장애(personality disorder)의 정도와 관계가 있다.

잘 적응하는 사람들은 보통 한 번에 하나의 양식을 가지며, 필요에 의해 한 가지 양식에서 다른 양식으로 유연하게 이동한다. 비록 한 가지 양식을 다른 양식보다 더 선호할 수는 있지만, 세 가지 양식이 모두 사용된다. 이러한 유연성은 훌륭한 적응의 특성이다. 문제를 가진 사람들은 다른 양식들 중 하나가 더 유용한 상황에서도 단 한 가지 지향성만을 융통성(adaptability) 없게 선택을 한다.

③ 애착과 우울

문제(problem)의 본질을 바라보는 또 하나의 창은 우울의 주요한 원인이 대인관계에서의 거절(rejection)이다. 이러한 원인은 회피애착 유형의 원인으로 가정된 것과 유사하다. 즉 회피는 무시하거나 거부적인 양육·슬픔을 낳는 절망 및 궁극적인 정서적 분리의 산물이라고 믿어진다. 대인관계(interpersonal relation)의 거절이 우울을 초래할 수 있다는 생각은 많은 지지를 받았다.

회피애착 유형은 또한 스트레스를 받을 때 증가되는 정서적 고통의 발달과 연결되

---

42) 防禦機制: 두렵거나 불쾌한 일, 욕구 불만에 맞닥뜨렸을 때 스스로를 방어하기 위하여 자동적으로 취하는 적응 행위(예: 도피, 억압, 투사, 보상 따위).

어 왔다. 연구 참여자는 그들의 신생아가 선천적인 심장병을 갖고 있다는 것을 2주 전에 알게 된 여성들이었다. 회피적인 애착 유형을 가진 여성들은 더 큰 고통을 받았 다. 회피 유형은 또한 1년 후의 정서적 안정의 저하를 지적하였다.

회피애착 유형 및 그것과 연결된 우울은 둘 다 한 세대에서 다른 세대로 전달될 수 있다고 암시되어 왔다. 이러한 주장은 유전적 특징보다는 행동에 기초한 것이다. 유년기에 획득한 유형은 자신이 임신(pregnancy) 내지 신생아에게 영향을 주게 되는 작용모형이다.

그래서 부모들은 정확하게 스스로를 불행하게 만드는 애착 특성을 다음 세대로 전 할 수 있다. 거절(rejection)과 우울은 이러한 식으로 추론하는 계열에 대한 지지가 있 다. 또한 양가적 애착 유형과 결합되었을 가능성이 있는 산만한 성인행동 유형이 전 달된다는 증거가 있다고 Downey, Elder가 주장을 하였다.

🍃 21. 성격장애 측면에서 대인관계론(theory of interpersonal relation)

사람들은 사회생활(social life) 속에서 다른 사람들과 관계를 맺고 그 관계를 친구 나 동료와 같은 친밀한 관계로 발전시키고 유지하면서 살아간다. 다른 사람들과 친구 관계를 맺거나 그 밖의 다른 친분관계를 맺는 것은 일상생활에서 매우 중요한 과정이 다. 사람들은 대인관계를 통해서 자신의 욕구를 충족시키고 편안함과 애정을 주고받 고, 감정적 지지를 얻고, 충고를 듣거나 조언(advice)을 해 주고 다른 사람에게 영향력 을 발휘하고, 자아상을 발전시킬 수 있다.

대부분의 대인관계는 갑자기 이루어지기보다는 시간이 흐름에 따라 서서히 발전하 는 경우가 많다. Brehm은 대인관계가 단계를 거쳐 다양한 형태로 발전한다고 주장을 하였다. 그녀는 대인관계에서 시간이 지남에 따라 대인관계를 맺고 있는 사람들 간의 대화 주제가 달라지는데 이를 단계적으로 살펴보는 것이 더 적절하다고 하였다. 대인 관계에서 관계가 진행됨에 따라 달라지는 주제들은 〈표 16〉과 같다.

〈표 16〉 성공적인 대인관계의 주제들

시 작	사회적 배경을 인식하고 신뢰감 형성을 시작한다.
날 씨	피상적이고 가벼운 주제로 토론한다(예: 취미).
평 가	외모, 공동의 관심사, 개성의 지각 등에 기초해서 최초의 평가가 이루어진다. 태도, 가치관 등에서 유사성을 비교한다.
강 화	서로에게 편안함을 느끼기 시작한다. 서로에게 더 많은 시간을 보내고, 부탁을 하기 시작한다.
통 합	나 혹은 너의 개념에서 우리라는 용어로 바꾸고, 서로에 대해 함께 걱정을 하고, 어떤 문제에 공감적으로 귀를 기울인다.
결 속	자기표현이 증가, 각자의 희망, 꿈, 근심 등을 공유, 생활에서 발생하는 문제에 대한 해결책을 찾기 위해 서로 노력한다. 태도나 가치의 유사성과 차이점을 이해할 수 있다. 서로를 배려하고, 서로의 한계를 잘 받아들일 수 있다.
분 화	각자의 흥미를 탐구하고, 함께 하는 시간이 줄어든다. 생의 만족을 찾는데 있어 관계에 많이 의존하지 않는다.
재긍정	태도, 흥미 등의 차이가 나타나도 서로를 계속 신뢰하고, 생의 중요한 일부로서 관계를 인지한다. 장기적인 관계의 역할을 수행하기 위해 문제를 토의하고 함께 일한다.

1) 대인관계 형성과 주요인

(1) 신체적 매력

대부분의 문화에 있어 중요한 믿음을 아름다운 것은 선할 것이라는 확신이다. 그래서 사람들은 매력적인 사람과 관계를 맺기를 원한다. Feingold의 연구에 따르면, 사람들은 매력적(attraction)인 사람들이 더 사교적이고 지도력이 있고 성격이 따뜻하며, 정신적으로 건강하고, 지적일 것이라고 여긴다고 한다.

Feingold는 신체적 매력에 대한 객관적 평가보다 자신에 대한 주관적 지각이 더 중요하다고 지적했다. 대부분의 사람들은 객관적인 기준으로 판단해 볼 때 아름답거나 잘생겼다고 할 수 없다. 그럼에도 불구하고 사람들은 자신을 좋아하며 잡지의 모델처럼 생기지 않은 것을 걱정하지 않는다. 결국 자신의 정서적 안정을 위해서는 객관적인 평가(valuation)보다 자신을 스스로 어떻게 평가하느냐가 더 중요하다.

(2) 근접성(proximity)

근접성이란 말은 물리적 거리를 말한다. 물리적(physical) 거리는 대인관계에서 중요한 역할을 의미한다.

근접성이 대인관계를 촉진하는 이유는 다음과 같다.

① 가깝게 사는 사람은 만날 기회가 많기 때문에 친해질 수 있다. 자주 접촉을 하게 되면 친숙해지고 호감도 증가하는 경향이 있다.
② 물리적 거리가 길면 그만큼 심리적 부담이 증가한다. 따라서 근접성은 경제적인 접촉을 가능하게 하여 대인관계를 촉진한다.
③ 가까이 사는 사람은 서로 유사한 경우가 많기 때문에 친해지기 쉽다.
④ 가까이 사는 사람과는 친밀한 관계를 형성해야 한다는 인지적 압력이 친교의 노력을 증가시킬 수 있다.

(3) 친숙성(familiarity)

우리는 무엇이든 자주 접하는 것을 좋아하는 경향이 있다. 이렇게 친숙성이 호감을 증가시킨다는 것을 보여주는 연구가 있다. 우리는 자주 접하는 사람에게 호감을 느끼게 되어 친한 관계로 발전하는 경향이 있다. 이런 경향은 생물학적인 적응 가치를 지니고 있다.

그러나 반복된 접촉이 항상 호감(impression)을 증가시키는 것은 아니다. 적어도 싫지 않은 대상에 대해서는 반복 접촉이 호감을 증가시키는 경향이 있지만, 불쾌감을 느끼는 대상에 대해서는 이러한 단순노출효과(mere exposure effect)가 나타나지 않는다. 오히려 싫어하는 사람을 자꾸 만나게 되면 혐오감이 더욱 강화될 수도 있다.

(4) 유사성(similarity)

유사성은 사람을 친하게 만드는 주요한 요인이다. 사람들은 서로 비슷한 사람끼리 친구가 되며, 친한 사람들 간에도 태도, 가치관, 취미(hobby) 등이 높다는 연구결과가 있다. 그러나 이러한 유사하기 때문에 친해졌다고 해석할 수 있지만 친해졌기 때문에 유사해졌을 가능성도 배제할 수 없다. 따라서 유사성과 친밀도의 인과관계를 알아보기 위해 한 실험(experimentation)에서는 처음부터 태도(attitude)가 비슷한 짝과 비슷하지 않은 짝을 만들어 한 방에 살게 한 후 일정한 기간이 지난 후에 그들이 각각 얼마나 친해졌는지를 알아보았다. 그 결과 태도가 비슷한 쌍의 친밀도(intimacy)가 더 높았다. 이러한 결과는 태도나 취미 등의 유사성이 대인관계를 촉진하는 원인이 된다는 것을 입증하는 것이다.

유사성이 대인관계를 촉진하는 이유는 다음과 같다.

① 서로 유사하면 상대방의 속성(attribute)을 이해하기 쉽고 두 사람 사이에 일어날 접촉의 성격을 예상하기 쉽다. 따라서 심리적 부담을 감소시켜 접촉을 용이하게 한다.

② 우리는 유사한 상대에 대해서는 그가 나를 좋아할 것이라고 기대하는 경향(tendency)이 있다. 따라서 상대방과의 관계에 대한 긍정적 기대(expectation)가 호감을 촉진시킬 수 있다.

③ 유사한 사람들 간의 관계는 서로에게 보상을 가져다준다. 유사한 사람끼리는 태도나 의견에 대해서 공감(sympathy)과 강화(strengthening)를 많이 주고받게 되므로 긍정적 체험(experience)을 경험하게 된다.

(5) 보상성

사람들은 자신에게 보상을 주는 사람들을 좋아하며 보상을 주지 않는 사람을 좋아하지 않는다. 사회적 상호작용에서 사람들은 정보나 애정(affection), 지위(status), 명예, 친절 등의 다양한 보상을 주고받는다. 대인관계에서 보상(compensation)을 받는 것은 중요한 문제이다. 이를 달리 표현하면 사람들 자신이 손해를 보지 않아야 한다는 것이다. Homans와 Blau는 사람들 간의 상호작용에는 어떤 비용이 든다고 지적했다. 사람들은 상호작용에 시간이나 에너지(energy), 돈 등을 투자하고 때로는 좋지 못한 결과나 감정을 얻기도 한다. 어떤 사람과 상호작용을 계속할 것인가의 여부는 그 상호작용으로부터 얻는 만족의 양과 관련이 있다. 이때 만족은 보상이 비용을 초과할 때만 얻어지는 것이다. 상호작용(interaction)에서 비용이 보상을 초과하는 경우에 사람들은 관계를 단절하거나 새로운 관계를 시작하려는 경향이 있다. 보상이 비용을 얼마만큼 초과해야 하는지에 관한 확고한 기준은 없지만 자신이 과거에 경험한 것에 비추어 현재의 관계를 유지하기 위한 최소한의 비용지출을 설정한다. 그래서 설정한 최소치보다 낮은 보상을 주는 친구와의 관계나 그 밖의 친분관계는 계속하지 않는다.

Gestalt 심리학의 연구방법론

제6장 Gestalt 심리학의 연구방법론

🍂 1. 연구방법

Gestalt 심리학자들은 순수 현상학과 실험방법을 조합하였고, 처음에 Gestalt의 원리는 단순히 실험실에서의 시범(demonstration)에 대한 현상학적 보고로 표현되었다. 이 원리들은 더욱 정교한 실험 절차와 함께 사용될 때 명확해질 수 있다.

Gestalt psychology이 성숙되고 학습의 영역(learning territory), 사고(thinking), 기억(memory) 그리고 사회학습(social learning)에까지 그 원리(principles)를 확장시킴에 따라 행동을 종속변인(dependent variable)으로 하는 체계적 실험연구에 더욱 의존하게 되었다. Gestalt 심리학자들은 행동주의와는 달리 실험적 접근에 현상학적 보고나 의식경험에 대한 추론(inference)을 결합시켰다.

Gestalt 심리학자보다 연구방법의 문제에 관심을 갖는 심리학자 집단은 없을 것이다. 그들은 과학연구가 잘못된 방향으로 나아가지 않기 위해서는 먼저 계획되어야 한다고 믿었으며 다음과 같은 방법을 제시하였다.

(1) 심리학 연구를 현상학적으로 접근할 것

우리는 왜 사물을 그렇게 보는가. 식탁 위의 접시가 완전한 원으로 망막에 투사되는 경우는 없는데 어떻게 둥근 것으로 지각하는가. 왜 흰 종이는 그 위에 붉은빛이 비추더라도 하얗게 보일까.

다른 자극조건들에서도 사물들이 변화하지 않는 것처럼 지각하는 경향성, 즉 지각 항상성(여러 가지 조건이 바뀌어도 친숙한 대상은 항상 같게 지각되는 현상. 물체의 크기 · 모양 · 빛깔, 또는 소리를 들은 거리나 빛의 명암 따위의 조건에 따라 달라지는 것이 원칙이지만, 생리적 자극과는 관계없이 항상 같게 지각되는 경향이다. 항등현상)으로 알려져 있는 것은 Gestalt 심리학자에게 중요한 연구(research)와 이론(theory)의 주제로 간주되는데 이는 지각 항상성이 일상 경험을 해석하는 방법을 나타내기 때문이다.

Asch가 지적한 바와 같이 직접 경험은 우리 지식(knowledge)의 근원(origin)이며 현상은 인간이 거주하는 장면이고, 과학(science)으로서의 심리학(psychology)이 시작하는 유일한 출발점이기 때문이다.

(2) 심리학에서 원자론적 접근의 부적절성을 증명할 것

Gestalt 심리학자는 분트가 심리학을 시작할 때 의식의 기본 요소를 확인하려는 방향으로 잘못 시도하였다고 확신했다. 또 Watson은 복잡한 행동을 자극(stimulus)–반응(reaction) 연합의 연쇄로 환원하려는 노력으로 실수를 되풀이하였다고 Gestalt 심리학자들은 확신하였다.

적절한 전체적 접근으로 심리학을 다시 방향짓게 하는데 가장 효과적인 방법은 원자론적 심리학으로는 기본적인 심리현상을 설명할 수 없음을 증명해야 한다.

(3) 기본적인 심리학 원리인 조직화를 밝히기 위해서 지각을 연구할 것

Gestalt 심리학자들은 그들의 전체적 원리가 심리학의 모든 영역 곧 학습(learning), 사고(thinking), 사회 상호작용에 적용될 수 있다고 믿었다. 따라서 학습연구에 많은 시간이 드는 것과는 달리, 지각연구에서는 비교적 짧은 시간에 결정적인 결과를 낼 수 있는 엄격한 연구 절차가 발달되었다.

(4) 심리현상을 수량화하려 하지 말 것

수량화를 위한 수량화는 과학의 목적에 아무런 목적에도 기여하지 못한다. 중요한 현상이 확인되고 이해되는 것은 수량화가 정당한 목적을 가진다고 생각될 때뿐이다. 수량화를 미리하면 잘못 이해될 수도 있기 때문이다.

Ebbinghaus가 제안한 기억 법칙은 무의미 학습은 연합 강도를 점진적으로 증가시키는 것으로 그 역도 참일 수 있다. 과학에서 첫 번째 단계는 이해하는 것이며, 그 다음에 수량화가 뒤따라야 한다.

(5) 전체주의 원리를 다른 탐구 영역으로 확장할 것

동형의 학설은 베르트하이머의 전체주의 견해에서 나왔으며 심리학과 신경학(neurology) 사이의 관계를 조급히 판단한 것으로 평가된다. 정확히 말하면 동형은 파이현상(가현 운동 현상, 실지로 움직이지 않는 대상이 어떤 조건 아래에서 움직이는 것같이 보이는 운동. 가상(假象) 운동)과 같은 실험적 사건을 지배하는 전체주의 원리가 뇌의 활동도 지배한다고 본다.

이 가설(hypothesis)에 의하면 현상학적인 구조와 신경학적(neurologic)인 구조는 단순한 방식으로 적당하게 서로 상관되어 있다는 것이다. 현상학(現象學, 경험적 현상을 다루는 학문. 선험적 환원을 거쳐 얻어진 순수 의식을 그 본질에서 연구·기술하는 학문)과 신경학(neurology)은 서로 공통적인 구조를 가지고 있다. 예컨대 Gestalt 심리학자에 따르면 뇌는 전화 교환대처럼 설계될 수 없는데, 왜냐하면 지각적 사건은 부분들의 연결로 경험되는 것이 아니라 통합된 전체로서 경험되는 것이기 때문이다. 뇌(brain)의 설계에 대한 좀 더 설득력 있는 비유는 장 내의 모든 부분이 상호의존적으로 충전되는 미립자(corpuscular)의 전기장(대전체(帶電體)의 전기작용이 존재하고 있는 장소. 전장(電場). 전기 마당)으로 비유될 수 있다.

현상학의 한 영역에서 발견된 원리(principles)는 행동이나 신경학과 같은 가른 영역에 적용될 수 있다고 쾰러가 시사를 함으로써 동형가설의 영역을 확장시켰다.

2. Gestalt 심리학의 공헌

Gestalt 심리학이 초기에 근거하였던 전체주의 이론은 대부분의 실험심리학(實驗心理學, 실험적 방법을 통하여 정신 현상 및 행동을 연구하는 심리학)은 부정하였으나, 인본주의(humanism) 심리학을 표방하는 임상, 성격심리학자들은 전체적인 연구방향을 선택하였다. Gestalt 심리학은 현대 인지심리학(cognitive psychology) 그리고 정서에 각각 영향을 주었다고 하겠다.[1]

3. 인지심리학(cognitive psychology)

(1) 연합학습과 인지학습

Watson이 제안한 단순한 연합학습과 합리적 행동 사이의 관계를 역전시켰다. Watson은 조건화와 시행착오(trial and error) 학습에서 나타나는 단순연합학습이 복잡한 합리적 행동의 기본 요소가 된다고 생각했다.

Gestalt 심리학자는 동물의 통찰행동, 교실에서 아동(juvenile)이 성취하는 참된 이해와 같은 인지행동을 연합원리로 설명할 수 있다는 생각을 부정하였다. 연합학습도 임의의 연합적 연결의 기능(function)이라기보다는 합리적 이해에 의해 매개된다고 주장하였다. 또 반응을 반복하는 능력(ability)은 학습되는 것을 자동적으로 반영하지는 않는다고 주장하였다.

이러한 주장은 병아리를 대상으로 한 쾰러의 전위에 대한 연구와 베르트하이머의 아동을 대상으로 한 직사각형(right-angled tetragon)의 넓이 구하기를 가르치려는 실험에서 증명되었다. 이러한 Gestalt(형태지각(知覺)의 대상을 형성하는 통일적 구조) 심리학자(psychologist)들의 노력의 결과로 심리학자들은 개념학습, 추리, 문제해결 같은 인지적 행동에 관심을 가지게 되었고 무엇이 학습되는가를 밝히는 데 전이법 (transfer method)을 사용할 필요성도 인식하게 되었다.

(2) 유전적 요인의 중요성

인간의 능력은 그것을 획득할 수 있게 해 주는 생득적 능력의 함수라는 Kant(독일의 철학자; 1724~1804) 학파의 개념이 영향을 받아서 Gestalt 심리학자는 심리과정에 미치는 유전요인의 영향을 증명하려 하였다(예: 지각적 조작화의 기본원리).

Gestalt 심리학자들의 노력으로 그 후 심리학자들은 심리적 사건을 이해하고자 할 때 유전적 요인이 최소화되거나 무시될 수 없다는 생각에 유의하게 되었다.

---

1) 전체성은 전체란 개념에 근원을 가지며 Krueger에 의해서 심리학에 도입되었다. 종류, 장소 그리고 부분 상황의 배치가 덩어리나 집합에서와 같이 우연히 또는 임의일 경우, 즉 총체가 하나의 구조를 소유하는 경우에, 부분 상황 간에 실제 관계가 있을 경우에, 공간적, 시간적 또는 시·공적으로 뚜렷한 총체를 전체라 한다.

(3) 의식의 중요성

Gestalt 심리학자들은 심리학에서 행동측정이 중요하다는 것을 인정하였지만, 행동을 이해하는 데는 현상학적 방법을 사용하는 것이 필수적이라고 믿었다. 그들은 의식을 고려하지 않고 행동을 이해하려는 시도는 실패할 것이라고 경고했다.

4. 생물심리학

신경생리학(신경의 생리에 관하여 연구하는 학문. 생리학의 한 분야로, 대뇌 신경계의 문제 및 개개의 신경세포, 신경섬유의 물리적 메커니즘, 신경 단위의 결합으로 이루어지는 중추신경세포의 문제 따위를 연구한다), 의식경험 그리고 행동 사이의 동형관계를 가정하고 있는 Gestalt 심리학은 생물학적 과정을 무시할 수도 무시해서도 안 된다고 주장했다. 이러한 Gestalt 심리학의 주장은 심리학을 생물과학(우주 전체를 대상으로 하여 생물학적 현상을 연구하는 학문. 생물 의학이나 우주 생물학 따위가 있다)으로 접근하려는 생물심리학의 분야를 발달시켰다.

5. 정서(emotion)

딜타이의 감정의 개념은 Krueger와 Gestalt 심리학의 공헌으로 명확하게 되었다. Krueger는 체험(experience)과 감정의 관계를, 예를 들면 슬픔(sadness), 기쁨(gladness), 기대감과 같은 감정(feelings)을 포함하는 여러 가지 체험들의 특수한 체험질에서 찾았다.

이러한 체험질은 항상 체험하는 인간의 전체와 관련되어 있으며 달리 표현하면 전체의 총합 체험질은 감정이라는 것이다.

감정은 대략적이고 미분화된 것으로부터 점차 분화되는 개체발생적으로 발달하는 것으로 아동(juvenile)부터 성인에게 이르는 감정의 발달에서 관찰될 뿐 아니라, 실제적으로 근거한 체험(experience)에서도 볼 수 있다. Krueger는 감정의 본질적 특징을 다음과 같이 두 가지로 구별했다.[2]

① 의식을 채우는 폭 즉 각각의 감정은 체험의 전체 범위를 전체적으로 파악하고, 각 체험을 전체적으로 포괄하고 영향을 주며 강조한다.

② 온정과 무게에 차이가 없는 것, 무차별과 온정은 같은 의미가 아니다. 온정은 모든 감정의 특징은 아니기 때문이다. 예컨대, 의무감을 따뜻한 것과는 달리 무겁게 기술되며 무차별적인 것으로 온정의 특징은 없다.

크뤼거는 감정의 특수한 심층 차원을 인간핵(person-kern)에의 접근으로 나타냈으며, 레르슈는 내면성(innerlichkeit)의 개념으로 확대시켰다. 결국 Krueger는 체험하는 것과 체험을 구별했다는 점에서 공헌을 하였다.

지각실험을 통해 베르트하이머, 코프카와 쾰러에 의해서 창조된 학파는 지각 및 정신적 체험과 생활에서 명료한 Gestalt의 법칙을 갖는다. 산더에 의하면, 정신은 산만한 전체적인 것을 형성하고 반대로 결합되어 있지 않은 부분들을 형태가 있는 전체적인 것으로 결합하는 것이다.

메츠거는 인간의 측면에서 형성의 힘을 가정했는데, 이는 아무런 도움 없이 주어진 것의 형성을 재촉하는 힘이다. Gestalt 이론은 인간의 심리적 조직은 사리에 어긋나는 것은 견디어 내지 못한다고 보는데, 이는 체험하는 것, 곧 느끼는 것과 객관적 세계와의 관계에 관한 연구에 기초한 것이다.

🍃 6. 합성적 전체성 개념

19세기 말을 지배했던 심리학의 이론으로 해석할 수 없었던 당시의 심리학자들과 철학자들의 자기관찰 결과는 전체성[3] 심리학적 사고방식을 발달시키게 된 동기를 부여했다. 또 다른 한편으로는 전체심리학적 사고방식은 정신적인 것을 물리적인 것과 구

---

2) 김경희(2000), 게슈탈트 심리학, 학지사, pp. 45~46.
3) 全體性: 하나의 전체로서 고찰되는 사물에 특유한 것이라고 생각되는 법칙성(法則性)이나 목적성.

별할 수 있는지 그리고 어떻게 구별되는지에 관한 철학적 기본문제를 고려하게 했다.

많은 의식 내용은 그것이 다만 기본적 부분의 총합으로 생각해서는 설명되지 못하는 특징들을 갖는다는 것이 밝혀졌다. 하나의 멜로디(melody)의 음정과 음색[4]의 총합 이상의 것인 것과 같은 경우이다. 따라서 인간이 체험하는 정신적 처리과정 또는 합성의 체험으로 이해해야 한다.

인간의 정신적 장치는 외계를 수동적으로 반영하는 하는 것이 아니라, 외계에 관한 정보를 제공해 주는 감각지각을 적극적으로 처리하여 그 결과로서 체험된 세계가 되게 한다. 이러한 심리사적 발달을 좀 더 고찰하기로 한다.

오늘날 심리학에서 사용되고 있는 의미의 Gestalt 용어는 Ehrenfels(1859~1932)로부터 시작되었는데 'Gestalt질에 관해서'란 그의 고전적 연구가 발행되면서 널리 알려지게 되었다.

체험과 물리적(physical) 사실이 반대된다는 것을 제안했던 Allesch의 주장은 Muller, Hering, Mach 등의 생리학적 연구에서 중요한 역할을 했다. 공간지각[5]에서 색을 달리한 두 개의 글자를 볼 때, 우리는 같은 모양과 색의 차이를 첫눈에 알아볼 수 있다. 얼굴지각 역시 동일한 지각요소를 포함한다. 이러한 예들은 색의 전위에서 도형의 지각요소의 불변성을 시사하는 것으로 보인다.

마하(Mach, 1838~1916)는 처음으로 현상적인 사실과 물리적 사실 간의 대립을 명확히 했으며 동시에 해석 쉐마를 제공했다.

이는 에렌펠스(Ehrenfels)와 오스트리아 학파에게는 경험적 결과와 마찬가지로 중요하였다. 또한 이성과 감각의 성취의 차이를 의미한다.

이러한 차이는 감각심리학에서 완성되지 못했다. 현상(①인간이 인식할 수 있는 것은 현상뿐이며 현상의 배후에 있는 본체(本體)는 인식할 수 없다는 이론. 늑유상론①. ②현상 이외의 실재는 없다는 이론. 유상론②. ③사물의 표면에 나타나는 현상만을 근거로 한 논의. 유상론③)은 정신적인 것에 대한 모사이론(abbild-theorie)과 백지(tabula-rasa)모델의 의미에서 정신적인 것 자체는 자연과 항상 일치한다고 보았다. 감각적 기능과 지적 기능은 이를 낮은 정신적인 것과 높은 정신적인 것으로 보았을 때

---

4) 임상곤(2003), 정보분석론, 백산출판사, p. ??
5) 空間知覺: 공간에 있는 물건의 방향, 위치, 크기, 모양, 거리를 인식하는 심적 경험. 공간각.

구별이 된다.

분트는 통각이란 용어를 사용하여 정신적 인과관계를 산출이라고 명명했으며 정신적인 것에서 산출되는 것은 부분들의 총합 이상이라고 공식화했다. 분트의 후기에 나온 '창조적 합성'의 개념은 잘 알려진 것이다.

분트가 정신적인 것의 특징을 강조한 것은 모사적으로 지각된 것이 단순한 총계를 넘는다는 의미에서 단순한 모사력을 거부하고, 창조적으로 처리되는 긍정적 결정을 주장하는 것이다.

아리스토텔레스 철학(philosophy)의 추종자였던 브렌타노(Brentano, 1838~1917)에게 존재의 가정 없이 물리적인 것과 정신적인 것을 구별하는 것은 있을 수 없었다. 그는 의도 개념을 사용하여 물리적 현상과 정신적 현상을 대조시켰다. 요약하면, 정신적 현상은 스스로 진행된다는 것으로 정신적 현상들은 일정한 대상이 된다. 심상에는 상상된 것이 있고, 감정에는 느껴진 것이 있다는 것이다. 따라서 정신적 현상을 특징짓기 위해서 지향성(빛, 음파, 전파 따위가 방사되는 경우, 방사 방향에 따라 그 세기가 변하는 성질. 파장이 짧을수록 현저하게 나타남)이란 개념이 가정되었다. 즉 정신적 현상들은 항상 단위로서 주어지는데 이 단위는 단일한 것이 아니라 여러 가지 순간의 다수이다. Brentano는 '의식의 단위'란 용어를 도입했으나 정신적 장치와 높고 낮은 정신주의를 구별하지는 않았다.

퀼페(Kulpe, 1862~1915)는 Brentano와 분트의 제자로서 정신적인 것과 신경의 사실 복합체를 직접 비교하는 것은 불가능한 것으로 여겼다. Kulpe에게 연합이론은 수용하기 어려운 것이어서 그는 연합이론적 사고 쉐마를 보완할 필요가 있다고 주장했다. Brentano는 지향성 특징을 강조하였고, 분트는 통각, 창조적 합성을 언급했다.

이러한 관점은 오스트리아 학파에 영향을 미쳤을 뿐만 아니라 Gestalt의 생산이론의 이론적 구축에 중요한 것으로 생각된다.

마티(Marty)는 형태질을 '상황들의 총계'라고 정의하고 있어서 여기서도 논리적이고 심리학적인 개념 형성은 일관성이 없어서 가치있는 심리학적 가설들은 약화되었다고 볼 수 있다.

호플러(Hofler)는 형태질을 관계에서 제거했으며, 코넬리우스(Cornelius)는 형태질의 직접성을 주장했다. 뷜러(Buhler, 1879~1963)와 비엔나(Vienna) 심리학파는 '직접성'의 문제로 중재적 입장을 취했다. 후에 Buhler는 동시적인 형태인상과 연속적 형태인상을 구별했다.

형태인상이나 심상가설로 대변되는 형태에 관한 생상모델은 분트의 생산적 합성과 같은 것으로 간주된다. 따라서 생산모델에서는 부분보다는 전체적인 것이 우세하다는 '발생적 우선' 개념과 전체는 부분으로 분리될 수 있다는 분석적 견해는 불가능한 것이다.

후에 회닉스발트(Honigswald)는 생산 개념을 분석적 심리학에 적용시키려고 시도했으나 성공하지 못했다. 다만 그는 생산개념을 기본적 자료의 합성적 처리라고 재정리하였을 뿐이다. 형태화 과정에 대한 합성적 견해는 오랫동안 지지를 받았다. 게멜리(Gemelli, 1878~1959)는 일방적으로 생산 명제를 인정한데 비해서 Buhler와 그의 학파는 중간 입장을 취했다. Buhler는 분석 이외에 Gestalt 형성을 중시했으며, 베르너(Werner)는 분석과 Gestalt 형성을 '창조적 변화'란 개념으로 요약을 하였다.

7. 발생학적 · 심리학적 전체성 개념

학문을 자연과학과 동일시했던 시기에 몇몇 철학자들, 로째(Lotze, 1817~1881), 페히너(Fechner, 1801~1887), 립스(Lipps) 등은 역사적인 것, 생활, 가치 등을 고유의 학문적 대상으로 하고 고유한 방법을 가지고 이를 다루려는 학문적 입장에 있었다.

전체적 관점에서 역사와 생활에 관한 연구를 한 딜타이(Dilthey, 1833~1911)에 의하면 역사적 생성, 일회성 그리고 유사한 상황을 획일적 방법으로 접근하는 것을 불가능한 것으로 보았다. 양화, 추상적 요소, 인과적 환원 등은 Dilthey에게는 생활, 성격, 역사적인 것 등을 파악하는데 적합하지 않은 것으로 보았다. 이러한 상황을 설명하는 것을 거부하였으며 반면 이해하는 측면을 중요시하였다.

이러한 일반적인 방법론적 주장과 관련하여 Dilthey는 '이해하는 것(분석)'과 설명적 심리학을 구별을 하였다.

또한 Dilthey는 생활관계로서 존재하는 것으로 공식화하였으며, 이 생활관계는 연속되는 순간의 합계나 총체가 아니라 모든 부분들이 연결되어 있는 관계에 의해서 구성된 단일성이라는 것이다. 다시 말하면, 생활관계는 부분(part)-전체(totality)-관계인 전체성의 관계인 것이다. 예를 들어 의지, 충동, 감정 등 내적 추구 등의 개념 과정을 제공하며 모든 체험에 의미를 부여한다. 어떤 때는 생활관계나 내적 추구의 전체이고, 또 다른 경우의 생활관계는 인식관점의 기초를 형성한다.

이러한 체험을 고려할 때 감정, 생각 등과 같은 체험의 경우들은 전체의 부분들을 형성한다. 이 전체는 체험의 의미이다. 모든 체험은 이러한 방식으로 집중되지만 다른 한편으로 모든 체험은 다시 생활의 전체관계에 관련이 된다.

Dilthey는 생활을 이해관계라고 보았으며 또한 생활을 이해하는데 있어서 모든 현상, 모든 내적 추구와 체험으로 회귀한다고 주장을 하였다. 이러한 주장을 요약하면 생물학적 목적관계, 이해관계(개별적인 것에 의미부여), 구조관계(개별적인 것으로서의 회귀)로 볼 수 있다.

또한 피트만(Petermann, 1929)은 현상의 근본적인 방향전환을 주장했으며 마티우스(Martius, 1912)는 현상을 처음에는 전체로서 보고 그 다음에 분석하는 분트식의 상황합성 원리를 비판(criticism)을 하였다. 생산이론에서는 상황에 따라 나타나는 창조적 합성 원리 대신에 코프카식의 창조적 분석이 등장해야 된다는 것이다.

이와 유사하게 코프카는 베누씨에 반대해서 지각의 비추론성은 지각에서 나오는 것으로 가정을 하였다.

지각(perception)을 지각 전체의 부분으로서 이해한다면, Dilthey가 주장한 의미부여와 비슷한 상황으로 볼 수 있다. Gestalt 이론의 체계모델에 따르면, 의미부여는 부분의 기능적 확실성으로서 Gestalt에 의해서 정확하게 표현될 수 있다.

Dilthey의 구조개념은 정신적인 것의 전체성에 해당되며 생활의 범주적 확실성을 위한 생물학적으로 활력에 찬 노력과 밀접하게 연관되어 있다. 신활력론자, 생물학적인 전체주의자의 주장과 같은 Dilthey의 개념은 오스트리아 학파의 형태질에서와 같이 생활 전체성(여러 사물이 전체적으로 하나의 유기적인 체계를 이루고 있는 성질)을 가정하고 있다.

구조주의(structuralism, 어떤 사회 현상에서 각각의 요소들보다 서로 얽혀서 기능적 연관을 이루는 하나의 얼개를 우위에 두고 파악하려는 사회학·철학의 한 경향. 프랑스 인류학자 레비스트로스가 소쉬르의 구조 언어학을 응용하여 체계화한 지적 경향이다)의 관점을 인정하는 슈테른(Stern)의 인격주의(자각적이고 자율적인 인격에 절대적인 가치를 부여하고, 이것을 기준으로 하여 모든 것의 가치를 평가하려는 사상.

칸트(Immanuel Kant, 1724~1804)의 윤리학 따위가 대표적이다. 인격설, 인격적 유심론)도 이와 유사하다고 볼 수 있다. Stern은 정신적인 것의 모든 개별 현상이 분류되는 관계성을 추구하였으며, 롯체는 '의식의 단일성'을 학문 연구의 목표로 삼았다고 볼 수 있다.

그리고 라이프치히 학파(Die Leipzige Schule)의 발생학적 전체성 심리학은 1917년에 Leipzige에서 분트의 후계자인 크뤼거가 그의 동료들인 클램(Klemm), 산더(Sander), 폴켈트(Volkelt), 벨렉(Wellek), 루더르트(Rudert) 등과 함께 한 노력의 결과이다. Wellek은 전체심리학의 기본 확신을 다음과 같이 표명을 하였다. 즉 전체주의(Holism), 정서주의(Emotionalism), 사회-진화주의(Social-Evolutionism), 반현상주의, 물질주의(정신적인 가치인 예술, 종교 등을 무시하고 의식주 등 물질 문제를 중요시하는 주의)가 바로 그것이다.

크뤼거는 립스의 '현실적 자아'의 이론에 영향을 받아서 정신적인 것의 객관적-이상적 물질주의와 정신의학(정신병리학)의 재건을 위해서 노력을 하였다. 크뤼거는 의식심리학으로부터 전향하여 심리학의 현실적 전체성을 인정할 것을 주장했다. 현실적 전체성은 현상주의에서 순수하게 현상으로 되지 않는 구조이다.

여기서 전체성(全體性, 하나의 전체로서 고찰되는 사물에 특유한 것이라고 생각되는 법칙성(法則性)이나 목적성)을 현실로 간주하는 것은 현존재가 아니며 또 전체성은 Kant의 오성(rationalism, 합리주의, 이성론, 순리론(純理論); 이성주의. empiricism, sensationalism), 즉 현상으로 나타나는 것이다.

전체성은 현상과 체험의 소질적 존재 이유에 대하여 현실적이고 필요한 전제조건이라는 것이다.

이와 유사한 맥락에서 Wellek은 귀납적 존재론(존재 그 자체 또는 가장 근본적이고 보편적인 규정에 관한 학문)을 언급하였다. 인식론(인식 자체의 반성이나 그 기원, 본질, 방법, 한계 등을 연구하는 철학의 한 부문. 지식 철학)의 과정에서 볼 때 크뤼거의 입장은 이원론적인 것은 아니다. 크뤼거의 존재 가정은 심리적 존재, 곧 개인의 초개인적 심리구조에 적용되었다. 이 가정은 심리적 소질의 전체적 구조로서 사회적인 것이다. 처음부터 구조적 존재 자체는 전체-부분의 범주 개념으로 파악되었다.

개인적 존재는 초개인적 구조, 즉 사회구조의 부분이다. 이러한 주장을 한 내용은 사회심리학에 큰 영향을 미쳤다고 할 수 있다.

1900년부터 크뤼거는 심리학적 음향학(음향의 발생, 전파, 성질, 현상, 진동, 이용 등을 연구하는 물리학의 한 분야)에 관한 연구에서 복합질과 감정에 관한 그의 이론을 발달시켰다. 크뤼거는 Gestalt 체험에서 복합질로서의 감각적 체험을 개념적으로 분리시켰다.

전체성 심리학의 개념형성(concept formation)에는 일반적인 규정들이 있다. 즉 전체의 직접성, 총체성, 다수성(복잡한 단일의 의미) 전체를 발생학적으로 보아서 부분보다 우월하고 부분보다 우선한다는 것, 부가적 증가에 대한 주제로서 성장 등이 바로 그것이다. 전체성(하나의 전체로서 고찰되는 사물에 특유한 것이라고 생각되는 법칙성(法則性)이나 목적성)은 넓은 의미에서 의미가 있는 것이다. 전체성은 단순한 체험으로 나타나는 현상적인 개념, 현상에 대한 추상적 조작의 총체로서 기능적 개념, 전체를 방법으로 보는 방법적 개념 그리고 법칙적으로 또는 설명 원리를 가정하는 현상적 개념들로 구별이 되는 것이다.

8. Gestalt의 비판

구조주의(structuralism)에서는 시야 내에 있는 색채와 명도의 분배를 분석할 때, 순수하게 시각적 경험이 완성되는 것으로 접근을 하고 있다. 이러한 구조주의적 접근은 역사적으로 베르트하이머, 코프카와 쾰러로 대표되는 Gestalt 이론에 의해 강한 비판을 받았다.

이 학문들은 신경계의 기초는 빛에 대한 개별적 부분에 대한 반응이 아니라, 형태에 직접 반응하도록 고안되어 있다고 주장을 하였다. 즉 기본 색체감각을 생산하는 개별적 반응인 개별 수용기(귀, 눈, 코 따위와 같이 외부의 자극을 받아들여 뇌에 전달하는 감각기관) 대신에 신경계(몸의 각 기관계(器官系)를 연락하여 하나의 유기체로 통일하는 한 계통의 기관. 중추신경계, 말초신경계 등으로 구별됨)의 형태는 광범위한 전기적 과정에 기초를 두고 있으며 눈에 들어오는 빛의 모양과 배치에 의해서 반응하지만 완전히 결정되는 것은 아니기 때문이다.

이러한 전기적 과정은 조직의 내적 법칙에 의해서 신경계 내의 것으로 되며 지각은 형태에 따르는 동형이 되는 것이다. 형태에 대한 많은 선구적 연구는 Gestalt 심리학자들에 의해서 수행되었는데 이는 구조주의(structuralism)의 분석적 접근에 반대되며 기초가 되는 뇌 과정의 조직 법칙을 발견할 수 있는 장점을 나타내는 것이다.

구조주의자나 Gestalt 접근에서 생기는 중요한 문제는 경험의 요소가 전체의 속성을 설명하는데 사용될 수 있는지, 또는 형태지각이 선천적(inborn)인 것인지 아니면 학습된 것인지에 대한 의문에서 생기는데 이는 아직까지 해결되지 못하고 있다. 그리고 형태지각에 관한 Gestalt 연구의 포괄적 개관은 코프카와 메츠거의 연구에서 볼 수 있으며 그 포괄적 조사는 하케(Hake)의 연구에서 알 수 있다.

🍃 9. 착시와 잔상

1) 기하학적 착시[錯視, optical illusion]

착시는 일반적으로 형태지각의 과정들을 이해하는데 중요한 단서를 제공해 주므로 대단히 중요하다. 착시(optical illusion)의 정도를 평가하기 위해 사용되는 양적 방법에는 적응방법 또는 항상적 자극 방법들이 있다.

유형의 변화에 따라 착시가 어떻게 달라지는가에 관한 양적연구는 지금까지 알려지지 않았던 효과를 분명히 하였다. Finger와 Spelt는 수평(horizontality)-수직(perpendicularity) 착시(illusion)를 보이는 보통 T형태는 이분된 가로대 때문에 영향을 받았다는 것과 착시는 L형태에서 더 적은 것으로 표시된다는 것을 증명했다.

수평-수직 착각에 관한 측정적 연구는 퀴나파스에 의해 연구되었으며 산더 평행사변형은 Ipsen에 의해서 뮐러-라이어 도형과 그 변형체의 착시는 Heymans와 Judd에 의해서 연구가 되었다. Heymans는 착각은 각의 코사인(cosine)에 비례한다는 것을 그리고 Judd는 뮐러-라이어 도형의 바로 옆의 모든 공간적 관계는 왜곡된다는 것을 각각 알아냈다.

그리고 Heymans는 Zollner 유형의 착시를 연구하며 각 w가 30도였을 때 가장 효과가 컸다는 것을 발견하였고 Ponzo의 착시는 Sickles에 의해서 Oppel, Kundt의 착시는 Knox, Lewis, Spiegel에 의해서 연구되었는데, 이들은 모두 세분화되어 나누어진 선들이 가장 과대평가되었을 때 가장 많은 수의 세분화가 생긴다는 것을 발견하였다.

Hoffman과 Bielschowsky는 선의 방향이 장에 겹쳐진 선의 뚜렷한 경사에 어떤 영향을 미치는가를 측정했는데 이 연구는 헤링, 분트 그리고 에렌슈타인과 올비슨 유형과 같은 각의 착시(optical illusion)에 접합한 것이다.

착시를 설명하는 이론에는 '눈의 운동이론(eye movement theory)'과 '감정이입이론(empathy theory)' 등이 있다.

그리고 외계 사물의 객관적인 성질(크기, 형태, 빛깔 등의 성질)과 눈으로 본 성질 사이에 차이가 있는 경우의 시각을 가리킨다. 이와 같은 차이는 항상 존재하므로 보통은 양자의 차이가 특히 큰 경우를 착시라고 한다. 따라서 착시의 현상은 시각 일반에 통하는 원리에 따르는 것이므로, 착시(optical illusion)의 연구는 시각의 일반원리를 규명하는 것에 연결된다.

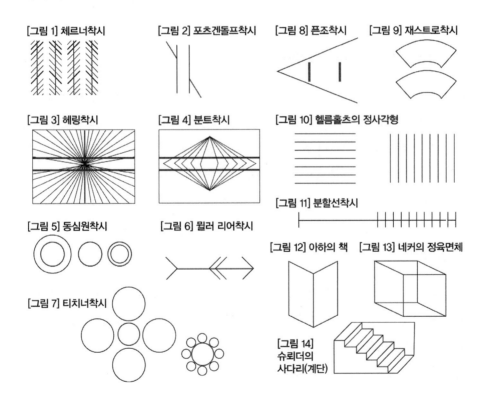

[그림 1] 체르너착시
[그림 2] 포츠겐돌프착시
[그림 8] 픈조착시
[그림 9] 재스트로착시
[그림 3] 헤링착시
[그림 4] 분트착시
[그림 10] 헬름홀츠의 정사각형
[그림 5] 동심원착시
[그림 6] 뮐러 리어착시
[그림 11] 분할선착시
[그림 7] 티치너착시
[그림 12] 아하의 책
[그림 13] 네커의 정육면체
[그림 14] 슈뢰더의 사다리(계단)

착시로는 기하학적 착시, 원근(遠近, distance)의 착시, 가현운동(假現運動),[6] 밝기나 빛깔의 대비, 요구나 태도에 입각하는 착시 등이 있다. 영화처럼 조금씩 다른 정지한 영상을 제시하면 연속적인 운동으로 보이는 가현운동, 주위의 밝기나 빛깔에 따라 중앙부분의 밝기나 빛깔이 반대방향으로 치우쳐서 느껴지는 밝기와 빛깔의 대비, 공복 시에는 다른 것을 그린 그림을 음식물의 그림으로 잘못 보는 이른바 요구에 입각하는 시각의 변화 등도 일종의 착시라고 할 수 있다.

2) 눈의 운동이론(eye movement theory)

이 이론은 길이의 인상은 한 유형의 한쪽 끝에서 다른 쪽으로 눈을 움직임으로 획득된다는 가정이다. 따라서 수평-수직운동에서 눈의 수직운동은 수평운동보다 더 많은 노력이 요구되므로 수직이 수평보다 길어 보이며 뮐러-라이어 착시에서 바깥으로 향한 선은 안으로 향해 있는 선을 볼 때 보다 눈의 움직임을 더 많게 하기 때문에 바깥으로 향한 선이 안으로 향한 선보다 길어 보인다고 설명이 된다.

3) 감정이입이론(empathy theory)

립스는 건축의 미적 효과를 관찰자가 자기의 행위에 따라서 정서적으로 반응한다는 가정에서 설명하고자 하였다. 수직선은 중력에 저항하려고 더 많은 노력을 요구하므로 같은 길이의 수평선보다 더 길게 보인다. 뮐러-라이어 유형의 오른쪽 부분은 확장을 왼쪽은 한계를 보여주므로 오른쪽이 더 길게 보인다. 이 이론은 특정한 표현적 예술 분야에서는 예측적일 수 있으나, 착시의 지식을 분화하지는 못하고 있다.

4) 장요인

Gestalt 이론에 의하면, 착시는 전체적 장이 어떤 부분의 외양에 영향을 미치는 단순한 사례일 뿐이다. 착시에 관한 특수 장이론은 Orbison에 의해서 잘 알려졌다. 가현운동과 관련지어서 Brown과 Voth가 제안한 바에 의하면 Orbison은 매력의 힘이 시야에 있는 선 사이에서 작용한다는 것과 이러한 힘이 망막(retina)의 위치에 고정된

---

6) 假現運動: 실제로 움직이지 않는 대상이 어떤 조건 아래에서 움직이는 것처럼 보이는 운동. 가상(假象) 운동.

선을 그대로 유지하는데 작용하는 억제의 힘과 갈등을 일으킨다는 것을 주장하였다.

이 두 가지의 힘은 분트와 헤링이 연구했던 것과 같은 착각을 낳게 하므로 Orbison의 이론을 검증하기 위해서 특수도형들이 고안되었다. 선들이 어떤 장에서든지 매력과 억제의 힘은 동일하게 되려는 평형(equilibrium)의 위치가 있을 것이며 장에 포함되는 어떤 선은 평행위치에 대해서 왜곡될 수 있을 것이다.

5) 조망이론

조망이론은 종이 위에 있는 뚜렷한 선의 길이는 전경(panorama)으로 해석되는 조망에 의해서 영향을 받는다는 이론과 유사한 혼란이 실제 세계에서도 단서를 잘못 사용하여 생길 수 있다는 이론, 이 두 가지 이론을 결합한 것이다. 예를 들어 뮐러-라이어 착시에서 경사진 것은 조망을 의미하며 또 조망 법칙에 의하면, 오른쪽에 있는 수평선은 왼쪽에 있는 수평선(horizontal line)보다 길게 보이게 되며 수평-수직 착시에서와 같이 그림의 수직선은 수평선보다 상대적으로 길게 보인다는 것이다.

이 조망이론은 대부분의 착시에 적용되고 있는데 특히 문화 간 차이의 설명을 하는데 많이 사용이 되고 있다. 조망이론은 항상성 이론으로도 사용이 되고 있는데 이 이론은 많은 착시현상을 설명하는데 그럴듯해 보인다. 그러나 이 이론으로 타당하게 설명되지 않는 착시들도 있다. 이러한 단점을 보완하는 이론이 대비와 혼돈이론이다.

6) 대비와 혼돈이론(confusion theory)

혼돈이론은 뮐러-라이어가 처음 주장한 교차(confluence)에 의해서 설명된다는 점에서 교차이론과 흡사하다. 많은 기하학적 착시에 대한 헬름홀츠의 설명은 대비에 의한 것이다. 교차는 본질적으로 부적대비(negative contrast)이다. 이러한 맥락에서 대비란 용어는 유사한 자극간 또는 확실하게 분리할 수 없는 것으로 보이는 자극간의 지각된 차이는 감소된다는 것을 의미하는 것이다.

기하학적 착각의 경우에 다른 부분과는 근접하게 닿아 있는 유형의 부분들 즉 비교했을 때 다른 자극보다 약간 작은 것에 교차에 의해서 과대평가가 된다. 다른 부분들과 근접해 있지 않은 유형의 부분들 또 다른 자극과 비교했을 때 비교된 자극보다 다른 자극이 더 큰 것은 과소평가된다.

7) 도형 여파에 관한 포화이론

퀼러는 1920년에 대뇌의 시각적 피질에 있는 전기장과 전류(electric current)는 형태지각의 기초라는 것을 주장했다. 퀼러는 동일한 말초적 자극화는 형태의 변화를 가져온다고 하는 Gibson의 효과와 장의 다른 영역은 자극 유형이 변하지 않더라도 도형으로서 교대된다는 도형 가역현상을 이러한 전기의 전류에 의해서 쉽게 설명하였다.

이러한 전류(electric current)들은 망막(retina)의 다른 부분에서 오는 흥분(excite-ment)의 차이에 따라 생기는 전위차(전기장(電氣場), 또는 도체 내의 두 점 사이의 전위의 차. 전압), 즉 피질(皮質, cortex)의 다른 부분들 간의 전위차에 의해서 초래되는 것이다. 전류의 흐름은 경계나 윤곽에 인접한 영역에서 조직의 포화를 낳는다. 포화(saturation)가 증가함에 따라 전류의 흐름은 덜 포화된 영역으로 전환되어 포화는 점진적으로 퍼져간다. 가역도형에서 가역은 포화가 어떤 수준에 도달할 때 생기며 차례로 새로운 영역이 포화되면 가역은 계속된다.

Kohler와 Wallach는 깁슨의 결과를 포함한 광범위한 현상들을 '도형의 여파(figural aftereffects, FAE)'라고 칭했다. 도형의 여파 FAE는 시각의 양상(modality) 및 다른 감각기관에서 많은 연구가 이루어졌다.

포화이론에 대한 비판은 크게 두 가지이다. 하나는 Smith, 헵 등이 제안했던 생리학적 설명에 대한 비판(criticism)이다. 즉 시각피질(visualcortex)의 구조는 전경에 대한 전류의 흐름이론으로 설명되기 어렵다는 것이다. 또 다른 비판은 Prentice, Hochberg, Bitterman, Terwilliger에 의한 것으로 Kohler와 그의 동료들이 제안한 전기적 포화이론은 순응(adaptation), 여파, 지각적 가역에 관한 일반적이고 포괄적인 설명이 되지 못한다는 것이다. 전기적 포화이론은 망막상에 특수위치에 있는 자극화의 유형에 의해서 결정되기 때문이다.

형태와 크기에 있어서 전위, 조직화, 항상성의 문제들은 2차적인 과정 단계에서 취급되어야 하며 형태와 여파를 다루는 것 이외의 신경계[7]의 부분을 다루어야 한다는 것이다.

요약하면, 지각에서 중요한 문제는 전위, 전경-배경 조직화, 착시, 형태 항상성이다.

---

7) 神經系: 몸의 각 기관계(器官系)를 연락하여 하나의 유기체로 통일하는 한 계통의 기관. 중추신경계, 말초신경계 등으로 구별됨.

적절한 자극과 반응측정을 동일시하는데 어려움 때문에 새로운 문제들이 생긴다. 이러한 문제들은 형태지각에 관한 정신물리학을 수립하고자 한 시도와 관련된 것이다.

이러한 문제들에 대하여 세 가지 해결방법이 제안되고 있다. 그것은 인지적 설명, 감각적 설명 그리고 조직화 이론이다.

인지적 설명에 의하면 관찰자(observer)는 객관적인 물리적 자극사태에 대한 지식에 따라 감각적 모자이크(mosaic) 모양의 집합을 수용한다. 이러한 지식은 흔히 단서라고 불리우는 자극유형의 특징에 기초하며, 피험자의 과거경험은 이러한 특징을 알아차리지 못하는 경우에라도 지각된 사물을 해석하도록 한다.

감각적 설명은 시각체계가 감각의 모자이크의 요소와는 다른 자극과의 변인에 대하여 직접 반응하기 때문에 차이가 생긴다는 것을 증명하려는 입장이다.

조직화 이론에서는 전체적인 시각체계는 감각적으로 자극화된 전체적 형태에 반응하기 때문에 망막상의 한 영역의 지각 특성과 그에 해당하는 시각장(visual field)의 특징 사이에는 일치되는 관계가 없다는 것을 주장하고 있다.

따라서 자극 유형의 외양은 조직화(organization)를 결정하는 인자의 수나 또는 보다 일반적인 최소원리에 의존하고 최소원리는 자극화 유형과 일치되는 가장 단순한 배열을 지각하는 것을 의미한다고 볼 수 있다.

이 세 가지의 설명은 현재로서 충분히 수용, 부정되지도 않고 있다. 이러한 문제점과 설명은 형태지각뿐 아니라, 공간지각(空間知覺, 공간에 있는 물건의 방향, 위치, 크기, 모양, 거리를 인식하는 심적 경험. 공간각), 운동지각(motionperception) 그리고 정향성에서도 유사하다고 볼 수 있다.

🌱 10. Kohler의 통찰학습

시행착오(trial and error) 학습사태가 학습의 기본법칙을 정확히 반영한다는 행동주의 견해를 Kohler는 부정을 했다. Kohler는 유명한 손다이크(Thorndike)의 문제상자 과제는 합리적 원리(principles)를 문제해결에 사용할 수 있는 피험자에게는 문제가 되지 않는다고 주장을 하였다. 학습(learning)은 문제를 이해함으로써 이루어지는 것이지

Thorndike가 시사한 바와 같이 그것을 우연히 이해해서 이루어지는 것은 아니다.

학습을 연구하려면 의미 있는 문제 즉 문제와 해결(problem solution) 사이에 효과적인 합리적 관계가 있는 문제여야 한다. Kohler는 의미 있는 과제를 통찰학습 과제로 설계하였다.

통찰(discernment)이란 대상들이 심리적 장에서 갑작스런 변화가 생긴 결과라고 Kohler는 언급을 하였다. 통찰에 의한 행동은 하나하나의 자극에 대한 개별적인 반응이 아니고 전체 장면의 형태에 대한 통합된 반응이다. 현재의 장(field)에서 문제는 '간격'에 해당되며, 통찰은 그 간격을 지각하는 것에 해당하고 그리고 통찰에 의한 행동은 그 간격을 지각화하는 것을 말한다.

Gestalt 심리학자에 의하면 임의적인 우연한 연합에 기초를 둔 학습(예: Thorndike의 상자에서 나오기 위해 고양이가 줄을 잡아당기는 행동)과 합리적 관계를 이해함으로써 이루어지는 학습(예: Kohler의 침팬지 실험에서 손에 닿지 않는 바나나를 먹기 위해 상자를 쌓는 행동) 간에는 질적 차이가 있다. 이러한 지적에 의하면 문제상자와 조건화 같은 임의의 연합과제에 기초를 둔 학습이론(learning theory)은 이해에 의한 학습을 설명하는데 부적절하다.

통찰은 보통 사물의 표면(surface)이 아니고 그 속을 보는 것을 의미한다. 그러나 Kohler가 말하고 있는 통찰의 의미는 될 수 없다. 왜냐하면 그는 사태의 본질적인 구조가 공명하고 그리고 볼 수 있어야 한다고 주장한 까닭이다. 통찰은 물론 깊이 들어갈 수 있다. 그러나 중요한 것은 사태를 조직된 전체로 보는 것이다. 지각적인 통찰(discernment)의 기본적인 형식은 Kohler와 다른 동물심리학자들이 많이 한 전위실험(transposition)에 의하여 설명될 수 있다.

⚘ II. 베르트하이머의 이해학습

베르트하이머는 교실에서 아동이 직사각형의 넓이 계산(calculation)을 학습하는 과정에서 연합학습과 이해학습 간의 차이점을 밝혔다. 연합적 방법에는 직사각형의 넓이를 구하는 공식의 원리에 대해 이해 없이 단순히 가로에 세로를 곱하면 넓이를 구한다는 것을 맹목적으로 아동에게 가르친다. 이해의 방법에서 아동은 똑같은 수학을 배우지만 그 산출조작을 사용하는 이유를 가르쳐 준다.

즉 가로에 세로를 곱하는데 왜냐하면 넓이는 도형의 경계안의 양을 의미하기 때문이라는 것을 가르쳐 준다.

아동들은 직사각형 안의 표면을 인접한 변의 가로와 세로를 나타내는 작은 사각형들로 나눈다면 이 사각형의 수를 단순히 세어봄으로서 넓이를 계산할 수도 있다는 것을 배운다. 또한 모든 직사각형(a right-angled tetragon; a rectangle)을 계산하는 방법은 한 변(세로)에 있는 사각형 수에 인접한 변의 사각형 수를 곱하면 된다는 것도 배운다. 즉 아동은 직사각형의 구조적 조직화를 배우게 되는 것이다.

베르트하이머의 견해에 따르면 시행착오는 생산적 사고에서 간섭 이외에는 아무 역할도 하지 못한다. 그는 문제의 핵심을 잊어버리지 않고 지엽단말에 구애되지 않고 우회로나 옆길로 들어가지 않고 문제의 해결로 곧장 갈 수 있다고 주장하고 있다. 진보가 느리고 잘 안 되는 일이 가끔 있다. 그러나 결코 맹목적이 아니고 혹은 우연적 성공에 의존하고 있지 않다. 장면 전체를 자유롭게 편견 없이 보고 문제와 장면이 어떠한 관계에 있는지 그것을 발견해 내서 알려고 하기만 하면 된다는 것이다.

베르트하이머가 생산적으로 사고하는 확실한 방법을 형태원리에서 끌어내지 못하고 있더라도 생산적인 사고가 되려는 사람에게 준 그의 충고(advice)는 전부가 도움이 되는 것으로 볼 수 있다. 장력(surface tension)은 유사성과 같은 이유 때문에 잘못된 처음 인상(impression)을 가지게 된다. 완결성의 경향 때문에 속단을 내릴 우려가 있으므로 거기에 빠지지 말아야 한다. 좋은 형태는 문제가 있는 장면에서 주어진 어떤 것이라기보다는 발견되어야 할 어떤 것이다.

결국 인간은 명료하게 사고하려고 하고 그리고 그렇게 할 수 있다는 것을 베르트하이머는 주장을 한 것이다.

🍃 12. 코프카(Koffka)의 흔적이론

코프카는 학습을 설명할 때 기억 흔적(trace) 개념을 도입했다. 이 개념은 동시에 기억과 망각(forgetting) 현상을 설명할 수 있으며 Lashley, Tolman 등에게 계속적인 연구를 하도록 한 자극제가 되었다. 기억흔적(engram) 이론은 코프카가 지적한 것처럼 가설 수준이었으며 오늘날까지 역사적인 의미만이 있다고 할 수 있을 것이다.

　기억흔적 개념(engram conception)은 현재의 조건을 기초로 해서 과거의 영향을 설명하려는 시도로서 시간 개념을 기억과 망각에 중요한 요소로 보고 있는 것이다.

　우리가 일상생활에서 기술을 획득하고 지각에서의 재조직화와 새로운 관계를 학습하는 것은 기억흔적으로 남는다.

　기억흔적으로 남게 되는 학습은 학습의 재료가 좋은 연속을 가졌을 때, 시간 경과의 길이, 유사성, 친숙성 등에 의해서 결정이 되는 것이다. 반면에 기억흔적(engram, 기억의 흔적, 신경세포 안에 생긴다고 생각되는)에 남는 자료가 왜곡되거나 망각되는 것은 학습재료의 속성이 위에서 언급된 속성을 갖지 못했을 때나 혹은 지각체계 내에서의 재구조화된 간결성, 혹은 재료가 너무 단순해서 조직화되지 않았거나 또는 흔적의 사라짐으로 설명되고 있다.

🌱 13. Lewin의 場 이론

　Gestalt psychology에 많은 연구의 업적을 남긴 학자이다. Lewin은 고전적인 Gestalt 이론가들이 관심을 적게 가졌던 분야, 즉 아동발달, 성격구조의 과정, 집단역학, 집단 간의 갈등, 인간 연구에 관한 방법론 그리고 인간동기의 본질과 같은 문제들에 관심을 가지고 이를 심화시켰다.

　레빈은 무엇보다도 환경의 중요성을 인식하고 광범위하고 일반적인 접근뿐만 아니라 환경을 개념화하는데 예비 기초를 제시했다. 레빈은 계속적인 체계적 연구결과를 기초로 이론적으로나 경험적으로 개념 공식화를 위한 광범위한 방법론적 연구와 인간행동과 경험에 대한 문제의 분석을 공식화하였다.

　행동적 환경 개념은 다른 Gestalt 이론가에서보다 레빈의 경우에 더 분명하지는 않았지만 레빈은 인지과정 자체에 대해서보다는 행동을 결정하는데 있어서 환경의 역할에 더 관심을 가졌다.

　Lewin의 장이론은 행동을 결정하는 모든 요인들을 설명하는 일련의 분석적 도구를 제공하려는 공식적 시도를 나타내는 것이다. 레빈은 초기에 인지과정(cognitive process), 학습(learning), 동기(motive), 갈등(conflict)에 관심을 가졌으나 후기에 성격을 연구하게 되었다. 현상학적이고 전체적인 속성을 모두 가지고 있는 레빈의 핵심 개념 중 하나는 심리적 생활공간이다.

개인이 생활공간[8])은 개인에게 존재하는 전체 환경으로 생각할 수 있다. 이것은 하나의 장으로 특징지을 수 있는데 물리학(physical science)에서의 장 개념(전기장)과 비슷하기 때문이다. 생활공간의 중요한 속성 중 하나는 개인 생활의 여러 요소들이 통합된 정도이다.

본질적으로 레빈은 인간행동이라고 볼 수 있는 활동의 흐름은 인간 내에 있는 요인인 욕구, 가치, 감정 및 성향과 주어진 행동조건에서 지각되는 외적 요인들과의 끊임없는 상호작용(interaction)의 결과라고 생각을 하였다. 레빈은 다음과 같이 그의 생각을 말하고 있다.

'직접 경험의 장에는 우리가 성인 생활에서 다 알고 있듯이 자아(ego)와 환경의 두가지 극이 있다. 다시 말하면, 우리는 우리가 환경에 둘러싸여 있다는 것을 알고 있다. 이 양극(positive pole)은 자력선과 같아서 그 사이에는 역선 혹은 긴장이 있으며 끊임없이 변화하면서 상호작용을 하고 있다.

자아는 단순한 극이 아니라 여러 하위체계를 가지고 있는 복합체(complex)이다. 그러나 자아는 환경에서 일어나는 사건이 유동되는 가운데에서 조금도 정적으로 되지않고 동일성(두 개 이상의 사상, 사물이 서로 구별할 수 없도록 성질이 같은 일)을 유지하고 있다. 그것은 결코 완전히 균형이 잡힌 것이 아니고 완전한 휴식상태에 있는 것도 아니다. 그것은 항상 어떤 곳으로 가고 있다.'

긴장은 자아 안에도 있고 또 자아와 환경 사이에도 있다는 것이 형태심리학(gestalt psychology)의 요지이다. 따라서 인간의 행동을 결정하는 것은 욕구나 자극 대상이 아니라 인간이 경험하는 내적, 외적 영향의 구조 또는 유형이다.

이러한 추론은 레빈의 생활공간의 개념에 잘 나타나 있다. 즉 레빈에 의한 B = f(PE) 공식에서 B = 행동은 성격과 기타 개인요인들(P)과 개인이 지각한 환경(E)과의

---

8) 물리적 공간이 균등한 넓이를 가지는 데 대하여, 주관적인 심리로 파악되는 공간으로, 어떤 순간의 개인 또는 개체의 행동을 규정하는 조건.

상호작용의 함수(f)를 나타낸다.

레빈은 물리적 세계에 대해서 특별한 관심을 나타내지는 않았으나 그의 생활공간 개념은 사회적이고 문화적 환경 이상의 것을 포함하는 것이다. 레빈이 일반적으로 환경을 기술하기 위해서 사용된 용어들은 중요하다. 인간의 생활에서의 대상, 사태 또는 다른 사람들은 개인의 욕구나, 의도를 감소시키거나 증가시키는 능력에 따라 긍정적 혹은 부정적 유인가를 갖게 되는 것이다.

이동(locomotion)은 그것이 개념적, 사회적(social), 물리적(physical)이든간에 목표 영역에서의 위치의 변화를 의미한다. 목마른 사람이 물을 마시러 물을 찾으러 이동하는 경우나, 마음에 드는 여자에게 잘 보이려는 남자의 경우 사회적으로 바람직한 목적을 향해서 이동하는 것 등이 해당된다.

장애(disorder)는 생활공간(물리적 공간이 균등한 넓이를 가지는 데 대하여, 주관적인 심리로 파악되는 공간으로, 어떤 순간의 개인 또는 개체의 행동을 규정하는 조건)에서 이동에 저항하는 경계선이다. 공원의 문이 닫혔으면, 그것은 물리적 장애이고 어떤 젊은이가 그의 상대가 너무 늙었거나 잘난 체 한다고 생각되면 그것은 사회적 장애가 되는 것이다.

Lewin은 의식 즉 개인이 실제로 의식하고 있는 것은 심리학적으로 존재하는 하나의 준거가 될 수 없다고 지적을 하였다. Lewin은 인간이 의식하지 못하는 요인 이외에 심리학적 법칙이 아니라 행동에 영향을 미치는 외적 요인이 있음을 알았다. Lewin의 공식에서 이러한 종류의 현실은 부정되지 않고 있다. 따라서 생활공간의 외적 덮개(foreign hull)는 심리적 법칙이 아니라 '생활공간의 상태에 영향을 미치는 사실'이라고 정의된다.

성격이론에 대한 Lewin의 관심은 점차 사회심리학으로 확장되어갔다. 그는 사회적 공간을 정치적, 경제적, 문화적 그리고 물리적 사건 등 많은 요인들의 상호작용으로 기술하려 했다. 이러한 시도는 사회집단 간의 상호작용인 집단역학(group dynamics)의 연구를 초래했다. Lewin은 이러한 문제는 실용적 의미가 있다는 것을 깨닫고 사회 변화를 일으키기 위하여 계획된 행위연구(action research)로 알려진 운동을 시작하였다.

초기 노력의 하나는 제2차 세계대전 후에 조성된 인종혼합 주택단지에서 흑인과 백인 사이의 관계를 개선시키는 것이었다. 또 다른 행위 연구는 감각 훈련이었다. 이는 참가자들이 탈억제적으로 자신을 표현하는 감각 훈련(sensitivity training)기법이다.

이 기법은 교육과 산업체에서 집단간 그리고 집단 내 갈등(conflict)을 줄이고 개인의 잠재력을 개발시켜주기 위해 사용되었다.[9]

　그 후 많은 변형된 형태가 만들어졌는데 감각 훈련기법은 인본주의 심리학자들이 기본적인 치료 절차로 수용을 하였다. 인본주의(humanism) 심리학은 기본 전략으로 인간을 통합된 전체로서 보아야 한다는 점과 인간을 근본적으로 선량하고 창조적인 존재(existence)로 지각(perception)하며 심리적 건강연구에 역점을 둘 것을 강조하고 있다. 전체주의적 입장을 가진 인본주의(humanism) 심리학자(psychologist)들로는 Allport, Maslow, Rogers(앞 페이지 참조) 등이 있다.

---

9) 임상곤(1995), KMA(한국능률협회) 갈등관리론, KMA출판사.

부록

용어해설

性格心理學論

부록   용어해설

 가

- **가치연구**(study values): 한 사람의 삶에서의 기본적 가치들을 알아내기 위하여 Allport가 개발한 검사

- **가치의 조건**(conditions of worth): 아동이 사랑, 인정, 관심을 받을 수 있게 하는 가족 내의 조건 혹은 규칙들

- **감정이입**(empathy): 타인의 감정에 대한 대리적 감정반응

- **강화가치**(reinforcement value): Rotter의 이론에서, 강화들이 발생할 가능성이 모두 똑같을 때 한 강화를 다른 것들보다 선호하는 정도

- **개성화**(individuation): Jung에서 자기성의 성취로 결정을 이루는 결정

- **개인무의식**(personal unconscious): Jung의 개념으로서, Freud(오스트리아의 정신분석학자, 의학자; 1856~1939)의 전의식과 유사함

- **고유자아**: Allport에 따르면, 개인이 자기 자신의 것이라고 간주하는 성격 내 모든 것

- **고전적 조건화**(classical conditioning): Pavlov(러시아의 생리학자; 1849~1936)가 처음 강조한 조건화 혹은 학습형태로서, 한 무조건자극(unconditionedstimulus 예: 음식)을 이전에 중립적이었던 한 자극(예: 소음)과 계속 짝지음으로써 무조건자극에 대한 반응을 중립적 자극에 조건화시킴

- **공격**(aggression): 타인에게 해를 끼치려는 시도. 어떤 학자들은 이 해를 물리적 피해에 국한시키는 반면, 다른 학자들은 심리적 피해도 포함시킨다. 또 다른 학자들은 해를 끼치려는 의도 또한 있어야 한다고 주장한다.

- **관찰학습**(observational learning): Bandura와 연관되는 용어로서, 살아 있는 혹은 상징적인 모델을 관찰함으로써 학습하는 것을 말함. 대리학습이라고도 함

- **구강기**(oral stage): Freud의 이론에서 입이 주된 쾌락영역인 최초의 심리성욕 단계

- **구성기법**(construction techniques): 피검자들이 자극들에 대하여 이야기를 만들거나 그림을 그리는 투사검사들
- **꿈의 해석**(dream interpretation): 환자들이 자기의 문제들의 본질을 통찰하도록 도와주기 위하여 꿈의 상징과 의미를 전해주는 정신분석적 방법
- **그림자**(shadow): Jung에서, 인간본성의 어둡고 악한 면을 구현하는 원형
- **기관열등**(organ inferiority): Adler에서, 개인에게 열등감을 자극하는 한 신체기관의 선천적 약함
- **기대**(expectancy): Rotter의 이론에서, 한 특수한 행동의 결과로 한 특정한 강화자극이 발생할 것이라는 주관적 확률
- **기본정신연령**(basal mental age): 피검사자가 Stanford Binet 상의 6개 문항 전부를 맞춘 최저 연령수준
- **기저선 단계**(baseline phase): 한 특정한 강화자극이 도입되기 전의 한 행동의 빈도
- **길포드-지머만 기질조사지**(Guilford-Zimmerman temperament survey): 10개 traits 상에서의 개인의 위치를 알아내기 위해 만들어진 요인분석을 통해 개발된 검사

나

- **남근기**(phallic stage): Freud의 이론에서, 성기가 관심과 쾌락의 초점이 되는 제3의 심리성욕 단계
- **남근선망**(penis envy): Freud의 이론에서, 남근을 가지고 싶은 여아의 욕망. 일생동안 지속되며, 아이를 갖고자, 권력을 얻고자 하는 등의 소원은 이 때문이다.
- **남성적 저항**(masculine protest): Adler에 따르면, 남성다움은 종종 권력과 동등하게 여겨진다. 이렇게 해서 개인들은 특히 여성들을 종종 자기를 주장하고 지배적이 됨으로써 우월을 추구한다. 여성이 지배적 가족성원이라는 것을 알게 되는 아동들에서는 여성적 저항이 발생할 수 있다.
- **내배엽형**(endomorphy): Sheldon에 따르면, 내장구조가 잘 발달된 것이 특징인 체형
- **내장형**(viscerotonic): Sheldon에 따르면, 흔히 내배엽형의 특징이 이완되고, 편안함을 좋아하고, 사교적인 기질
- **내재적 통제**(internal control): Rotter의 이론에서, 강화의 성취여부가 스스로의 노력 여부 때문이라는 신념 혹은 기대: 외재 통제와 반대
- **내적 일관성**(internal consistency): Freud가 한 사례에 관한 가설들을 검증하기 위하

여 그 환자의 말과 행동에서 거듭하여 일관성을 찾는 방법

- **내향성**(introversion): Jung에서 정신 발동이 주관에 치우치는 기질. 내성적이고, 자기 세계에만 유폐되려는 성질. 내성적이고 소극적인 지향, 사교보다는 관념들에 관심. 외향성과 반대. Eysenck가 널리 사용하는 용어이기도 함

- **내현성격이론**(implicit personality theory): 타인의 traits가 어떻게 서로 맞추어져서 그 성격을 형성하는지를 설명하기 위한 이론을 누구나 발달시킨다는 생각

- **능력특성**(ability traits): Cattell에 있어서 목표추구의 효율성을 결정하는 traits

 다

- **다변인 연구책략**(multilateral research strategy): 한 번에 동일인에게서 여러 가지 측정을 함. 변인들을 실험적으로 조작하지 않음

- **대리강화**(vicarious reinforcement): 한 모델이 강화를 받는 것을 관찰함으로써 강화를 받음

- **대리학습**(vicarious learning): Bandura와 연관되는 용어로서, 실물 혹은 상징적 모델을 관찰함으로써 학습하는 것을 말함. 관찰학습이라고도 함

- **대인신뢰척도**(interpersonal trust scale): 일반화된 문제해결 대인신뢰기대를 측정하기 위하여 Rotter가 개발한 검사

- **도덕적 불안**(moral anxiety): Freud의 이론에서 초자아 처벌의 위협에서 비롯되는 죄의식

- **독립변인**(independent variable): 종속변인에 미치는 효과들을 알아내기 위하여 연구자가 의도적으로 조작하는 요인

- **두뇌형**(cerebrotonic): Sheldon에 따르면, 흔히 외배엽형들을 특징짓는, 수줍어하고, 내성적이며, 조용한 기질

라

- **로샤검사**(Rorschach test): 잉크의 얼룩처럼 그린 여러 장의 그림을 제시하고 느낀 대로 설명케 하여 그 사람의 성격, 정신상태를 판단하는 방법. 널리 사용되는 투사검사

- **리비도**(libido): Freud의 이론에서 삶의 본능을 책임지는 에너지

마

- **모델링**(modeling): 살아 있는 혹은 영화 속의 모델에 의해 원하는 행동을 보여주는 행동적 기법
- **무의식**(unconscious): 정신분석 이론에서 자아나 의식적 사고로 접근할 수 없는 정신영역

바

- **바이오피드백**(biofeedback): 특별한 장치에 의하여 여러 자율 및 체성 신경계로부터 피드백을 줌. 두통, 고혈압 등을 치료하기 위하여 사용
- **반동형성**(reaction formation): 정신분석이론에서 불안을 일으키는 한 충동을 그 반대로 대치시키는 방어기제(예: 타인에 대한 증오가 사랑으로 체험되는 현상)
- **반응양식**(response style): 피검자가 문항의 내용에 상관없이 한 특정한 방식(예: 찬성 혹은 반대)으로 반응하는 경향
- **반응적 행동**(respondent behavior): 자극에 대한 반응으로 나오는 행동
- **법칙정립적**(nomothetic): 다수의 개체들에서 얻은 자료를 종합함으로써 보편적 법칙들을 탐색하는 것에 초점을 두는 접근
- **변별자극**(discriminative stimulus): 어느 한 특별한 반응이 보상받을 가능성이 높다는 것을 나타내 주는 자극
- **보상**(compensation): Adler에서 열등감을 극복하기 위하여 신체적 및 정신적 능력들을 발달시키는 것
- **본능**(instincts): Freud 이론에서 근원, 목표 및 대상을 가지고 있는 무의식적 소원들의 집합
- **분석심리학**(analytical psychology): Jung의 성격이론을 기술하는데 사용되는 용어
- **불안**(anxiety): 막연한 공포, 생리적 흥분 및 숨가쁨, 가슴뜀 등의 신체적 증상들로 특징지어지는 불쾌한 정서적 흥분상태. 성격이론가들마다 이 개념을 약간씩 다르게 정의한다.
- **비만형**(pyknic): Kretschmer에 따르면 조울증 반응의 성향이 있는 둥글고, 땅딸하고, 무거운 사람들의 체형
- **B형 성격**(type B personality): A형 특징들이 없는 개인

사

- **사회적 용인성**(social desirability): 문항들에 사회적으로 용납될 수 있는 반응을 하려는 경향으로 특징지어지는 반응양식

- **사회학습이론**(social learning theories): 사회적 맥락 속에서의 학습과 인지과정들의 역할을 강조하는 이론

- **삶의 본능**(life instinct): Freud의 이론에서 행동의 긍정적 혹은 건설적 부분을 책임지는 본능. 에로스라고도 함

- **상위구성개념**(superordinate construct): Kelly의 체계에서 한 사람의 구성개념 체계에서 지배적 영향력을 발휘하는 구성개념

- **생식기**(genital stage): Freud의 이론에서 이성성적 충동 및 행동의 성숙한 발달이 일어나는 마지막 심리성욕 단계

- **서열모형**(hierarchical models): g요인들의 우세한 역할을 강조하며 g요인들이 s 요인들에 영향을 미친다고 하는 지능모형

- **성격**(personality): 시간, 상황이 달라져도 지속하며 한 사람을 다른 사람과 구별짓는 특징적 생각, 감정, 행동들의 패턴

- **소거**(extinction): 보상이 계속 발생하지 않으면 학습된 반응이 없어짐

- **소년기**(juvenile era): Sullivan의 이론에서 초등학교 기간을 지속하는 발달단계

- **소외**(alienation): 사람들이 자신의 체험에서 분리되었다거나 떨어져 있다고 느끼는 상태

- **스트레스**(stress): 다양한 불쾌감 그리고 위험한 사상들에 의해 산출되는 심리적 및 생리적 상태

- **승화**(sublimation): 정신분석이론에서 본능적 충동들이 사회적으로 바람직한 목표들로 전환되는 방어기제

- **신경증적 불안**(neurotic anxiety): Freud의 이론에서 무의식적 이드 충동들이 표출되려고 한다는 위협의 인식

- **신체형**(somatotonic): Sheldon에 따르면 중배엽형들의 특징인 활동적, 주장적, 정력적인 기질

- **신프로이드학파**(neo-Freudians): 사회적인 맥락을 부여하기 위해 Freud의 이론을 수정한 정신분석학자들의 집단. Horney, Fromm, Sullivan 등의 학자

- **심리사회적 이론**(psychosocial theory): Erikson의 성격이론을 기술하는데 사용하는 용어

• **심리역사학**(psychohistory): Erikson과 연관되는 연구방법으로서 한 사람의 삶의 주요주제들을 특정한 역사적 사건들과 관계를 시킨 학문

아

• **애니마–애니무스**(anima, anmus): Jung의 이론으로서 남성의 여성적인 면(애니마)과 여성의 남성적인 면(애니무스)을 나타내는 원형들

• **압력**(press): Murray의 이론에서 목표성취를 돕거나 막는 환경적 요인들

• **억압**(repression): 정신분석이론에서 자아를 위협하는 생각 및 충동들이 무의식으로 추방되는 무의식적으로 결정되는 방어기제. Dollard와 Miller에게는 그것이 '생각을 멈춤'을 가리킨다.

• **에르그**(Erg): Cattell에게, 역동적 체질적 근원 trait로서 선천적이고, 개인에게 동기를 부여하며, 수많은 표면 trait를 결정한다.

• **SORC**: 행동주의적 임상가가 다음 네 종류의 변인들의 측정평가에 관심을 가지는 것을 뜻한다. 자극(stimulus), 유기체 변인(organismic variables, 물질이 유기적으로 구성되어 생활 기능을 가지게 된 조직체. 곧, 생물을 이름. ↔무기체(생활 기능이 없는 물체(광석, 물, 공기 등).↔유기체, 반응(responses), 행동의 결과 (consequences of behavior)

• **A형 성격**(type A personality): 관상동맥성 심장병에 걸리기 쉬운 사람으로서 경쟁심, 공격성, 적은 시간에 보다 많이 하려는 욕망 등이 특징임

• **XYY남성**(XYY males): 남성 염색체(染色體), 곧 Y염색체를 하나 더 갖고 있는 염색체 이상(異常); 저지능, 공격적이 됨

• **Electra complex**: Freud의 이론에서 남아의 Oedipus complex에 준하는 여아의 complex

• **역조건화**(counterconditioning): 바람직하지 않은 반응과 양립될 수 없는 바람직한 반응을 조건화시킴(반대 조건부여)

• **연상기법**(association techniques): 피검자들이 자극들에서 받은 인상을 보고하는 투사검사들

• **열등 complex**(inferiority): Adler에서 다른 사람들보다 열등하다는 강한 감정

• **Oedipus complex**: Freud의 이론에서 이성의 부모에 대한 성적 갈망. 남근기에 발생

- **외배엽형**(ectomorphy): Sheldon에 따르면 골격이 섬세하고 약하고 근육이 빈약한 것이 특징적인 체형. 두뇌형 기질을 가진다고 함

- **외향성**(extraversion): Jung에서, 외부세계를 향함. 보통 사교성과 친절함이 두드러짐. 내향성과 반대. Eysenck가 널리 사용하는 용어

- **요인분석**(factor analysis): 상호상관들의 행렬에서 traits나 반응들을 동질적 집단들로서 배열하는 수학적 기법

- **욕구가치**(need value): Rotter의 이론에서 한 주어진 욕구를 구성하는 한 집단의 서로 관계된 강화들의 가치

- **원형**(archetypes): Jung에서, 집단적 무의식의 구조적 요소들

- **유동지능**(fruid intelligence): Cattell에 따르면 생물학적 능력에 의해 결정되는 능력

- **의식**(conscious): 어느 한 주어진 순간에 스스로 의식하는 감각, 지각, 체험, 기억들

- **이드**(Id): Freud의 이론에서 생물적, 본능적 추동들로 구성된 깊은 무의식적 성격 부분. 그 목표는 충동들의 즉각적 충동이다.

- **이차과정**(secondary process): Freud의 이론에서 자아가 채용하는 원칙으로서, 개인이 본능적 욕구들의 충족으로 위험에 처하지 않도록 인지적 및 지각적 기술들이 도움을 줌

- **이차적 추동**(secondary drive): 공포, 죄책, 인정에 대한 욕구 같은 학습된 추동

- **인상학**(physiognomy): 성격분석의 방법으로서 외양에서 특히 얼굴의 표정 및 모양에서 성격특징들을 추리함

- **일차과정**(primary drive): Freud의 이론에서 한 추동을 충족시킬 대상의 심상을 형성함으로써 긴장을 감소시키는 이드과정

자

- **자기도취**(narcissism): 자기 자신에게 지나친 주의를 집중하는 것을 말하는 일반적 용어

- **자기실현**(self-actualization): Maslow 및 Rogers와 연관되는 용어. 될 수 있는 모든 것이 되려는 경향 혹은 욕망

- **자아**(ego): Freud의 이론에서 성격의 현실지향적 부분. 현실세계 제약들에 비추어 이드 충동들을 충족시키기 위해 학습, 지각, 추리를 이용. Jung은 나(I) 감정을 지칭하기 위해 유사한 개념을 사용한다.

- **자아방어**(ego defense, mechanism): 개체를 이드로부터의 위협들에 대해 보호하기 위하여 자아가 채용하는 방법들. 경험들의 왜곡 및 위조를 포함함
- **자아정체감**(ego identity): Erikson의 체계에서 독특하다는 느낌과 시간에 따른 안정성을 주는 모든 자기지각들
- **자유연상**(free association): 정신분석적 치료의 한 방법으로서 환자가 생각을 아무리 비합리적이거나 시시하거나 위협적으로 보여도 말로 표현함
- **잠복기**(latency period): Freud의 이론에서 남근기에 뒤따르는 단계로서 본능적 성적 충동들이 잠자는 시기
- **전의식**(preconscious): 현재는 의식되지 않지만 조금만 노력하면 의식할 수 있는 정신의 내용들
- **전이**(transference): 정신분석 치료의 필수요소로서 환자가 치료자를 부나 모 혹은 아동기에서 나오는 어떤 중요한 인물인 것으로 여기고 반응한다는 것. 치료에서 전이의 문제들이 가장 중요해질 때는 전이신경증이라는 용어가 사용된다.
- **점성원칙**(epigenetic principle): Erikson에 따르면 성격발달은 사회적 상호작용들이 점점 넓어지도록 이끄는 청사진을 따른다.
- **정신결정론**(psychic determinism): 모든 행동, 생각, 정서가 의미와 목적이 있다는 Freud의 신념
- **정신분열증**(schizophrenia): 정신질환의 심한 형태로서 철수, 무감각, 사고장애, 일반적 정서장애, 망상과 환각이 특징임
- **정신분열 추성**(schizotaxia): 유전되는 것으로 보이는 신경학적 손상으로서 정신분열증과 비슷한 적응을 하게 함. 정신분열증 성향(분열기질)
- **정신역동적**(psychodynamic): 아동기 경험들로부터 생기는 무의식적 동기나 갈등들의 역할을 강조하는 접근들을 말함. 역동적이라고도 한다.
- **정신증성향**(psychoticism): Eysenck가 사용하는 차원 혹은 유형. 극단적일 경우 고독하고 아무에게도 충성을 바치지 못하며, 남들을 돌보지 않고 무감각함
- **종속변인**(dependent variable): 실험에서 독립변인의 조작결과로 변하거나 변하지 않는 요인
- **좌절**(frustration): 목표지향적 행동을 방해할 때 유발되는 상태
- **주제**(thema): Murray의 이론에서 주어진 결과를 낳는 욕구와 압력들의 결합
- **주제통각검사**(thematic apperception, TAT): 피검자들이 그림을 보고 이야기를 만드는 방식의 투사검사

- **죽음의 본능**(death instincts): Freud의 이론에서 인간행동의 파괴적 측면들을 설명해 주는 본능들(티나토스라고도 함)
- **중배엽형**(mesomorphy): Sheldon에 따르면 근육이 잘 발달된 것이 특징인 체형. 신 체형 기질을 가졌다고 함
- **지능**(intelligence): 많은 정의들이 나왔으나 대부분 환경에 적응하는 능력, 학습 혹은 교육을 받을 수 있는 역량, 혹은 추상적 개념들을 채용하는 능력 등을 포함한다.
- **지능지수**(IQ, intelligence quotient): 처음에는 정신연령을 실제연령으로 나누어 100을 곱한 것으로 정의되었다. 현재는 같은 연령의 사람들에 비교한 검사수행을 말함
- **집단무의식**(collective unconscious): Jung에 따르면 인류 이전의 조상까지도 포함하는 우리의 조상 과거로부터의 기억흔적들의 자리
- **집단요인**(group factors): Thurstone에 따르면 지적 수행에 영향을 미치는 g 요인과 s 요인 사이의 중간 요인들

차

- **착취**(exploitative): Fromm에 의하면, 힘이나 꾀를 통해 타인들로부터 취함으로써 기 본적 고독을 다루는 기제
- **초자아**(superego): Freud의 이론에서 양친들로부터 습득한바 사회의 이상 및 가치 들을 나타내는 양심
- **추동**(drives): Dollard와 Miller에 따르면 유기체가 행동하도록 추진시키는 강한 내 적 자극
- **친사회적 행동**(prosocial behavior): 타인이나 다른 집단을 돕게 되는 행동. 도우려는 의도나 이득의 기대가 있을 수 혹은 없을 수도 있다.

카

- **쾌락원칙**(pleasure principle): Freud의 이론에서 이드가 작동하는 원칙. 충동들이 즉 각적 충족을 추구함
- **Q 기법**(Q-technique): 몇 개의 측정치들 상에서 사람들의 점수들을 상관시키는 통 계적 방법으로서 나오는 지수는 개인들 사이의 유사성을 드러내준다. Cattell과 연관됨

타

- **탈개성화**(deindividuation): 일반적 자기인식 상실. 자기 자신을 관찰 혹은 평가할 수 있는 능력이 감소하고 동시에 사회규범들에 대한 민감성이 상실됨
- **태도**(attitudes): Cattell에게 있어서 특별한 강도수준을 나타내는 흥미의 외현적 태도
- **통계적 대 실제적 유의도**(statistical versus practical significance): 한 실험의 결과들이 우연에 의해서만 발생한 확률수준 대 유의한 실험결과에 부여되는 실제적 중요성
- **통합학습**(integration learning): Cattell이 사용하는 용어로서 우리가 다른 에르그들을 충족시키기 위하여 특정한 에르그들을 억압, 억제 혹은 승화하려는 경향을 지칭함
- **퇴행**(regression): 정신분석 이론에서 과거의 발달단계의 행동특징들로 되돌아감으로써 위협적 사건들을 피하는 방어기제
- **투사**(projection): 정신분석이론에서 자신의 용납할 수 없는 충동이나 생각들을 타인들에게 방어적으로 귀속시킴
- **투사검사**(projection test): 피검자가 애매한 검사자극들에 반응하는 방식에 의해 성격요인들이 드러나는 검사
- **투사형**(athletic): Kretschmer에 따르면 조울증보다는 정신분열증적 적응경향이 더 강한, 강하고, 근육이 발달되어 있고, 어깨가 넓은 개인들을 기술하는 체형
- **특수요인**(specific factor): Spearman에 따르면 지능을 요하는 특수한 과제들 상에서의 수행의 밑에 깔린 요인

파

- **페닐케톤 요증**(phenylketonuria): 소변에 페닐피루빈 산이 이상분비되는 것이 특징인 정신지체 형태
- **페르조나**(persona): Jung에게 우리가 사회적 요구들에 대하여 쓰는 공공의 얼굴을 나타내는 유형
- **페시벅 정동상황 감정이입 검사**(feshbach affective situations test for empathy, FASTE): 일련의 슬라이드로 아동들에게 여러 가지 정서를 불러일으켜서 감정이 입성향을 측정해줌
- **편차 IQ**(deviation IQ): 한 사람의 수행을 그의 동년배들의 수행과 비교하여 낸 IQ
- **표현형-유전형**(phenotypic-genetypic): 행동의 표면 대 저변 결정요인들의 분석

• **품성론**(characterology): 고대로 거슬러 올라가는 성격분석 방법으로서 범주들을 만들고 나서 사람들을 그 중 어느 하나에 맞는 것으로 기술함

• **P기법**(P-technique): 다수의 측정치들 상에서 한 사람의 점수들을 시기별로 비교하는 통계적 기법

하

• **합리화**(rationalization): 정신분석이론에서 사람들이 자기 결함에 대하여 그럴듯한 설명을 하는 방어기제

• **항문기**(anal stage): Freud의 이론에서 쾌감과 주의가 배변통제와 변의 보유 및 배설에 집중되어 있는 두 번째 심리성욕 단계

• **행동결손**(behavioral deficit): 개인의 행동 레퍼토리에서 주어진 행동의 양이나 질이 부족한 상황

• **행동주의**(behaviorism): Watson이 시작한 운동으로서 행동이 심리학에서 유일하게 적합한 연구주제라 강조함

• **현상학**(phenomenology): 행동, 정서, 사고들이 개인의 주관적 체험 혹은 지각에 의해 결정된다는 생각을 강조하는 성격접근

• **현실불안**(reality anxiety): Freud의 이론에서 환경으로부터의 합리적 토대가 있는 위협을 인식함

• **현실원칙**(reality principle): Freud의 이론에서 자아가 사용하는 원칙으로서 적합한 대상이나 조건들을 알아볼 때까지 즉각적 충족을 지연시킴

• **혐오치료**(aversion therapy): 본인은 매력적이라 간주하나 보다 큰 문화는 부정적으로 보는 한 자극에 대해 부정적 감정이나 반응을 유발함(예: 술을 구역질 유발약물과 관련지음)

• **회피-회피갈등**(avoidance-avoidance conflict): 두 개의 부정적 동기 사이의 갈등

• **히스테리**(hysteria): 신체적 증상들(예: 마비, 기질적 원인이 없는 감각상실)이나 혹은 해리반응(解離反應, dissociative reaction). 예: 기억상실(머리의 타박(打撲)이나 약물중독 등 때문에, 그 이전의 어떤 기간의 기억을 잃어버리는 일, 다중인격이 특징인 신경증 상태)

| 저자소개 |

임 상 곤(林相坤)

- 미국 California South Baylor University 심리학 석·박사학위 받음
- 국립경찰대학 및 경찰종합학교 범죄심리학 교수역임
- 중부대학교 및 대학원 학과장, 주임교수 역임
- 현) 대구대학교 대학원 교수

[주요 논문 및 저서]
- Comparative Study on the Principles of Eastern and Western Psychoanalysis
- 서울 지하철범죄실태에 대한 범죄심리학적 연구
- 개인의 성격과 지능이 범죄에 미치는 영향에 관한 연구
- 학교폭력의 실태와 범죄예방에 관한 연구
- 범죄심리학 측면에서의 범죄예측에 관한 연구
- 책임능력판단에 관한 범죄심리학적 이론과 정신장애항변 연구
- 폭력적인 게임이 청소년의 공격행동에 미치는 영향
- 범죄심리학 측면에서의 범죄수사기법 활용에 관한 접근 고찰
- 정신장애의 범주와 증상 그리고 양극성 장애에 대한 고찰 등 다수
- 심리학의 이해(백산출판사)
- 범죄심리학 원론(백산출판사) 등 다수

성격심리학론

2006년 9월 5일 초 판 1쇄 발행
2016년 4월 30일 개정판 1쇄 발행

지은이 임상곤
펴낸이 진욱상 · 진성원
펴낸곳 백산출판사
교 정 편집부
본문디자인 박채린
표지디자인 오정은

저자와의
합의하에
인지첩부
생략

등 록 1974년 1월 9일 제1-72호
주 소 경기도 파주시 회동길 370(백산빌딩 3층)
전 화 02-914-1621(代)
팩 스 031-955-9911
이메일 editbsp@naver.com
홈페이지 www.ibaeksan.kr

ISBN 89-7739-884-3
값 20,000원